# GERÊNCIA EM AÇÃO

ORGANIZADORES

Eduardo Davel
Marlene Catarina de Oliveira Lopes Melo

# Gerência em Ação

## Singularidades e Dilemas do Trabalho Gerencial

FGV
EDITORA

ISBN 85-225-0524-1



Direitos desta edição reservados à
EDITORA FGV
Rua Jornalista Orlando Dantas, 37
22231-010 — Rio de Janeiro, RJ — Brasil
Tels.: 0800-21-7777 — 21-2559-4427
Fax: 21-2559-4430
e-mail: editora@fgv.br — pedidoseditora@fgv.br
web site: www.editora.fgv.br

Impresso no Brasil / *Printed in Brazil*



1ª edição — 2005
1ª Reimpressão — 2007

*Revisão de originais:* Maria Lucia Leão Velloso de Magalhães

*Editoração eletrônica:* FA Editoração

*Revisão:* Aleidis de Beltran e Fatima Caroni

*Capa:* Leonardo Carvalho

*Foto de capa: Almost there*, 2000, a series of five photos (120x150 cm), © Maria Friberg, cortesia da Galleri Charlotte Lund, Stockholm.

Ficha catalográfica elaborada pela Biblioteca
Mario Henrique Simonsen/FGV

Gerência em ação: singularidades e dilemas do trabalho gerencial / Organizadores: Eduardo Davel, Marlene Catarina de Oliveira Lopes Melo. — Rio de Janeiro : Editora FGV, 2005.
340p.

Inclui bibliografia.

1. Gerentes. 2. Gerência. I. Davel, Eduardo. II. Melo, Marlene Catarina de Oliveira Lopes. III. Fundação Getulio Vargas.

CDD —658.42

*Somos muito gratos a Maria Frieberg, pela gentileza em permitir a utilização da foto na capa do livro, e aos autores, tradutores e revisores técnicos, que generosamente participaram conosco do desenvolvimento deste livro.*

Gerente,
Sou um pouco pai
Lhes digo sim, lhes digo não
Os puno ocasionalmente

Gerente,
Sou um pouco mãe,
Me ato a ela, os alimento
E meu seio se torna um abrigo

Gerente,
Sou um pouco traficante,
Os faço sonhar em cor
Para um pouco mais de labor

Gerente,
Sou um pouco líder
Os promovo, lhes prometo
Um futuro na chegada

Gerente,
Sou um Júpiter
Onde meu raio cai
As pessoas desaparecem

Gerente,
Sou um Deus pai
Os modelo à minha imagem
E minhas decisões são sábias

Gerente,
Sou um pouco o Cristo
Carrego a cruz e os ferros
E não conto mais os sacrifícios

Gerente,
Sou um pouco Hermes
Não descanso jamais
Entre o dito e o feito

Gerente,
Sou um pouco Átila
Corajoso, exemplar,
Belicoso, mas frágil

Gerente,
Sou um pouco Ulisses
Tudo seria insuportável
Sem meu engenho

Gerente,
Sou um pouco Fausto
Para conquistar as frutas divinas
Faço da vida um inferno

Gerente,
Sou um pouco Prometeu
Criei as riquezas da Terra
Para que a humanidade se regozije

Pois, gerente,
Sou um pouco criança
Caprichosa, enraivecida
Vulnerável e trêmula

Pois, gerente,
Sou um pouco criança
Entusiasta, visionária,
Enérgica e sonhadora

*Sacha Ghadiri**

---

* Mestre em administração pela École des Hautes Études Commerciales de Montréal e doutorando em administração no Judge Institute of Management da University of Cambridge, Inglaterra.

# Sumário

# Sobre a foto da capa: "Quase lá"

LARS STRANNEGÅRD[1]

Durante algumas semanas, Maria Friberg ficou sentada de meio-dia às duas horas da tarde em um restaurante no centro do distrito de alta tecnologia de Estocolmo. Ela olhava os executivos passando e, ocasionalmente, falava com eles. Ela os estudou, observou como andavam e falavam, registrou estilo e cor do cabelo, calçado, roupa, sorrisos e expressões faciais. Algumas das pessoas com que entrou em contato tornaram-se modelos para suas fotos. Essas imagens que ela criou são o resultado de uma coleta sistemática de informações e de interpretações de suas observações. Mas Maria Friberg, antropóloga, não lida com etnografias no sentido tradicional do termo, pois não escreve. Ela mostra as vidas de um grupo de pessoas pelas quais se interessou. Suas fotografias transformam suas observações em biografias, em descrições e representações da vida.

Homens de terno e gravata são ícones emblemáticos do modernismo. Terno e gravata é o símbolo definitivo de uma sociedade bem organizada, na qual racionalidade, estrutura e eficiência tornam-se primordiais. A imagem pública do "homem organizacional" é um homem de terno e gravata. A habilidade de controlar a sociedade e o chamado mercado materializa-se num terno preto. O terno funciona como um farol protetor. Maria Friberg entrou em contato com executivos por genuína curiosidade.

---

[1] PhD em administração, pesquisador do Centre for Advanced Studies in Leadership e professor da Stockholm School of Economics, na Suécia. É autor de *Stuck in the future: tracing the new economy* (Book House, 2001).

Eles foram aparecendo pouco a pouco, e Maria Friberg foi trabalhando em um projeto gigantesco: uma investigação do modernismo, com enfoque no homem moderno. Essa investigação nos conduz a um exame do controle, da ordem e da ambição. O enfoque e o estudo de homens adultos e do que eles representam são como areia movediça. Nas imagens, pode-se discernir uma estrutura societal frágil, ou, mais precisamente, uma sociedade composta de indivíduos, em vez de estruturas, uma sociedade sem raízes fixas.

"Ao mesmo tempo" e "não apenas" são alguns dos termos e expressões que Maria Friberg emprega com freqüência. Ela é fascinada – como várias pessoas que estudam a sociedade – pela distância que existe entre planejamento e controle, por resultados aparentemente coincidentes e pela influência da esfera privada. O executivo atua no "palco" público, estrutura e planeja, buscando criar ordem e controle. Ao mesmo tempo, existe a incerteza de uma pessoa limitada, que não tem coragem de fazer nada além de seguir as ondas da mudança. Em "Quase Lá", os homens são perfeitamente capazes de exercer controle, embora, ao mesmo tempo, não lhes pareça possível influenciar sua própria situação. Eles estão quase lá, bem próximos de alcançar um objetivo indefinido e desconhecido.

Há um quadrinho que se pode encontrar em muitos ambientes de trabalho e que estampa a imagem de um pato. Diz o texto sob a figura: "Seja como um pato. Pareça calmo na superfície, embora, no fundo, você esteja extremamente agitado". Nessa imagem, não há problemas na superfície, na medida em que se revela claramente o que está acima e abaixo. Mas, no mundo de Maria Friberg, o holofote ilumina exatamente a linha demarcatória entre a superfície e o que se encontra abaixo dela. Em suas fotos, multidimensionais, a linha não constitui uma fronteira nítida. Os gerentes se encontram na superfície da água, ou seja, naquilo que divide o abaixo e o acima, uma área intermediária, chamada pelos pós-estruturalistas de "entre espaço".

Os homens, em suas fotos, não existem na superfície, nem tampouco estão psicologicamente abaixo dela. Eles estão numa zona que não é nem abaixo nem acima da superfície. Eles estão em algum lugar "entre", não estão completamente lá – eles chegam somente parcialmente. Estão no meio de um processo, e as fotos podem ser vistas como momentos congelados no tempo, histórias congeladas. Ao mesmo tempo, não existe narrativa linear – a única coisa que sabemos são as duas palavras "quase lá". Somos, assim, compelidos a criar nossa própria história a partir dos momentos congelados, dos momentos em pausa, e a conectá-los somente ao "quase lá". Para podermos estar em algum lugar, precisamos de uma história sobre algo em transição, algo que não ocorreu ainda. E é quando algo está em transição que a insegurança, a ambivalência, a energia e o caos se tornam elementos-chave.

Uma situação na qual tudo se encontra em transição cria um tipo de excitação horripilante. Como Michel Serres escreve: "o Homem sempre teve medo do vento e da água e agora temos medo da desordem e da imprevisibilidade". É este medo que retorna repetidamente nas imagens de Maria Friberg – perda de controle e ordem num contexto em que, literal e metaforicamente, flutuam.

# Prefácio

OMAR AKTOUF*

Tratar das transformações e das singularidades do trabalho do gerente neste início problemático do século XXI é uma tarefa difícil, original e, sem dúvida, de utilidade (se não necessidade) incontestável, em face dos profundos e terríveis questionamentos que a administração contemporânea se vê obrigada a enfrentar.

Neste prefácio, não vou traçar o fio condutor deste livro, nem sintetizar as linhas diretivas ou os eixos de convergência das diferentes contribuições. Marlene Catarina Melo e Eduardo Davel fazem isso muito bem. Além disso, o leitor compreenderá rapidamente, após passar pelo sumário e pela apresentação do conteúdo global deste livro, que o que caracteriza a presente obra é, antes de mais nada, uma ruptura intelectual bem resolvida e corajosa com relação ao que os livros que abordam esse tipo de assunto normalmente nos oferecem. Será então nessa ruptura que concentrarei meus esforços de reflexão neste prefácio que meus amigos Marlene e Eduardo me honraram com o convite a escrever.

---

* Mestre em psicologia e economia do desenvolvimento, MBA e PhD em administração, professor titular da École des Hautes Études Commerciales (HEC) de Montreal, Quebec, Canadá, e membro do gabinete científico da International Standing Conference on Organizational Symbolism. Presta consultorias e já lecionou como professor visitante em diversos países da Europa, América Latina, Oceania e África. É membro fundador do grupo Humanismo e Gestão da HEC Montreal. É autor de vários artigos científicos e livros, entre os quais *A administração entre a tradição e a renovação* (Atlas, 1996) e *Stratégie de l'autruche* (Ecosociété, 2002).

Conheço pessoalmente a maioria dos autores engajados nesta obra. Cada um tenta, com perspicácia e obstinação, em alguns casos há vários anos, sair das trilhas confortáveis e bem fundamentadas do que poderíamos chamar de *mainstream* da administração e das teorias organizacionais, marcadas pelo selo de Harvard e das ditas "grandes revistas" (em sua maioria norte-americanas) da área. O audacioso projeto deste livro, além do inevitável ecletismo a que corre o risco de se expor, constitui um porto de destino que é comum a todos os autores: encontrar, fora do *mainstream* — numa ruptura intelectual sempre presente, mesmo que com diferentes intensidades —, meios de explicar, e de se explicar, em que direção — para quem e por quê — evolui o "trabalho dos gerentes" nos dias de hoje.

Passando da influência da instituição família à pós-modernidade, pelo problema do economicismo dominante, pela questão das singularidades do trabalho de gestão, pelos mitos do estresse, pela administração no campo das artes como o cinema, ou ainda pelos problemas de identidade até a exploração das subjetividades etc., o presente livro, decididamente, incita à audácia e ao questionamento renovado, mesmo que certos capítulos se situem nos limites convencionais da "correção política".

Ataquemos diretamente a questão: depois do clássico e indispensável trabalho de Mintzberg — *The nature of managerial work* —, e após os vários *clones* e derivados que este trabalho suscitou, o que dizer de novo, de original, de útil e de operacional sobre essa obsessiva questão da natureza e das características do *métier* do gerente?

É neste ponto que intervém, precisamente, o que denominei "ruptura", e que parece constituir o fundamento deste livro: aceitar a existência de linhas de análise divergentes e quase infinitas sobre o que faz o gerente, explorá-las meticulosamente e fazer dialogar alguns dos numerosos estudos dessas linhas — até então deixadas de lado em nome de um imperialismo histórico homogeneizante, oriundo de um americanismo consensual secular em torno de um intocável trio: Taylor, Fayol e Mayo.

Não é por acaso, e acredito nisso piamente, que este tipo de livro e de "ruptura" parta de uma iniciativa sul-americana e brasileira. É na diferença latina e terceiro-mundista deste imenso e eclético país; em sua situação de encruzilhada entre os negócios mundiais, entre os pampas e os Andes, os Estados Unidos e o Sudeste da Ásia; nessa singularidade tão particular de quase-continente que não fala nenhuma das línguas da vasta América que convém buscar os fundamentos da recepção, da fecundação e da frutificação de idéias "outras" sobre a administração, distintas do *mainstream* dessa mesma administração. Estamos diante de uma geoeconomia altamente capaz, por seu território, por sua diversidade de parceiros, pela imensidade de suas riquezas e de suas potencialidades, de rivalizar e de servir de berço para alternativas viáveis ao moribundo "modelo clássico" estadunidense.

Chego à mesma hipótese de Emmanuel Todd em seu livro recente sobre o fim do império norte-americano e de seu poder secular: estamos diante de uma impotência que se quer ainda potência. Entre suas armas encontram-se, precisamente, o economicismo neoliberal e sua respectiva administração. Todavia, se o guerreiro se enfraquece, não dispõe de mãos suficientemente hábeis para brandir sua espada. Os Estados Unidos não passam de uma potência militar e de uma potência financeira claudicante. A queda de seus gigantes dos negócios — a Enron, a Tyco, a Xerox e a Hewlet-Packard —, o indecente exagero dos "direitos" que se conferem seus aristocratas do dinheiro, a ciranda especulativa e financeira criminosa e assassina de sua economia, as falhas e derrapagens caóticas dos bons alunos de seu FMI — Indonésia, Nova Zelândia, Argentina etc. —, as falências totais ou parciais dos países que serviram de bolsões para a sua economia de renda (do México das *maquiladoras* ao Haiti e às Filipinas), tudo isso desacredita profundamente tanto a ideologia econômica portadora do modelo norte-americano, quanto o seu braço direito: a administração clássica do tipo estadunidense.

Torna-se, então, muito urgente romper com tudo isso. Pensar de forma diferente. Propor, explorar e se aproximar de outros caminhos. Ver a administração e o trabalho do gestor de outra forma, além da simples e eterna questão da multiplicação do dinheiro, para os fazedores de dinheiro, elaborando a hipótese implícita de que "aquilo que é bom para eles, é bom para todos". Uma ruptura com a modernidade, uma ruptura com a razão instrumental, uma ruptura com a exclusão do campo administrativo dominante de categorias tais como a família, o gênero, a subjetividade, o senso estético etc. Eis, então, ao que associo o objeto e o fio condutor deste livro, romper com o destino indiscutivelmente decadente do modelo tradicional norte-americano. Vasta responsabilidade! Mas cada um dos textos propostos, o leitor perceberá rapidamente, traz sua porção de matéria para reflexão e debate, a fim de, com calma e prudência, refletir de forma diferente e buscar os pontos a serem explorados na infinita fragmentação (pelo menos possível e potencial) do *trabalho* do gerente.

A expressão *homo administrativus*, cunhada neste livro, constitui para mim uma clara indicação das rupturas — implícitas ou explícitas — que somos convidados a fazer. Ou seja, *homo* e *ad minister*. O homem a serviço do homem. O primeiro elemento é, então, a questão do ser humano: algo tão eterno quanto infinito. O que é o ser humano? O que é o ser humano administrando — e administrado — que está a serviço de si como homem... *homo*... e sobretudo *homo sapiens*? Ser de razão, de afetos, de subjetividade, de comunidade, de família, de sofrimentos, de estética, de reflexividade, de identidade etc., pensado se conhecendo pensando... Sua essência é tão infinita quanto sua busca de si mesmo por si mesmo. Mas é necessário um ponto de partida! Então, partamos do seguinte ponto: o que pensar do *homo* a serviço de si mesmo? As diferentes dimensões, brevemente listadas anteriormente, nos ajudam a fundamentar uma das possíveis respostas à questão: sem a integração das especificidades e fragmentações, em uma singularidade, daquilo que constitui os atos que conduzem ao trabalho do gerente, ficaremos condenados a falar de abstrações desencarnadas, falsamente universais e estupidamente homogêneas. O ser humano em gestão é antes de mais nada *homo*. A situação de gestão o coloca em estado de constante resposta, afeta à questão de saber, a todo instante, o que *homo* quer dizer, mas também em estado de *ad minister* com relação a si mesmo e aos seus semelhantes. Esta é uma das reflexões, e não é pequena, a que este livro pode nos estimular.

Gerir (*gerere*) e administrar (*ad minister*), conduzir e estar a serviço, é a dupla fonte milenar e equívoca, tão humana e enigmática, daquilo que deve fundamentar todo ato constitutivo do que denominamos *trabalho do gerente*. O conflito e a traição estão inscritos nesse trabalho, tentadores e sedutores, onde deixamos *homo* e *ad minister* durante as incontáveis transações contábeis e financeiras que advieram dos *gerentes* cujo *trabalho* consistia em enganar e arruinar os pequenos acionistas e o público, para melhor dar sobrevivência à traição *crematística da economia* — no sentido dado por Aristóteles à atividade que visa, de um lado, a multiplicação infinita do dinheiro pelo e para o dinheiro, e, de outro, aquela que tem por preocupação o bem-estar da comunidade, o estado de harmonia entre os homens e entre estes e seu meio de vida. Uma coisa é certa: o *ad minister* do *homo* enquanto *homo* é totalmente incompatível com uma concepção maximalista e instrumental da humanidade e de seu entorno. Isto é o que o capitalismo financeiro do tipo norte-americano pensava poder continuar fazendo impunemente. Ele colide contra o muro de sua impossibilidade estrutural, sobre as ruínas de seus próprios gigantes. O capitalismo industrial, este do eixo Escandinávia, Alemanha e Japão, está extremamente enraizado em cosmogonias e tradições longínquas, tão específicas e monolíticas que se torna praticamente impossível (no plano dos grandes princípios) tomá-las diretamente como inspirações, para se construir um modelo de *homo ad minister* sólido e durável em sociedades que passaram por múltiplos desenraizamentos.

Este livro, em particular, abre caminho na direção — o que me deixa esperançoso — de uma possível *teoria da reunificação* em administração, como a da grande esperança da física, mas, paradoxalmente, explorando as fragmentações, as especificidades e as singularidades! E o que haveria de melhor do que um país como o Brasil (enquanto a velha Europa e o novo Ocidente norte-americano se detêm em combates estéreis de hegemonismos atrasados), com suas magnitudes e suas diferenças ainda fecundas e ativas, não dirigidas num *melting pot* superficial, com sua audácia que exige de si suas infinidades, com sua capacidade de receber e de trabalhar, sem ter preconceitos com teorias e práticas oriundas de uma imensidade de horizontes econômicos e culturais, para carregar essa flama?

Obrigado Marlene, obrigado Eduardo!

# Prezado leitor

A administração é um sistema de representação da realidade social que se impõe à cultura contemporânea, regendo nossas visões de mundo e nossas condutas sociais. Não é, então, surpreendente que os gerentes se tornem personagens emblemáticos, com papel diferenciado na movimentação do sistema. Eles vêm ganhando respaldo nos meios de comunicação, às vezes se tornando fontes de identificação, em outras de veneração e também de espiação.

Contudo, quando falamos de trabalho gerencial temos que ser cautelosos para distinguir entre, de um lado, o pensamento gerencial tal como é produzido e reproduzido pelos teóricos e, de outro, a prática experimentada diariamente por aqueles que gerenciam. Evidentemente, esses dois lados da mesma moeda se interpelam mutuamente, mas não se fundem num mesmo fenômeno. Cônscios dessa pluridimensionalidade, propomos neste livro um exame do que torna o trabalho dos gerentes particular, complexo e atual. Buscamos fornecer aos profissionais que trabalham (ou trabalharão) como gerentes fontes de reflexão sobre as sutilezas de "ser gerente", sobre os riscos e os desafios de exercer controle sobre o trabalho de uma outra pessoa, de pertencer a um grupo social que enfrenta um panorama de transformações cada vez mais radicais, segundo a lógica racional e econômica.

Tendo esse objetivo em vista, reunimos um conjunto de especialistas que nos possibilitassem uma compreensão multicolor daquilo que favorece e perturba o desenvolvimento do gestor como fator de sucesso para as empresas contemporâneas. O quadro que desenhamos juntos (ver adiante) nos mostra que o trabalho do gerente compõe-se de uma dinâmica contínua entre sua atuação nas atividades cotidianas; sua interação com seus subordinados, pares e superiores; a simbolização da realidade social da qual faz parte; a dominação que exerce e a que está sujeito, tudo desencadeando uma assimilação através do aprendizado ou através da somatização e do estresse.

Cada uma dessas dimensões levou nossos colaboradores a aprofundar um certo número de questões, como o quadro nos sugere. Nesse esquema, os(as) gerentes são convidados(as) a refletir sobre os processos de atuação, interação, simbolização, dominação e assimilação que integram sua vida profissional, seja em momentos de estabilidade, seja em circunstâncias de conflito e/ou mudança. Como veremos a seguir, cada um dos 11 capítulos do livro contribui para uma melhor compreensão de um ou vários desses processos. Mesmo que esses processos sigam um fluxo sugerido, vale dizer que a leitura não é obrigatoriamente seqüencial e os capítulos podem ser lidos da forma que melhor favorecer sua aprendizagem e reflexão.

O PROCESSO MULTIDIMENSIONAL DO TRABALHO DOS GERENTES

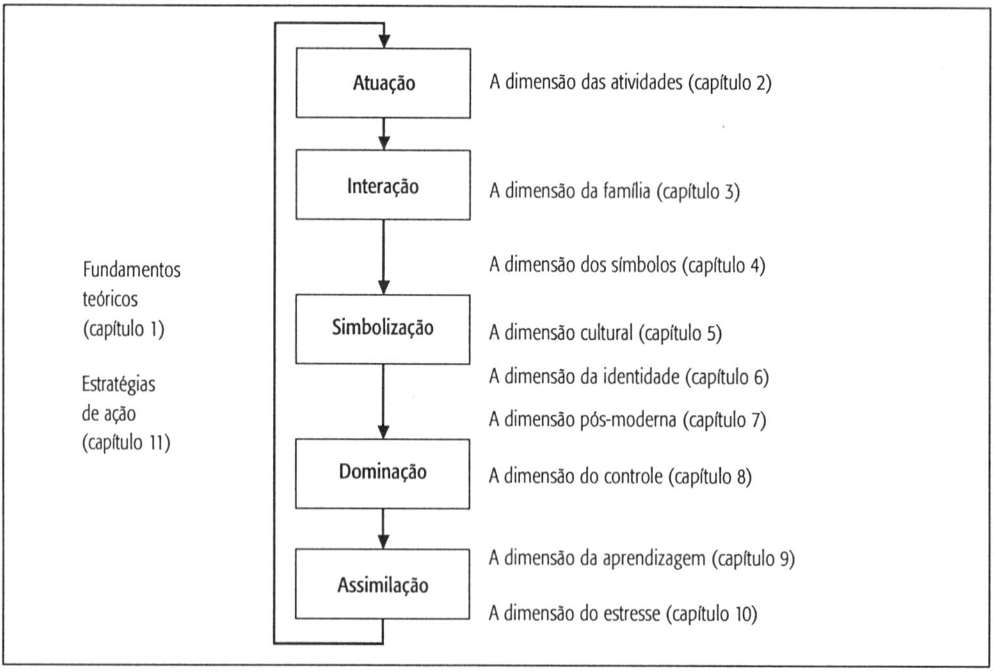


No capítulo 1, Eduardo Davel e Marlene Catarina de Oliveira Lopes Melo fornecem um panorama do que vem sendo estudado sobre as singularidades e as transformações partilhadas e enfrentadas pelos gerentes nos arranjos organizacionais atuais. Em seguida, no capítulo 2, Emmanuel Raufflet resume e apresenta as abordagens clássicas dos estudos sobre os gerentes que se concentram no exame de suas atividades cotidianas. Uma das nuanças desse cotidiano é explorada no capítulo seguinte por Diane-Gabrielle Tremblay, que ressalta a importância e os desafios da conciliação da atividade profissional dos gerentes com sua vida familiar e/ou privada.

Mas os gerentes não estão apenas sujeitos a um ritmo concreto de atividades. Eles mobilizam recursos para agir a partir dos repertórios de símbolos, códigos e imagens que lhes são oferecidos pela cultura brasileira. Assim, no capítulo 4, Thomaz Wood Jr. destaca a relevância da simbologia da liderança, utilizando-se do universo cinematográfico de Glauber Rocha e contrastando-o com o universo de Orson Welles. No capítulo 5, Gelson Junquilho chama nossa atenção para a influência da cultura brasileira no trabalho dos gerentes, particularmente no contexto da administração pública. Outra maneira de perceber a mobilização de recursos simbólicos nos é oferecida por Linda Rouleau, no capítulo 6, através do estudo da identidade que os gerentes elaboram à medida que enfrentam mudanças organizacionais drásticas. Tais mudanças podem ser contempladas pelo prisma da pós-modernidade, como nos propõem John Hassard, Maria José Tonelli e Rafael Alcadipani no capítulo 7. Sob a ótica da pós-modernidade, os gerentes enfrentam um contexto regido pela flexibilidade, pela volatilidade e superficialidade de valores, que podem desencadear simulações e ansiedades em excesso.

O trabalho dos gerentes é explicado por ações cotidianas e pelos símbolos que as orientam dentro de um contexto que não é desprovido de relações desproporcionais de força e poder. Hugh Willmott, no capítulo 8, nos conscientiza dos aspectos de controle e de dominação que — pelo fato de estarem inseridos em um sistema capitalista de produção — os gerentes vivenciam com certo mal-estar. Como nos suscita José Luis Salinas no capítulo 9, esse mal-estar pode levar os gerentes a desenvolver competências específicas, se o contexto organizacional favorece a aprendizagem. Entretanto, Jean-François Chanlat nos alerta que a situação ambígua pela qual os gerentes passam pode, por outro lado, resultar em estresse profissional.

O conjunto das contribuições reunidas neste livro nos mostra que compreender o trabalho dos gerentes em suas múltiplas dimensões não é tarefa desprovida de esforços consideráveis. O último capítulo do livro tem por objetivo fornecer ao leitor uma visão integrada e dinâmica do trabalho dos gerentes. Nesse capítulo, Eduardo Davel e Marlene Catarina de Oliveira Lopes Melo sintetizam e integram as particularidades e transformações no trabalho dos gerentes em torno de um esquema que salienta a dinâmica existente na vida profissional dos gerentes em termos de modos de atuação, interação, simbolização, dominação e assimilação. A experiência de trabalho dos gerentes é dinâmica na medida em que agem e reagem às transformações organizacionais que solapam e modificam suas relações com colegas, com a carreira profissional e com subordinados.

Esperando que este livro lhe proporcione uma leitura estimulante, bem como novas idéias, aprendizados e práticas, desejamos-lhe, prezado leitor, boa leitura e bom proveito!

*Eduardo Davel*
*Marlene Catarina de Oliveira Lopes Melo*

# 1
# Singularidades e transformações no trabalho dos gerentes

EDUARDO DAVEL

MARLENE CATARINA DE OLIVEIRA LOPES MELO

## Introdução

Certamente, é difícil se esquivar da turbulência avassaladora das últimas décadas, que vem impondo uma certa hegemonia da lógica econômica, um culto do mundo da empresa, e influenciando o pensamento administrativo sobre nossas vidas.[1] Nesse conjunto de mudanças materiais e intangíveis, o gerente — *homo administrativus* — se destaca como personagem central na compreensão da sociedade contemporânea, produzindo e reproduzindo todo um sistema de descrição, de explicação e de interpretação do mundo a partir das categorias do campo da administração. Também é o gerente que realoca, na prática, as diversas racionalidades do mundo organizado. Se concordarmos que a administração enquanto corpo científico surge ao mesmo tempo em que se consolida o espaço da gerência, a existência de um grupo social de gerentes tem constituído um dos aspectos mais significativos da organização do trabalho e da sociedade desde uns bons 100 anos.[2]

Nesse caso, administração e gestores intermediários estariam de tal forma entremeados que seria difícil negar que a atuação dos gerentes tem a virtude de alimentar a dinâmica organizacional e garantir o sucesso empresarial, pois esses agentes sociais

[1] Chanlat, 1998.

[2] Ver, por exemplo, Grey, 1999; e Reed, 1989.

se situam no elo dos processos sociais, tecnológicos, culturais, políticos, econômicos e ideológicos que ligam estratégias a operações. A posição intermediária dos gerentes lhes confere um tipo de trabalho cheio de nuanças, complexidades e dilemas que merece esclarecimento e reflexão da parte, no mínimo, de atuais ou futuros administradores. Se os gerentes, estabelecendo tais ligações, garantem o sucesso de mudanças estratégicas, o que se sabe sobre a natureza de seu trabalho? Até que ponto e de que forma as mudanças organizacionais e ambientais vêm afetando a natureza do trabalho e a condição existencial dos gerentes?

Este capítulo fornece explicações para esses questionamentos, destacando os fatores que singularizam e os elementos que transformam o trabalho gerencial contemporâneo. Tudo indica que os gerentes, por ocupar um espaço intermediário na cadeia hierárquica das empresas, atuam num espaço caracterizado, principalmente, pela ambigüidade[3] e pela capacidade de mediar contradições.[4] Com o aparecimento da administração enquanto disciplina científica, os gerentes desenvolveram uma identidade coletiva própria e se responsabilizaram pela intermediação das relações de poder entre dois pólos na divisão social do trabalho — trabalhadores e proprietários, concepção e execução.[5] Ao desempenhar essa atividade um tanto quanto ambígua, os gerentes ficam sujeitos a uma situação flutuante de poder, autonomia, conservadorismo, capacidade de inovar e de influenciar as relações entre os diferentes indivíduos que participam da vida organizacional.

O *homo administrativus* — esse personagem que aparece com a administração moderna — compõe-se de doses variadas de ambigüidade e constrói sua identidade à medida que interioriza os valores, as práticas sociais e as representações de seu grupo social, mas também à medida que descobre estratégias para sobreviver e construir sua carreira no espaço cada vez mais instável de organizações reestruturadas — organizações, por exemplo, que passaram pela qualidade total, pelo enxugamento de efetivos, pela redução de níveis hierárquicos, pela terceirização de serviços, pela informatização, pela automação, pela adoção do trabalho em equipe, por grupos semi-autônomos e seus similares. Durante esse processo interminável, os gerentes podem ser vistos de várias maneiras. Podem ser considerados alocadores de recursos (Bower, 1970), ino-

---

[3] Ver, por exemplo, Hales, 1993; e Dalton, 1959.

[4] Pagès et al., 1987.

[5] Ver, por exemplo, Braverman, 1974.

vadores (Kanter, 1983; Burgelman, 1983), improvisadores (Déry, 1997; Hatch, 1999), participantes da conversa estratégica (Westley, 1990), implementadores de mudanças (McConalogue, 1991) e mesmo desenvolvedores de novos produtos (Nonaka e Takeuchi, 1995). Em qualquer dessas circunstâncias, podemos adiantar que os gerentes bem-sucedidos serão aqueles capazes de compreender antes de agir.[6] Para ocupar um espaço distinto no âmbito de empresas reestruturadas e num ambiente econômico turbulento, o gerente de destaque será aquele que souber usufruir de conhecimentos e experiências variados para mobilizar, com propriedade, sua reflexão e julgamento das situações de seu entorno de trabalho.

Neste capítulo, tentaremos auxiliar os gerentes nesse processo. Assim, nosso propósito é alimentar a reflexão sobre as implicações de se trabalhar como gerente. Para tanto, sintetizaremos os conhecimentos e as experiências desenvolvidos sobre essa questão, abordando-os em dois momentos. Num primeiro, apresentaremos as características fundamentais do que singulariza o trabalho e o comportamento gerencial. Num segundo, discutiremos os efeitos dos processos de reestruturação organizacional na vida profissional dos gerentes. Como conclusão, sugeriremos um esquema para se desenvolver uma visão ampla e múltipla da dinâmica gerencial pela qual os gerentes passam regularmente. Esse esquema visa estimular o desenvolvimento de uma compreensão ampla, crítica e construtiva acerca do trabalho do gerente nos modelos atuais de administração.

## Singularidades no trabalho dos gerentes

Para refletir sobre o que singulariza o trabalho dos gerentes é necessário pensar como os gerentes se tornam gerentes. Existem várias explicações sobre a origem dos gerentes em nossa sociedade, mas citaremos aqui as três mais recorrentes: uma explicação técnica, uma de elite e uma política.[7] A mais difundida, *a explicação técnica*, sugere que os gerentes apareceram e se desenvolveram como um novo grupo de especialistas por causa do crescimento em escala e em complexidade das empresas capitalistas a partir da metade do século XIX.[8] Para Chandler (1977:392), "a mão visível"

---

[6] Aktouf, 1994.

[7] Grey, 1999; e Reed, 1989.

[8] Chandler, 1977.

dos gerentes assume o controle da situação quando as unidades de custo são ameaçadas pela falta de coordenação administrativa, e esta situação acontece na manufatura quando a tecnologia de produção permite o aumento do volume de produtos padronizados para atender aos mercados nacional e internacional.

Outro entendimento — *a explicação de elite* — sobre o aparecimento dos gerentes diz respeito aos diversos mecanismos sociais e econômicos que um grupo de pessoas (os gerentes) arrogava a si para legitimar-se como tal. Assim, os gerentes podem ser considerados parte de um agrupamento de "subelite", incluídos em uma tecnoestrutura social.[9] Essa explicação, de que a equação entre a administração e os gerentes é uma expressão dos interesses de uma elite administrativa, emerge durante meados do século XX,[10] ressaltando a importância e a dominância da consolidação de uma elite administrativa associada ao crescimento de burocracias de larga escala.

Finalmente, a *explicação política* observa que a razão pela qual a administração começa a ser desempenhada por administradores especializados é política, sendo seu propósito controlar o trabalho. Um exemplo desse tipo de explicação nos é dado por Marglin, ao concluir que o avanço do sistema fabril não se baseou na redução de custos mediante o uso de novas formas de produção mecanizada, mas na função de disciplina e supervisão. "O sucesso [do sistema fabril] refere-se pouco ou nada à superioridade tecnológica da maquinaria de larga escala. A chave para o sucesso da fábrica, bem como sua inspiração, foi a substituição do controle dos capitalistas pelo controle dos trabalhadores sobre o processo de produção: disciplina e supervisão reduziam os custos sem ser tecnologicamente superiores" (Marglin, 1980:239). O gerente se insere, então, na relação entre o desenvolvimento do sistema produtivo e de serviços e o movimento do capital.[11]

Boltanski (1982) aprofunda a tese que atravessa essas três explicações: para ele, os gerentes formam um grupo social. Segundo seu estudo sobre os gerentes franceses de 1930 a 1960, o coletivo de administradores é composto por indivíduos sem semelhança aparente, de acordo com certos critérios, como trajetórias sociais e escolares, tipos de funções na empresa. Contudo, apoiando-se em duas dimensões — uma simbólica (o processo coletivo e conflituoso de definição e de delimitação do grupo) e outra política (o processo de institucionalização do grupo pelos líderes, sindicatos

---

[9] Galbraith, 1967.

[10] Burnham, 1945; e Mills, 1956.

[11] Melo, 1991.

e políticos) —, Boltanski observa que o grupo socialmente constituído de gerentes passa por um movimento de "homogeneização relativa". Examinando os processos pelos quais os gerentes acessam suas existências práticas e políticas, Boltanski desvenda a produção sócio-histórica da "coesão de um grupo social relativamente ou aparentemente disperso" (Lacroix, 1983).

Se, de um lado, alguns autores nos conduzem a uma compreensão dos gerentes em termos de um grupo social amplo, de outro, vários autores indicam que tal grupo comporta subdivisões, subcategorias e subtemáticas variadas. Sob esse ângulo de análise, a categoria gerencial é heterogênea, mas compartilha de uma certa coesão e identidade enquanto grupo profissional, atendendo à maioria das variáveis que explicam e determinam a formação de uma categoria profissional.[12] Na prática, são variadas as manifestações funcionais dos gerentes. Pode-se falar, por exemplo, de gerentes de linha, gerentes intermediários e gerentes de alto escalão; de gerentes mulheres e de gerentes homens; de gerentes brasileiros e de outras nacionalidades. Se variadas são as formas de categorizar o *homo administrativus*, variadas serão as particularidades e os fatores que explicam a função e o desempenho gerencial. Os fatores e as particularidades mais recorrentes são os seguintes:

- as atividades, as relações de poder e as interações com subordinados, superiores e colegas no cotidiano de trabalho;
- o enquadramento propiciado pelos padrões simbólicos da empresa na qual estão inseridos;
- as possibilidades e as restrições impostas pelas culturas nacional e regional vivenciadas pelos gerentes;
- a carga elevada e o caráter ambíguo das responsabilidades do gerente como mediador de interesses diversos e opostos entre capital e trabalho;
- os problemas graves de saúde mental e de estresse profissional que podem ser gerados por essa situação de instabilidade constante;
- a construção e a consolidação da categoria de gerentes como fundamentalmente masculina, centrada em princípios e em uma lógica de valores predominante e historicamente masculinos.

Cada uma dessas particularidades está muitas vezes associada a correntes teóricas distintas dentro da teoria das organizações, assim como a fundamentos

---

[12] Melo, 2000.

epistemológicos mais ou menos bem situados. No entanto, consideramos que essa diversidade de abordagens não é excludente; ao contrário, propicia aos interessados em compreender o papel dos gerentes na atualidade uma visão densa e múltipla da questão. Por isso, convidamos o leitor a esquematizar sua compreensão das singularidades do trabalho dos gerentes, levando em conta uma visão dinâmica, circular e muldimensional, como sugere a figura 1. Nesse esquema, o trabalho dos gerentes envolve processos distintos, mas simultâneos, de atuação sobre o ambiente, de interação com pessoas, de simbolização destas, de dominação do controle, de assimilação dos efeitos dos processos precedentes e de sua reprodução. Cada um desses processos tende a mobilizar elementos e visões diferentes, elementos que serão introduzidos neste capítulo e aprofundados nos demais.

FIGURA 1
ELEMENTOS DO PROCESSO MULTIDIMENSIONAL DO TRABALHO DOS GERENTES

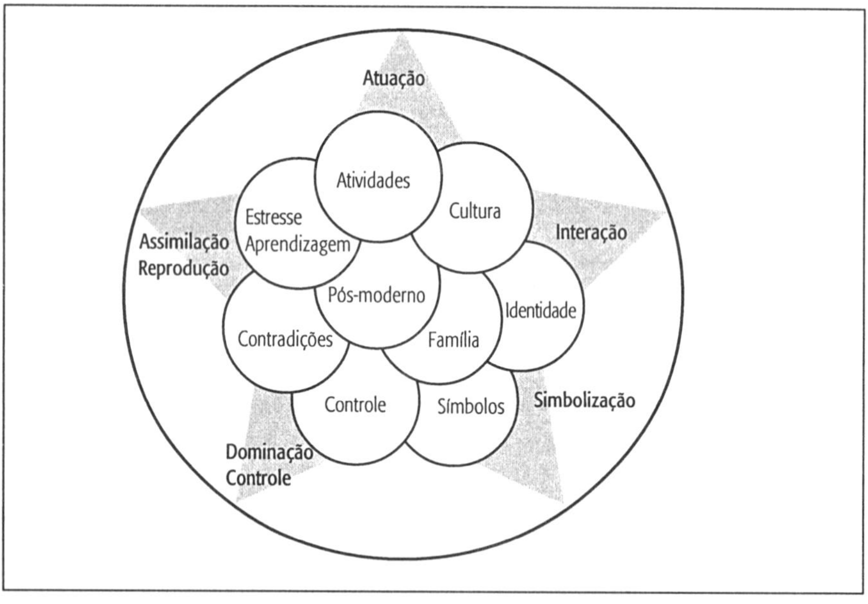


## *A questão do comportamento, das atividades cotidianas e da cultura organizacional*

Uma das formas mais recorrentes de caracterizar o trabalho gerencial é pensá-lo a partir dos comportamentos e das atividades cotidianas dos gerentes. Essa linha de pensamento surgiu com o intuito de aprofundar a concepção teórica desenvolvida por Henry Fayol (1949) — que propôs os conceitos de planejamento, organização, comando, coordenação e controle como forma de concepção teórica do trabalho gerencial —, que permanece bastante abstrata. Por isso, a partir da década de 1950, vários estudiosos passaram a investigar o que os gerentes realmente faziam no seu dia-a-dia de trabalho. Para responder a essa questão, os pesquisadores realizaram o registro sistemático das atividades de trabalho dos gerentes. O primeiro estudo foi desenvolvido na Suécia, no início da década de 1950, por Sune Carlson, e continuou durante os anos 1950 e 1960 com Mintzberg (1973) e Stewart (1967).

Nessa linha de pesquisa, Sayles (1964) observa que, mais do que a motivação individual, era o sistema de relacionamento que contava para explicar a eficiência do trabalho dos gerentes. Se Sayles descreveu o trabalho dos gerentes como parte do sistema social, Mintzberg descreve o gerente como um nervo central para o monitoramento e a disseminação de informações. Como destaca Hales (1986), o gerente não se limita à tomada de decisões lentas e metódicas. Ele é considerado muito mais como "aquele que faz acontecer", reagindo rapidamente aos problemas à medida que aparecem. Ele reflete rapidamente, toma decisões *in situ* e desenvolve uma preferência pelas atividades concretas. Hales observa também que: os gerentes desempenham tanto tarefas especializadas e técnicas quanto tarefas gerais e administrativas; e são, até certo ponto, responsáveis pela definição dos limites de suas tarefas.

Dada a variedade e a brevidade das atividades rotineiras dos gerentes, Mintzberg observa que a superficialidade constitui o principal risco ocupacional de quem exerce a função. Chama a atenção, então, para o perigo de lidar superficialmente com um número variado de questões, não se concentrando naquelas que requerem mais atenção. Recentemente, Mintzberg (1991) sugeriu que a questão da superficialidade vem se tornando ainda pior, na medida em que, cada vez mais, os gerentes são responsáveis por organizações que não tiveram tempo de conhecer adequadamente. Isso acontece ou porque a organização se tornou muito diversificada, ou porque os gerentes foram recrutados no mercado sem um entendimento adequado do negócio. Dublet e Rochebrune (1996) confirmam tal idéia. Para eles, o que favorece o trabalho do gerente é seu enraizamento em uma empresa e a suas particularidades. Negar esse enraizamento significa esquecer que os valores culturais e as questões culturais, sociais, econômicas e técnicas de uma empresa podem limitar e bloquear as decisões gerenciais.

Mas foi Kotter (1982) que lançou a idéia de que os gerentes trabalham em contextos bem específicos e dificilmente se deslocam com sucesso para um emprego de gerente-geral em outro contexto organizacional. Nesse esquema, Kotter propõe dois conceitos-chave para o estudo do trabalho dos gerentes: as agendas e a rede. Os gerentes desenvolvem uma agenda — composta de planos e objetivos altamente interconectados — durante seus primeiros seis meses no trabalho. Para realizar suas agendas, criam uma rede de contatos, que podem ser de auxílio e que tomam tempo para serem mantidos e atualizados. Dessa forma, Kotter notou que o tempo dos gerentes caracterizava-se por conversas breves e soltas, e que quase todo ele era empregado com outras pessoas.

De fato, existe um certo consenso geral entre os pesquisadores em dizer que o trabalho dos gerentes é contingente à função, ao nível, à organização (tipo, estrutura e tamanho), ao ambiente[13] e à cultura organizacional.[14] Grande parte do que os gerentes fazem constitui uma resposta sem muito esforço de reflexão, embora permaneça mais ou menos sincronizada com as circunstâncias e o contexto cultural e simbólico no qual eles atuam e interagem. Aliás, quanto mais sensíveis à dinâmica cultural e simbólica da organização em que trabalham, maior a capacidade dos gerentes de promover a cooperação, de suscitar a adesão e de favorecer a colaboração. Vários autores insistem nesse papel fundamental dos gerentes: coordenar atividades, promover a cooperação entre as pessoas e a adesão aos códigos culturais da empresa,[15] mas vale a pena também considerar a influência do passado na vida ocupacional atual, influência, por exemplo, dos pais, do ambiente familiar, da trajetória educacional, dos empregos anteriores.[16]

Por exemplo, no Brasil, é possível identificar alguns fatores próprios à cultura brasileira que bloqueiam de alguma forma a iniciativa dos gerentes.[17] São eles: a cultura autoritária, coronelista[18] e paternalista; a cultura organizacional individualista, personalística, conservadora e centralizadora; a estrutura de poder corporativista, e a visão de curto prazo (ou imediatista) dos resultados.

Resumindo, durante os processos de atuação, interação e simbolização, os gerentes: atuam como a figura-chave ou o líder de uma unidade organizacional; atuam

---

13 Burns, 1957; Child e Ellis, 1973; Dubin e Spray, 1964; Horne e Lupton, 1965; Mintzberg, 1973 e 1979; Stewart, 1967 e 1976; e Stewart et al., 1980.

14 Smircich e Morgan, 1982; e Pfeffer, 1981.

15 Saussois, 1998; Follett, 1973; e Barnard, 1938.

16 Watson e Harris, 1999.

17 Melo, 1994.

18 Vasconcelos, 2002.

na formação e na manutenção do contato entre as pessoas; monitoram, filtram e disseminam informações; alocam recursos; regulam os distúrbios e mantêm os fluxos de trabalho; negociam; inovam; planejam; controlam e dirigem subordinados, e mobilizam elementos culturais e simbólicos locais, organizacionais, familiares, regionais e nacionais.

## *A questão do capitalismo e da mediação de interesses*

O trabalho dos gerentes é perpassado pelo exercício do poder e pela mediação de interesses, o que os inscrevem numa certa lógica de dominação oriunda do desenvolvimento do sistema capitalista. Pode-se então focalizar o gerente como um mediador dos interesses organizacionais ou de seus próprios interesses, mas também como um agente do sistema capitalista e um reprodutor da ideologia desse sistema.[19] Nessa visão, o trabalho dos gerentes preserva a estrutura das relações de produção capitalista, eles são agentes do capital.[20] Os gerentes favorecem a execução de um trabalho em quantidade e qualidade suficientes para a manutenção da cooperação e a garantia da reprodução das relações sociais. Eles asseguram a legitimidade da ordem instituída pela empresa.[21] A pesquisa realizada por Pagès e outros (1987) avalia o papel do gerente como mediador e indica que o poder e o sucesso gerencial fundamentam-se em sua capacidade de usar seus conhecimentos para encontrar respostas para as contradições do sistema capitalista em transformação. O gerente é mediador na medida em que facilita a construção de um ideário simbólico capaz de lidar com as contradições inerentes ao modo de produção, aglutinando esforços dos diversos atores sociais em torno dos objetivos organizacionais.

Os gerentes localizam-se no eixo de um sistema político e econômico mais amplo, mas também participam dos jogos de poder internos à organização. Dalton (1959) descreve e explica como os gerentes distorcem a informação que transmitem ao superior hierárquico a fim de validar seus próprios objetivos políticos. Nessa visão, a comunicação gerencial pode manipular informações a fim de confirmar argumentos, obter recursos ou dar prosseguimento à carreira do gerente. A dimensão política do trabalho gerencial foi mencionada por todos os gerentes entrevistados por Watson e

---

19 Willmott, 1987.

20 Id., 1984:350.

21 Melo, 1999.

Harris (1999). Tais gerentes falaram de uma agenda oculta, freqüentemente orientada por interesses territoriais e/ou de avanço na carreira. Aliás, quando se desempenha um trabalho gerencial e se administra a política do território e da carreira, essas sutilezas representam o que esses gerentes realmente aprenderam e devem continuar a aprender com relação ao seu trabalho.

No jogo de poder organizacional, os gerentes formam alianças para tentar atingir objetivos que os favoreçam e legitimar sua autoridade. Por exemplo, comparando trabalho e autoridade no Ocidente e na Rússia, Bendix (1956) argumenta que o conflito não se estabelece entre capital e trabalho, mas entre os que gerenciam e os que são gerenciados nas empresas de grande porte. Assim, nesse tipo de empresa, os gerentes são levados a desenvolver ideologias para justificar o exercício de sua autoridade. Gowler e Legge (1983) dizem algo similar quando sugerem que os gerentes são administradores do sentido e que a retórica da administração é usada para justificar o papel por eles exercido. De fato, os gerentes procuram quebrar a resistência a sua autoridade regulando o comportamento dos outros. Tendem também a utilizar estratégias controversas para lidar com o papel conflituoso criado, de um lado, pelas políticas e regras estipuladas pelos superiores e, de outro, pelas reações de seus subordinados.[22] Nichols e Beynon (1977) documentaram os mecanismos ideológicos empregados pelos gerentes para resolver os conflitos entre a administração do sistema técnico e as pessoas.

Dalton faz uma extensa descrição dos vários tipos de atividades informais que ocupam o tempo dos gerentes, assinalando as disputas de poder entre aqueles que buscam assegurar ou defender recursos, interpretações informais, negociações e implementações de políticas corporativas no nível local. Na perspectiva de Dalton (1959:68), o gerente bem-sucedido é aquele que consegue negociar os sistemas organizacionais informais: "pessoas que são hábeis em lidar com a confusão tornam-se líderes, com ou sem o título oficial. Eles se tornam o núcleo de grupos, interligando as ações coletivas e os objetivos oficiais e não-oficiais". Não resta dúvida de que os gerentes lidam com interesses divergentes e expectativas conflitantes. Estão geralmente no fogo cruzado entre os departamentos internos e os clientes e fornecedores externos, entre interesses individuais e de grupos, entre o formalizado e a prática cotidiana. Por isso, são considerados por Galbraith (1983) mais estritamente controlados do que outras categorias profissionais. Eles têm que ser mais cautelosos, por exemplo, acerca do que pensam e dizem.

---

[22] Silverman e Jones, 1976.

Os gerentes ocupam uma posição ambivalente: são pagos para manter e fortalecer o capital, mas não têm acesso às estruturas de decisão, de poder e de planejamento da organização.[23] De um lado, os gerentes são instados a demonstrar onipresença e pensamento claro sobre aqueles que estão sob sua responsabilidade. De outro, precisam receber e responder a demandas freqüentes e cambiantes de seus superiores. Watson sugere que essa questão do "duplo controle"[24] é uma das razões-chave que explicam a aparente ambivalência dos gerentes ante os modismos organizacionais e a tendência de sempre tentarem convencer a si mesmos e aos outros de que são "pessoas importantes". Assim, os gerentes constituem o grupo profissional que mais vivencia contradições.

## *A questão de gênero*

Mesmo que essa temática não seja aprofundada num capítulo específico deste livro, é importante ressaltar que os gerentes não desempenham um trabalho neutro em termos de relações de gênero. As sociedades capitalistas foram construídas com base em uma divisão sexual do trabalho que tende a se reproduzir nas empresas, exercendo significativa influência nas possibilidades de ação das mulheres que exercem a função de gerência. A segregação das mulheres a determinados segmentos não acontece apenas no mercado de trabalho, também ocorre no sistema educacional. Ao buscarem uma carreira profissional, as mulheres muitas vezes acabam ocupando cargos que não oferecem as mesmas perspectivas de carreira ou os mesmos níveis salariais que os ocupados predominantemente por homens. E mesmo em situações em que homens e mulheres têm o mesmo histórico educacional, elas não são promovidas tão freqüentemente quanto eles. De fato, muito do que se aborda sobre a questão de gênero na literatura administrativa é direcionado para as práticas e culturas organizacionais masculinas. Tal lógica se fundamenta na marginalidade numérica das mulheres em altos postos administrativos, em empresas tanto privadas quanto públicas.[25]

---

23 Boltanski, 1982.

24 Ver Watson, 1994; e Watson e Harris, 1999.

25 Ver, por exemplo, Whitehead e Moodley, 1999; e Wirth, 2001.

Além de, desde o início, o trabalho realizado pelas gerentes ser menos valorizado do que o realizado pelos homens, as mulheres ainda progridem mais lentamente ou têm que apresentar melhor performance que os homens para serem promovidas.[26] Elas podem inclusive desenvolver modos de lidar com essa situação desigual. Por exemplo, no caso das gerentes canadenses estudadas por Sheppard (1989), a identidade sexual foi sendo transformada, de modo a facilitar a integração no mundo organizacional, permeado e organizado pela cultura masculina de gestão. Essas gerentes desenvolveram estratégias para se desprender das questões de gênero, afirmando que se tratava sobretudo de questões pessoais e, não, de questões de discriminação sistemática.

Baseando-se em outro contexto cultural, Belle (1991) aprofunda a questão quando estuda a construção da identidade das gerentes em três empresas francesas. As gerentes construíam sua identidade enquanto grupo profissional muito mais em função das expectativas projetadas pelos outros do que de suas próprias aspirações. Melo (2002), por outro lado, identifica especificidades femininas que podem constituir um diferencial no exercício da função analisando um grupo de gerentes femininas nos setores industrial e bancário. Trata-se de dois processos diferentes de construção do espaço e da identidade gerencial. No setor industrial, é necessário que a mulher supere o homem num "gueto masculino". Já no setor bancário, não há vinculação com o fato de se ser mulher ou homem, mas com a competência e os resultados obtidos.

Uma reflexão diferenciada sobre o que influencia o trabalho gerencial deve considerar a questão do gênero e encorajar certa sensibilidade para com as contradições e ambigüidades ligadas à (re)construção social das relações de gênero, à discriminação e às desigualdades no local de trabalho.[27] Entretanto, se os estudos sobre gênero são contingentes à estrutura da divisão sexual do trabalho,[28] o fato de as mulheres virem obtendo, ao longo das últimas décadas, sua inserção no mercado de trabalho e ascensão profissional no âmbito das empresas[29] pode sugerir que as relações de gênero estão adotando outros contornos. Grant (2000), por exemplo, estuda 92 gerentes australianas e observa que a renegociação de papéis sexuais no âmbito da família e nas relações pessoais está gradualmente se alterando. Mas mes-

---

[26] Billing e Alvesson, 1993.

[27] Ibid.

[28] Alvesson e Billing, 1997.

[29] Ver, por exemplo, Castells, 1999; e Wirth, 2001.

mo que as gerentes pesquisadas indiquem uma reconstrução de seus papéis sociais, ainda existe muita expectativa quanto ao que deva ser uma esposa ou um parceiro. Tais expectativas influenciam a forma de vivenciar as relações no dia-a-dia de trabalho.

As questões de gênero devem ser abordadas como forma de expressão das relações de poder, visto que esta é uma característica fundamental e inelutável de todas as relações sociais.[30] Ao considerarmos o poder uma categoria relacional, torna-se pertinente analisar as condições de emergência de questões de gênero nos jogos de interesses envolvidos. Bourdieu (1996), por exemplo, demonstra que a dominação masculina está instituída nas coisas e na estrutura do pensamento, e reconhece que esse fato é um tipo particular de violência simbólica. Diante das contestações feministas, Bourdieu (1999) acredita que a possibilidade de transformação está na subjetividade de cada um, na capacidade de ação interativa de cada ator social, na sua participação ativa na construção social da realidade, mesmo que relativamente limitada por fatores estruturais.[31]

Nesse sentido, o reconhecimento e a aceitação das diferenças entre homens e mulheres têm ocorrido do "feminismo da igualdade" para o "feminismo das diferenças".[32] As mulheres parecem estar mais confiantes, destacando e valorizando suas singularidades. Segundo Sainsaulieu (1997:251) "uma nova forma de aprendizagem cultural" resulta dessa nova dinâmica dos gêneros nas relações de trabalho.

## Transformações no trabalho dos gerentes

Se os gerentes tornaram-se, por muitas décadas, um grupo social imponente, como acabamos de ver, nos últimos anos os limites entre ser e não ser gerente ficaram mais fluidos e talvez até supérfluos.[33] Os gerentes, que se encontravam numa situação ambígua, enfrentaram, ao longo da década de 1990, um agravamento dessa situação, devido aos processos de reestruturação pelo qual passaram várias empresas e às exigências do novo sistema capitalista em construção.[34] Além das particularidades da

---

30 Melo, 1985:162.

31 Misoczky, 2001.

32 Peters, 1998.

33 Grey, 1999.

34 Sennett, 1999.

função e do comportamento dos gerentes enquanto grupo social, constata-se que as novas formas de administração — baseadas na qualidade total, no enxugamento de efetivos, na mudança da estrutura organizacional, na redução dos níveis hierárquicos, na terceirização de serviços, na informatização, na automação da produção, entre outros — impõem transformações radicais na função gerencial.

Nessa parte, discutiremos as conseqüências das reestruturações organizacionais para o trabalho dos gerentes e como eles vivenciam tais transformações. Observa-se que o mal-estar experimentado pelos gerentes na atual fase do capitalismo se assemelha na forma, quando se analisam setores diferentes ou mesmo gerentes de países em diferentes estágios de desenvolvimento econômico.[35] Abordaremos mais precisamente o mal-estar vivenciado pelos gerentes intermediários devido ao aumento da ambigüidade, à redução do número de gerentes empregados pelas empresas, à intensificação do trabalho, a mensagens duplas, a dificuldades de conciliação do trabalho com a vida privada. Também serão apresentadas questões ligadas à mudança do contrato psicológico de trabalho e da carreira profissional.

## *A onda de reestruturações organizacionais*

Num contexto de competição intensificada, desregulamentação dos mercados, desenvolvimento das tecnologias de informação e produção, políticas e legislações governamentais, mudanças demográficas, a década de 1990 presenciou um movimento contínuo de reestruturações, que, de um lado, visava a responder aos objetivos de eficácia e de lucratividade e, de outro, a implementar medidas que tornassem as empresas mais flexíveis. Segundo Rouleau (2000), as reestruturações se inscrevem neste duplo movimento de racionalização e flexibilização das práticas de gestão e de organização do trabalho em variados níveis (ver figura 2). Enquanto o movimento de racionalização prolonga o movimento de modernização baseado no ideal do *one best way* — enxugamento do quadro de pessoal, mudanças na estrutura organizacional, redução de níveis hierárquicos, por exemplo —, as reestruturações também se valem de uma série de medidas para tornar a empresa mais flexível — como a terceirização —, mais adaptável às transformações das estruturas e dos modos de organização do trabalho, mais apta à diversificação da demanda de bens e serviços.

[35] Melo, 2000.

FIGURA 2

MOVIMENTOS DO PROCESSO DE REESTRUTURAÇÃO DAS EMPRESAS

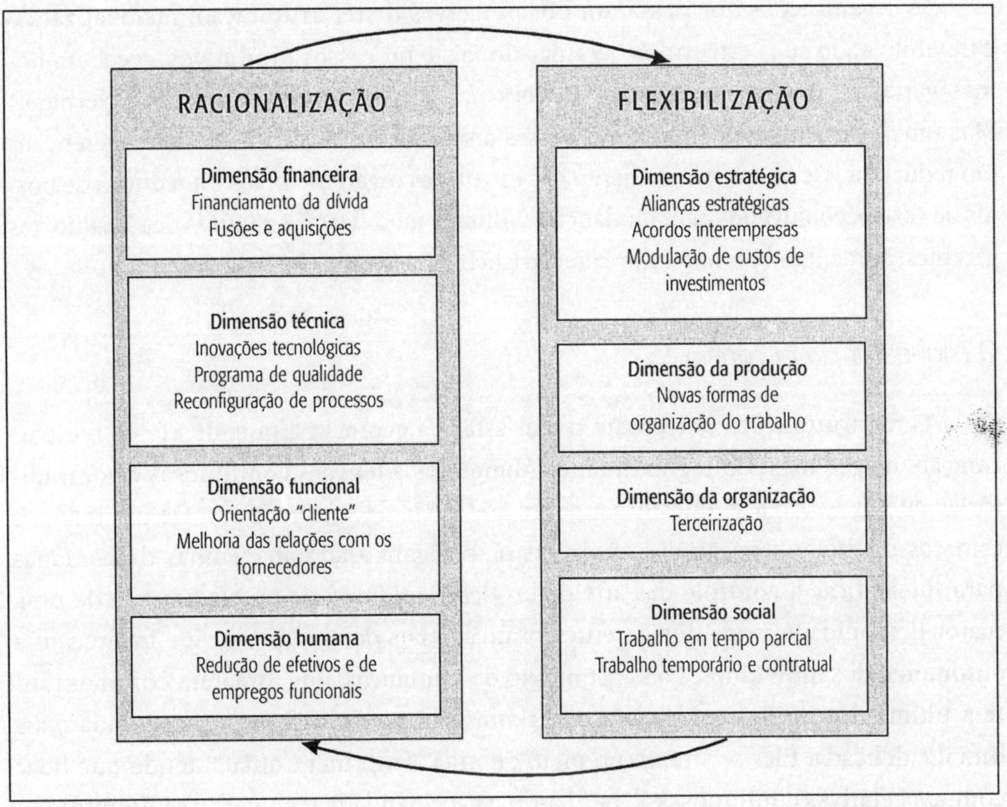


Fonte: Rouleau, 2000:50.

Esse duplo movimento de racionalização e flexibilização proposto por Rouleau se apóia num variado rol de programas de mudança gerencial, cultural ou tecnológica. Tais programas podem incluir a administração da cultura, da qualidade total, de pessoas (ARH), do processo de reengenharia, da aprendizagem organizacional, e outros inúmeros incitamentos à criatividade e ao empreendedorismo, que se têm tornado características intrínsecas da administração no discurso tanto acadêmico quanto dos consultores. Há também a informatização, a automação e a introdução de novas tecnologias de comunicação e de informação, para que a organização opere cada vez mais com menos níveis hierárquicos e com mais cooperação horizontal — através das diferentes funções e departamentos —, favorecendo um estilo de gestão mais participativo. Freqüentemente, nesse processo de racionalização e flexibilização, os cargos gerenciais são eliminados e os operacionais são redesenhados, levando-se em consideração os princípios do trabalho em equipe, no qual a supervisão é minimizada.[36]

As organizações que passaram por processos de reestruturação, racionalizando e flexibilizando suas estruturas organizacionais e processos produtivos, recebem nomes variados: pós-burocráticas,[37] *networked*,[38] virtuais ou mesmo pós-modernas.[39] Mas um dos resultados significativos desses processos é que o *staff* e os níveis gerenciais são reduzidos. De fato, o achatamento das estruturas organizacionais e a redução de postos de gestão, conjugados com mudanças culturais, modificam as práticas de trabalho dos gerentes, aumentando o mal-estar característico de um cargo intermediário.

## *O mal-estar da gerência*

As reestruturações exacerbam o mal-estar da gerência. Em contexto de reestruturação, os gerentes são regularmente submetidos a tensões conflituosas e contraditórias que os levam a se questionar sobre a eficácia de suas práticas. De um lado, os esforços de racionalização das empresas os obrigam a adotar medidas draconianas para intensificar o controle das atividades desenvolvidas; de outro, a busca de uma maior flexibilidade exige dos gerentes práticas mais democráticas, que favoreçam a autonomia dos indivíduos. Nesse contexto de mudanças, que tomaram corpo durante a última década do século XX, os gerentes se encontram em posição ainda mais difícil e delicada. Eles se situam no meio de uma longa hierarquia,[40] tendo que lidar com expectativas conflituosas,[41] perdendo a especialidade técnica[42] e se desiludindo com as perspectivas de carreira.[43]

Em resumo, pode-se afirmar que o sentimento de mal-estar dos gerentes intermediários é gerado pela falta de perspectivas de futuro, pelo aumento da pressão no

---

[36] Davel, Rolland e Tremblay, 2000.

[37] Heckscher e Donnellon, 1994.

[38] Powell, 1990.

[39] Clegg, 1990.

[40] Dickson, 1977.

[41] Kanter, 1986; e Keys e Bell, 1982.

[42] Torrington e Weightman, 1982.

[43] Goffee e Scase, 1986; e Hunt, 1986.

tocante a metas de desempenho, pela imprecisão na definição das tarefas e responsabilidades, pela pouca consideração ou reconhecimento demonstrado pelos dirigentes da organização, pela deterioração do clima social na empresa, pela redução/achatamento das estruturas hierárquicas, pelo aumento dos meios de controle, entre outros fatores. Mas as pesquisas sobre as transformações ocorridas no trabalho dos gerentes nem sempre convergem, podendo apontar resultados contraditórios. Livian e Burgoyne (1997) classificam os diferentes e variados resultados encontrados pelos estudiosos em dois pólos: um pólo indicando que os resultados encontrados baseiam-se em evidências de estudos empíricos e outro pólo indicando que os resultados são fruto de especulação retórica (figura 3).

### FIGURA 3
### INVENÇÕES E EVIDÊNCIAS SOBRE AS TRANSFORMAÇÕES NO TRABALHO DOS GERENTES

Evidência e descoberta

- Aumento da tensão e do estresse
- Desenvolvimento de novas atitudes e competências
- Redução do número de gerentes
- Maior envolvimento nas estratégias da empresa
- Mudança ou redução do papel do gerente devido às tecnologias de informação
- Incremento na orientação para o negócio
- Novos tipos de relacionamento, baseados na criatividade e na inovação
- Perspectivas de carreira e segurança reduzidas
- Incorporação de funções anteriormente distintas
- Enfraquecimento da supervisão devido à autonomia do trabalho em equipe
- Diminuição de papéis específicos e bem delimitados
- Aumento do comprometimento
- Atores-chave durante a introdução de novas configurações nas organizações
- Novos papéis: *coach*, facilitador, professor

Retórica e invenção

Fonte: Livian e Burgoyne, 1997:15.

Em tempos de reestruturação, um dos fatores mais alarmantes para o corpo gerencial são a redução do número de gerentes[44] e o aumento da jornada de trabalho, que intensificam o trabalho da gerência.[45] Isso indica que os gerentes vêm experimentando um aumento significativo na quantidade de horas trabalhadas, tanto no trabalho quanto em casa, à noite e nos fins de semana.[46] Esses regimes intensivos de trabalho são oriundos de reestruturações organizacionais em que as responsabilidades gerenciais tornam-se maiores, as estruturas são mais achatadas, a orientação é de curto prazo, a pressão para a performance provém dos pares, o desenvolvimento de uma cultura da performance aumenta as práticas de avaliação individual e gera um certo medo e insegurança com relação ao emprego.

A mudança efetuada no conteúdo e no escopo do trabalho gerencial também se deve ao avanço da tecnologia da informação, que vai integrando uma série de funções anteriormente distintas e eliminando outras. Isso torna o trabalho do gerente menos específico, fazendo com que assuma um conjunto mais amplo de responsabilidades.[47] Com a introdução das tecnologias da informação, na visão de alguns estudiosos, os gerentes foram sendo liberados dos aspectos rotineiros e envolvidos nos aspectos criativos de seu trabalho.[48] Na visão de outros, as transformações organizacionais estariam retirando dos gerentes o controle das informações e comunicações organizacionais.[49]

Scase e Goffee (1989), por exemplo, descrevem as mudanças ocorridas nos contratos psicológicos entre os gerentes e as organizações que os empregam, salientando que estas levam os gerentes a crer que trabalham muito mais, num contexto de controle mais estrito, sem que nada lhes seja oferecido em troca. Esses autores revelam que a maioria dos gerentes britânicos entrevistados excedia o período normal de trabalho, em média de 50 horas semanais. Assim, com as reestruturações, pode-se dizer que, se não foi demitido, o gerente vê seu cargo mudar de forma polarizada, podendo ser rebaixado ou promovido. Contudo, em qualquer desses pólos, constata-se um aumento da carga de trabalho, o que é constantemente reiterado em depoimentos e pesquisas com o grupo gerencial.

---

[44] Livian e Burgoyne, 1997.

[45] Thomas e Dunkerley, 1999; Charlesworth, 1997; Doherty, Bank e Vinnicombe, 1995; e Wheatley, 1992.

[46] Thomas e Dunkerley, 1999.

[47] Storey, 1992.

[48] Dopson e Stewart, 1993; e Pinsonneault e Kreamer, 1993.

[49] Scarborough e Burrell, 1996.

O mal-estar gerencial, além de ser gerado pela intensificação do trabalho, também provém da destruição das redes sociais e do processo de comunicação ambíguo acentuado pelas reestruturações organizacionais. Uma das particularidades do trabalho gerencial é os gerentes estabelecerem diferentes contatos que lhes permitam "apagar incêndios" rapidamente,[50] mas as práticas de flexibilização começam a produzir uma dispersão considerável dos contatos com os quais os gerentes lidavam cotidianamente. Acrescente-se a isso processos de comunicação altamente ambíguos em que gerentes superiores difundem entre seus subalternos novas regras do jogo, enquanto as regras antigas ainda continuam a ser aplicadas. Nesse contexto, cabe aos gerentes traduzir, esclarecer e interpretar as mensagens dúbias vindas do topo da hierarquia. Eles devem criar as pontes entre os hábitos culturais ultrapassados e as novas maneiras de dizer e fazer as coisas.

O mal-estar gerencial também alcança o domínio da vida privada. O que se exige dos gerentes em termos de novas responsabilidades e papéis cria, claramente, tensões na vida familiar.[51] A cultura de longas jornadas de trabalho compromete o relacionamento familiar dos gerentes. Tudo indica que seja mais difícil para as gerentes atender às expectativas de longas horas de trabalho, mas também os gerentes entrevistados por Thomas e Dunkerley (1999) comentam que sua capacidade de cumprir longas jornadas de trabalho é facilitada pela esposa que não tem uma vida profissional. Na pesquisa de Thomas e Linstead (2002), os gerentes descrevem seu trabalho como tão importante e exigente que a vida privada deve ser sacrificada. Para esses gerentes legitimarem seu *status* na organização, os discursos sobre a vida familiar ou pessoal são suprimidos ou ficam submissos ao discurso dominante da organização sobre sua sobrevivência e competição no mercado.[52]

Outra fonte de mal-estar para os gerentes intermediários é a mudança em seu contrato de trabalho com a organização e em sua concepção de progressão na carreira. As reestruturações modificam esses dois itens, enfraquecendo o sentimento de segurança com relação ao emprego e diminuindo as possibilidades de trajetórias profissionais convencionais.[53]

---

[50] Kotter, 1982.

[51] Ver, por exemplo, Thomas e Dunkerley, 1999; Thomas e Linstead, 2002.

[52] Ver também Colbari, Davel e Santos, 2001.

[53] Ver, por exemplo, Livian e Burgoyne, 1997; e Melo, 2000.

## *Mudanças no contrato psicológico*

Como mostra a pesquisa de Dopson e Neumann (1998), o contrato psicológico entre os gerentes e suas organizações passa por mudanças radicais. A partir de entrevistas com 37 gerentes intermediários de 16 organizações que enfrentaram algum programa de mudança organizacional, Dopson e Neumann estudaram as reações desses gerentes às alterações do antigo contrato psicológico.

Por contrato psicológico, os autores entendem os aspectos ligados ao conhecimento, à motivação, aos objetivos individuais e organizacionais, ao comportamento e à ética. O contrato voltado para o conhecimento é constituído pelo conjunto de competências, conhecimentos e habilidades enfatizados pela organização durante o recrutamento, o treinamento e o desenvolvimento. Outro elemento do contrato psicológico são as razões individuais que orientam a motivação, assim como a necessidade da organização de alcançar um grau funcional de satisfação com relação ao cargo ocupado. Uma terceira dimensão desse contrato engloba os objetivos estabelecidos pela organização e os meios preferenciais para monitorá-los, avaliá-los e alcançá-los. A questão comportamental refere-se às responsabilidades conferidas aos gerentes e aos padrões de conduta esperados em retorno. Finalmente, a questão ética trata da manutenção da integridade e da identidade pública da organização, e também diz respeito às crenças individuais e às qualidades valorizadas e exaltadas.

O quadro 1 ilustra as mudanças no contrato psicológico dos gerentes, apresentando para cada um desses cinco elementos formulados por Dopson e Neumann as mudanças com relação ao contrato psicológico tradicional.

### QUADRO 1
### MUDANÇAS NOS CONTRATOS PSICOLÓGICOS DOS GERENTES

| Elemento | Contrato tradicional | Contrato em transformação |
|---|---|---|
| Conhecimento | ❑ Conhecimentos especializados ou qualificações profissionais<br>❑ Estabelecimento e manutenção de sistemas e rotinas no campo de especialização<br>❑ Foco principal na organização | ❑ Ganhos de conhecimento em campos gerais da administração, como finanças, tecnologia da informação etc.<br>❑ Auxílio do pessoal operacional no monitoramento e na manutenção de sistemas em seus campos de especialização<br>❑ Foco simultâneo nas relações externas e internas à organização |
| Motivação | ❑ Planos de carreira com promoções a níveis mais elevados<br>❑ Responsabilidades correspondentes ao grau de controle<br>❑ Expectativa de equilíbrio entre a vida no trabalho e no lar | ❑ Recompensas, em geral, que não adicionem níveis hierárquicos<br>❑ Responsabilidades correspondentes à concretização de objetivos de performance<br>❑ Expectativa de longas horas de trabalho em prol do empregador |

*Continua*

| Elemento | Contrato tradicional | Contrato em transformação |
|---|---|---|
| Objetivos e meios | ❑ Manutenção do *status quo*<br>❑ Orientação de procedimentos escritos ou costumeiros<br>❑ Trabalho orientado por objetivos gerais e amplos dentro da especialidade profissional | ❑ Busca contínua de formas de inovação e melhoria<br>❑ Assunção de riscos e experimentações sem muita formalidade<br>❑ Equalização do orçamento com relação a objetivos de performance sem preocupação com a especialidade profissional |
| Comportamento | ❑ Exercício da autoridade em estilo ditatorial<br>❑ Foco principal nas necessidades de uma área de responsabilidade<br>❑ Utilização da iniciativa individual para julgar a performance | ❑ Exercício da autoridade em estilo participativo e *empowering*<br>❑ Cooperação com outras áreas para realizar os objetivos gerais da organização<br>❑ Utilização de medidas, através da tecnologia da informação, para julgar os resultados no tocante à qualidade e à quantidade |
| Ética | ❑ Diferença entre os valores pessoais e organizacionais<br>❑ Manutenção da privacidade fora da organização<br>❑ Vivência da ética organizacional sem falar sobre ela | ❑ Associação de valores pessoais com valores organizacionais<br>❑ Expectativa de estar publicamente engajado com a missão e o *ethos* da organização<br>❑ Publicação e difusão dos preceitos éticos da organização |

Fonte: Dopson e Neumann, 1998.

Segundo Dopson e Neumann, no que diz respeito ao contrato de conhecimento, os gerentes são pressionados a participar de treinamentos de desenvolvimento gerencial, que visam em geral dar-lhes uma qualificação administrativa generalizada. São freqüentemente obrigados a desenvolver qualidades distanciadas de campos especializados, como habilidades para lidar com mudanças contínuas e com incertezas, habilidades para forjar e administrar relacionamentos complexos (dentro e fora da organização), habilidades para tomar iniciativas em face do aumento das dificuldades e da ampliação dos objetivos organizacionais e para utilizar as novas tecnologias da informação.

De fato, tudo isso já se manifestava na pesquisa realizada por Dopson e Stewart (1990). O trabalho gerencial tornou-se cada vez mais generalista, com mais responsabilidades e com uma gama maior de tarefas. A amplitude de controle dos gerentes aumentou nas empresas estudadas por esses autores, ao mesmo tempo em que estes se tornaram responsáveis por um grupo maior de pessoas e em que se depositou maior ênfase em sua performance. Conseqüentemente, no tocante à estratégia, a contribuição dos gerentes é vital, na medida em que são eles os que primeiro reconhecem os problemas e oportunidades estratégicos.[54]

[54] Wooldridge e Floyd, 1990.

Os papéis dos gerentes tendem, então, a ser menos operacionais, mais estratégicos e voltados para pessoas, devido ao aumento das margens de autonomia e de liderança no âmbito das equipes de trabalho. Dopson e Stewart (1993), por exemplo, afirmam que o papel dos gerentes tornou-se mais criativo e flexível. Maior flexibilidade e adaptabilidade, assim como habilidade para aprender novas competências vão-se tornando requisitos importantes para os gerentes. Essas novas competências incluem: pensamento estratégico, entendimento da realidade do mercado, pensamento centrado no cliente, melhor seleção e gestão dos resultados de seus subordinados.[55] Alguns desses novos papéis e atividades foram sintetizados, no quadro 2, por Bartlett e Ghoshal (1997), que também classificaram as mudanças no trabalho gerencial em três níveis hierárquicos.

## QUADRO 2
## MUDANÇAS NO TRABALHO DOS GERENTES EM DIFERENTES NÍVEIS

| Característica | Nível operacional | Nível intermediário | Nível superior |
|---|---|---|---|
| Mudança de papéis | ❑ De implementadores operacionais para empreendedores agressivos | ❑ De controladores administrativos para treinadores de apoio | ❑ De alocadores de recursos para líderes institucionais |
| Atividades e tarefas-chave | ❑ Criação e busca de novas oportunidades de crescimento para o negócio<br>❑ Atração e desenvolvimento de recursos e competências<br>❑ Gestão contínua da melhoria da *performance* dentro da unidade | ❑ Desenvolvimento de indivíduos e o apoio deles nas atividades<br>❑ Ligação dos conhecimentos, habilidade e melhores práticas dispersos entre as unidades<br>❑ Gestão da tensão entre a performance de curto prazo e as ambições de longo prazo | ❑ Desafio dos pressupostos habituais estabelecendo oportunidades de horizontes flexíveis e padrões de performance<br>❑ Institucionalização de um conjunto de normas e valores, a fim de favorecer a cooperação e a confiança<br>❑ Criação de propósitos e ambições corporativas |
| Conhecimento e experiência | ❑ Conhecimento de competitividade, técnica do negócio e características dos clientes<br>❑ Conhecimento dos recursos internos e externos<br>❑ Compreensão detalhada das operações do negócio | ❑ Conhecimento das pessoas e entendimento das formas de influenciá-las<br>❑ Compreensão da dinâmica interpessoal entre os diversos grupos<br>❑ Compreensão das relações meios-fins que vinculam as prioridades de curto prazo aos objetivos de longo prazo | ❑ Compreensão fundada e contextualizada da empresa, do negócio e das operações<br>❑ Compreensão da organização como um sistema de estruturas, processos e culturas<br>❑ Conhecimento amplo das diferentes empresas, setores e sociedades |

Fonte: Bartlett e Ghoshal, 1997.

[55] Dopson, 1992.

Na visão de Nonaka e Takeuchi (1995), os gerentes intermediários sintetizam o conhecimento tácito dos funcionários do plano operacional e da alta direção, tornando-o mais explícito e incorporando a ele novas tecnologias e novos produtos. Nessa perspectiva, os gerentes são considerados engenheiros do conhecimento na criação das organizações do conhecimento. Contudo, na pesquisa realizada por Ellinger, Watkins e Barnas (1999), constata-se que, entre os gerentes entrevistados, poucos agiam realmente como instrutores. A demanda de tempo e questões ligadas à adequação do ensino seriam as principais preocupações que influenciam os gerentes na adoção do papel de instrutores. De fato, os gerentes são afetados por essa mudança de papel a partir do momento em que se dão conta de que esse novo papel pode alterar suas relações com seus subordinados, e inclusive aumentar sua carga de trabalho e expor sua falta de habilidades técnicas, conhecimentos e competências como instrutores.

Outra dimensão importante do contrato psicológico dos gerentes é a questão da motivação e do comprometimento. Em períodos de reestruturação, os gerentes desenvolvem novas formas de contrato psicológico, trocando comprometimento total e imersão emocional por desligamento e instrumentalismo. Por exemplo, nas empresas estudadas por Heckscher (1995), as marcadas pela lealdade dos gerentes são definidas como uma família. As referências à organização como uma família aparecem freqüentemente em organizações brasileiras e estrangeiras de diferentes setores de atividade econômica, em contraste com o novo ou emergente sistema de gestão.[56] O aspecto-chave da família é o cuidado tanto recebido quanto dispensado aos outros. O principal aspecto destacado sobre os gerentes nesse contexto antigo de lealdade é que eles desempenhavam o papel de pais, não só brigando por seus funcionários, mas também favorecendo ou desenvolvendo a proteção e o cuidado.[57] E os gerentes esperam que seus superiores ajam da mesma forma com eles.

No processo de reestruturação organizacional da década passada, as empresas deixaram de garantir o emprego e passaram a não ser tão responsáveis por seus funcionários quanto antes. Nesse contexto, os gerentes não podem mais desempenhar o papel de membro da família, não podem estabelecer uma relação de proteção e cuidado com seus subordinados. Eles aceitam, então, que devem se orientar também para o que acontece fora da empresa. São cada vez mais encorajados a utilizar a linguagem do mercado como princípio de autoridade e a desenvolver sua empregabilidade, ou

---

[56] Davel, 2002; Davel e Colbari, 2000; Davel e Robichaud, 2002; e Heckscher, 1995.

[57] Davel e Robichaud, 2002; e Heckscher, 1995.

seja, sua capacidade de deslocamento entre firmas.[58] Essas mudanças levam os gerentes a um reexame mais profundo de seus valores,[59] motivações e formas de engajamento com a empresa.

Na pesquisa realizada por Newell e Dopson (1996), os gerentes entrevistados comentaram a pouca ou nenhuma informação fornecida pela empresa sobre seus papéis e seu futuro na organização. Isso cria a impressão de que os gerentes intermediários permanecem nas empresas mais pelo interesse de dar continuidade à carreira do que por comprometimento afetivo com a empresa e sua cultura. De fato, Scase e Goffee (1989) mostram que o novo contrato psicológico de trabalho e a intensificação do trabalho e dos sistemas de avaliação adulteraram a natureza do comprometimento gerencial. Muitos gerentes britânicos estão bem menos engajados com relação ao seu trabalho, suas carreiras e à organização que os emprega.[60] Talvez sejam mais prudentes do que no passado e não se envolvam tanto psicologicamente com suas ocupações, procurando obter um melhor equilíbrio entre o trabalho e a vida privada. Alguns gerentes relutam em se esforçar para ser bem-sucedidos na carreira se isso só puder ser obtido em detrimento de suas relações pessoais e familiares.[61]

Newell e Dopson (1996) mostram que um período prolongado de reestruturação organizacional pode instaurar regimes de trabalho intensificados e uma quebra no sistema tradicional de carreira, resultando num comprometimento gerencial baseado mais no medo do que na lealdade para com a organização. De fato, as reestruturações são freqüentemente vivenciadas pelos gerentes como uma traição por parte da organização. Os gerentes se sentem traídos, uma vez que deram duro para atingir os objetivos estabelecidos. Além disso, a crise entre os sobreviventes se manifesta numa série de comportamentos negativos que tendem a estancar os benefícios esperados dos programas de reestruturação.[62] Muitos dos problemas ligados à crise dos sobreviventes provêm da quebra do contrato psicológico tradicional de trabalho, que garantia aos gerentes a conservação de seus empregos e o avanço numa carreira hierárquica.

Turnbull (2001) e Dopson e Neumann (1998) afirmam que as reações dos gerentes às mudanças organizacionais são diversas. Turnbull, por exemplo, observa que

---

58 Colbari, Davel e Santos, 2001.

59 Heckscher, 1995.

60 Goffe e Scase, 1986.

61 Scase e Goffee, 1989:179.

62 Doherty, Bank e Vinnicombe, 1995; Guest e Peccei, 1992; e Thornhill e Saunders, 1997.

os gerentes de uma grande empresa de engenharia reagem ao processo de mudança organizacional de maneira diferente, havendo os que se comparam a evangelistas, a atores, cépticos, cínicos, críticos ou a profissionais intocáveis. No estudo de Dopson e Neumann, as reações dos gerentes às mudanças do contrato psicológico de trabalho são variadas, podendo ser segmentadas em três tipos: incerteza, contrariedade e impasse. O quadro 3 apresenta esses três tipos de reação, relacionando-as ao estágio da carreira gerencial.

### Quadro 3
### Reações dos gerentes às mudanças organizacionais

| Tipos | Incerteza | Contrariedade | Impasse |
|---|---|---|---|
| Estágio da carreira | ❑ Entre o início e o meio da carreira | ❑ No meio da carreira | ❑ Entre o meio e o fim da carreira |
| Função | ❑ *Staff* | ❑ Linha e *staff* | ❑ Linha |
| Mudanças problemáticas | ❑ Procedimentos operacionais diários<br>❑ Carreira<br>❑ Motivação | ❑ Aumento de responsabilidade e de mecanismos de avaliação<br>❑ Diminuição de recursos e poder | ❑ Perda de *status* e de poder<br>❑ Novas tecnologias<br>❑ Relacionamentos autoritários |
| Quantidade de elementos mudados | ❑ Mudança de dois ou três elementos | ❑ Mudança de três elementos | ❑ Mudança de dois a quatro elementos |
| Estratégias de enfrentamento da mudança | ❑ Ênfase no conhecimento e na *expertise* | ❑ Desafio ativo ou resistente ao gerente sênior | ❑ Passividade<br>❑ Impressão de conformidade, com crises de cólera |

Fonte: Dopson e Neumann, 1998.

Os *gerentes incertos* se sentem confusos com a mudança, pois não têm conhecimento e compreensão suficientes para adotar uma postura clara. Já os *gerentes contrariados* ficam nitidamente enraivecidos com a mudança, apontando freqüentemente os aspectos contraditórios ou paradoxais do processo de mudança. Eles podem se opor aos gerentes seniores, afirmando que as decisões tomadas por estes não têm cabimento. Opõem-se também lembrando a posição repleta de situações paradoxais em que foram colocados pelos gerentes seniores. Por fim, os *gerentes do impasse* são os que reagem da forma mais negativa ao processo de mudança, porque se encontram em uma situação difícil e que parece sem saída. Eles se sentem constrangidos com a mudança, pois são forçados a escolher entre duas alternativas indesejáveis. Os gerentes que se encontram nessa situação de impasse sentem-se, simultaneamente, incapazes de influenciar essa situação e incapazes de sair dela. Refletem o dizer: "se correr o bicho pega, se ficar o bicho come".

## *Mudanças na trajetória profissional*

As reestruturações organizacionais modificam as trajetórias profissionais dos gerentes intermediários. Nesse contexto, muitos gerentes constroem suas carreiras em situações de mudança acirrada. Situações em que se presencia colegas próximos serem despedidos, recuarem em suas estratégias ou mesmo aumentarem e intensificarem as mudanças em curso em suas empresas. A atitude com relação à carreira torna-se cada vez mais ambivalente.[63]

Watson e Harris (1999) consideram que os gerentes planejam e modelam suas carreiras de várias formas. Alguns se vêem como ativos e empreendedores. Outros como mais adaptáveis, descrevendo suas histórias de trabalho em termos de percepção e reação às mudanças que estão ocorrendo no ambiente de trabalho, ou tirando vantagem de novas situações e oportunidades. Outros ainda apresentam-se como passivos, enfatizando o papel da sorte e do acaso (quase decisões arbitrárias) na constituição do que são no momento presente. As pessoas modelam suas carreiras gerenciais em situações incertas e cambiantes. As organizações em que trabalham mudam à medida que identificam e procuram reagir às influências externas, ou à medida que importam novas idéias e práticas. Ao mesmo tempo, as pessoas também vão mudando e sendo levadas a perceber as coisas, elas próprias, de forma diferente. Além disso, levando-se em conta a importância dos objetivos, do planejamento, da estratégia e de um forte sentido de propósito no discurso administrativo, é interessante notar que a indecisão, escolhas mal informadas e arbitrárias e a conservação de opções abertas são temas recorrentes quando os gerentes falam de suas vidas.

Inkson, Heising e Rousseau (2001) estudaram 50 gerentes que desenvolvem uma trajetória profissional inusitada. São os gerentes interinos, os que trabalham com contratos provisórios e baseiam suas carreiras na lógica da acumulação de aprendizagens em organizações diferentes. O gerente interino é considerado um profissional especializado em uma das subáreas da administração, aquele que, durante um curto período de tempo, provém uma "empresa cliente" com serviços especializados ou participa de um projeto predeterminado. Sem dúvida, o contrato psicológico dos

---

63 Rouleau, 1999; e Melo, 2000.

gerentes interinos muda para se adaptar à multiplicidade de contratos que tendem a surgir. Isso cria uma vasta e dinâmica rede de contatos, por meio da qual o gerente interino pode progressivamente desenvolver um portfólio não só de diferentes contatos, mas também de diferentes formas de contratos. Para esses gerentes, as organizações se tornam um recurso potencial de carreira, um repositório de oportunidades para se obter emprego, desafios e conhecimentos.

## Conclusões

Este capítulo procurou mostrar que o trabalho dos gerentes não constitui um conjunto ordenado e coerente de atividades e tarefas. As atividades podem ser competitivas e mesmo contraditórias, daí advindo a importância da interação, do compromisso e da negociação no trabalho gerencial. Por lidar com pressões múltiplas, por se encontrar numa situação cambiante de poder, autonomia, conservadorismo, capacidade de inovar e de influenciar as relações entre os diferentes indivíduos que participam da vida organizacional, o trabalho dos gerentes é caracterizado sobretudo por uma relação de ambigüidade.

Vimos em seguida que os gerentes enfrentam um período conturbado por reestruturações que racionalizam e flexibilizam seu trabalho. Mas mesmo que o papel tradicional do gerente pareça ter sido abalado pelas mudanças radicais em nossa sociedade contemporânea, esse ator social ainda desempenha um papel fundamental no processo de renovação organizacional[64] e, mais ainda, durante os processos de reestruturação organizacional.

Tratamos também do aumento das pressões sobre o trabalho dos gerentes, a partir de visões variadas quanto aos impactos das reestruturações na carreira, no contrato psicológico e no bem-estar dos gerentes. De um lado, pode-se dizer que o impacto das reestruturações tem ajudado a reduzir algumas das frustrações tradicionais dos gerentes, que se sentiam bloqueados no meio de uma longa hierarquia, uma vez que os gerentes seniores perderam o poder e o *glamour*. De outro, muitos gerentes sentem que a organização não lhes dá a atenção devida, instalando-se assim um clima de insegurança, de intensificação da carga de trabalho e de individualismo. Além disso, muitos gerentes intermediários expressam um certo ressentimento com rela-

---

64 Floyd e Wooldridge, 1997.

ção ao grande controle que os gerentes de alto escalão exercem sobre as agendas estratégicas,[65] o que evidencia um processo de descentralização, mas com forte concentração de poder no topo da organização.[66]

Ao escrever este capítulo, partimos da premissa de que, se as organizações buscam gerentes proativos, torna-se necessário envolvê-los no processo de criação e negociação de significados. Aos gerentes proativos, compete a habilidade de participar de tal processo. No caso dos gerentes, sua inserção profissional será aprimorada na medida em que se tornarem conscientes dos múltiplos processos envolvidos em seu trabalho. Com a finalidade de fornecer aos gestores e às organizações fontes de melhoria e performance social, ressaltamos os aspectos que singularizam o trabalho dos gerentes e as mudanças pelas quais vêm passando. Propusemos então uma série de elementos que consideramos importantes para a compreensão da dimensão do trabalho dos gerentes (figura 1). Tais elementos foram organizados de forma dinâmica em torno de cinco processos-chave — a atuação, a interação, a simbolização, a dominação/controle e a assimilação/reprodução —, que serão aprofundados nos próximos capítulos.

## Referências bibliográficas

AKTOUF, O. *Le management entre tradition et renouvellement*. Montréal: Gaëtan Morin, 1994.

ALVESSON, M.; BILLING, Y. D. *Understanding gender and organizations*. London: Sage Publications, 1997.

ANTHONY, P. *The foundation of management*. London: Tavistock, 1986.

BARNARD, C. I. *The functions of the executive*. Cambridge: Harvard University Press, 1938.

BARTLETT, C. A.; GHOSHAL, S. The myth of the generic manager: new personal competencies for new management roles. *California Management Review*, v. 40, n. 1, p. 92-116, 1997.

BELLE, F. *Être femme et cadre*. Paris: L' Harmattan, 1991.

BENDIX, R. *Work and authority in industry: ideologies of management in the course of industrialization*. Berkeley: University of California Press, 1974.

---

65 Westley, 1990.

66 Sennett, 1999.

BILLING, Y. D.; ALVESSON, M. *Gender, managers, and organizations*. Berlin, New York: W. de Gruyter, 1993.

BOLTANSKI, L. *Les cadres: la formation d'un groupe social*. Paris: Minuit, 1982.

BOURDIEU, P. Novas reflexões sobre a dominação masculina. In: LOPES, M. J. M.; MEYER, D. E.; WALDOW, V. R. (Orgs.). *Gênero e saúde*. Porto Alegre: Artes Médicas, 1996.

_______. *A dominação masculina*. Rio de Janeiro: Bertrand Brasil, 1999.

BOWER, J. *Managing the resource allocation process*. Boston: Harvard University Press, 1970.

BRAVERMAN, H. *Labor and monopoly capital*. New York: Monthly Review Press, 1974.

BREWIS, J. The making of the competent manager: competency development, personnal effectiveness and Foucault. *Management Learning*, v. 27, n. 1, p. 65-86, 1996.

BURGELMAN, R. A. Corporate entrepreneurship and strategic management: insights from a process study. *Management Science*, v. 29, 1983.

BURNHAM, J. *The managerial revolution*. London: Penguin, 1945.

BURNS, T. Management in action. *Operational Research Quarterly*, v. 8, n. 2, p. 45-60, 1957.

CARLSON, S. *Executive behaviour: a study of the workload and working methods of managing directors*. Stockholm: Strombergs, 1951.

CASTELLS, M. *Le pouvoir de l'identité: l'ère de l'information*. Paris: Fayard, 1999.

CHANDLER, A. *The visible hand; the managerial revolution in American business*. Cambridge: Harvard University Press, 1977.

CHANLAT, J.-F. *Sciences sociales et management: plaidoyer pour une anthropologie generale*. Sainte-Foy, Paris: Presses de l'Université Laval, Eska, 1998.

CHARLESWORTH, K. *A question of balance*. Corby: Institute of Management, 1997.

CHILD, J.;ELLIS, T. Predictors of variation in managerial roles. *Human Relations*, v. 26, n. 2, p. 227-250, 1973

CLEGG, S. *Modern organization*. London: Sage, 1990.

COLBARI, A.; DAVEL, E.; SANTOS, G. Mercado como princípio de autoridade nas organizações contemporâneas: padrões de gestão, formação profissional e identidade em duas empresas capixabas. *Revista de Administração Pública*, v. 35, n. 2, p. 9-37, 2001.

COLLINSON, D.; COLLINSON, M. Delayering managers': time-space surveillance and its gendered effects. *Organization*, v. 4, n. 3, p. 375-407, 1997.

COOPEY, J.; KEEGAN, O.; EMLER, N. Managers' innovations as sense-making. *British Journal of Management*, v. 8, p. 301-315, 1997.

_______. Managers' innovations and the structuration of organizations. *Journal of Management Studies*, v. 35, n. 3, p. 263-284, 1998.

CUNLIFFE, A. L. Managers as practical authors: reconstructing our understanding of management practice. *Journal of Management Studies*, v. 38, n. 3, p. 351-371, 2001.

CURRIE, G.; KNIGHTS, D. Resistance and power in management education: a case study of middle managers in the NHS. In: INTERNATIONAL CRITICAL MANAGEMENT STUDIES CONFERENCE, 1., 1999, Manchester. *Proceedings*... Manchester: Umist, 1999.

CUTLER, I. The cynical manager. *Management Learning*, v. 31, n. 3, p. 295-312, 2000.

DALTON, M. *Men who manage: fusions of feeling and theory in administration*. New York: John Wiley and Sons, 1959.

DAVEL, E. Transforming family organizations in Brazil. In: COLLOQUIUM OF THE EUROPEAN GROUP FOR ORGANIZATIONAL STUDIES, 18., 2002, Barcelona. *Proceedings*... Barcelona, Spain: 2002.

_______; COLBARI, A. Organizações familiares: por uma introdução a sua tradição, contemporaneidade e multidisciplinaridade. *Organizações e Sociedade*, v. 7, n. 18, p. 45-64, 2000.

_______; ROBICHAUD, A. Psychisme, famille et processus d'influence au sein des entreprises. *Connexions*, v. 77, p. 119-145, 2002.

_______; ROLLAND, D.; TREMBLAY, D. G. A nova distribuição de responsabilidades na organização do trabalho em equipe em Quebec. *III Congreso Latino Americano de Sociologia del Trabajo*, Buenos Aires: 2000.

DÉRY, R. Homo administrativus et son double: du bricolage à l'indiscipline. *Gestion*, v. 22, n. 2, p. 27-33, 1997.

DICKSON, J. Plight of the middle manager. *Management Today*, p. 66-69, Dec. 1977.

DOHERTY, N.; BANK, J.; VINNICOMBE, S. *Managing survivors: the experience of survivors in BT and the British financial sector*. Bedford: Cranfield University, 1995.

DOPSON, S.; NEUMANN, J. Uncertainty, contrariness and the double-bind: middle managers' reactions to changing contracts. *British Journal of Management*, v. 9, p. 53-70, 1998.

_______; STEWART, R. What is happening to middle management. *British Journal of Management*, v. 1, p. 3-16, 1990.

_______; _______.; R. The changing role of the middle manager in the UK. *International Studies of Management & Organization*, v. 22, n. 1, p. 40-53, 1992.

_______;_______; R. Information technology, organizational restructuring and the future of middle management. *Ney Technology, Work and Employment*, v. 8, n. 1, p. 10-20, 1993.

DU GAY, P.; SALAMAN, G.; REES, B. The conduct of management and the management of conduct: contemporary managerial discourse and the constitution of the competent manager. *Journal of Management Studies*, v. 33, n. 3, p. 263-282, 1996.

DUBIN, R.; SPRAY, S. L. Executive behavior and interaction. *Industrial Relations*, v. 3, n. 2, p. 99-108, 1964.

DUBLET, J. M.; ROCHEBRUNE, R. Le métier de dirigeant. *Revue Française de Gestion*, v. 111, p. 1-3, nov./déc. 1996.

ELLINGER, A.; WATKINS, K.; BARNAS, C. Responding to new roles: a qualitative study of managers as instructors. *Management Learning*, v. 30, n. 4, p. 387-412, 1999.

EZZAMEL, M.; LILLEY, S.; WILLMOTT, H. The view from the top: senior executives' perceptions of changing management practices in UK companies. *British Journal of Management*, v. 7, n. 2, p. 169-181, 1996.

FAYOL, G. H. *General and industrial management*. London: Pitman, 1949.

FLOYD, S. W.; WOOLDRIDGE, B. Middle management's strategic influence and organizational performance. *Journal of Management Studies*, v. 34, n. 3, p. 465-485, 1997.

FOLLETT, M. P. *Dynamic administration: the collected papers of Mary Parker Follett*. London: Pitman, 1973.

FONDAS, N.; STEWART, R. Enactment in managerial jobs: a role analysis. *Journal of Management Studies*, v. 31, n. 1, p. 83-103, 1994.

FULOP, L. Middle managers: victims or vanguards of the entrepreneurial movement? *Journal of Management Studies*, v. 28, n. 1, p. 25-44, 1991.

GALBRAITH, J. K. *The new industrial State*. Boston: Houghton-Mifflin, 1967.

_______. *The anatomy of power*. New York: Simon and Schuster, 1983.

GOFFEE, R.; SCASE, R. Are the rewards worth the effort? Changing managerial values in the 1980s. *Personnel Review*, v. 15, p. 3-6, 1986.

GOWLER, D.; LEGGE, K. The meaning of management and the management of meaning: a view from social anthropology. Dans: EARL, M. J. *Perspectives on management: a multidisciplinary analysis*. Oxford: Oxford University Press, 1983

GRANT, J. Women managers and the gendered construction of personal relationships. *Journal of Family Issues*, v. 21, n. 8, p. 963-985, 2000.

GREY, C. We are all managers now; we always were: on the development and demise of management. *Journal of Management Studies*, v. 36, n. 5, p. 561-585, 1999.

GRUN, R. *A revolução dos gerentes brasileiros*. 1990. Tese (Doutorado) — IFCH/Unicamp, Campinas, 1990.

_______. Sobre o envelhecimento gerencial. *Revista de Administração de Empresas*, v. 33, n. 2, p. 44-63, 1993.

GUEST, D.; PECCEI, R. Employee involvement: redundancy as a critical case. *Human Resource Management Journal*, v. 2, n. 3, p. 34-59, 1992.

HALES, C. What do managers do? A critical review of the evidence. *Journal of Management Studies*, v. 23, n. 1, p. 88-115, 1986.

_______. *Managing through organization: the management process, forms of organization and the work of managers*. London: Routledge, 1993.

HALLIER, J.; JAMES, P. Middle managers and the employee psychological contract: agency, protection and advancement. *Journal of Management Studies*, v. 34, n. 5, p. 703-728, 1997.

HATCH, M. J. Exploring the empty spaces of organizing: how improvisational jazz helps redescribe organizational structure. *Organization Studies*, v. 20, n. 1, p. 75-100, 1999.

HATCHER, C. Practices of the heart: constituting the identities of managers. In: INTERNATIONAL CRITICAL MANAGEMENT STUDIES CONFERENCE, 1., 1999, Manchester. *Proceedings*... Manchester: Umist, 1999.

HECKSCHER, C. *White-collar blues: management loyalties in an age of corporate restructuring*. New York: Basic Books, 1995.

_______; DONNELLON, A. *The post-bureaucratic organization*. Thousand Oaks: Sage Publications, 1994.

HOPFL, H. Learning by heart. The rules of rhetoric and the poetics of experience. *Management Learning*, v. 25, n. 3, p. 463-474, 1994.

HORNE, J. H.; LUPTON, T. The work activities of 'middle managers': an exploratory study. *Journal of Management Studies*, v. 2, n. 1, p. 14-33, 1965.

HUNT, J. Alienation among managers — the new epidemic or the social scientists' invention? *Personnel Review*, v. 15, p. 21-25, 1986.

HUY, Q. N. In praise of middle managers. *Harvard Business Review*, p. 72-79, Sept. 2001.

INKSON, K.; HEISING, A.; ROUSSEAU, D. The interim manager: prototype of the 21st century worker? *Human Relations*, v. 54, n. 3, p. 259-284, 2001.

JACKALL, R. Moral mazes: bureaucracy and managerial work. *Harvard Business Review*, p. 118-130, Sept./Oct. 1983.

_______. *Moral mazes: the world of corporate managers*. Oxford: Oxford University Press, 1988.

KANTER, R. *The change masters*. New York: Simon e Schuster, 1983.

_______. The reshaping of middle management. *Management Review*, p. 19-20, 1986.

KEYS, B.; BELL, R. Four faces of the fully functioning middle manager. *California Management Review*, v. 24, p. 59-67, 1982.

KOTTER, J. *The general managers*. New York: The Free Press, 1982.

LACROIX, B. Deux regards sur Les Cadres de Luc Boltanski. *Revue Française de Sociologie*, v. 24, p. 719-733, 1983.

LEUNG, A.; CHANG, L. M. The impact of organizational downsizing: psychological dynamics on surviving managers. In: INTERNATIONAL CRITICAL MANAGEMENT STUDIES CONFERENCE, 1., 1999, Manchester. *Proceedings*... Manchester: Umist, 1999.

LIVIAN, Y.-F.; BURGOYNE, J. G. *Middle managers in Europe*. London: Routledge, 1997.

MARGLIN, S. The origins and functions of hierarchy in capitalist production. In: NICHOLS, T. (Ed.). *Capital and labour: studies in the capitalist labour process*. London: Fontana, 1980.

McCONALOGUE, T. *The function, roles and development of middle managers in companies pursuing second order changes*. 1991. Thesis (PhD) — West Yorkshire, 1991.

MELO, M. C. O. Participação como meio não institucionalizado de regulação de conflitos. In: FLEURY, M. T. L.; FICHER, R. M. F. (Orgs.). *Processo e relações do trabalho no Brasil*. São Paulo: Atlas, 1985.

_______. *Estratégias do trabalhador informativo nas relações de trabalho*. Belo Horizonte, 1991. Tese (Concurso para professor titular) — Face/UFMG, Belo Horizonte, 1991.

_______. Dificuldades de implementação de uma nova função gerencial: alguns resultados e reflexões. In: ENANPAD, 18, 1994. *Anais*... Anpad, Curitiba, 1994. p. 347-359.

_______. O gerente e a função gerencial nas organizações pós-reestruturação. In: ABET, Associação Nacional de Estudos do Trabalho, 6., Encontro Nacional de Estudos do Trabalho, São Paulo, 1999. *Anais*... 1999. v. 2, p. 1337-1357.

_______. Carreira gerencial: os dramas e as tramas de gerentes em organizações brasileiras. *Organizações e Sociedade*, v. 17, n. 7, p. 117-128, 2000.

_______. *Gerência feminina nos setores industrial e bancário: o conservador internalizado* versus *o moderno em construção*. Porto Alegre: Cladea, 2002.

MILLS, C. W. *The power elite*. New York: Oxford University Press, 1956.

MINTZBERG, H. *The nature of managerial work*. London: Harper Collins, 1973.

_______. The manager's job: folklore and fact. *Harvard Business Review*, p. 49-61, July/Aug. 1975.

_______. Managerial work forty years later. In: CARLSON, S. (Ed.). *Executive behaviour: reprinted with contributions by Henry Mintzberg and Rosemary Stewart*. Uppsala: Acta Universitatis Upsaliensis, 1991.

MISOCZKY, M. C. A. Campo de poder e ação em Bourdieu: implicações de seu uso em estudos organizacionais. In: ENANPAD, 25., 2001, Campinas. *Anais*... Campinas: Anpad, 2001. CD-ROM.

NEWELL, H.; DOPSON, S. Muddle in the middle: organizational restructuring and middle management careers. *Personnel Review*, v. 25, n. 4, p. 4-20, 1996.

NICHOLS, T.; BEYNON, H. *Living with capitalism*. London: Routledge, Kegan Paul, 1977.

NOER, D. M. *Healing the wounds: overcoming the trauma of layoffs and revitalizing downsized organizations*. San Francisco: Jossey Bass, 1993.

NONAKA, I.; TAKEUCHI, H. *The knowledge-creating company*. Oxford: Oxford University Press, 1995.

PAGÈS, M. et al. *O poder das organizações: a dominação das multinacionais sobre os indivíduos*. São Paulo: Atlas, 1987.

PETERS, T. O poder das mulheres. *HSM Management*, n. 7, p. 14-18, 1998.

PFEFFER, J. Management as symbolic action: the creation and maintenance of organizational paradigms. *Research in Organizational Behavior*, v. 3, p. 1-52, 1981.

PINSONNEAULT, A.; KRAEMER, K. The impact of information technology on middle managers. *MIS Quarterly*, v. 17, n. 3, p. 271-292, 1993.

POWELL, W. Neither market nor hierarchy: network forms of organization. *Research in Organizational Behavior*, v. 12, p. 295-336, 1990.

REED, M. *The sociology of management*. Hertfordshire: Harvester Wheatsheaf, 1989.

ROCHE, L. *Psychanalyse, sexualité et management: toute-puissance, impuissance et puissance des managers*. Paris: L' Harmattan, 1995.

ROULEAU, L. Le malaise du management intermédiaire en context de réorganisation: éclatement et renouvellement indentitaires. *Gestion*, v. 24, n. 3, p. 96-101, 1999.

_______. Les restructurations d'entreprise: quelques points de repère. *Management International*, v. 5, n. 1, p. 45-52, 2000.

SALAMA, A.; EASTERBY-SMITH, M. Cultural change and managerial careers. *Personnel Review*, v. 23, n. 3, p. 21-33, 1994.

SAINSAULIEU, R. *Sociologia da empresa: organização, cultura e desenvolvimento*. Lisboa: Instituto Piaget, 1997.

SAUSSOIS, J. M. Coordonner, coopérer, adhérer: les enjeux du management. *Sciences Humaines*, n. 20, 1998.

SAYLES, L. R. *Managerial behaviour*. New York: McGraw-Hill, 1964.

SCARBOROUGH, H.; BURRELL, G. The axeman cometh: the changing roles and knowledge of middle managers. In: CLEGG, S.; PALMER, G. (Eds.). *The politics of management knowledge*. London: Sage, 1996.

SCASE, R.; GOFFEE, R. *Reluctant managers: their work and lifestyles*. London: Unwin Hyman, 1989.

SENNETT, R. *A corrosão do caráter: conseqüências pessoais do trabalho no novo capitalismo*. Rio de Janeiro: Record, 1999.

SHEPPARD, D. L. Organizations, power and sexuality: the image and self-image of women managers. In: HEARN, J. et al. *The sexuality of organization*. London: Sage Publications, 1989.

SILVERMAN, D.; JONES, J. *Organizational work*. London: Macmillan, 1976.

SMIRCICH, L. M. G. Leadership: the management of meaning. *Journal of Applied Behavioural Science*, v. 18, n. 3, p. 257-273, 1982.

_______; MORGAN, G. Leadership: the management of meaning. *Journal of Applied Behavioural Science*, v. 18, n. 3, p. 257-273, 1982.

SRINIVAS, N. Managers as androids: reading moral agency in Philip Dick. *Organization*, v. 6, n. 4, p. 609-624, 1999.

STEWART, R. *Contrast in management*. Maidenhead: McGraw-Hill, 1976

_______. *Managers and their jobs*. Maidenhead: McGraw-Hill, 1967.

_______. Middle managers: their jobs and behavior. In: LORSCH, J. W. (Ed.). *Handbook of organizational behavior*. New York: Prentice Hall, 1987.

_______; et al. *The district administrator in the national health service*. London: Pitman, 1980.

_______. Studies of managerial jobs and behaviour: the ways forward. *Journal of Management Studies*, v. 26, n. 1, p. 1-10, 1989.

_______. *Managerial work*. Aldershot: Dartmouth, 1998.

STOREY, J. *Developments in the management of human resources*. Oxford: Blackwell, 1992.

_______; EDWARDS, P.; SISSON, K. *Managers in the making: careers, development and control in corporate Britan and Japan*. London: Sage, 1997.

THOMAS, R.; LINSTEAD, A. Losing the plot? Middle managers and identity. *Organization*, v. 9, n. 1, p. 71-93, 2002.

_______; DUNKERLEY, D. Careering downwards? Middle managers' experience in the downsized organization. *British Journal of Management*, v. 19, p. 157-169, 1999.

THORNHILL, A.; SAUNDERS, M. Downsizing, delayering — but where's the commitment? *Personnel Review*, v. 26, n. 2, 1997.

TIENARI, J.; QUACK, S.; THEOBALD, H. Managerial mommy tracks: feminization of middle management in German and Finnish banking. In: INTERNATIONAL CRITICAL MANAGEMENT STUDIES CONFERENCE, 1., 1999, Manchester. *Proceedings*... Manchester: Umist, 1999.

TORRINGTON, E.; WEIGHTMAN, J. Technical atrophy in middle management. *Journal of General Management*, v. 13, n. 2, p. 74-89, 1982.

TURNBULL, S. Corporate ideology — meanings and contradictions for middle managers. *British Journal of Management*, v. 12, p. 231-242, 2001.

VASCONCELLOS, J. G. M. O coronelismo nas organizações: a gênese da gerência autoritária brasileira. In: DAVEL, E.; VASCONCELLOS, J. G. *"Recursos" humanos e subjetividade*. Petrópolis: Editora Vozes, 2002.

WATSON, T. J. *In search of management: culture, chaos and control in managerial work*. London: Routledge, 1994.

_______. How do managers think? Identity, morality and pragmatism in managerial theory and practice. *Management Learning*, v. 27, n. 3, p. 323-341, 1996.

_______. Theorizing managerial work: a pragmatic pluralist approach to interdisciplinary research. *British Journal of Management*, v. 8, p. 3-8, 1997.

_______; HARRIS, P. *The emergent manager*. London: Sage Publication, 1999.

WESTLEY, F. R. Middle managers and strategy: microdynamics of inclusion. *Strategic Management Journal*, v. 11, p. 337-351, 1990.

WHEATLEY, M. *The future of management*. Corby: Institute of Management, 1992.

WHITEHEAD, S.; MODDLEY, R. *Transforming manager: gendering change in the public sector*. London: The University College London Press, 1999.

WHITLEY, R. The management sciences and managerial skills. *Organization Studies*, v. 9, n. 1, p. 47-68, 1988.

WILLMOTT, H. Images and ideals of managerial work: a critical examination of conceptual and empirical accounts. *Journal of Management Studies*, v. 21, n. 3, p. 349-368, 1984.

_______. Studying managerial work: a critique and a proposal. *Journal of Management Studies*, v. 24, n. 3, p. 249-270, 1987.

_______. Rethinking management and managerial work: capitalism, control and subjectivity. *Human Relations*, v. 50, n. 11, p. 1329-1359, 1997.

WIRTH, L. *Breaking through the glass ceiling: women in management*. Geneva: International Lavour Office, 2001.

WOOLDRIDGE, B.; FLOYD, S. W. The strategy process, middle management involvement, and organizational performance. *Strategic Management Journal*, v. 11, p. 231-241, 1990.

# 2
# Os gerentes e suas atividades cotidianas*

EMMANUEL RAUFFLET**

## Introdução

Afirmar que a sociedade moderna é uma sociedade de organizações não constitui uma novidade. As variações em torno do tema, tanto em sociologia quanto nos estudos sobre gestão, são abundantes já faz meio século.[1] Portanto, desde o início do século XX, em resposta à centralidade que as organizações assumiram nas nossas sociedades, gerentes, engenheiros, economistas, sociólogos e especialistas em psicologia social, entre outros, elaboraram as ferramentas de ação e de controle destinadas aos que dirigem tais organizações — trate-se de altos dirigentes ou gerentes intermediários. Neste capítulo, o foco de interesse são os gerentes intermediários e superiores, que ocupam posições decisórias nas organizações.

O desenvolvimento dessas ferramentas, transmitidas pelo ensino da administração, corresponde à tradição praxeológica das ciências da gestão.[2] Por exemplo,

---

* Tradução de Mercya Rose de O. Carvalho e revisão técnica de Mônica de Fatima Bianco.

** Doutor em gestão pela Universidade McGill e professor da École des HEC de Montréal, Canadá. Atualmente, investiga as conexões entre o funcionamento das organizações e dos sistemas ecológicos, realizando pesquisas de campo sobre os desafios e as respostas coletivas criados pela degradação dos ecossistemas no estado do México (México). Ex-professor visitante do Instituto Tecnológico y de Estudios Superiores de Monterrey (Itesm), da Cidade do México.

[1] Ver, em sociologia, Selznick, 1949 e 1957; Crozier e Friedberg, 1977; Scott, 1981; e, em gestão, Barnard, 1938; e Drucker, 1954 e 1994.

[2] Déry, 1998.

Frederick W. Taylor propôs um conjunto de técnicas para otimizar a utilização dos insumos; Henry Fayol, um conjunto de técnicas para orientar as pessoas para o cerne de uma unidade de comando; Elton Mayo, técnicas para motivar os chamados "recursos humanos"; Michael Porter, para analisar um mercado e posicionar um produto nele. Contudo, tais ferramentas, por serem de natureza prescritiva — orientadas sobretudo para uma ação gerencial —, induzem a uma perspectiva normativa sobre as atividades dos gerentes. Tais ferramentas têm mais a ver com a questão do que *deve* fazer um gerente "eficaz" do que com a questão do que faz *realmente* o gerente no seu cotidiano. Essas ferramentas tendem, então, a criar um curto-circuito na análise dos fenômenos organizacionais — incluindo o trabalho dos gerentes — e a expor representações mutiladas daquilo que se passa no cotidiano dos gerentes. Uma das problemáticas dessas pesquisas, tanto teórica quanto prática, é de significativa importância, porque o formato e o conteúdo dos programas de formação gerencial decorrem, em diversas medidas, da maneira de representar os gerentes nas pesquisas sobre gestão. Uma representação empobrecida de suas atividades é, portanto, passível de levar a conteúdos de formação pouco adaptados a suas necessidades pessoais e profissionais.

Há aproximadamente meio século, pois, um certo número de pesquisadores da gestão estudam o que fazem os gerentes em seus cotidianos. Tais pesquisadores agrupam-se em torno de uma tradição empírica, denominando-se "escola das atividades cotidianas". O objetivo deste capítulo é retratar, brevemente, a evolução dessa escola, situando de forma particular as contribuições de Henry Mintzberg para a compreensão das atividades cotidianas, e as implicações para a atividade administrativa e para a formação dos gerentes.

Este capítulo está estruturado em três partes. Num primeiro momento, retrata a evolução das pesquisas realizadas sobre o cotidiano do gerente, desde as abordagens prescritivas de Taylor até as primeiras abordagens de observação dos pioneiros da escola das atividades cotidianas. Em seguida, enfatiza as contribuições das pesquisas de Henry Mintzberg sobre os gerentes e como estas influenciaram a redefinição da estratégia das empresas. Para finalizar, aborda, em linhas gerais, os debates dessa escola desde 1970 até nossos dias. A partir de um programa inovador de formação de gerentes, são apresentadas as possíveis implicações concretas desses resultados na formação do gerente.

## O trabalho cotidiano dos gerentes

Como já se viu na introdução deste capítulo, o estudo da administração fundou-se em uma tradição praxeológica. Em 1911, tomando por base sua experiência pessoal, o engenheiro Fayol (1949) propôs as regras gerais da administração. O administrador de pessoas é aquele que tem por função planejar, organizar, coordenar, comandar e controlar o trabalho de uma unidade de comando. Mais tarde, pesquisadores propuseram outras representações do gerente, como um "grande homem", uma pessoa que possui o sentido e a essência da direção, alguém que infunde seus valores pessoais e profissionais em toda a organização;[3] um empreendedor e promotor da inovação;[4] um tomador de decisões não-programadas, em um ambiente complexo e incerto;[5] ou um líder eficaz, detentor de certos traços de personalidade.[6]

Entretanto, se cada um desses autores destaca alguns aspectos do trabalho dos gerentes, nenhum deles responde à questão "o que fazem os gerentes no cotidiano de seu trabalho?" Essa questão começa a ser respondida a partir da década de 1950, quando alguns pesquisadores iniciam uma série de observações sobre as atividades diárias dos gerentes. Esse grupo seria conhecido como a escola das atividades cotidianas (*work activities school*), por Mintzberg (1973), ou ainda como a escola do comportamento gerencial (*managerial behaviour*), por Stewart (1967).

No quadro a seguir encontra-se um breve panorama da evolução dessas pesquisas pioneiras sobre as atividades dos gerentes. Esses estudos têm em comum uma abordagem indutiva e empírica. As teorias prescritivas são preteridas em prol de teorias baseadas em observações minuciosas das jornadas de trabalho dos gerentes. Destacam-se os estudos de três pioneiros da escola das atividades cotidianas: Carlson (1951), Sayles (1964) e Stewart (1967).

### As grandes etapas da escola das atividades cotidianas*

| Autor | País e ano | Pesquisas empíricas | Métodos utilizados | Contribuições |
|---|---|---|---|---|
| Carlson | Suécia, 1951 | 10 gerentes superiores | Agendas, anotação das atividades a partir de categorias simples | Os gerentes têm jornadas fragmentadas, essencialmente com comunicações verbais. |
| Sayles | Estados Unidos, 1964 | Gerentes intermediários | Observação estruturada | Os gerentes são vistos como líderes, monitores e participantes no processo de trabalho. |

*Continua*

[3] Selznick, 1957; e Sloan, 1963.

[4] Schumpeter, 1938.

[5] Simon, 1947.

[6] Katz e Kahn, 1966.

| Autor | País e ano | Pesquisas empíricas | Métodos utilizados | Contribuições |
|---|---|---|---|---|
| Stewart | Grã-Bretanha, 1967, 1976, 1982 | 160 gerentes superiores e intermediários | Observação e agendas | Existem variações no trabalho dos gerentes, em função de relações interpessoais. |
| Mintzberg | Canadá, Estados Unidos, 1973 | Cinco gerentes superiores durante uma semana | Observações diretas | A atividade dos gerentes é caracterizada pela fragmentação das atividades, pelo ritmo de trabalho e pela preferência por contatos verbais. São destacados três papéis e 10 funções. |
| Kotter | Estados Unidos, 1982 | 15 gerentes de empresas | Observação, entrevistas e conversas | Ênfase na agenda pessoal e na rede interpessoal dos gerentes. |
| Gabarro | Estados Unidos, 1987 | 17 gerentes em novos postos ao longo de três anos e meio | Observação, entrevistas e conversas | Os gerentes passam por cinco fases de aprendizagem num novo posto. A duração dessas fases depende da personalidade de cada um. |
| Hill | Estados Unidos, 1992 | Gerentes em formação | Observação por um ano | Relatam-se as dificuldades vividas pelos gerentes de vendas. |
| Mintzberg | Canadá, 1994 | Gerentes superiores | Observações de um dia | É proposto um modelo integrado de trabalho do gerente. |

* Para uma visão mais completa dos autores da escola das atividades cotidianas antes de 1973, ver Mintzberg, 1973:23.

Em 1944, Sune Carlson, professor da Stockholm School of Economics, e alguns dirigentes de empresas começam a se encontrar regularmente para discutir os problemas gerais da formação dos gerentes e da administração das empresas. Após três anos de encontros regulares, as discussões concentram-se no trabalho dos gerentes. Sune Carlson dá início então, em 1947, na Suécia, a um conjunto de observações das atividades dos gerentes. O método aplicado foi adaptado diretamente da atitude etnográfica de Margaret Mead e Lloyd Warner, e consistia em anotar as atividades cotidianas de nove presidentes de empresas suecas e um alto dirigente francês, classificando-as em categorias simples. Por exemplo, as atividades dos gerentes foram registradas e classificadas em fichas em função: a) do local de trabalho (interno ou exterior à empresa); b) dos contatos com outras pessoas (colaborador ou vínculo institucional do contato); c) da técnica de comunicação (direta, indireta, telefônica, verbal, escrita); d) da natureza da questão tratada; e) do tipo de ação exercida durante essa atividade.[7]

[7] Ver Carlson, 1991:32.

As observações de Carlson (1991:90) confirmam, segundo suas próprias palavras, "aquilo que todo mundo já sabia": os gerentes têm jornadas de trabalho fragmentadas e preferem as comunicações verbais. Cinqüenta anos mais tarde, os estudos de Carlson — tanto pela qualidade das considerações metodológicas sobre os desafios ligados ao registro das atividades, quanto pela clareza e a atualidade do texto — continuam sendo um ponto de passagem obrigatório para pesquisadores interessados nas atividades gerenciais.[8]

Em 1964, Sayles publica *Managerial behavior: administration in complex organizations*, livro resultante de seu trabalho de observação, utilizando métodos etnográficos, em uma empresa norte-americana de alta tecnologia. O método de Sayles consistiu em anotar "tudo aquilo que parecesse interessante, sem idéia preconcebida".[9] Isso foi feito no decorrer de vários anos, e incluiu entrevistas e conversas com os gerentes relacionadas com as observações efetuadas sobre as atividades e interações cotidianas de 75 gerentes intermediários. Sayles concluiu então que o comportamento dos gerentes se insere num sistema social: "O gerente moderno situa-se numa rede de relações de dependência mútua. Os fios da rede não são semelhantes; alguns impondo ritmos diferentes (...) O objetivo [do gerente] é se esforçar para construir e manter um sistema de relações recíprocas" (1964:258). Essas relações são o lugar de trocas de fluxo de trabalho, de estabilização mútua e de inovação (1964:260). Além disso, esse sistema de relações é mais importante para o desempenho individual do que a motivação ou a missão atribuída ao gerente.

Outra pioneira no estudo das atividades dos gerentes é Rosemary Stewart (1967), que estudou, durante quatro semanas, como 160 gerentes britânicos passavam efetivamente o tempo e como analisavam a forma de passar o tempo. Seus estudos focalizam mais o trabalho do gerente e suas variações do que os indivíduos que trabalham.[10] A autora utiliza as agendas (diários), que classificam como, onde e com quem o gerente passa seu tempo. Stewart conclui que os gerentes passam aproximadamente a metade do tempo discutindo idéias, quer em discussões informais, em reuniões, ao telefone ou em atividades sociais. As variações em torno desse perfil médio do gerente dependem dos indivíduos e do contexto de trabalho.

---

[8] Mintzberg, 1991a; e Stewart, 1996:3102.

[9] Mintzberg, 1973:20.

[10] Stewart, 1967:19.

As motivações das pesquisas de Stewart são de três ordens. Primeiro, ter um conhecimento mais preciso *do que faz* um gerente, a fim de poder aprofundar as prescrições vagas das categorias genéricas de Fayol (planejar, organizar, motivar e controlar) e refletir de maneira mais precisa sobre o aperfeiçoamento da prática gerencial. Em seguida, esse conhecimento aperfeiçoado permitirá um melhor planejamento da carreira do gerente. De fato, as observações baseadas na pesquisa de Stewart permitiram aperfeiçoar as práticas de recrutamento, de formação e de evolução dos gerentes nas organizações.

Resumindo: os estudos sobre as agendas dos gerentes convergem para várias constatações. Primeiro, parece que os gerentes passam grande parte de seu tempo falando e escutando. Assim, os gerentes raramente ficam mais de 30 minutos sozinhos, sem interrupções. Por fim, esses estudos demonstram que as atividades dos gerentes são fragmentadas e comportam uma diversidade de aspectos numa jornada de trabalho. Mais tarde, Mintzberg (1973) confirmaria esses resultados, que fundamentam uma reformulação dos papéis e das funções dos gerentes. É o que examinaremos a seguir.

## Gerentes e estratégia na visão de Mintzberg

Entre 1960 e 1970, Mintzberg realizou várias pesquisas sobre o trabalho dos gerentes. Em seu livro *The nature of managerial work* diz que, quando era criança, perguntava-se o que seu pai — diretor de uma pequena empresa — fazia no trabalho. Pois, paradoxalmente, se os gerentes têm um papel reconhecido no processo de produção de bens e serviços e são, freqüentemente, representados como os "heróis de colarinho branco da sociedade moderna", a natureza de seu trabalho ainda não é bem conhecida.

Se, por um lado, Mintzberg se inscreve na tradição das pesquisas de Carlson (1951), Sayles (1964) e Stewart (1967), por outro, distingue-se por preferir a observação direta e amplamente indutiva à utilização de agendas e categorias preestabelecidas. Mintzberg observou diretamente o cotidiano de cinco gerentes no trabalho e os acompanhou por cinco semanas, durante as quais anotou com precisão suas atividades. Esse trabalho de campo serviu de base para sua obra publicada em 1973. Além disso, propôs uma síntese das pesquisas sobre o trabalho dos gerentes e apresentou sugestões para suas funções e papéis.

A partir de suas observações, Mintzberg confirmou e precisou as conclusões dos autores pioneiros sobre as atividades cotidianas dos gerentes. Ficou confirmado, então, que os gerentes trabalham num ritmo implacável e que sua rotina de trabalho é composta de ações breves, variadas e fragmentadas. Os gerentes preferem a ação direta ao trabalho de reflexão, e as comunicações verbais aos meios escritos. Os gerentes interagem, servindo de pontes entre suas organizações e as redes exteriores a elas. Finalmente, os gerentes parecem ser incapazes de decidir sobre a utilização de seu próprio tempo, que é dividido em função de seus deveres e obrigações, sobre os quais exerce controle limitado. As propostas resultantes dessas observações são apresentadas nos papéis e funções do gerente.

Os papéis interpessoais são:

- símbolo — o gerente representa a organização em todo tipo de cerimônia, e contribui para a imagem da organização;
- líder — o gerente dá o exemplo, motiva e mobiliza as pessoas na organização;
- agente de ligação — ele cria e mantém redes de informantes, participa de diferentes redes de informações, tanto dentro quanto fora da organização.

Os papéis informacionais são:

- observador — o gerente busca e recebe informações relativas à gestão da empresa, ao conhecimento do seu ambiente ou ao impacto de suas atividades;
- difusor — ele difunde os elementos pertinentes das informações recebidas e assegura-se de que as informações cheguem bem aos destinatários desejados;
- porta-voz — o gerente propaga as informações de dentro para fora da organização.

Os papéis decisórios são:

- empreendedor — o gerente está à espreita de oportunidades de negócios na empresa e em torno dela;
- regulador — ele enfrenta toda situação nova e organiza a reação e a adaptação da organização às situações difíceis;
- distribuidor dos recursos — ele distribui os recursos, a fim de que cada um disponha dos meios necessários para cumprir bem suas tarefas na organização;
- negociador — ele participa de algumas discussões, como representante de sua organização, com interlocutores externos.

Mintzberg salienta que esses papéis dificilmente podem ser desagregados e que devem ser considerados facetas diferentes, mas não destacáveis de um conjunto, de um tipo de *Gestalt*. Contudo, o papel mais importante do trabalho do gerente continua sendo aquele ligado à decisão. O gerente é uma pessoa que toma decisões, mesmo quando as decisões são tomadas num fluxo de ações e de interações e não na calma de um escritório de planejamento.

Essas observações e proposições sobre as atividades cotidianas dos gerentes têm, conseqüentemente, implicações na definição da estratégia organizacional. Herbert Simon (1947), fundador da escola da decisão, considera que o processo decisório consiste em três etapas: diagnosticar (identificar os problemas), conceber (elaborar os resultados) e decidir (escolher uma solução). Segundo esta escola, os gerentes são aqueles que tomam as decisões. Essa abordagem tende, então, a considerar as decisões atos separados, repartidos e efetuados em determinados momentos em função de situações concretas e específicas. Essas ações seriam caracterizadas, essencialmente, como atividades cerebrais, destinadas a resolver um problema específico. Os limites dessas decisões têm a ver com a capacidade cognitiva daqueles que tomam as decisões de manipular uma quantidade de informações para escolher uma das opções existentes.

Ora, a partir de observações de campo, Mintzberg afirma que os gerentes são antes de tudo pessoas de ação, agindo no "calor dos acontecimentos". Assim, isolar o ato de "decidir" seria ilusório. Se existe a decisão, esta é tomada no "calor dos acontecimentos", tendo por base informações parciais, transmitidas verbalmente de modo fragmentado, numa seqüência de ações curtas e freqüentemente interrompidas. Raramente os gerentes têm tempo e oportunidade de tomar uma decisão nas condições ideais descritas pelos que sustentam a abordagem da decisão.

Mintzberg propõe também repensar a decisão no contexto cotidiano e mais geral da atividade gerencial. Os defensores da escola da decisão descrevem o conteúdo de decisões seqüenciais e isoladas dos gerentes, mas Mintzberg prefere descrever a atividade gerencial em termos do *processo* estratégico. A estratégia é, assim, redefinida como uma incidência dentro de um padrão de decisões e ações. É o processo mediante o qual as coisas são feitas, é a mescla, ao longo do tempo, de intenções, decisões e ações. A estratégia ou a ação de conduzir bem a atividade gerencial não é um feito de um *Deus ex machina* mas de um artesão, que, através de suas ações individuais e de suas interações com os outros, cria, no cotidiano, a estratégia, mediante uma seqüência de ensaios e erros.

## Os debates recentes sobre as atividades dos gerentes

Examinaremos agora a evolução dos debates, a partir dos anos 1970, sobre as atividades dos gerentes. Antes de apresentar, a título de ilustração, um programa inovador de formação de gerentes conhecido por IMPM (International Masters Program in Practicing Management), abordarei as pesquisas de Kotter (1982), Gabarro (1987), Hill (1992) e as formulações mais recentes de Mintzberg (1994) sobre o trabalho dos gerentes.

Kotter estudou 15 gerentes de 15 empresas diferentes e complementou suas observações com documentos secundários, questionários e entrevistas com os gerentes e seus principais contatos. O interesse da pesquisa recaiu sobre as diferenças entre os gerentes, e corrobora os resultados dos estudos das agendas: descontinuidade das atividades dos gerentes e tempo gasto, basicamente, em interações. No mais, Kotter põe em evidência que os gerentes são, de fato, pouco suscetíveis de se adaptar a novas ocupações, que se diferenciem muito dos cargos que já ocupam. Sua contribuição mais importante, porém, concentra-se nas noções de agenda pessoal e rede interpessoal. Segundo Kotter, cada gerente tem uma "agenda" ou um conjunto de objetivos e de estratégias pessoais pouco interligadas, e que ele elabora ao longo de seu primeiro ano num novo cargo. Para pôr em execução sua "agenda", o gerente desenvolve e mantém uma rede de relações pessoais, atividade que necessita de tempo, favorece a obtenção de apoios para subir na hierarquia ou para se manter na mesma posição em caso de dificuldade.

Até aqui, todos os estudos relatados propõem-se a definir o conteúdo das atividades dos gerentes no cargo. Os estudos longitudinais de Gabarro (1987) e de Hill (1992) examinam o aprendizado do novo papel do gerente e a evolução no novo cargo. Esses dois estudos são considerados mais processuais em suas abordagens.

Gabarro descreve as ações dos gerentes no tempo, realizando o acompanhamento de 17 gerentes durante três anos e meio, desde o momento em que começaram a ocupar o novo cargo. Conclui que os gerentes passam por cinco fases: a inteiração (*taking hold*), que dura de três a seis meses; a imersão, que dura de quatro a 11 meses, ao longo dos quais o gerente efetua apenas algumas mudanças; a reformulação (*reshaping*), que dura de três a seis meses e representa um período de mudanças intensas; a consolidação, que se estende por três a nove meses; e, finalmente, a consolidação final no posto de trabalho. A duração de cada etapa depende de cada indivíduo.

Outra autora importante nas abordagens recentes sobre as atividades dos gerentes é Linda Hill, que em 1992 publicou o livro *Becoming a new manager, mastery of a new identity*, no qual apresenta os resultados de um ano de observações de nove vendedores que passaram a gerentes de vendas. A autora examina as experiências dos gerentes, suas percepções e os problemas que enfrentam para se adaptar ao novo posto.

Assim, durante a década de 1980, as pesquisas sobre trajetórias individuais e coletivas de gerentes vêm se somar àquelas que se preocupavam em descrever as tarefas. As perspectivas de pesquisa tornam-se mais integradoras do que as abordagens analíticas baseadas nas agendas. A evolução do pensamento e das pesquisas efetuadas por Mintzberg corresponde a esse movimento em direção a uma visão sintética do trabalho dos gerentes.

## *Mintzberg nos anos 1990*

Ao longo das duas décadas que se seguem à publicação, em 1973, de *The nature of management work*, Mintzberg muda seus métodos de pesquisa, assim como seus conceitos sobre o trabalho dos gerentes. Segundo ele, a pesquisa é mais que uma pseudociência fundada na utilização de técnicas estatísticas, é um trabalho artesanal. O artesão-pesquisador, mediante pequenos movimentos e hesitações, ensaios e erros, elabora uma teoria a partir do que observa e apreende na pesquisa de campo. "Passar um dia com cada gerente (em que a observação será reforçada pela entrevista), não nos conduza nenhuma conclusão, mas nos permite obter o sabor de uma ampla variedade de estilos e trabalhos dos gerentes" (Mintzberg, 1994b:11).

Mintzberg (1994b) destaca que as pesquisas tradicionais sobre gestão (incluindo as desenvolvidas por ele próprio na década de 1970, descrevendo as atividades e características dos gerentes a partir da listagem de suas tarefas diárias) levam os pesquisadores a desconsiderar a natureza integrada e abrangente do trabalho do gerente. "Porter sugere que os gerentes são pensadores; para Zaleznick e Waren Bennis os gerentes são líderes; ao mesmo tempo, para Fayol e Urwick, os gerentes são controladores" (1994b:11). Além disso, segundo Mintzberg, considerar o trabalho do gerente a partir de visões parciais ou de descrições separadas de seu comportamento no trabalho não respeita a natureza abrangente de seu trabalho.

Mintzberg propõe, portanto, um modelo que considere o trabalho do gerente em seu conjunto. O objetivo geral do trabalho dos gerentes é, antes de mais nada, fazer funcionar uma unidade administrativa. O conjunto de suas ações é realizado em três planos diferentes: diretamente (os executores, aqueles que fazem); indiretamente, através das pessoas (os líderes, aqueles que fazem as pessoas fazer), ou mais indiretamente ainda, através das informações passadas pelas pessoas (os administradores, aqueles que fazem as pessoas fazer, tratando e partilhando as informações). A essência do trabalho do gerente, portanto, é exercer simultaneamente esses três papéis em graus variados. O estilo de cada gerente está em mesclar ou compor esses papéis de executor, líder e administrador. O trabalho do gerente consiste, essencialmente, em falar e escutar, além, é claro, de olhar e "sentir" (1994a:20).

## Formando e treinando gerentes: um exemplo

Os resultados das pesquisas sobre as atividades dos gerentes tiveram conseqüências para a definição da atividade gerencial e também influenciaram o formato e o conteúdo dos cursos de formação de gerentes. Nesta parte, examinaremos as conseqüências dessas idéias para o ensino da administração e apresentaremos as linhas gerais do International Master Program in Practicing Management (IMPM), posto em prática, conjuntamente, por uma universidade canadense, uma instituição franco-americana, duas universidades japonesas, uma indiana e uma britânica,[11] tomando por base as idéias de Henry Mintzberg.

Esse programa surgiu porque as disciplinas atuais no campo da gerência são problemáticas. Por um lado, são marcadas por uma forte presença da economia em geral e da economia industrial, em particular, que limitam os modelos de representação do indivíduo e da organização de múltiplas formas. Por outro, as escolas de administração reforçam a divisão do conhecimento em departamentos distintos, enquanto as empresas tentam acabar com as divisões departamentais e enfatizar o trabalho em equipe.[12] Então, que conhecimentos devemos desenvolver para os gerentes e que influência esses novos objetivos devem ter na configuração de um programa de formação gerencial?

Mintzberg (1994a:55 e 1999:4) propõe o desenvolvimento de quatro tipos de competências:

- as competências pessoais de programação de atividades pessoais e de reflexão sobre si mesmo (introspecção e desenvolvimento do pensamento estratégico);
- as competências interpessoais de liderança de indivíduos e grupos, a capacidade de conectar os indivíduos dentro da organização e de inserir a organização no seu contexto;

---

[11] McGill University (Canadá), Insead (França), Universidade Hitosubashi e Universidade de Jaist, Ishikawa e Kobe (Japão), Indian Institute of Management (Índia), e Lancaster University (Grã-Bretanha).

[12] Mintzberg, 1994b:52.

- as competências ligadas à informação, como comunicação verbal, não-verbal, análise e controle;
- as competências ligadas à ação de conceber, planejar o tempo e mobilizar-se para conduzir bem uma ação ou um projeto concreto.

Vê-se, portanto, que é ilusório querer ensinar tais competências em algumas centenas de horas/aula. Um programa de formação gerencial pode dar ensejo a muitos mecanismos de mudança, que serão incorporados e implementados pelos gerentes em seus cotidianos. O IMPM alterna breves períodos de ensino formal com períodos de trabalho em empresas e propõe a total reformulação dos programas de formação e treinamento dos gerentes.[13] O programa constitui um bom exemplo de aplicação dos resultados de pesquisas sobre a atividade gerencial na formação dada a esses profissionais.

## Conclusão

Neste capítulo examinamos a trajetória das pesquisas desenvolvidas sobre as atividades cotidianas dos gerentes nos últimos 50 anos. Vimos como essas abordagens empíricas modificaram progressivamente as representações dos gerentes de duas maneiras. Primeiro, enquanto a tradição praxeológica se preocupava com o que um gerente devia fazer, a escola das atividades cotidianas, a partir da observação, preocupa-se com o que ele faz. É nesse olhar empírico desprovido de normatividade e de preocupações instrumentais que se situa a primeira contribuição dessa abordagem para o campo de conhecimento sobre os gerentes. Segundo, vimos como essa escola, nos últimos 50 anos, evoluiu de uma abordagem analítica para uma compreensão mais sintética do trabalho dos gerentes. Ao longo do tempo, as questões pesquisadas foram evoluindo para além da mera indagação de "como o gerente passa o seu tempo". Atualmente, a abordagem das atividades cotidianas busca uma compreensão integrada da atuação dos gerentes em seu trabalho cotidiano. Essas duas abordagens tiveram também importante influência no que diz respeito a se repensar o conteúdo da formação gerencial.

---

[13] Para mais informações sobre o IMPM, visite o site <www.impm.com>.

## Referências bibliográficas

BARNARD, C. *The functions of the executive*. Cambridge: Harvard University Press, 1938.

CARLSON, S. *Executive behaviour*. [1951]. Uppsala, Sweden: Textguppen i Uppsala AB, 1991.

CROZIER, M. *Le phénomène bureaucratique*. Paris: Seuil, 1963.

_______; FRIEDBERG, E. *L'acteur et le système*. Paris: Seuil, 1977.

DÉRY, R. *Notes de cours, cours: société, organisations et science*. Montréal: École des HEC, 1998.

DRUCKER, P. *The practice of management*. New York: Harper and Row, 1954.

_______. The society of organizations. *Harvard Business Review*, May/June 1994.

FAYOL, H. *Administration industrielle et générale*. Paris: Dunod, 1949.

GABARRO, J. H. *The dynamics of taking charge*. Cambridge: Harvard Business School Press, 1987.

HILL, L. A. *Become a new manager, mastery of a new identity*. Cambridge: Harvard Business School Press, 1992.

KATZ, D.; KAHN, R. L. *The social psychology of organizations*. New York: Wiley, 1966.

KOTTER, J. *The general managers*. New York: The Free Press, 1982.

SAYLES, L. *Managerial behavior*. New York: McGraw-Hill, 1964.

SCHUMPETER, J. *The theory of economic development*. Cambridge: Harvard University Press, 1938.

SCOTT, W. R. *Organizations: rational and natural systems*. New Jersey: Prentice Hall, 1981.

SELZNICK, P. *T.V.A. and the grassroots*. Los Angeles: UCLA Press, 1949.

_______. *Leadership in administration*. New York: Harper and Row, 1957.

SIMON, H. *Administrative behavior*. New York: Macmillan, 1947.

SLOAN, A. *My years with General Motors*. New York: Doubleday, 1963.

STEWART, R. *Managers and their jobs*. London: Macmillan, 1967.

_______. Managerial behaviour. In: WARNER, M. (Ed.). *International encyclopedia of business and management*. London: Routledge, 1996. v. 4.

TAYLOR, F. *Scientific management*. New York: Harper-Ross, 1947.

# Anexos

## *Bibliografia seletiva de Henry Mintzberg*[14]

| Livros | Artigos ou capítulos recentes |
|---|---|
| ❑ *The nature of managerial work*. New York: Harper-Collins, 1973.<br>❑ *The structuring of organizations*. New York: Free Press, 1979.<br>❑ *Power in and around organizations*. New York: Free Press, 1983.<br>❑ *Mintzberg on management: inside our strange world of organizations*. New York: Free Press, 1989.<br>❑ *The rise and fall of strategic planning*. New York: Free Press; London: Prentice Hall International, 1994a.<br>❑ *Safari de estratégia*. Bookman, 1999. (com J. Lampel).<br>❑ *O processo da estratégia*. Artmed, 2000 (com R. M. James e J. B. Quinn). | ❑ Strategy of design: a study of architects in co-partnership. In: GRANT, J. (Ed.). *Significant developments in strategic management*. Greenwich, Conn.: JAI Press, 1988. p. 311-359. (com S. Otis, J. Shamsie e J. Waters).<br>❑ Managerial work: forty years later. In: CARLSON, S. (Ed.). *Executive behavior*. Uppsala, Sweden: Textgruppen i Uppsala AB, 1991a.<br>❑ Strategic vision: Lévesque and Iacocca. In: CONGER, J.; KANUNGO, R. N. (Eds.). *Charismatic leadership: the elusive factor in organizational effectiveness*. San Francisco: Jossey-Bass, 1991b. p. 161-212 (com F. Westley).<br>❑ Commentary on MBA; is the traditional model doomed? *Harvard Business Review.*, p. 12-21, 1992.<br>❑ Visionary leadership and strategic management, *Strategic Management Journal*, v. 10, p. 17-32, 1993 (com F. Westley).<br>❑ Rounding out the manager's job. *Sloan Management Review*, v. 36, n. 1, p. 11-26, 1994b.<br>❑ Managing as blended care. *The Journal of Nursing Administration*, v. 24, n. 9, p. 29-36, 1994c. |

## *Nota biográfica*

Henry Mintzberg nasceu e cresceu em Montreal, Quebec, Canadá. Com formação em engenharia (McGill University) e em artes (graduação em administração na Sir George Williams University), completou seu doutorado no Massachusetts Institute of Tecnology. Professor da Faculdade de Gestão da Universidade McGill desde 1968, foi o primeiro membro da área de gestão a ser eleito para a Sociedade Real do Canadá. Recebeu inúmeros prêmios por seu trabalho tanto no Canadá quanto no exterior. Mintzberg é doutor *honoris causa* da Universidade de Veneza (Itália), da Universidade de Lund (Suécia), da Universidade de Lausanne (Suíça) e da Universidade de Montreal (Canadá). Recebeu o Prêmio do Quebec, a Ordem do Canadá e a Ordem do Quebec. Foi membro fundador e presidente da Strategic Management Society, que reúne pesquisadores de gestão e administradores de 44 países. Na McGill University,

[14] Mintzberg conta com uma centena de artigos publicados nas revistas de gestão. Nesta bibliografia destacamos as obras publicadas e os artigos mais recentes.

o trabalho de Henry Mintzberg está voltado, essencialmente, para a formação de gerentes. Foi professor visitante na Université d'Aix-Marseille (França), na Carnegie-Mellon University, na École des Hautes Études Commerciales (Montreal), na London Business School (Grã-Bretanha) e no Insead (França). Mintzberg é também professor vinculado ao Insead. Seu livro *The rise and fall of strategic planning* (1994a) recebeu o prêmio de melhor livro da Academy of Management em 1995. A obra e as idéias de Henry Mintzberg também são amplamente divulgadas através de conferências e seminários destinados a gerentes de vários países.

# 3
# Gerentes e a conciliação entre trabalho e família*

DIANE-GABRIELLE TREMBLAY**

## Introdução

Em razão das profundas mudanças que acontecem hoje no mundo do trabalho — especialmente, das exigências crescentes de flexibilidade e competitividade, bem como da despadronização a que elas conduzem no plano do emprego e da jornada de trabalho — e na família — ingresso maciço de mulheres no mercado de trabalho, redefinição progressiva dos papéis de homens e mulheres no plano da divisão das responsabilidades familiares, desejo de jovens pais de estarem mais presentes e próximos de seus filhos, diversificação de famílias etc. —, as esferas do trabalho e da vida familiar e pessoal são cada vez menos estanques uma da outra. Isso obriga os gerentes a se interessarem mais pelo equilíbrio trabalho-família e a se assegurarem de que seus empregados possam ser promovidos na empresa. Assim, mais do que nunca, o desequilíbrio de um dos meios — trabalho ou família — tem por efeito desestabilizar o outro: o conflito entre o trabalho, a família e a vida pessoal acaba então afetando a motivação e o ren-

* Tradução de Hilka Vier Machado e revisão técnica de Antônia Colbari.

** Doutora em ciências econômicas pela Universidade de Paris I-Sorbonne, professora do Departamento de Economia e Gestão da Tele-Universidade (Universidade de Quebec em Montrel) e diretora de pesquisa dessa instituição. Autora de vários livros, destacando-se entre os mais recentes: *Gestion de RH* (Teluq, 1998), *Objectif plein emploi* (PUQ, 1998) e *Le paradoxe de l'âgisme dans une société vieillissante* (St. Martin, 1998).

dimento no trabalho, como indicam alguns estudos.[1] Diminuir a tensão entre essas duas esferas torna-se, conseqüentemente, uma necessidade tanto para os empregadores quanto para os empregados. Dessa forma, conciliar trabalho e família passou a ser uma nova responsabilidade dos gerentes de recursos humanos nas organizações.

Desde há alguns anos, numerosos estudos realizados no Canadá, e em Quebec, tanto por governos quanto por meios patronais e sindicais, constataram e analisaram a dificuldade crescente de conciliar, atualmente, a família e a vida pessoal.[2] Tais estudos comprovaram que uma percentagem muito alta de pais que trabalham fora sente-se extremamente estressada e angustiada porque dificilmente consegue conciliar suas obrigações profissionais e familiares,[3] por não disporem de tempo.

Os estudos sobre o assunto têm também assinalado que, quando a dificuldade para conciliar emprego, família e vida pessoal é grande, isso tem graves conseqüências não só para os empregados, mas também para empregadores e gerentes. Assim, as esferas do trabalho e da vida familiar e pessoal tornam-se, de alguma maneira, vasos comunicantes. Para os empregados, os efeitos podem se traduzir em problemas de saúde e de relações familiares e afetivas, em insatisfação no trabalho, e em fracassos e na evasão escolar dos filhos. Para os empregadores, os inconvenientes são, entre outros, o custo econômico do absenteísmo, as perdas ligadas à diminuição da motivação e do rendimento, a resistência à mobilidade e a promoções, a alta rotatividade de pessoal, a dificuldade de manter pessoal competente e a qualificação insuficiente da mão-de-obra. Os gerentes devem então, cada vez mais, levar em conta essa realidade.

Tomando por base uma pesquisa conduzida junto a gerentes de recursos humanos, este capítulo propõe fazer um balanço sobre: a) as medidas de conciliação oferecidas pelas empresas, b) sua utilização por homens e mulheres, e c) a percepção dos gerentes de recursos humanos, levados cada vez mais a integrar suas preocupações familiares e gerenciais. Assim, se antes se podia considerar o trabalhador como um simples trabalhador, hoje, o ingresso maciço de mulheres no mercado de trabalho e o desejo declarado por muitos homens jovens de se integrarem mais a suas vidas familiares obrigam as empresas a levar em conta essa dimensão da realidade de seus empregados.[4]

---

[1] Ver Conference Board of Canada, 1994; Guérin et al., 1994; e Tremblay e Amherdt, 2000.

[2] Entre estas pesquisas, cabe citar as seguintes: Frederick, 1995; MacBride-King, 1990; Lero et al., 1992 e 1993; Lee et al., 1992; Lee, Duxbury e Higgins, 1994; Guérin et al., 1994; Secrétariat de la famille, 1994; Conseil du statut de la femme, 1990; Fédération des travailleurs et travailleuses du Québec, 1995; e Conseil consultatif canadien de l'emploi et de l'immigration, 1987.

[3] Ver Tremblay e Villeneuve, 1997 e 1998.

[4] Conseil du patronat du Québec, 1993a e b.

Em pesquisas anteriores tratei das dimensões atreladas à conciliação de trabalho e família para homens e mulheres.[5] Neste capítulo, abordarei a vivência dos gerentes de recursos humanos no que diz respeito a esse aspecto e o reflexo disso nas empresas. Antes de apresentar os resultados de minha pesquisa sobre as medidas de conciliação adotadas pelas empresas, comecemos evocando alguns efeitos das dificuldades de conciliação família-trabalho nas empresas.

## A conciliação entre trabalho e família

A interferência dos papéis é uma realidade de mão dupla. Se o trabalho tem influência sobre a vida familiar, o inverso também é verdadeiro, ou seja, o desequilíbrio na vida familiar conduz, necessariamente, a problemas no rendimento do trabalho. Essa lógica de vasos comunicantes é confirmada por diversas pesquisas.

No curso de uma grande sondagem realizada em 1988/89 pelo Conselho do Canadá com 385 empregadores canadenses, os respondentes atribuíram parte importante de seus problemas de gestão de recursos humanos a conflitos vividos por seus empregados entre as obrigações familiares e profissionais.[6] Tais problemas eram, entre outros, o absenteísmo, atrasos, dificuldades de recrutamento e de manutenção de mão-de-obra, produtividade e rendimento. A tabela 1 apresenta alguns resultados dessa pesquisa.

TABELA 1

PROBLEMAS DERIVADOS DO CONFLITO TRABALHO-FAMÍLIA

(%)

| Problemas | Nenhum | Um quarto | Metade | Mais da metade | Indeterminado |
|---|---|---|---|---|---|
| Recrutamento | 60,7 | 12,5 | 3,1 | 2,3 | 21,4 |
| Manutenção do efetivo | 43,2 | 27,1 | 2,9 | 2,9 | 23,9 |
| Absenteísmo | 20,5 | 39,9 | 12,0 | 4,3 | 23,4 |
| Atrasos | 27,1 | 30,8 | 12,1 | 4,9 | 25,1 |
| Estresse | 14,0 | 29,6 | 19,9 | 8,8 | 27,6 |
| Moral | 33,9 | 25,6 | 10,3 | 2,3 | 27,9 |
| Fidelidade | 51,2 | 15,9 | 3,5 | 1,2 | 28,3 |
| Produtividade | 31,2 | 29,5 | 9,9 | 2,8 | 26,6 |
| Rendimento | 33,0 | 29,3 | 7,4 | 2,8 | 27,4 |

Fonte: Paris, 1989:1.

[5] Tremblay e Villeneuve, 1997 e 1998; Tremblay e Amherdt, 2000; e Tremblay e Vaillancourt-Laflamme, 2000.

[6] Paris, 1989.

Se somarmos os percentuais correspondentes às colunas "um quarto", "metade" e "mais da metade", veremos que cerca de 60% dos empregadores da amostra atribuem, eles mesmos, o conflito trabalho-família a pelo menos um quarto dos problemas de estresse vividos por seus empregados.

Da mesma maneira, grande número de empregadores vincula pelo menos um quarto dos problemas de absenteísmo (56,2% dos respondentes) e de atrasos (47,8% dos respondentes) ao conflito trabalho-família. A ligação entre o absenteísmo no trabalho e a dificuldade de conjugar as responsabilidades profissionais e familiares dos pais que têm empregos de tempo integral é amplamente demonstrada por outros estudos. No Canadá, o número de faltas ao trabalho causadas por obrigações pessoais ou familiares quase triplicou entre 1977 e 1990, passando de 1,9 dia para 5,2 dias por ano.[7] Nesse caso, a diferença entre homens e mulheres é surpreendente. No período referido, as faltas atribuídas a obrigações pessoais ou familiares, no caso de mulheres com empregos de tempo integral, passaram de 1,9 dia para 5,2 dias ao ano, enquanto no dos homens subiram apenas de 0,7 dia para pouco menos de um dia. Esse dado chama a atenção para o fato de que as mulheres ainda assumem a maior parte das responsabilidades familiares e domésticas. A idade do filho mais novo tem influência determinante sobre o absenteísmo no trabalho causado por obrigações pessoais ou familiares. Em famílias em que pelo menos um dos filhos está em idade pré-escolar, o número anual de dias de trabalho perdidos elevou-se para 25,1, em média, entre 1987 e 1990.

A pesquisa do Conselho do Canadá revela também que vários empregadores atribuem mais de um quarto de seus problemas de produtividade (42,2% dos respondentes) e de rendimento (39,5% dos respondentes) à dificuldade de harmonizar trabalho e família. Essas constatações corroboram as estabelecidas em outro âmbito. No *Étude nationale canadienne sur la garde des enfants*,[8] por exemplo, a maior pesquisa realizada no Canadá sobre o assunto,[9] os pais empregados afirmam ter tido problemas para manter serviços adequados de guarda dos filhos no ano anterior. No caso de pais cujos filhos são habitualmente cuidados por uma pessoa não pertencente

---

[7] Akyeampong, 1992.

[8] Lero et al., 1992 e 1993.

[9] Trata-se de um projeto de pesquisa realizado por membros da Rede Nacional de Pesquisa sobre a Guarda das Crianças, da Estatística Canadá e da Saúde e Bem-Estar Social Canadá. Esse estudo é realizado desde 1988 e abrange 12% das famílias canadenses.

à família (49%), as conseqüências mais comumente citadas no plano profissional foram as seguintes, por ordem decrescente de importância:[10] a) incapacidade de fazer horas extras por solicitação ou iniciativa própria; b) preocupação com o cuidado dos filhos enquanto trabalham; c) diminuição do engajamento profissional por causa de problemas ligados ao cuidado com os filhos; d) redução das horas de trabalho; e f) abandono de um emprego por causa de problemas de guarda dos filhos ou pensamento neste sentido.

A pesquisa do Conselho do Canadá indica, por outro lado, que muitos empregadores associam pelo menos um quarto de seus problemas de manutenção do efetivo (32,9% dos respondentes) e de recrutamento (17,9% dos respondentes) ao conflito trabalho-família. Os pais que trabalham se vêem freqüentemente obrigados a renunciar a oportunidades de promoção quando estas envolvem mudanças de horários ou maior responsabilidade profissional, mais tarefas ou jornadas de trabalho mais extensas, que ameacem o equilíbrio já frágil existente entre suas obrigações profissionais e familiares. Os empregadores estão mais sujeitos, por conseqüência, a encontrar dificuldades para recrutar pessoal competente quando os candidatos a emprego se encontram com problemas de conciliação trabalho-família. Durante a pesquisa, 12% dos assalariados entrevistados disseram ter deixado empregos anteriores por causa de responsabilidades familiares.[11] O número de mulheres que abandonaram empregos por esse motivo foi quatro vezes maior que o de homens. A mesma pesquisa constatou também que 14% dos empregados tinham pensado em largar seu emprego atual por motivos familiares, e que 17% tinham recusado promoções pela mesma razão.

Nesse momento em que as empresas enfrentam intensa concorrência e têm que melhorar a qualidade de seus produtos e serviços, devem oferecer vantagens sociais e condições de trabalho capazes de atrair e de reter uma mão-de-obra qualificada, dinâmica e devotada. Um estudo norte-americano, o *Catalyst National Study of Parental leave*, mostrou que os custos ligados à contratação de um novo empregado — o tempo gasto no recrutamento e nas entrevistas, assim como o período de treinamento do novo empregado — representam 93% do salário do primeiro ano desse empregado.[12] Assim, considerando os custos e a energia despendidos no recrutamento por causa

[10] Cálculo especial feito por Lero et al., 1992, apud Conseil consultatif canadien sur la situation de la femme, 1994:32.

[11] Paris, 1989.

[12] Meiers, 1989, apud Paris, 1989:8.

do conflito entre as responsabilidades profissionais e familiares, os empregadores devem rever suas práticas e suas orientações.

Cada vez mais empregadores aceitam a idéia de que não é porque se trabalha que se deve esquecer das responsabilidades familiares. Eles reconhecem, mais e mais, que os mundos da família e do trabalho não são estanques, e que, se o trabalho influencia a vida familiar, o equilíbrio da família influencia o trabalho. O Conseil du patronat du Québec (1993a:1) admite que "as expectativas dos trabalhadores no plano familiar têm impactos sobre a cultura da empresa norte-americana". O órgão patronal salienta também que essa temática tornar-se-á uma preocupação importante das organizações nos próximos anos.[13] Para o conselho (1992b:2-4), medidas concretas se impõem:

> Levando em conta a importância crescente da mão-de-obra feminina no mercado de trabalho, cada organização, em comum acordo com seus empregados, deverá cada vez mais definir políticas que permitam assegurar de vez o bom funcionamento da empresa e o máximo de flexibilidade na organização, a fim de facilitar a tarefa dos empregados que têm responsabilidades familiares.

Se os empregadores adotarem medidas que ajudem seus empregados a conciliar melhor suas responsabilidades profissionais e familiares, como assinala um documento do Conference Board du Canada (1994), estarão defendendo seus próprios interesses:

> O estabelecimento de um equilíbrio entre as responsabilidades profissionais e familiares tem repercussões importantes na produtividade dos empregados e, por extensão, na saúde da empresa. Assim, os empregadores que reagem de maneira positiva e proativa a essas mudanças não são somente altruístas — eles reagem à evolução fundamental da natureza da população ativa, a fim de ganhar em competitividade.

No âmbito da pesquisa sobre a evolução das práticas de gestão em matéria de recursos humanos, foi solicitado a 300 organizações canadenses que escolhessem, numa lista de 19 novas práticas possíveis, os benefícios que almejavam alcançar antes do ano 2000. As cinco primeiras escolhas foram práticas de apoio à vida familiar: flexibilidade de benefícios, serviços de creche subsidiados pelo empregador, horário variável, programa de ajuda aos empregados e licenças-maternidade e paternidade.[14] Estas são, em grande parte, as medidas que vamos detalhar nesta pesquisa.

---

[13] Chênevert, 1994:8.

[14] Hewitt Associates and Benefits Canada. Benefits by the year 2000, 1989, apud Conseil consultatif canadien sur la situation de la femme, 1994:55.

As pesquisas indicam que a flexibilidade de horários é o objetivo mais citado para conciliar trabalho-família. É o que confirmam, entre outros, os resultados do *Étude nationale canadienne sur la garde des enfants.*[15] Instados a declarar suas preferências num conjunto de medidas destinadas à favorecer a conciliação trabalho-família, um pai ou uma mãe trabalhador(a) em cada quatro daqueles cuja principal responsabilidade é cuidar dos filhos (23%) considera, em primeiro lugar, que uma creche na empresa seria o mais conveniente para atender a suas necessidades (tabela 2). Em seguida, a medida mais adequada citada pelos pais foi a adaptação do tempo de trabalho: um pai em cada cinco (19%) gostaria de contar com horários mais flexíveis. Examinando-se esses dados mais atentamente, descobre-se que as escolhas feitas pelos pais dependem, na realidade, da idade do filho mais novo. Assim, pais de crianças com menos de seis anos (principalmente de filhos menores de três anos) preferem uma creche no local de trabalho. Enquanto os pais cujos filhos mais novos já estão em idade escolar (seis a 12 anos) optam sobretudo por horários flexíveis. Mas, seja qual for a idade dos filhos, os horários flexíveis ocupam sempre lugar de destaque aos olhos dos pais empregados.

## Tabela 2

## Benefícios e modos de trabalho pró-família preferidos pelos pais*

| Benefício ou modo de trabalho preferido[2] | Total[3] | Idade do filho mais novo[1] Menos de 18 anos (N = 222.000) | 18 a 35 anos (N = 183.300) | 3 a 5 anos (N = 295.700) | 6 a 9 anos (N = 362.500) | 10 a 12 anos (N = 256.600) |
|---|---|---|---|---|---|---|
| Serviço de creche no local de trabalho | 23,3 | 34,6 | 31,6 | 30,5 | 15,8 | 9,7 |
| Horário de trabalho flexível | 18,5 | 12,4 | 13,3 | 17,4 | 22,6 | 23,0 |
| Trabalho em tempo parcial | 9,4 | 10,2 | 11,3 | 8,9 | 9,4 | 7,7 |
| Licenças: | | | | | | |
| ❑ Licença-maternidade | 7,5 | 14,5 | 12,0 | 6,6 | 4,4 | 3,5 |
| ❑ Outras licenças[4] | 6,3 | 6,4 | 5,3 | 6,5 | 6,8 | 6,1 |
| Outros | 4,5 | 3,9 | 4,6 | 4,2 | 5,5 | 3,9 |
| Nenhum | 30,5 | 18,0 | 21,8 | 25,9 | 35,4 | 46,0 |

Fonte: Lero et al., 1993:59.
* De acordo com a idade do filho mais novo em 1988.
[1] Percentagem dos pais que indicaram o benefício ou modo de trabalho que os ajudaria mais em seu papel de pais.
[2] Os pais só deviam dar uma resposta.
[3] Uma vez ponderados, os dados desta tabela representam as respostas de 1.320.000 pais ocupados, que tinham como principal responsabilidade a guarda dos filhos e um trabalho remunerado fora de casa. Entre os pais entrevistados, 96% responderam a essa questão.
[4] Compreende licenças emergenciais, licenças para cuidar de um filho doente e licenças prolongadas para a educação dos filhos.

15 Lero et al., 1993.

## Os gerentes e a conciliação trabalho-família

Nesta seção, serão apresentados alguns resultados de uma pesquisa realizada com gerentes de recursos humanos no estado de Quebec, Canadá. A pesquisa abrangeu 1.200 empresas privadas, cujos empregados são assalariados sindicalizados à Confederação dos Sindicatos Nacionais.[16] A taxa de respostas foi de 14,8%, no caso dos gerentes, e de 23,7%, no dos representantes sindicais das referidas empresas, que também responderam ao questionário. As respostas dos dois grupos se assemelham bastante umas das outras, o que revela que as percentagens obtidas são aceitáveis e muito próximas da realidade.

Tanto os representantes sindicais quanto os gerentes disseram atribuir certa importância à conciliação trabalho-família. Solicitou-se aos gerentes que avaliassem a importância atribuída por eles próprios e pelo sindicato à conciliação emprego-família, sendo o mesmo solicitado aos sindicatos. A tabela 3 apresenta as respostas dadas por ambos. Assim, à direita, observa-se que os responsáveis por recursos humanos (ARH) declararam que eles próprios (43,8%) e os sindicatos (44,9%) atribuíam importância média à conciliação. Os sindicatos consideraram que atribuíam freqüentemente grande importância (34,9%), ou importância média (33,6%) à conciliação, e que, a seu ver, a importância atribuída pelos responsáveis de recursos humanos seria menor (31,9%) ou ainda muito menor (39,9%). É nessa questão que se encontra o desvio mais importante entre as percepções de uns e de outros. Quando se trata de elementos mais objetivos, como a existência de medidas ou sua utilização pelos pais, ver-se-á que as respostas são mais próximas.

**Tabela 3**
**Importância da conciliação**

| | Sindicato | | Departamento de RH | |
|---|---|---|---|---|
| Grau de importância | Dirigente | Sindicato | Dirigente | Sindicato |
| Extrema | 0,4 | 12,4 | 1,5 | 4,7 |
| Grande | 4,2 | 34,9 | 18,5 | 24,4 |
| Média | 23,5 | 33,6 | 43,8 | 44,9 |
| Pouca | 31,9 | 14,1 | 23,8 | 18,1 |
| Pouquíssima | 39,9 | 5,0 | 12,3 | 7,9 |

[16] A pesquisa foi financiada com recursos do Fcar (Fonds de recherche sur la nature et les technologies), o que agradeço. Os questionários foram enviados aos representantes sindicais e aos responsáveis pelos setores de recursos humanos das empresas cujos empregados são sindicalizados à Confederação dos Sindicatos Nacionais (CSN) e fazem parte do Comitê Interfederal do Setor Privado (Cisp).

É importante fornecer algumas informações sobre os respondentes e sobre o tipo de organização de que provêm. Suponho que os setores de serviços empreguem mais mulheres e que as medidas adotadas em prol da conciliação possam ser mais freqüentes. Constatei que o setor do comércio estava mais presente na amostra, assim como alguns serviços públicos (transporte escolar etc.). A tabela 4 mostra que a maioria dos respondentes provém desse setor, o que tenderia a confirmar sua grande preocupação com a conciliação; mas é necessário reconhecer que os setores metalúrgico e de papel estão ligeiramente menos representados na população inicial de organizações.

### TABELA 4
### FEDERAÇÃO SINDICAL DOS RESPONDENTES

| Federação sindical | Sindicato | | Departamento de RH | |
|---|---|---|---|---|
| | Efetivos | % | Efetivos | % |
| Comércio | 97 | 38,5 | 69 | 44,2 |
| Metalurgia | 45 | 17,9 | 17 | 10,9 |
| Papel e celulose | 43 | 17,1 | 11 | 7,1 |
| Comunicação | 14 | 5,6 | 3 | 1,9 |
| Serviços públicos e outros | 53 | 21,0 | 56 | 35,9 |

Pode-se imaginar que, dependendo da idade dos respondentes (tabela 5), eles podem estar mais ou menos preocupados com a conciliação. Ora, constata-se que boa parte dos respondentes se insere em categorias etárias em que a probabilidade de ter filhos em casa é maior, ou seja, na faixa dos 35-44 anos. Por outro lado, os jovens pais estariam menos representados (25-35 anos). Pode-se assim pensar que a preocupação com a família seria média.

### TABELA 5
### IDADE DOS RESPONDENTES

| Idade | Sindicato | % | DRH | (%) |
|---|---|---|---|---|
| Menos de 25 anos | 3 | 1,2 | 2 | 1,3 |
| 25-29 anos | 11 | 4,4 | 7 | 4,5 |
| 30-34 anos | 25 | 10,1 | 15 | 9,6 |
| 35-39 anos | 80 | 32,3 | 30 | 19,1 |
| 40-44 anos | 60 | 24,2 | 47 | 29,9 |
| 45-49 anos | 40 | 16,1 | 31 | 19,7 |
| 50 anos ou mais | 29 | 11,7 | 25 | 15,9 |

O sexo dos respondentes também poderia ter exercido alguma influência. Por isso, procurei saber que sexo predominava, se o masculino ou o feminino. Havia menos mulheres entre os representantes sindicais (32,5%), mas estas estavam mais representadas entre os gerentes de recursos humanos (44,9%). Não eram a maioria, mas ainda assim constituíam cerca de metade da amostra. Isso é importante, pois costuma-se considerar que as mulheres são mais preocupadas com a temática da conciliação emprego-família.

No que concerne a esses gerentes e representantes sindicais, também é interessante saber se participaram da implantação de medidas em suas organizações. Constatou-se que apenas 34% dos gerentes de recursos humanos e 24% dos representantes sindicais haviam participado de tais medidas. Isso se explica pela baixa percentagem de medidas em vigor nas organizações e também pelo fato de as medidas mais freqüentes — licenças pessoais, complementos salariais e licenças suplementares por maternidade ou adoção — terem sido implementadas há algum tempo — em geral, há aproximadamente 10 anos —, após a implementação de medidas públicas abrangendo essa questão.

Indagou-se aos respondentes, em seguida, sobre a presença ou não de uma dezena de medidas de conciliação em suas organizações. Entre as 10 medidas de conciliação emprego-família identificadas, somente duas — as licenças por motivos pessoais e os complementos salariais e licenças-maternidade e por adoção — eram bastante freqüentes nas organizações (tabela 6). As medidas de adaptação e de redução da jornada de trabalho, porém, apesar de bastante mencionadas pelos pais, eram adotadas em menos de 20% das organizações. As outras medidas eram ainda menos freqüentes. Assim, mesmo que os gerentes se digam preocupados com os problemas ligados à conciliação emprego-família, constata-se que poucas medidas foram postas em prática nas organizações.

## Tabela 6
## Existência de medidas de conciliação emprego-família

| Medida | Sindicato % (N) | DRH % (N) |
|---|---|---|
| Horário flexível | 15,0 (34) | 19,1 (31) |
| Horário determinado | 11,5 (27) | 12,3 (20) |
| Semana de trabalho reduzida | 8,8 (21) | 9,9 (16) |
| Redução voluntária do tempo de trabalho | 17,3 (41) | 21,6 (35) |
| Trabalho domiciliar | 2,3 (5) | 5,6 (9) |
| Progressão na carreira adaptada às exigências familiares | 1,9 (4) | 4,3 (7) |
| Licenças por motivos pessoais | 61,1 (120) | 74,1 (120) |
| Serviços de guarda de crianças | 2,7 (7) | 2,5 (4) |
| Complementos salariais e licenças-maternidade e por adoção | 36,2 (77) | 46,3 (75) |
| Serviços de informação e de referência | 8,8 (20) | 9,9 (16) |

Como a adaptação e a redução da jornada de trabalho são as medidas mais desejadas pelos pais, estas foram reagrupadas para permitir uma análise mais específica. Após o reagrupamento, constata-se que somente 20% das organizações adotam uma ou outra medida de adaptação ou redução do tempo de trabalho. A percentagem é de 19,6% para os respondentes sindicais, o que confirma a validade desse número. Outras pesquisas canadenses e quebequenses apresentaram percentagens análogas. Assim, pode-se dizer que, apesar de os responsáveis por recursos humanos e os representantes sindicais afirmarem que se preocupam com essa questão, a implementação desse tipo de medida não é tão freqüente.

No que se refere a percepções, procurei saber o que os respondentes pensavam da utilização de medidas de conciliação trabalho-família por homens e mulheres. É interessante constatar que, segundo os respondentes — sindicais e gerentes —, as mulheres utilizam com freqüência licenças e outras medidas por motivos familiares (em primeiro lugar, para cuidar dos filhos e, em seguida, por motivo de doença de algum empregado ou de um membro da família), enquanto os homens utilizam mais freqüentemente medidas como licenças ou horários flexíveis para se tratar de alguma doença (primeiro lugar) ou ainda para atividades sociais (logo em seguida). Assim, todos parecem concordar com o fato de que as mulheres utilizam mais as medidas por motivos familiares, enquanto os homens as utilizam sobretudo para atividades pessoais, e raramente para cuidar dos filhos, para fazer alguma tarefa doméstica ou outra atividade ligada à família.

As tabelas 7 e 8 detalham a opinião de representantes sindicais e gerentes no que concerne à utilização das licenças por homens e mulheres.

### Tabela 7
### Utilização de licenças por motivos pessoais pelo sexo feminino

| Motivo | Sindicato | DRH |
|---|---|---|
| Cuidado com os filhos | 351 | 316 |
| Tarefas domésticas | 75 | 78 |
| Horários da creche | 109 | 86 |
| Horário do cônjuge | 0 | 44 |
| Transportes | 0 | 0 |
| Doença do trabalho | 295 | 258 |
| Doença de um membro da família | 280 | 203 |
| Acúmulo de empregos | 0 | 0 |
| Atividades de formação | 86 | 82 |
| Atividades sociais | 130 | 155 |
| Outros | 114 | 46 |

TABELA 8
UTILIZAÇÃO DE LICENÇAS POR MOTIVOS PESSOAIS PELO SEXO MASCULINO

| Motivo | Sindicato | DRH |
|---|---|---|
| Cuidado com os filhos | 202 | 140 |
| Tarefas domésticas | 0 | 0 |
| Horários da creche | 58 | 36 |
| Horário do cônjuge | 0 | 62 |
| Transportes | 0 | 0 |
| Doença do trabalho | 364 | 232 |
| Doença de um membro da família | 265 | 169 |
| Acúmulo de empregos | 47 | 0 |
| Atividades de formação | 120 | 80 |
| Atividades sociais | 293 | 205 |
| Outras | 140 | 0 |

Os dados aqui apresentados atestam o fato de que a conciliação emprego-família começa a ganhar importância nas organizações, mas ainda resta muito a fazer para que os gerentes estejam mais conscientes da questão.[17]

## Responsabilidade individual ou coletiva em face do homo familialus?

A meu ver, a responsabilidade de restabelecer o equilíbrio entre trabalho, família e vida pessoal não cabe somente ao indivíduo. Como se trata de um problema social, a solução é, necessariamente, de natureza coletiva, devendo passar pela parceria e pela aplicação comum de recursos. Todos os atores podem e devem assumir seu papel, tanto os indivíduos (homens e mulheres), quanto os poderes públicos (Estado, prefeituras, sistema escolar etc.), assim como empregadores e gerentes. Cada vez mais os governantes e as prefeituras planejam e adotam políticas, como licenças para pais, desenvolvendo serviços socioculturais destinados às famílias etc. Alguns poucos empregadores, como pudemos constatar,[18] já começam também a adotar tais medidas.

Para intervir de maneira adequada nessa questão, é necessário adotar uma abordagem global. Nesse sentido, um conjunto coerente de meios diversificados deve ser implementado em todos os níveis, desde a melhoria dos serviços de creche, passando pelo desenvolvimento de escolas pré-maternais e maternais, de atividades pré-escola-

---

[17] Para mais detalhes sobre dados numéricos e análises da questão, ver Tremblay e Amherdt, 2000; Tremblay e Vaillancourt-Laflamme, 2000; e Tremblay e Villeneuve, 1998.

[18] Tremblay e Amherdt, 2000.

res, de serviços de creche complementares, até a organização de atividades especiais, licenças escolares etc. Conseqüentemente, os poderes públicos são chamados a assumir um papel de primordial importância.

No ambiente das empresas, diversas medidas podem ser implementadas, especialmente serviços de ajuda à família — serviços de creche, auxílio financeiro para despesas de guarda das crianças, serviços de informação e de referência etc. —, licenças e benefícios sociais — complementos salariais e licenças-maternidade ou para adoção, licenças por motivos pessoais etc. —, um tipo de gestão da carreira profissional adaptado às exigências familiares e assim por diante.

Entre as medidas a serem postas em prática, as fórmulas de adaptação e redução da jornada de trabalho podem desempenhar papel decisivo no equilíbrio da relação trabalho-família. Nesse particular, os empregadores têm sua parcela de responsabilidade, na medida em que são eles que determinam os horários de trabalho.

## Uma prioridade: flexibilizar o tempo de trabalho

Entre todas as soluções plausíveis, praticáveis e possíveis para reduzir a tensão crescente entre trabalho, família e vida pessoal, a flexibilização dos horários de trabalho é a que desperta maior interesse, tanto no caso dos empregados quanto no dos empregadores. Minha pesquisa mostra que esse tipo de solução é o preferido pelos pais empregados. Para os empregadores, como outros estudos revelam, uma solução desse tipo permite resolver certos problemas de gestão a um custo mínimo, se não nulo.

O número de horas que os pais destinam ao trabalho tem influência direta sobre seu nível de estresse. Os fatos demonstram isso amplamente. Por exemplo, os dados do *Étude nationale canadienne sur la garde des enfants* indicam que as mães com empregos de tempo parcial suportam melhor a tensão do que as que têm empregos de tempo integral. Entre as mães que, de uma forma ou de outra, podem contar com serviços de guarda dos filhos prestados por pessoas que não pertencem às suas famílias, as que apresentam níveis de estresse relativamente elevados correspondem a 44% das que trabalham em tempo parcial e a 62% das que trabalham em tempo integral. Entre as mães com empregos de tempo integral, mas que prefeririam ter empregos de tempo parcial ou não trabalhar fora, o nível de tensão causado pelo acúmulo de responsabilidades familiares e profissionais atinge níveis desproporcionais.[19] Enfim, o simples fato de as mães terem uma tendência três vezes maior do que

---

[19] D. S. Lero, *Risk factors in work-family conflict: preliminary findings from the National Child Care Survey*, 1991, apud Conseil consultatif canadien sur la situation de la femme, 1994:28.

as mulheres sem filhos de ocupar um emprego de tempo parcial[20] mostra que o número de horas de trabalho tem influência direta sobre a facilidade com que os pais assumem suas responsabilidades profissionais e familiares. Isso, por outro lado, confirma quão alto é o preço pago pelas mulheres para ingressar no mercado de trabalho, considerando-se o fardo extra que continuam carregando no plano das responsabilidades familiares.

Nesse contexto, vale dizer que as horas extras impostas tornam-se um fardo adicional, que complica ao extremo a conciliação das responsabilidades familiares e profissionais e que contribui sem dúvida para aumentar ainda mais o nível de estresse. Quando se oferece aos pais que trabalham a possibilidade de se recusarem a fazer horas extras, se sua vontade prevalece, a primeira razão alegada é ver mais os filhos, a segunda é a fadiga e a terceira é a dificuldade que têm de obter serviços de guarda para os filhos.[21]

Isto posto, não é apenas o número de horas de trabalho que determina a capacidade dos pais empregados de conciliar trabalho e família. Há também o horário de trabalho, isto é, o momento em que se inicia e termina a jornada de trabalho.[22] Na vida cotidiana, os piques da manhã e do final do dia constituem momentos de grande tensão. Os pais devem coordenar seu horário de trabalho com o de seus filhos que vão à escola ou à creche. A tarefa constitui em si um desafio, mesmo para os pais que têm um horário "normal" de trabalho, de "9 às 17 horas". Para os que trabalham em horários diferentes desse padrão, a coordenação torna-se ainda mais difícil.

Em resumo, tanto a duração da jornada de trabalho quanto o horário de trabalho têm papel determinante na capacidade dos pais de conciliar seus papéis. Uma pesquisa realizada no Canadá por uma associação dedicada à saúde mental chegou à mesma conclusão: os trabalhadores "sentem nitidamente que a compatibilidade de sua vida profissional e familiar depende de mudanças quantitativas e estruturais no horário de trabalho".[23]

---

[20] Marshall, 1994.

[21] Fédération des travailleurs et travailleuses du Québec, 1995.

[22] Ibid.

[23] Association canadienne pour la santé mentale, 1984:53, apud Conseil consultatif canadien de l'emploi et de l'immigration, 1987:28.

Assim, a dificuldade de conciliar as obrigações profissionais e familiares está ligada à rigidez dos horários de trabalho, como atestam diversas pesquisas.[24] Ora, o horário rígido era conveniente numa época em que o pai de família saía para trabalhar fora todas as manhãs, num determinado horário, enquanto a mãe ficava em casa o dia inteiro para cuidar da família e das tarefas domésticas. Essa concepção tradicional de horário de trabalho e de divisão de papéis levava a ver o trabalho e a família como dois mundos separados. Trata-se de uma concepção ultrapassada, pois atualmente a grande maioria dos pais trabalha, tanto mães quanto pais, e, na maior parte das vezes, nenhum dos dois cônjuges se ocupa em tempo integral dos filhos e da casa. Mais do que nunca os mundos do trabalho e da família devem funcionar como vasos comunicantes, pois o desequilíbrio de um põe em risco o outro.

Se há um princípio-chave que deve guiar a formulação de qualquer política de adaptação do tempo de trabalho, a fim de favorecer o equilíbrio entre trabalho, família e vida pessoal, é o da flexibilidade. Várias pesquisas o demonstram. Quanto mais flexível o horário de trabalho, mais fácil se torna a conciliação. O que a torna mais difícil, ao contrário, são os horários fixo, variável, imprevisível, irregular e imposto. De todas as medidas consideradas para ajudar os pais a conciliar melhor suas responsabilidades profissionais e familiares, o horário flexível figura quase sempre num dos primeiros lugares da lista quando os pais empregados são solicitados a expressar suas preferências.

## *A importância da flexibilidade na escolha dos horários*

Os pais que trabalham como empregados atribuem uma importância decisiva aos horários flexíveis. A socióloga Louise Vandelac, responsável por uma pesquisa sobre a conciliação de trabalho e família realizada em colaboração com a Fédération des travailleurs et travailleuses du Québec (1995), faz um balanço positivo desse tipo de horário:

> Percebeu-se que onde há horários flexíveis, as coisas vão bem (...) As pessoas não trocariam por nada do mundo estes horários. Há até mesmo os que recusam empregos com melhor remuneração para conservar a flexibilidade de seus horários.
>
> apud Chabot, 1996:12

[24] Ver, entre outros, Lero et al., 1993; Conference Board du Canada, 1994; Fédération des travailleurs et travailleuses du Québec, 1995.

Um dado importante antes de seguirmos em frente: a flexibilidade aqui preconizada, que visa a maleabilidade dos regimes e dos horários de trabalho a fim de facilitar a conciliação entre trabalho e vida familiar e pessoal, distingue-se da flexibilidade tratada no início deste capítulo. Aquela consistia, para os empregadores, numa maior rentabilidade para suas empresas, uma vez que se tratava de maximizar a flexibilidade das leis trabalhistas, dos custos da mão-de-obra ou do tempo de trabalho.

Se uns e outros, empregadores e empregados, procuram ganhar em flexibilidade, é necessário estar atento ao fato de que a flexibilidade desejada pelos primeiros não corresponde necessariamente àquela almejada pelos segundos. Para uns, a flexibilidade se justifica dadas as necessidades da produção e da produtividade. Para outros, ela consiste, antes de mais nada, em atender às necessidades da família e dos indivíduos.

Mas a flexibilidade buscada pelos empregadores e a desejada pelos empregados não são irreconciliáveis. Ao contrário, algumas fórmulas de adaptação e redução do tempo de trabalho, como veremos mais adiante, podem ser vantajosas para as duas necessidades, à primeira vista contraditórias: a flexibilidade orientada para as necessidades da produção e a flexibilidade voltada para as necessidades da família e das pessoas.

## *Pensar um "programa trabalho-família"*

Os regimes de horários flexíveis são mais eficazes quando vêm acompanhados de um conjunto harmônico de medidas diversificadas e complementares para facilitar a conciliação das responsabilidades profissionais, familiares e pessoais. Várias empresas adotam essa prática, baseada no Approche Programme (Programa Aproximação). É o que acontece, por exemplo, no Banco de Montreal, cujo caso será descrito mais adiante, e com a IBM, no Canadá. O Banco de Montreal oferece a seus empregados horários mais flexíveis, além de um conjunto de serviços, como creche no trabalho, serviço telefônico gratuito 24 horas sobre serviços de guarda de crianças, serviço de informações para ajuda a pais idosos e outros serviços do gênero.

Acredita-se que os benefícios proporcionados pelo horário flexível e pelo acesso a essa gama de serviços favorecem a conciliação de responsabilidades profissionais e familiares e, conseqüentemente, o atingimento dos objetivos almejados. O Programa Aproximação permite ainda implementar uma combinação de medidas adaptadas às necessidades específicas das organizações e de seus empregados:

> É necessário considerar o contexto e as peculiaridades próprias de cada situação. Nenhuma empresa se parece com a outra; em conseqüência, nenhum programa de conciliação trabalho-família será idêntico ao outro. Tudo depende dos empregados, do tamanho e do funcionamento da organização. Uma creche no trabalho pode, por exemplo, se revelar uma idéia muito boa em um lugar, mas pouco indicada em outro, numa empresa onde as pessoas estão continuamente em movimentação. (...) Como nenhuma medida pode resolver tudo, é necessário criar uma combinação para satisfazer o maior número possível de pessoas.
>
> (Secrétariat de la famille, 1994:43).

## *Regimes de trabalho flexíveis e vantagens dos regimes regulares*

Os regimes de trabalho flexíveis não devem dar lugar à precarização do emprego. Não devem penalizar os empregados em seus planos de carreira, em seus benefícios sociais ou no reconhecimento de seu tempo de trabalho. Essa consideração vale sobretudo para os regimes de trabalho flexíveis que implicam redução do tempo de trabalho, assim como para o trabalho domiciliar. Para proporcionar os resultados desejados e suscitar a participação do maior número de indivíduos e organizações, essas fórmulas devem ser acompanhadas de vantagens proporcionais ou comparáveis.

Para a IBM canadense, a política concernente aos regimes de trabalho flexíveis corrobora claramente esse princípio:

> A IBM se compromete a garantir que os empregados que escolherem uma fórmula de trabalho diferente não sejam penalizados em suas chances de promoção e de aperfeiçoamento profissional. As necessidades, o rendimento e as competências da empresa continuarão a ser os fatores nos quais nos apegaremos para confiar mais responsabilidades ao nosso pessoal.[25]

A direção do Banco de Montreal adota uma atitude similar:

> O Banco tem a firme intenção de manter a alternativa de optar por um regime de trabalho flexível, que não prejudique as chances de promoção, de mudança ou de progressão dos empregados. Sua planificação e sua gestão de carreira mantêm-se da mesma forma, e o Banco continua a se interessar pela qualidade de seu trabalho, sem prejuízo de seu posto ou de seu horário de trabalho. O rendimento, as

---

25 IBM Canada. Formules de travail variables chez IBM Canada: 6 options. 1996. (Circulaire interne.)

competências e as aspirações permanecem, assim como as contribuições indiretas, as promoções e as transferências. Freqüentemente, é possível que se apresente uma oportunidade de promoção compatível com o regime de trabalho flexível. Nesse caso, deve-se decidir se convém considerar outra fórmula de trabalho flexível ou adotar um horário e lugar de trabalho apropriados ao novo posto.[26]

## *Assegurar a igualdade às mulheres*

A importância de se pensar em termos de um "programa trabalho-família" tem outro objetivo fundamental: assegurar a participação plena e efetiva das mulheres no mercado de trabalho, em condições de igualdade com os homens. Quanto mais os regimes de horários flexíveis estiverem acompanhados de um "programa trabalho-família" bem elaborado e eficaz, mais contribuirão para favorecer a igualdade econômica das mulheres. Inversamente, se os horários de trabalho flexíveis constituírem um recurso único e isolado, não amparado ativamente por outras medidas, como um sistema apropriado de guarda de crianças, ou medidas que estimulem os homens a assumir mais responsabilidades familiares, esses regimes correm o risco de não produzir os resultados esperados do ponto de vista da participação profissional das mulheres.

Pode-se até mesmo afirmar o contrário. Se os regimes de horários flexíveis constituírem uma medida isolada, correm o risco de contribuir para reproduzir a desigualdade econômica e profissional das mulheres. Para compreender a origem desse viés, é necessário saber que, mesmo que o fluxo de mulheres no mercado de trabalho tenha aumentado de maneira espetacular nas últimas décadas, que as relações entre homens e mulheres tenha variado bastante nos últimos anos e que cada vez mais os homens venham assumindo sua parcela das responsabilidades familiares e domésticas, permanece profundamente enraizada e difundida a idéia de que cabe aos homens ganhar o sustento do lar e às mulheres cuidar dos filhos e da casa. Vejamos o que o Conseil consultatif canadien sur la situation de la femme (1994:19) tem a dizer a esse respeito:

> Alguns homens mostram o desejo de assumir um papel mais importante na vida doméstica e de dedicar mais tempo à família. Freqüentemente, em nossos dias, as mudanças realizadas na divisão das tarefas do lar não ocorrem no mesmo ritmo da

---

[26] Banque de Montréal. Les régimes de travail souples. 1993. p. 14. (Document interne.)

participação das mulheres na mão-de-obra remunerada. As pesquisas confirmam que as mulheres que têm um emprego assumem sempre a maior parte das responsabilidades pelas tarefas do lar e do cuidado com os filhos, assim como dos idosos ou doentes de suas famílias

Ora, se as mulheres continuam assumindo a maior parcela das responsabilidades domésticas, mesmo quando trabalham fora, isso significa que devem carregar o duplo fardo de um emprego remunerado e de tarefas domésticas não-remuneradas. A corrida contra o tempo torna-se forçosamente mais cruel e injusta para elas. Como indica a pesquisa efetuada pela Statistique Canada sobre emprego do tempo,[27] as mulheres no mercado de trabalho dedicam, em média, mais tempo do que os homens aos trabalhos domésticos não-remunerados. Por exemplo, entre as mulheres de 25-44 anos, que constituem o grupo etário mais suscetível de ter filhos estando empregadas, o número de horas dedicadas ao trabalho não-remunerado,[28] calculado para um período de sete dias, foi de 4,8 horas por dia no caso das mães, mesmo quando possuem um emprego de tempo integral. No caso dos homens da mesma faixa etária (25-44 anos), a paternidade também aumenta o número de horas dedicadas cotidianamente ao trabalho não-remunerado, mas esse número é de 3,2 horas, ou seja, 1,6 hora a menos do que as mulheres. A mesma pesquisa mostra também que, em comparação com os homens, é maior o número de mulheres que se sentem tensas com freqüência por causa da falta de tempo. Resumindo, se o fato de ter um emprego dá às mulheres a possibilidade de uma eventual igualdade em relação aos homens, na realidade elas ainda estão longe disso. Ao contrário, pagam um preço bem mais alto por seu ingresso no mercado de trabalho.

Nessas condições, compreende-se que, dadas a sobrecarga de trabalho e a responsabilidade maior que têm que assumir no âmbito da família, várias mulheres empregadas, quando têm filhos, sejam levadas a reduzir sua jornada de trabalho. A presença de filhos tem efeito contrário sobre o regime de trabalho de homens e mu-

---

27 Ver Frederick, 1995.

28 O trabalho não-remunerado compreende todas as atividades não-remuneradas, ou seja, o conjunto das tarefas domésticas, os cuidados familiares, compras e assim por diante.

lheres.[29] Quando têm filhos, os homens tendem a aumentar sua jornada de trabalho (sua taxa de atividade em tempo integral passa de 82 para 89%), já com as mães ocorre o contrário, elas tendem a reduzir sua jornada de trabalho (sua taxa de atividade em tempo integral diminui de 71 para 45%).

Trata-se aqui da questão dos horários de trabalho flexíveis. Se essa medida não for acompanhada de outras medidas complementares para conciliar trabalho e família corre-se o risco de ampliar, até mesmo na esfera doméstica, a desigualdade da partilha das responsabilidades familiares entre homens e mulheres e, em conseqüência, reproduzir a desigualdade econômica e profissional das mulheres no mercado de trabalho.

Para ilustrar esse mecanismo, tomemos o tipo de horário flexível mais freqüente nas respostas dos questionários de pesquisas e o mais conhecido: o trabalho em tempo parcial. Em geral, há mais mulheres que homens em trabalhos de tempo parcial. Em 1995, cerca de 70% das pessoas que trabalhavam em regime de tempo parcial eram mulheres.[30] Ora, nesse ano, 16,5% das mulheres que trabalhavam em tempo parcial afirmaram "ter escolhido" esse tipo de regime por causa de obrigações pessoais ou familiares, enquanto somente 1,1% dos homens mencionou essa razão. As cifras subestimam, sem dúvida, a realidade das mulheres que optam por trabalhar em tempo parcial em razão de obrigações pessoais ou familiares. Em 1993, cerca de metade das mulheres (46%) que diziam trabalhar em tempo parcial por não quererem um emprego de tempo integral tinha pelo menos um filho menor de 16 anos em casa. Grande parte dessas mulheres citaram obrigações pessoais ou familiares para justificar sua opção por um trabalho de tempo parcial.[31]

Essa realidade estatística indica que, se as mulheres são tão numerosas em trabalhos de tempo parcial, é precisamente porque, em razão da divisão desigual — e desvantajosa para elas — das responsabilidades familiares e domésticas, elas têm recorrido em grande número a esse regime de trabalho a fim de conciliar suas obrigações familiares e profissionais. Nesse caso, as mulheres se encontram presas num

---

[29] Tremblay e Villeneuve, 1998.

[30] Développement des Ressources Humaines du Canada, 1996:26.

[31] Logan, 1994.

círculo vicioso: se o trabalho em tempo parcial lhes permite participar do mercado de trabalho, em contrapartida representa uma solução parcial, porque pode funcionar também como uma barreira a sua plena inserção profissional. Além disso, pode também confiná-las num regime de trabalho menos vantajoso que os regulares do ponto de vista do avanço econômico e profissional. Com mais freqüência que antes, de fato, os empregos de tempo parcial não oferecem vantagens comparáveis às dos empregos de tempo integral, nem no plano da renda, nem no dos benefícios sociais, quanto mais no das perspectivas de carreira.

Para concluir, é importante associar aos regimes de trabalho flexíveis medidas complementares de conciliação trabalho-família, caso se queira promover a igualdade econômica das mulheres e evitar que sejam levadas a um impasse no plano profissional. Nos casos que estudamos, pudemos constatar que a implantação de um programa bem elaborado de medidas de conciliação trabalho-família, fundamentado num firme compromisso dos gerentes com a igualdade econômica das mulheres, tem por efeito favorecer a promoção profissional das mulheres em empregos de qualidade, e isso em todos os níveis hierárquicos.

## *Um balanço positivo sobre o desempenho no trabalho*

Alguns indicadores mostram que o horário flexível tem, de modo geral, conseqüências positivas do ponto de vista da melhoria do desempenho no trabalho, permitindo a resolução de alguns problemas de gestão. É o que revela, especialmente, a pesquisa do Conselho do Canadá já mencionada.[32] Essa pesquisa permitiu avaliar, em empresas que implantaram diversos regimes de trabalho flexíveis, a eficácia desse regime do ponto de vista do rendimento no trabalho (tabela 9). Os dados indicam que os regimes de horário flexíveis produziram resultados positivos em quase todos os problemas identificados, particularmente no do absenteísmo (80% dos respondentes). Esses regimes de trabalho, constantes no relatório da pesquisa, "facilitaram também o recrutamento e a manutenção do efetivo, melhoraram a pontualidade, o moral e a produtividade do pessoal e reduziram o nível de estresse" (Paris, 1989:21).

---

[32] Paris, 1989.

## TABELA 9
## EFICÁCIA DOS REGIMES DE TRABALHO FLEXÍVEIS*

| Problemas de recursos humanos | Horário flexível | Partilha de emprego | Semana comprimida | Semana reduzida | Jornadas reduzidas | Tempo parcial com vantagens sociais proporcionais | Tempo parcial sem vantagens sociais | Trabalho domiciliar |
|---|---|---|---|---|---|---|---|---|
| Recrutamento | 75,8<br>(n = 157) | 83,8<br>(n = 68) | 79,8<br>(n = 94) | 81,3<br>(n = 64) | 80,4<br>(n = 46) | 82,6<br>(n = 92) | 79,6<br>(n = 103) | 90,6<br>(n = 32) |
| Manutenção do efetivo | 76,1<br>(n = 155) | 79,1<br>(n = 67) | 79,8<br>(n = 94) | 79,7<br>(n = 64) | 78,3<br>(n = 46) | 79,1<br>(n = 91) | 74,5<br>(n = 102) | 78,1<br>(n = 32) |
| Absenteísmo | 81,0<br>(n = 158) | 89,4<br>(n = 66) | 83,2<br>(n = 95) | 85,9<br>(n = 64) | 82,6<br>(n = 46) | 80,2<br>(n = 91) | 81,7<br>(n = 104) | 90,0<br>(n = 33) |
| Atrasos | 74,7<br>(n = 158) | 83,6<br>(n = 67) | 78,1<br>(n = 96) | 78,5<br>(n = 65) | 71,7<br>(n = 46) | 75,8<br>(n = 91) | 74,0<br>(n = 104) | 84,9<br>(n = 33) |
| Estresse | 72,8<br>(n = 158) | 78,8<br>(n = 66) | 71,3<br>(n = 94) | 71,9<br>(n = 64) | 71,7<br>(n = 46) | 70,0<br>(n = 90) | 72,6<br>(n = 102) | 81,8<br>(n = 33) |
| Moral | 75,0<br>(n = 156) | 77,3<br>(n = 66) | 74,2<br>(n = 93) | 74,6<br>(n = 63) | 71,7<br>(n = 46) | 77,8<br>(n = 90) | 78,2<br>(n = 101) | 75,0<br>(n = 32) |
| Fidelidade | 58,9<br>(n = 156) | 61,5<br>(n = 65) | 55,4<br>(n = 92) | 57,1<br>(n = 63) | 58,7<br>(n = 46) | 65,6<br>(n = 90) | 64,7<br>(n = 102) | 59,4<br>(n = 32) |
| Produtividade | 70,5<br>(n = 156) | 68,2<br>(n = 66) | 63,8<br>(n = 94) | 69,8<br>(n = 63) | 65,2<br>(n = 46) | 69,2<br>(n = 91) | 71,8<br>(n = 103) | 65,6<br>(n = 32) |
| Rendimento | 57,8<br>(n = 154) | 58,5<br>(n = 65) | 57,6<br>(n = 92) | 56,3<br>(n = 64) | 58,7<br>(n = 46) | 56,8<br>(n = 88) | 61,2<br>(n = 103) | 66,7<br>(n = 33) |

Fonte: Paris, 1989:27.

* Do ponto de vista da capacidade de atenuar problemas de recursos humanos, em percentagem dos respondentes. As percentagens indicam se os regimes de trabalho flexíveis são "eficazes"ou "muito eficazes".

## *Ampliação do acesso a regimes de trabalho flexíveis*

Em que medida a prática de horários flexíveis é adotada atualmente nos locais de trabalho? O *Étude nationale canadienne sur la garde des enfants*[33] permitiu realizar, no Canadá, um balanço preciso e profundo sobre a implantação de regimes de horários flexíveis e outras medidas de conciliação trabalho-família em 1988 (ano de referência dos dados da pesquisa). Pode-se confiar ainda hoje nos resultados desse estudo para avaliar a situação que prevaleceu até meados da década de 1990, pois as pesquisas efetuadas desde então, embora menos detalhadas e de menor envergadura, nos levam a pensar que a situação não mudou fundamentalmente e guarda semelhança, em linhas gerais, com a descrita no referido estudo.[34]

Primeiramente, apesar de um número crescente de pais empregados ter agora acesso a regimes de trabalho flexíveis e a diversas medidas de conciliação trabalho-família, a maioria não tem sempre acesso a tais regimes (ver gráfico p. seg.).

- ❑ As fórmulas mais comuns são licenças-maternidade prolongadas, não-remuneradas, e a possibilidade de trabalhar em regime de tempo parcial, que podem prevalecer para mais da metade dos pais. Como essas fórmulas se revelam particularmente onerosas no plano financeiro e profissional para o empregado, estão longe de convir a todas as famílias, especialmente às famílias monoparentais. Além do mais, admite-se que as medidas em questão retratam um quadro temporário ou parcial do mercado de trabalho, por isso, não cabe propriamente falar de medidas de conciliação.
- ❑ Apenas 32% dos pais têm acesso a horários de trabalho flexíveis, 24% a partilhas de emprego e 23% a licenças remuneradas para se dedicar a obrigações familiares quando os filhos estão doentes ou quando seu serviço de guarda habitual não está disponível. Não há dados sobre horários compactados, nem sobre trabalho domiciliar.
- ❑ Além dos próprios dados da pesquisa, há percentagens análogas para a freqüência de medidas de adaptação do tempo de trabalho: aproximadamente uma organização em cada cinco, em Quebec, em 1999.

---

33 Lero et al., 1992 e 1993.

34 Entre as pesquisas mais recentes, estão as de Guérin et al., 1994, e a de Higgins et al., 1992.

### VANTAGENS E MODOS DE TRABALHO PRÓ-FAMÍLIA OFERECIDOS AOS PAIS COM FILHOS MENORES DE 13 ANOS (CANADÁ, 1988)

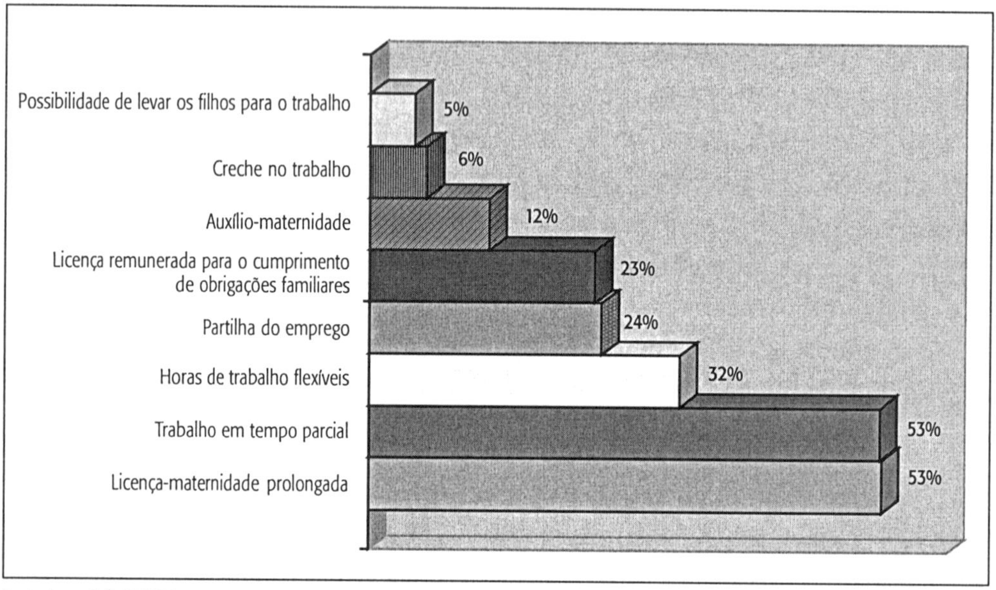


Fonte: Lero et al., 1993:36.

Em segundo lugar, o acesso a regimes de trabalho flexíveis e a diversas medidas de conciliação trabalho-família depende mais das características do emprego dos pais do que da natureza de suas responsabilidades familiares. Assim:

- com exceção do trabalho em regime de tempo parcial, cuja freqüência tende a aumentar com o número de filhos, a disponibilidade de regimes de trabalho flexíveis e de medidas de conciliação trabalho-família não varia na prática, nem segundo o número de filhos, nem conforme a presença de crianças em idade pré-escolar, nem de acordo com a idade do filho mais novo;
- em comparação com os empregados de nível inferior e menos qualificados, os gerentes de nível superior, os profissionais e os trabalhadores mais especializados beneficiam-se, em geral, de um melhor acesso a regimes de trabalho flexíveis e a medidas de conciliação trabalho-família, salvo no que toca ao trabalho em regime de tempo parcial. Por causa das exigências de seus empregos, eles são levados a trabalhar mais horas do que a média, o que tem o efeito de anular, em certa medida, as vantagens por eles conquistadas no campo dos regimes de trabalho flexíveis e das medidas de conciliação trabalho-família;

- os pais que trabalham em indústrias de transformação, usinas e fábricas têm acesso limitado a regimes de trabalho flexíveis e a medidas de amparo à família, em comparação com os profissionais do ensino, da saúde e com os ocupantes de cargos de direção;
- os empregados do setor privado têm acesso mais restrito a esses regimes do que os funcionários públicos, salvo no caso dos horários flexíveis.

Se o acesso a regimes de trabalho flexíveis não for ampliado, se os regimes não forem adaptados às necessidades concretas dos pais, os impactos sobre o rendimento do trabalho, particularmente sobre o absenteísmo, a taxa de rotatividade e a produtividade, serão inferiores aos esperados. Além disso, apesar de uma possível ampliação desse acesso, as mulheres é que continuarão a arcar com o ônus maior, seja assumindo a maior parte das responsabilidades familiares, seja limitando sua participação no mercado de trabalho — "optando" mais, por exemplo, por empregos de tempo parcial.

## Conclusão

Cada vez mais empresas tomam a iniciativa de implementar regimes diferenciados de horário flexível, acompanhados, às vezes, de programas bem elaborados de medidas complementares destinadas a favorecer a conciliação entre trabalho, família e vida pessoal. Onde esses regimes foram implantados, os indicadores mostram que todos lucraram, tanto os empregados quanto os empregadores, e que o balanço se revela mais do que positivo no que diz respeito ao rendimento do trabalho. Outros empregadores se engajarão eventualmente nesta via e implementarão medidas semelhantes.

Entretanto, ter melhores intenções não será o bastante se as iniciativas se limitarem apenas à boa vontade dos superiores imediatos. É necessário garantir a todos os pais empregados o direito a medidas diversificadas de conciliação trabalho-família. Os gerentes de recursos humanos têm um papel fundamental a desempenhar nessa questão, e este faz parte das novas exigências e funções que eles devem assumir no contexto do novo mercado de trabalho.

## Referências bibliográficas

AKYEAMPONG, E. B. L'absentéisme: une mise à jour. *Perspective*. Ottawa: Statistique Canada, 1992.

BARRÈRE-MAURISSON, M.-A. *La division familiale du travail: la vie en double*. Paris: PUF, 1992.

BENIMADHU, P. *Hours of work: trends and attitudes in Canada*. Ottawa: Conference Board du Canada, 1987. (Rapport 18-87).

CANTIN, E. La conciliation des responsabilités familiales et professionnelles. *Le Marché du Travail*, sept. 1994. p. 1-8.

CHABOT, D. Concilier travail et famille: d'abord et avant tout un choix de société. *Suites: le Magazine des Diplômés-es de l'UQAM*, v. 6, n. 1, p. 12-15, 1996.

CHARETTE, D. Les heures de travail des couples. *Perspective*. Ottawa: Statistique Canada, 1995.

CHÊNEVERT, D. Concilier famille et carrière: une nouvelle rèalité. *Info ressources humaines*, jan. 1994.

CONFERENCE BOARD DU CANADA. *Concilier le travail et la famille: enjeux et options*. Ottawa, 1994.

CONSEIL CONSULTATIF CANADIEN DE L'EMPLOI ET DE L'IMMIGRATION. *Les travailleurs ayant des responsabilités familiales dans la société d'aujourd'hui: qui s'en occupe?* Ottawa, 1987. (Rapport présenté au ministre de l'emploi et de l'immigration).

CONSEIL CONSULTATIF CANADIEN SUR LA SITUATION DE LA FEMME. *110 statistiques sur le travail et la famille au Canada*. Ottawa, 1994.

CONSEIL DU PATRONAT DU QUÉBEC. *La main-d'oeuvre féminine. 1ère partie: situation et tendances*. Montréal, 1992a. (Dossier 92-03).

_______. *La main-d'oeuvre féminine. 2e partie: les responsabilités familiales et les politiques d'entreprise*. Montréal, 1992b. (Dossier 92-05).

_______. *Les familles monoparentales et le marché du travail*. Montréal, 1992c. (Dossier 92-16).

_______. *Conciliation travail-famille. Expériences québécoises*. Montréal, 1993a. (Dossier 93-10).

_______. *Programme travail-famille. Modèle d'implantation*. Montréal, 1993b. (Dossier 93-14).

CONSEIL DU STATUT DE LA FEMME. *L'aménagement et la réduction du temps de travail au Québec*. Québec: Les Publications du Québec, 1990.

DESJARDINS, A. Programmes concernant la conciliation des responsabilités familiales et professionnelles — sondage auprès d'employeurs. *Le marché du travail*, avr. 1995. p. 6-71.

DÉVELOPPEMENT DES RESSOURCES HUMAINES DU CANADA. *Le travail et la famille; la sécurité sociale au Canada: données documentaires*. 1994. (Fiche d'information).

_______. *L' avenir du travail: tendances de la nature changeante de l'emploi*. Ottawa, 1996.

_______. Flexible work arrangements. *Applied Research Bulletin*, 1997.

DIRECTION GÉNÉRALE DE LA CONDITION FÉMININE DE L'ONTARIO. *Le travail et la famille: un équilibre délicat*. Ontario: Ministère des Services Sociaux et Communautaires, 1991.

FÉDÉRATION DES TRAVAILLEURS ET TRAVAILLEUSES DU QUÉBEC. *Ré-concilier... l'inconciliable: recherche sur la conciliation des responsabilités professionnelles familiales, sociales et personnelles; phase 2: des faits saillants*. Montréal, 1995.

FREDERICK, J. A. *Au fil des heures... L'emploi du temps des canadiens*. Ottawa: Statistique Canada, 1995.

GUÉRIN, G. et al. Les pratiques organisationnelles d'aide à la gestion de l'équilibre travail-famille: la situation au Québec. *Gestion*, v. 19, n. 2, p. 74-82, mai 1994.

HIGGINS, C. et al. Examen de la souplesse en matière d'horaire et de lieu de travail. *Optimum: la Revue de gestion du secteur public*, v. 23, n. 2, p. 33-42, automne 1992.

LEE, C. et al. Stratégies utilisées par les parents occupant un emploi pour concilier les exigences de la vie professionnelle et celles de la vie familliale. *Optimum: la revue de gestion du secteur public*, v. 23, n. 2, p. 68-78, automne 1992.

_______; DUXBURY, L.; HIGGINS, C. *Les mères au travail: concilier la vie professionnelle et la vie familiale*. Ottawa: Centre canadien de gestion, 1994.

LERO, D. S. et al. *Étude nationale canadienne sur la garde des enfants: les régimes de travail des parents et leurs besonis en matière de garde des enfants*. Ottawa: Statistique Canada, 1992. (Cat. 89-529F).

_______. *Étude nationale canadienne sur la garde des enfants: avantages et flexibilité en milieu de travail: tous d'horizon des expériences vécues par les parents*. Ottawa: Statistique Canada, 1993. (Cat. 89-530F).

LIPSETT, B.; REESOR, M. *Flexible work arrangements: evidence from the 1991 and 1995 Survey of Work Arrangements*. Ottawa: Développement des ressources humaines du Canada, 1997. (Version préliminaire).

LOGAN, R. Le travail à temps partiel par choix. In: *L'emploi et le revenue en perspective*. Ottawa: Statistique Canada, 1994. p. 22-29. (Cat. 75-00 1F).

MacBRIDE-KING, J. L. *Concilier le travail et la famille: un défi de taille dans les années 1990*. Ottawa: Conference Board of Canada, 1990. (Rapport 59-90).

_______; PARIS, H. Balancing work and family responsibilities. *Canadian Business Review*, Autumn 1989.

MARSHAL, K. Concilier le travail et la famille. In: *L' emploi et le revenue en perspective*. Ottawa: Statistique Canada, 1994. (Cat. 75-001F.)

NOREAU, N. Le travail à temps partiel "non choisi". In: *L'emploi et le revenu en perspective.* Ottawa: Statistique Canada, 1994. p. 30-37. (Cat. 75-001F).

PARIS, H. *Les programmes d'aide aux employés qui ont des obligations familiales.* Ottawa: Conference Board of Canada, 1989.

SECRÉTARIAT DE LA FAMILLE. *Travail-famille: un tandem de cœur... et de raison. Guide destiné aux milieux de travail.* Québec: Ministère du conseil exécutif, 1994.

_______. *Familles en tête 1995-1997: plan d'action des partenaires en maîtère familiale.* Québec: Gouvernement du Québec/Ministère du conseil exécutif, 1995.

_______. *Nouvelles dispositions de la politique familiale: les enfants au coeur de nos choix* (Livre blanc sur les nouvelles dispositions de la politique familiale). Québec: Les Publications du Québec, 1997.

STATISTIQUE CANADA. *Moyennes annuelles de la population active.* 1995a. (Cat 71-220).

_______. *Statistiques chronologiques sur la population active.* 1995b. (Cat. 71-201).

ST-ONGE, S. et al. L' équilibre travail-famille: un nouveau défi pour les organisations. *Gestion*, v. 19, n. 2, p. 64-73, mai 1994.

SUNTER, D. Le travail par postes. *Perspective.* Ottawa: Statistique Canada, printemps 1993. p. 17-26. (Cat. 75-001F).

_______; MORISSETTE, R. Les heures consacrées au travail. *Perspective.* Ottawa: Statistique Canada, automne 1994. (Cat. 75-001F).

TREMBLAY, D.-G. *L' emploi en devenir.* Québec: Institut québécois de recherche sur la culture, 1990.

_______. *Économie du travail: les réalités et les approches théoriques.* Québec: Télé-université, Saint-Martin, 1997.

_______. Work-family balancing and interest for working time reduction. In: MARSHALL, V. et al. *Restructuring work and the life course.* Toronto: University of Toronto Press, 2001.

_______; AMHERDT, C.-H. *La vie en double: les obstacles organisationnels et socio-culturels à la participation des pères et des mères à la conciliation emploi-famille.* 2000. (Rapport de recherche remis au FCAR).

_______; ROLLAND, D. *Modèles de gestion de main-d'oeuvre: typologies et comparaisons internationales.* Québec: Presses de l'Université du Québec, 1998.

_______; VAILLANCOURT-LAFLAMME, C. *Conciliation emploi-famille et aménagement du temps de travail; description des données d'enquête.* 2000. (Rapport de recherche).

_______; VILLENEUVE, D. Aménagement et réduction du temps de travail: réconcilier emploi, famille et vie personnelle. *Loisir et Société*, v. 20, n. 1, p. 107-1059, 1997.

_______; _______. *L' aménagement et la réduction du temps de travail: les enjeux, les approches, les méthodes*. Montréal: St-Martin, 1998.

_______; _______. De la réduction à la polarisation des temps de travail; des enjeux sociaux. *Loisir et Société*, v. 21, n. 2, juin 1999.

VILLENEUVE, D.; TREMBLAY, D.-G. *Famille et travail, deux mondes à concilier. Avis du Conseil de la famille et de l'enfance du Québec*. Québec: Gouvernement du Québec, 1999.

WINTERS, J. Le travail de fin de semaine. *Perspective*. Ottawa: Statistique Canada, été 1994.

# 4
# Simbologia da liderança na ótica cinematográfica

Thomaz Wood Jr.*

Em *O pintor da vida moderna*, Baudelaire faz uma crítica aos homens de negócio que bem poderia ser dirigida ao campo dos estudos organizacionais. Diz ele: "para a maioria de nós, especialmente para os homens de negócios, a cujos olhos a natureza não existe a não ser que tenha grande relação com seus interesses de negócios, a fantástica realidade da vida torna-se estranhamente superficial".[1]

A forma pela qual os estudos organizacionais, e em especial a corrente funcionalista-positivista ainda dominante nos países anglo-saxões, reduzem fenômenos organizacionais a fragmentos desincorporados é notável. Toda a vitalidade é extirpada. Toda a complexa e dinâmica malha de interações é transformada em um punhado de regressões múltiplas. O método acaba por isolar os estudiosos do objeto de análise, afastando o campo teórico da realidade. Porém, os estudos organizacionais vêm sofrendo uma profunda transformação desde os anos 1980. Atesta esse movimento o aumento substancial dos trabalhos sobre cultura e simbolismo organizacional.[2] Essa vertente, antes

* Doutor pela Eaesp/FGV e professor nessa instituição. Atua também como consultor em projetos de mudança organizacional e como jornalista. Foi editor da *Revista de Administração de Empresas — RAE*. É autor e organizador de vários livros, entre os quais destacam-se: *Os 7 pecados do capital* (Makron Books, 1999), *Mais leve que o ar* (Atlas, 1999), *Remuneração estratégica* (Atlas, 1999), *Transformação e realidade organizacional* (Atlas, 1999) e *Mudança organizacional* (Atlas, 2000).

[1] Apud Philips, 1992:1.

[2] Ver, por exemplo, Alvesson e Berg, 1992.

vista como alternativa e quase exótica, tornou-se central e disputa hoje com linhas mais tradicionais de pesquisa a predominância em publicações e congressos.

Tal movimento tem também propiciado o surgimento e a aceitação de abordagens e metodologias menos ortodoxas no campo dos estudos organizacionais. Vejamos alguns exemplos. Peltzer (1995) e Strati (1992) buscam uma nova perspectiva ontológica, utilizando conceitos de estética; Czarniawska-Joerges e Jacobsson (1995) e Krieger e Barnes (1992) revitalizam a metáfora do teatro como recurso de análise organizacional; Hatch (1995) compara textos de análise organizacional a obras de ficção, usando a "teoria da narratologia", de Gerard Genette; Katz (1994) utiliza o jazz como metáfora para analisar fenômenos de interação social; Boje (1995) analisa as companhias Disney como *storytelling organizations*, onde discursos pré-modernos, modernos e pós-modernos se interpenetram e vozes dissonantes são marginalizadas; Gabriel (1995) mostra o lado não gerenciável das organizações, composto por histórias, fantasias e subjetividade; e Ford e Ford (1995) demonstram como os processos de mudança organizacional ocorrem dentro do processo de comunicação.

Essas contribuições ilustram a proposta de Jeffcutt (1994), para quem os estudos organizacionais devem ser um campo multiparadigmático e polifônico. Ilustram também uma tendência de focalização dos aspectos subjetivos e simbólicos da vida organizacional.

Neste capítulo, meu objetivo é explorar a possibilidade de um olhar cinematográfico sobre fenômenos organizacionais. Se, há muitos anos, pesquisadores utilizam o cinema para refletir sobre a sociedade e a cultura, por que não utilizá-lo como via de compreensão da dimensão simbólica das organizações? Adicionalmente, especula-se que, se por um lado a arte imita a vida e, portanto, pode lhe servir de objeto de reflexão, por outro lado a vida também imita a arte, criando um ciclo onde a tênue separação entre realidade e ficção pode estar desaparecendo.

O restante do texto está estruturado em cinco seções. A primeira menciona o caráter ficcional deste campo de pesquisa e apresenta o conceito de olhar cinematográfico. A segunda revê o conceito de liderança simbólica, uma perspectiva valiosa para compreender os processos de direcionamento nas empresas contemporâneas. A terceira apropria-se de *Cidadão Kane*, obra clássica de Orson Welles, para discutir a liderança simbólica e o drama do afastamento entre substância e imagem. Em seguida, a quarta apropria-se de outra obra clássica, *Terra em transe*, de Glauber Rocha, também para abordar a questão da liderança, desta vez sob a ótica do contexto cultural brasileiro. Finalmente, a última seção conclui o capítulo, insinuando que vivemos uma idade cinematográfica e corremos o risco de naufragar em símbolos.

## Estudos organizacionais: ficção e imagem

Segundo Philips (1992 e 1995), uma forma de reconduzir os estudos organizacionais a tratar organizações como *forma de vida* é usar obras de ficção como novelas, contos, peças, poemas, músicas e filmes. Obras de ficção podem prover elementos não-racionais, não-lógicos, normalmente ausentes das narrativas científicas mais tradicionais. O argumento defendido é próximo daquele advogado por Sontag (1991), quando trata da unificação das culturas literário-artística e científica: que a linha divisória entre as formas de escrever ciência e escrever ficção é inexistente ou meramente arbitrária.

Artigos e livros sobre organizações são obras de ficção.[3] As organizações são, elas próprias, obras de ficção, num constante processo de construção e reconstrução de sentidos e realidades. Então, por que não utilizar obras de ficção para analisar organizações? Os filmes, como as músicas e os livros, inspiram-se na realidade. Bons filmes, como boas músicas e bons livros, estimulam a reflexão sobre a natureza e a experiência humana. Então, por que não ampliar sua utilização em estudos organizacionais?

### *O olhar cinematográfico*

A maioria das informações que recebemos nos chega através de imagens. Diz-se que cerca de 80% dos estímulos que nos atingem são visuais. O professor de literatura Alfredo Bosi, em seu texto na coletânea *O olhar*, propõe um paralelo entre olhar e conhecer, buscando uma fenomenologia do olhar. Bosi mostra que o pensamento antigo tinha duas vertentes:

- a primeira, do olhar receptivo, do ver como receber sensorial. Em Epicuro e Lucrécio, conhecer é estar imerso num oceano de formas, figuras e cores, é sorver o mundo através das sensações do olhar;
- a segunda, do olhar ativo, idealista, do ver como busca. Em Pitágoras, o olhar transcende o olho, passa da contemplação e dispersão à concentração; busca a unidade no dilúvio de fenômenos, através da experiência interior. O caminho é a meditação sobre as propriedades imutáveis das coisas mutáveis.

---

[3] Hatch, 1995.

Avançando nesta breve história do olhar, Bosi (1993:77) argumenta que:

> O olho do racionalismo clássico examina, compara, esquadrinha, mede, analisa, separa [...] mas nunca exprime. É um olho só capaz de perceber, no objeto, a sua objetialidade; logo, tudo trata como objeto, não sujeito. O contexto que o rodeia é um conjunto de coisas; não uma situação que um sujeito reconhece outro sujeito, ou reconhece-se — no outro — um sujeito.

As idéias de Simone Weil surgem justamente em oposição a esse olhar dissecador e dissecado. Sua vida dupla de fresadora da Renault e professora de filosofia a fez refletir sobre a forma de superação do racionalismo taylorista, da coisificação do homem. Weil buscou na educação pelo olhar a construção de uma filosofia da atenção, buscou um olhar libertário. Para Bosi (1993), a questão central de seu trabalho pode ser definida pela pergunta: *como frear o entorpecimento do dia-a-dia da linha de montagem e inventar meios mais inteligentes de produção?* Sua resposta: educar a atenção, num plano contínuo de transformação. Weil busca, assim, por meio do olhar, a reconquista da unicidade corpo, alma e mundo, unicidade rompida pela divisão do trabalho e pelo totalitarismo.

Na mesma coletânea *O olhar*, Ismail Xavier faz uma série de reflexões sobre o olhar cinematográfico. O cinema, segundo ele, é um jogo do real. A tela é ao mesmo tempo real e percepção. O filme estabelece uma comunicação entre o olhar do realizador e o olhar do espectador. Mas esse olhar é mediado por todo um aparato, um filtro técnico-sensorial. A montagem sugere e nos conduz, mas nós deduzimos. Se o olhar do realizador é anterior ao nosso, na tela o percebemos simultâneo. As diferenças de tempo — como os limites de espaço — diluem-se. De qualquer forma, o espectador não tem domínio ou escolha, é ver ou não ver. Segundo Xavier (1993:370): "o usufruto deste olhar privilegiado, não a sua análise, é algo que o cinema tem nos garantido, propiciando esta condição prazerosa de ver o mundo e estar a salvo, ocupar o centro sem assumir encargos".

Mas existe também o prazer do observador-participante. Fruir a estética da obra, o prazer dos sentidos; remeter a outros níveis de interação, como o vivencial e o inconsciente. O cinema permite, enfim, reflexão. Segundo Morin (1965:127): "[...] o cinema é um conjunto complexo de realidade e irrealidade; determina um estado misto, a cavalo sobre o sonho e a vigília". Não é como o sonho, um estado de devaneio; está mais próximo do estado de vigília e da percepção do mundo atual. A imagem chega ao espectador a partir do exterior, ainda que não se possa rotulá-la de real.

Ao contrário de quem sonha, que o faz sem consciência, o espectador sabe que está no cinema.

Para Luz (1989), o filme seria um lugar de reatualização das fantasias pessoais próprias a cada espectador. A percepção fílmica poderia ser considerada mágica, do mesmo tipo daquela encontrada na criança, no doente mental e no homem primitivo. O assistir configura-se num ritual participativo, com implicações de perda de identidade pessoal. O filme produz um acesso a uma alteridade imaginária. Luz centra sua atenção na compreensão da relação espectador-filme-realizador. Recorre à noção de zona intermediária, formulada pelo psicanalista inglês Donald Woods Winnicott. Luz desenvolve a questão dos estados intermediários, afirmando a existência de uma terceira zona de experiência que não é simples amálgama das usualmente citadas: realidade interna e realidade externa. Esta terceira zona possuiria existência própria.

A percepção fílmica pertence à categoria da experiência ilusória. A ilusão é que torna possível a objetividade, a percepção do mundo interpessoal socialmente estabelecido. Não se pode afirmar que seja regra, mas, em condições adequadas, o filme proporciona ao indivíduo meios para uma experiência perceptiva singular, podendo levar a uma múltipla reflexão, como em dois espelhos colocados face a face, sobre o imaginário da realidade e a realidade do imaginário, como se materializasse as três zonas de percepção humana.

Luz acredita que a experiência fílmica pode trazer o enriquecimento do contato com uma outra realidade: o enriquecimento da alteridade. O filme pode, igualmente, ser usado como instrumento de reflexão e análise da ação humana. A partir da próxima seção, proponho a utilização de duas obras cinematográficas como *veículo* de análise de um dos tópicos mais relevantes em estudos organizacionais: o fenômeno da liderança.

## O espetáculo da liderança

Liderança é um dos temas mais populares entre acadêmicos e executivos. Segundo Sievers (1994:159):

> a maneira como a teoria social e a prática em organizações contemporâneas tratam a noção de liderança lembra em alguma extensão a maneira como tratamos a sexualidade: liderança e sexo foram ambos continuamente reificados em objetos científicos, transformados em produtos que, por seu amplo apelo, puderam ser promovidos e vendidos com infindável variação de abordagens, modelos e posições.

A liderança pode ser entendida como um processo interativo de sedução e influência que permeia os jogos de poder nas organizações. Nas organizações contemporâneas, caracterizadas por alta intensidade simbólica, pela difusão das técnicas de gerenciamento da impressão e pelo uso extensivo de retórica e imagens, a liderança é essencialmente um exercício de controle dos significados através da manipulação simbólica. Czarniawska-Joerges e Wolff (1991), por exemplo, vêem a liderança como uma performance simbólica, que expressa a esperança do controle sobre o destino. Gerenciar, para esses autores, é a atividade de introduzir ordem pela coordenação dos fluxos de coisas e pessoas rumo a uma ação coletiva.

A liderança é também um processo pelo qual indivíduos transferem sua possibilidade ou poder de interpretar a realidade para terceiros.[4] Através da liderança simbólica, a ação e o discurso do líder transformam a complexidade e a ambigüidade em questões solúveis. Os líderes simbólicos criam pontos de referência e esquemas interpretativos para encaminhar decisões e definir ações. Eles usam artefatos como sistemas de informação, planos estratégicos e orçamentos, e empregam retórica, imagens, metáforas e ações simbólicas.

Os líderes simbólicos delimitam e definem a realidade para os liderados. Tais líderes são bem-sucedidos quando estabelecem uma ligação entre os significados compartilhados existentes e estruturam a experiência coletiva de forma aceitável. Esse processo ocorre mais facilmente em ambientes organizacionais pouco estruturados do que em ambientes organizacionais formalizados. Em ambientes organizacionais formalizados, papéis e normas estão institucionalizados e provêm um quadro de referências para a interação interpessoal. Tais ambientes são, em geral, vistos como *seguros* e estagnados. São também caracterizados por conflitos e tensões entre padrões institucionalizados de liderança e processos de liderança mais *naturais*, pelos quais indivíduos podem reagir e modificar significados e padrões. Por outro lado, em ambientes organizacionais pouco estruturados, os atores estão mais predispostos a mudar padrões.

Até este ponto do trabalho, apresentei o argumento de que os estudos organizacionais podem ser vistos como obras de ficção e de que, como tal, poderiam se beneficiar de um "olhar cinematográfico". Propus então que se analisasse um fenômeno particular — a liderança — a partir do "olhar cinematográfico". Introduzi em seguida a perspectiva simbólica da liderança. Tal perspectiva é provavelmente a mais adequa-

[4] Smircich e Morgan, 1982.

da para compreender os fenômenos de direcionamento e gerenciamento das empresas contemporâneas.

Nas duas seções a seguir, utilizarei dois filmes para falar de liderança. Cada uma delas será iniciada com informações contextuais sobre os diretores e suas obras. Em seguida, será apresentado um breve resumo da história. Ao longo das duas seções serão destacados e discutidos os aspectos relacionados com a liderança.

*Cidadão Kane* e *Terra em transe* são obras de qualidade de autores de produção sofisticada e inovadora. Porém, a principal razão para sua escolha como veículo de análise nesses ensaios é sua capacidade de gerar *insights* sobre o tema da liderança. Como obras complexas, os dois filmes permitem o diálogo com o espectador, estimulando múltiplas leituras e interpretações. Décadas depois de produzidos, continuam estimulando polêmicas e novas leituras. Espero que este seja o caso neste capítulo.

## Xanadu: a liderança exilada

*Cidadão Kane* (1941) é obra ímpar na história do cinema. Orson Welles, seu criador, realizou-a quando tinha 25 anos. Welles era considerado um *enfant terrible* antes do filme. *Cidadão Kane* ajudou a torná-lo um dos maiores mitos da indústria cinematográfica.

### *Carreira atribulada*

O filme e seu autor tiveram uma carreira atribulada. Conta-se que Louis B. Meyer, da MGM, liderando um grupo de *chefões* de estúdios, fez à RKO, produtora do filme, uma oferta em dinheiro para que o filme fosse destruído. O motivo: as enormes semelhanças entre o personagem principal e William Randolph Hearst, um magnata da mídia. A RKO não aceitou a oferta. De fato, quando o arranjo foi proposto, Welles já tinha exibido o filme a tantos formadores de opinião que seria impossível fazê-lo desaparecer. Mas o filme teve uma carreira irregular, sofrendo o boicote dos grandes estúdios e exibidores, que temiam Hearst.

Exibido em cinematecas e escolas de cinema em cópias em 16mm e, mais tarde, em vídeo e *laserdisc*, tornou-se *cult*. Curiosamente, o maior relançamento do filme se deu justamente em 1991, quando completou 50 anos, pelas mãos de Ted Turner, também um magnata da mídia, com muito em comum com Hearst e Kane.[5] Welles,

---

[5] Ebert, 1994.

conta-se, morreu atormentado com a possibilidade que Turner *colorizasse* sua obra-prima, um crime comparável ao impingido a outra obra-prima: o clássico *Metrópolis*, de Fritz Lang.

*Cidadão Kane* transformou Orson Welles em herói — ou anti-herói — do cinema. O filme foi idolatrado por críticos franceses e por cineastas independentes nas mais variadas latitudes e tem aparecido há décadas em listas de *melhores filmes de todos os tempos*, geralmente em primeiro lugar.

## *Tragédia grega*

Em 50 anos a obra gerou inúmeros artigos e livros. Nas escolas norte-americanas de cinema é obrigatório passar por uma sessão de interpretação de *Cidadão Kane*. Especialistas o qualificam como "um retrato de uma poderosa personalidade do nosso tempo", ou "um profundo estudo da vida de um personagem grandioso terminando em tragédia", ou ainda "uma tragédia clássica passada no século XX".

A idéia de que *Cidadão Kane* possa ser visto como uma tragédia é polêmica. Um argumento apresentado contra uma leitura trágica de *Cidadão Kane* é que os elementos cômicos no filme impedem essa abordagem. Outro argumento é que a tragédia exige um herói trágico, um personagem nobre. Kane, entretanto, seria um personagem patético. Segundo Maxfield (1986), entretanto, nenhum desses argumentos invalida a opção pela leitura trágica. O primeiro contra-argumento é que elementos cômicos não são estranhos ao sistema trágico. O segundo contra-argumento é que muitas tragédias clássicas possuem heróis patéticos como Kane, o que não as torna menos trágicas.

Segundo Boal (1975), o primeiro aspecto essencial do sistema trágico de Aristóteles é a existência de um herói trágico. No início do espetáculo, o público é levado a estabelecer com esse herói uma forma de empatia. Porém, o herói revela uma falha grave de conduta e a história mostra que essa falha é o grande motivo para a felicidade e a situação privilegiada que o herói ostenta. Subitamente, algo ocorre que põe em risco a felicidade do herói e pode transformar sua existência em tragédia. Então, a audiência, que mostrava grande empatia pelo herói, começa a sofrer com suas desventuras e a viver seu terror.

A *peripécia* que sofre o personagem se reproduz na audiência. No *sistema aristotélico*, o herói aceita e confessa seu erro. Mas isso não é suficiente para evitar o pior. Aristóteles exige que a tragédia tenha um final terrível, que termine em catástrofe. A catástrofe é catártica, *purifica* o herói e o público de seus erros.

Nessa perspectiva, *Cidadão Kane* pode ser visto como uma tragédia, uma *fábula ética sobre o distanciamento entre substância e imagem.* A trajetória de Kane é a construção de um personagem ilusório, uma *persona* pública baseada em uma equação que iguala sucesso e grandeza pessoal. Uma das cenas mais evocativas do filme, criada por Welles e por seu fotógrafo Gregg Toland, é a de Kane passando por espelhos antepostos, que refletem sua imagem, produzindo uma série infinita de "Kanes". A cena registra a indiferenciação entre realidade e construção imagética, entre *self* e *persona.*

Kane não pode ser considerado uma imagem de retidão, tampouco uma encarnação do mal. Ele é um personagem entre os dois extremos. Algumas vezes mostra-se cruel, mas isso ocorre em virtude de sua insensibilidade, de seu afã em conquistar sucesso e grandeza, e não de uma natureza inerentemente má.[6]

## Culto da imagem

O culto da imagem é fundamental em *Cidadão Kane.* Isso se revela especialmente nas seqüências em que Kane está construindo seu império jornalístico. Quando lança o *Inquirer*, ele publica na primeira página uma declaração de princípios. Nessa declaração, proclama que suas duas grandes metas como editor são: "contar todas as notícias honestamente" e "ser um lutador incansável pelos direitos dos cidadãos".

Suas palavras compõem uma *retórica sincera.* Kane não parece ter intenção de enganar seu público. Mas suas intenções perdem o conteúdo quando se percebe que tudo o que ele deseja, sua meta verdadeira, é aumentar a circulação de seu jornal e popularizar sua imagem de campeão de uma causa. O importante para ele é aparecer como defensor de uma causa nobre, não importa qual.

Kane tem grandes aspirações pessoais. Ele quer agradar leitores e eleitores e pavimentar com popularidade seu caminho rumo à presidência do país. Nessa trajetória, até mesmo sua vida pessoal é transformada em instrumento. Kane casa-se com a sobrinha de um ex-presidente. O envolvimento emocional com sua esposa é mínimo. Mas o casamento equivale a adquirir um título de nobreza, algo que supostamente o habilita a realizar seus sonhos presidenciais. Algo que o exime do fardo de sua origem humilde, qualificando-o para vôos mais altos.

---

[6] Maxfield, 1986:197.

A famosa cena do discurso de Kane na campanha eleitoral reflete uma característica essencial da obra: sua sofisticação cenográfica e visual. Um requinte que nunca é gratuito; é sempre empregado para reforçar o conteúdo dos personagens e das situações. Na cena vemos Kane atrás de um púlpito. Por trás dele, uma ampliação gigante do seu rosto. O personagem *real* procura dar vida ao personagem da foto. O olhar é o mesmo. O da ampliação mira incisivamente um ponto distante. O candidato atrás do púlpito olha *através* da platéia. Na verdade, não existem *massas* em *Cidadão Kane*. A audiência é simulada, construída com fotos e efeitos de iluminação. Para o candidato Kane, a audiência é uma miragem, uma projeção idealizada, um aglomerado descaracterizado de votantes, importantes somente pela capacidade de levá-lo a realizar seus objetivos pessoais.

O *pregador* fala do púlpito. Seu discurso é vazio. Não importa o conteúdo. Kane não fala à razão dos seus ouvintes. Kane é a expressão emocional e simbólica das suas carências e desejos e das carências e desejos da audiência. Neste ponto do filme, a superfície ainda esconde a tragédia. Mas os seus elementos já estão presentes.

## *Início do fim*

A reviravolta na tragédia ocorre durante a campanha eleitoral, quando os jornais noticiam um escândalo em torno de sua vida particular: a relação que Kane mantinha com uma cantora. É o início do fim, o rompimento entre imagem e substância tornado público.

Um elemento básico do sistema trágico aristotélico é a identificação da audiência com o herói. No caso de *Cidadão Kane*, é difícil dizer que, mesmo à época do lançamento do filme, essa identificação houvesse ocorrido. Talvez o personagem seja um estereótipo, um clichê intencionalmente construído. Por outro lado, parece-me inteiramente plausível vê-lo como um líder pós-moderno, um personagem que busca construir a si próprio e sua imagem pública com a ajuda do *outro mediático*. Sua *persona* pública, entretanto, não se sustenta. A criatura vira-se contra o criador, que não chega a percebê-la. Imagem e *self* são para ele indissociáveis.

Mas há um preço a pagar. O descolamento entre substância e imagem tem limites. O rompimento da coerência da imagem pública, com a descoberta da existência da amante, expõe a farsa e destrói a ambos: a *persona* pública e o homem por trás dela. Kane morre só, no castelo de Xanadu, um *cenário kitsch* que construiu na Flórida, cercado por símbolos de grandeza e poder; um palco, como seu ator-autor, condenado à decadência e ao abandono.

Para Maxfield (1986), ler a morte de Kane como uma punição aos seus erros, aos seus sonhos de poder, é uma leitura moralista e reducionista da obra. O autor acredita que o final trágico não reflete o mal que Kane possa ter causado. Sua morte solitária seria, de fato, reflexo de uma tragédia humana universal. Kane morre murmurando a emblemática palavra *rosebud*, o nome de um trenó, um brinquedo preferido na sua infância, da qual foi muito cedo separado. Kane parece partilhar essa nostalgia com outros personagens, que são retratados em idade avançada relembrando eventos passados. Aqui surge novamente a questão do distanciamento entre substância e imagem, entre sentimentos fortes e verdadeiros e trajetórias pessoais e profissionais.

Maxfield está certo. Kane é uma tragédia universal, uma tragédia do nosso tempo.

## Eldorado: a liderança questionada

*Terra em transe* é um clássico do cinema brasileiro. Produzido em 1967, no primeiro período do regime militar, é um dos melhores trabalhos de Glauber Rocha e um divisor de águas do Cinema Novo. Difícil e provocativo, esta "ópera" glauberiana é um estudo explosivo da arte e da política no Terceiro Mundo, é uma obra revolucionária tanto no sentido político quanto no sentido estético. Além de sua importância cultural, *Terra em transe* também pode ser visto como uma fábula da liderança no Brasil. Com seus personagens típicos da cultura brasileira, faz refletir sobre nosso culto a heróis ambíguos e tortuosos.

O filme retrata, de forma alegórica, um momento histórico na transformação da identidade brasileira. Na fictícia República de Eldorado, um clima de urgência se instala com a eminência de grandes mudanças. Personagens socialmente emblemáticos — o intelectual, o populista e o empresário — conduzem a narrativa. São figuras com raízes nos processos históricos e culturais do país. Glauber Rocha é um *pensador do Brasil*, como Gilberto Freyre, Darcy Ribeiro e Roberto DaMatta. Sua cinematografia, ainda que marcada por influências européias e americanas, sempre buscou compreender o país.

### *Cinema Novo*

Se existe um cinema no Brasil que, por excelência, reflete nossa natureza e experiência como povo e nação, este é o Cinema Novo. O Cinema Novo nasceu em 1955 com *Rio 40 graus*, de Nelson Pereira dos Santos. Glauber Rocha nasceu em 14 de março de 1938, em Vitória da Conquista, para ser um dos seus principais criadores e teóricos.

No Brasil, na década de 1950, a produção cinematográfica estava dividida entre dois pólos: de um lado, as chanchadas, voltadas para um público popular; de outro, as produções dos Estúdios Vera Cruz, que procuravam emular o *cinema de qualidade* europeu e os melodramas norte-americanos. O Cinema Novo marcou a descoberta, por parte da elite cultural do país, de uma nova força cultural: uma força capaz de exprimir suas inquietações políticas e estéticas. Além de encontrar uma faixa de público no Brasil, o Cinema Novo teve repercussão na Europa, o que aumentou sua legitimação interna.

Além de uma estética própria, o Cinema Novo tinha a preocupação fundamental de pensar o Brasil. Tinha também o ideal de produzir obras que levassem o público a refletir sobre as questões sociais. O movimento durou aproximadamente 20 anos, de 1955 a 1975, e foi marcado por nomes como Nelson Pereira dos Santos, Ruy Guerra, Paulo César Saraceni, Luiz Sérgio Person, Joaquim Pedro de Andrade e o próprio Glauber Rocha. Sua contribuição foi marcante não só no campo do cinema. O Cinema Novo influenciou a sensibilidade de gerações e ajudou a mudar a forma de nos percebermos como povo e nação.

## *Os líderes de Eldorado*

*Terra em transe* começa com um *mergulho,* um *travelling* aéreo do oceano rumo ao interior. A história acontece na República de Eldorado, narrada em *flashback* pelo jornalista-poeta Paulo Martins (Jardel Filho). Nas cenas iniciais, Paulo Martins, ferido mortalmente pela polícia, relembra sua trajetória política e suas relações com Porfírio Diaz (Paulo Autran), o golpista de direita, Felipe Vieira (José Lewgoy), o governador populista, e Júlio Fuentes (Paulo Gracindo), o empresário nacionalista.

Paulo Martins havia sido aliado e protegido de Porfírio Diaz, mas abandona-o para juntar-se à campanha de Felipe Vieira pelo governo da província de Alecrim. A campanha ganha força e avança em meio a comícios, samba e violência repressiva. Eleito, Felipe Vieira não consegue superar as contradições entre suas promessas de campanha e sua base de apoio. Em meio a uma escalada de pressões, acaba sucumbindo ao golpista Porfírio Diaz.

Segundo Johnson e Stam (1982:150): "a narrativa de *Terra em transe* é a récita lúcida de uma vida dominada por ilusões políticas e, portanto, conforma-se ao que se tem denominado fórmula quixotesca do desencantamento sistemático". O desencantamento de Paulo Martins, seu *adeus às ilusões*, é marcado por suas relações políticas e pessoais. Porfírio Diaz é o "deus da sua juventude". Felipe Vieira é o líder, "o nosso grande líder" que falha miseravelmente ao se recusar a resistir ao golpe de Porfírio Diaz. Os ideais e a pureza dos personagens "apodrecem nos jardins tropicais" (1982:156).

O tratamento que Glauber dá a temas como poder, liderança e mudança evita o maniqueísmo e abraça a complexidade e a ambigüidade dos personagens. Porfírio Diaz — o golpista de direita — e Felipe Vieira — o populista de esquerda — ocupam (teoricamente) pólos opostos da cena política. Além disso, são inimigos pessoais. A edição do filme, conduzida por Eduardo Escorel, entretanto, ao contrastar suas campanhas políticas, iguala-os, em lugar de diferenciá-los. Porfírio Diaz e Felipe Vieira são um só personagem interpretando diferentes papéis, opostos apenas pelas circunstâncias. O mesmo acontece entre o empresário nacionalista Júlio Fuentes e Porfírio Diaz, apoiado por *interesses estrangeiros*. Em lugar do conflito esperado, eles assumem papéis convergentes.

O próprio protagonista Paulo Martins, profundamente comprometido com seu papel de agente libertador, que leva às últimas conseqüências, algumas vezes assume atitude repressora. Em seus discursos poéticos, quando se refere ao povo, o faz de forma idealizada. Paulo Martins é a confluência de várias forças políticas e sociais de um momento turbulento; é um personagem complexo, um palco onde as contradições da sociedade se manifestam.[7]

O senador é um personagem secundário, mas a retórica que emprega é significativa de um certo modernismo delirante, que mistura categorias aparentemente contraditórias e revela mais uma vez a visão dialética complexa do diretor-autor. Em um comício de Felipe Vieira, ele discursa:[8] "abramos trilhas nas florestas, fundemos mil cidades onde eram países selvagens! E pontes sobre os rios, estradas cortando desertos, máquinas arrancando minério da terra". Em um outro momento diz ele:[9] "em Eldorado não existe fome, nem desemprego, nem miséria, nem violência, nem feiúra. Nós somos um povo belo, forte e viril, como nossos índios".

## *Líderes fracos*

O sertanejo de Eldorado pode ser um forte, mas seus líderes são absolutamente fracos, anti-heróicos e incapazes de cumprir seu papel. Sua grandiosidade é efêmera,

---

[7] Johnson e Stam, 1982:156.

[8] Rocha, 1983:311.

[9] Ibid.

solitária e egoísta. Sua ação não corresponde nem à sua auto-imagem nem à imagem e às expectativas dos seus liderados.

Felipe Vieira é um palco onde caberiam quase todos os líderes populistas de esquerda brasileiros. Seu discurso assimila símbolos populares, comunica a ilusão da igualdade e esconde paradoxos e ambigüidades. Vieira, como Paulo Martins, é um líder sem autodeterminação. Uma imagem carismática sobre um conteúdo de indefinições e contradições. Vieira personifica muitas de nossas características mais marcantes: autoritarismo, paternalismo, indecisão, plasticidade e ambigüidade.

Vitorioso no golpe, Porfírio Diaz é finalmente coroado. No tratamento operístico de Glauber, Diaz representa o passado colonial do país. Ele carrega os símbolos do conquistador português e a bandeira negra da Inquisição. Seu olhar e sua solidão são imperiais. Em sua coroação pelo Conquistador Português (Clóvis Bornay, em trajes de carnaval), ele discursa: "Aprenderão! Aprenderão! Dominarei esta terra, botarei estas históricas tradições em ordem! Pela força, pelo amor da força, pela harmonia universal dos infernos chegaremos a uma civilização!".[10]

Os personagens de *Terra em transe* são emblemáticos da história do Brasil e significativos do período em que o filme foi produzido. Os líderes em *Terra em transe* são tratados com crueza pelo diretor. Não existem líderes heróicos. Glauber os desmistifica em duas instâncias diferentes e interligadas: primeiro, na caracterização dos personagens, sempre ambíguos, contraditórios, complexos e profundamente reais. Glauber não permite nem a empatia nem a identificação com seus personagens. *Terra em transe* é uma ópera fílmica fragmentada e antidramática. Glauber recusa o ilusionismo.

## *Heróis brasileiros?*

No Brasil, tipos ideais e líderes míticos são difíceis de identificar. Nossa herança é de plasticidade social e cultural. O colonizador português já era um mestiço, que aqui facilmente misturou-se com os indígenas e, mais tarde, com os negros.

Vemo-nos, e queremos nos ver, como sociedade igualitária, mas esta *alucinação coletiva* é profundamente dissonante da realidade. A lei não reconhece diferenças, mas alguns são mais iguais que outros. Os conflitos de classe, cor, origem regional e sexo manifestam-se nas relações individuais, mas não são fáceis de identificar e in-

---

[10] Rocha, 1983:324.

terpretar. Além disso, algumas instâncias próprias nossas, como o *jeitinho*, mascaram as interações face a face e tornam as situações sociais ainda mais nebulosas.

O Brasil não tem tipos ideais ou líderes míticos. Basta pensar em algumas das nossas figuras históricas para verificar que não têm ressonância social. Ainda que possamos nelas identificar algumas características fortes, estas características não têm eco nas características do povo. Não há identificação. Temos sim, como os norte-americanos, heróis do momento, celebridades, esportistas ou estrelas da mídia, que representam alguns ideais ou respondem a carências de determinados grupos.

A evolução histórica da textura socioeconômica e cultural brasileira não cristalizou tipos ideais, mas possui algumas corporificações de personagens, como o político populista, o militar, o intelectual de esquerda e, mais recentemente, o executivo de grande empresa e o empreendedor urbano.

### *Populismo*

Como mostrado em *Terra em transe*, um personagem emblemático da nossa cultura é o líder populista, capaz de aliciar as camadas mais baixas do estrato social, apropriando-se dos seus símbolos e usando recursos de retórica para fins de controle social.

No Brasil contemporâneo, o líder populista está em toda parte. Aprendeu técnicas de oratória, adotou um discurso modernista e assimilou práticas de manipulação da imagem. Tornou-se um neo(n)-populista, um personagem revitalizado, agora presente nos ministérios, nas universidades, nos partidos de esquerda e nas diretorias de empresas. Os líderes brasileiros de hoje são herdeiros legítimos dos líderes de Eldorado.

*Terra em transe* é excepcional ao traçar o perfil do líder populista, o chefe da nação, o pai de todos, de quem guardamos respeitosa distância, enquanto não nos decepcione. O líder populista, ou neo(n)-populista, sua versão atual, é um personagem nacional. Ele incorpora nossas ambigüidades e corporifica nossos valores. Não é ideal no sentido de representar e ajudar a moldar virtudes, mas no de refletir com fidelidade também nossos vícios e defeitos. *Terra em transe*, com seu olhar crítico, provém um valioso recurso para uma abordagem desmistificadora da liderança no contexto brasileiro. Eldorado é aqui!

## Implicações e conclusões

Neste capítulo procurei explorar a possibilidade de utilização de filmes como meio de reflexão e análise de fenômenos organizacionais. Cada uma das obras discutidas certamente possibilita múltiplas leituras ao espectador interessado em explorá-las como veículo de análise do fenômeno da liderança. Se tivermos que escolher apenas uma, entre muitas possibilidades, poderíamos afirmar que a tragédia dirigida por Orson Welles estimula em especial a reflexão sobre o distanciamento entre substância e imagem, que tem caracterizado o fenômeno da liderança nesta transição de séculos.

O painel múltiplo e fragmentado desenvolvido por Glauber Rocha, por outro lado, representa um estímulo ainda mais radical ao espectador. Enquanto *Cidadão Kane* pressupõe a existência de líderes e explora suas contradições e ambigüidades, *Terra em transe* pode levar a questões mais provocadoras. Existem de fato líderes? Ou será esta mais uma importação indevida de conceito, pouco adequado a contextos socioculturais como o brasileiro? Ou ainda: será o fenômeno da liderança apenas uma criação mitológica contemporânea, destinado a ser promovido como conceito de fácil consumo por gerentes e candidatos a gerentes?

São perguntas de difícil resposta, fora do alcance deste trabalho. Por outro lado, se levarmos a sério o "olhar cinematográfico" proposto neste capítulo, devemos concordar que o objetivo deve ser de propor e questionar, de estimular novas perspectivas e interpretações, e não necessariamente prover respostas para as questões levantadas.

Finalizando este capítulo, nesta seção discutirei um último argumento, que refocaliza e complementa aqueles apresentados até este ponto do texto. Este último argumento é que o cinema não apenas reflete a experiência humana, como também a condiciona.

No início dos anos 1990, Norman Denzin publicou *Images of postmodern society: social theory and contemporary cinema*, usando filmes para ilustrar as idéias relacionadas com o pós-modernismo. Segundo o autor, a condição pós-moderna altera as formas de se pensar as relações entre indivíduo e sociedade. Em seu livro seguinte — *The cinematic society: the voyeur's gaze* — Denzin aprofunda o tema, investigando as origens do que denomina *sociedade cinematográfica*. Segundo ele, a sociedade cinematográfica é a formação social que conhece a si mesma por intermédio do aparato cinematográfico.

Para Bazin (1971), *o cinema é a arte do real*; primeiro, porque registra a espacialidade dos objetos e o espaço que eles habitam; segundo, porque entre o objeto e sua reprodução está a instrumentalidade de um agente mecânico.[11]

---

[11] Ver Andrew, 1984:137-141.

A idéia de que o cinema reflete a sociedade não é nova. Siegfried Kracauer, em sua análise dos filmes alemães que antecederam o nazismo, publicada no final da década de 1950, já afirmava que os filmes refletiam de forma única o funcionamento mais profundo da sociedade. Segundo Kracauer, isso se deve a dois fatores: primeiro, por ser a produção cinematográfica uma atividade coletiva e não individual; e segundo, porque os filmes são feitos para grandes audiências, devendo, portanto, refletir e satisfazer os desejos das massas.[12] A tese de Denzin (1995), entretanto, é simetricamente inversa: seu argumento é que a sociedade reflete o cinema.

Essa forma de *arte*, no decorrer do século XX, progressivamente desenvolveu a epistemologia do *realismo científico*. O cinema construiu um conceito alternativo de realidade, usando um discurso naturalista. Essa nova lógica cultural redefiniu a forma de experimentarmos o mundo. O cinema foi, assim, responsável pela criação de uma realidade paralela, uma *versão oficial* da sociedade civil, homogênea e homogeneizadora. O aparato cinematográfico reproduz valores sociais dominantes, preconceitos e noções de certo e errado. Ele organiza e dá sentido ao mundo.

A sociedade cinematográfica surgiu da confluência dos seguintes fatores: os avanços tecnológicos que possibilitaram a produção de filmes coloridos e sonoros, a implantação de um código de ética auto-regulado, a presença de salas de cinema em todas as cidades e a existência de uma audiência entusiasmada. Assim, o aparato cinematográfico transformou a sociedade, tornando-se referência para valores e comportamentos.[13]

Com o cinema, o visor da câmera consolidou sua supremacia sobre o olho humano — a lente é perfeita, mecânica, seu olhar indiscutível; e a visão consolidou sua supremacia sobre os demais sentidos.[14] Num mundo de *espectadores-voyeurs*, o cinema funciona como espelho que responde ao desejo de ver e de ser visto. O mundo da tela passa a povoar os sentimentos, a imaginação e as fantasias da audiência. O *outro cinematográfico* altera o sistema de referências, a percepção e a autopercepção de seus interlocutores.

O cinema é um mito contemporâneo. Nossa participação no cinema é a participação neste mito. Segundo Hill (1992:3):

> Nós nos reunimos no templo do cinema. Fazemos nossas oferendas na bilheteria. Compramos nossa pipoca ritual. Calamo-nos em reverente antecipação quando as

---

[12] Allen e Gomery, 1985:159-160.

[13] Denzin, 1995.

[14] Synnott, 1992.

luzes se apagam e a mágica do celulóide começa. Através da narrativa do filme nos identificamos com o herói. Nós vilificamos o anti-herói. Nós exultamos nas vitórias do drama. E nós somos espiritualmente inspirados pela moral da história, apesar de acreditarmos que somos modernas pessoas tecnosseculares, livres da religião.

Os filmes criam representações do trabalho, da família, da sexualidade e da individualidade.[15] O olhar cinematográfico é hegemônico e onipresente. Nada lhe escapa. Todos os dilemas e questões sociais são tratados e trivializados. Tudo se transforma em melodrama. O cinema criou um imaginário visual e estético a partir do teatro clássico e da literatura melodramática vitoriana. Esse imaginário passou a mediar a relação do indivíduo com seus iguais e com o meio. A audiência usa esses mitos e fábulas para compreender e dar sentido à sua vida. O aparato técnico invisível e as interpretações naturalistas reforçam a noção de realidade.

Nesse processo, a realidade transformou-se em produção cinematográfica. As experiências reais passaram a ser julgadas contra seu correspondente fílmico,[16] em uma posição desvantajosa. O cineasta francês René Clair certa vez observou que: "A tela [de cinema] abre suas portas brancas para um harém de visões maravilhosas e sonhos adolescentes, diante dos quais o mais adorável corpo real parece defeituoso".[17]

O cinema já teve o monopólio de imagens. Hoje divide espaço com outros canais de produção e geração de imagens, como a TV e as redes de computador. O fluxo de imagens não tem começo ou fim. A imagem não representa mais nada em especial. A imagem existe por ela mesma, "intransitiva, objetivada, puro valor de troca e definitivamente privada de transparência".[18]

O cinema, que já tentou criticar a ilusão realista, aprimorou-se na exaltação do ilusionismo realista. Da denúncia do artifício passou à celebração do jogo de artifícios. O cinema avançou na era da reprodutibilidade técnica tornando-se não apenas um meio, mas um meio mediatizado, auto-referenciado, colecionando e reciclando suas próprias imagens. Um jogo de espelhos sem fim, onde a imagem é objeto de si própria.[19]

---

[15] Andrew, 1984.

[16] Denzin, 1995:32.

[17] Hill, 1992:15.

[18] Chevrie, 1987:27.

[19] Ibid., p. 28.

## Referências bibliográficas


ALLEN, R. C.; GOMERY, D. *Film history: theory and practice*. New York: McGraw-Hill, 1985.

ALVESSON, M.; BERG, P. O. *Corporate culture and organizational symbolism: an overview*. Berlin: Walter de Gruyter, 1992.

ANDREW, J. D. *Concepts in film theory*. Oxford: Oxford University Press, 1984.

BAZIN, A. *What is cinema?* Berkeley: University of California Press, 1971.

BOAL, A. *Teatro do oprimido e outras poéticas políticas*. Rio de Janeiro: Civilização Brasileira, 1975.

BOJE, D. M. Stories of the storytelling organization: a postmodern analysis of Disney as "Tamara-land". *Academy of Management Journal*, v. 38, n. 4, p. 997-1035, 1995.

BOSI, A. Fenomenologia do olhar. In: NOVAES, A. (Org.). *O olhar.* São Paulo: Schwarcs, 1993.

CALIL, C. A.; MACHADO, M. T. (Orgs.). *Paulo Emílio: um intelectual na linha de frente*. São Paulo: Brasiliense, 1986.

CHEVRIE, M. La valeur-image. *Cahiers du Cinéma*, v. 356, p. 27-30, 1987.

CZARNIAWSKA-JOERGES, B.; JACOBSSON, B. Political organizations and *Commédia dell'Arte*. *Organization Studies*, v. 16, n. 3, p. 375-394, 1995.

_______; WOLFF, R. Leaders, managers, entrepreneurs on and off the organizational stage. *Organization Studies*, v. 12, n. 4, p. 529-546, 1991.

DENZIN, N. K. *Images of postmodern society: social theory and contemporary cinema*. London: Sage, 1991.

_______. *The cinematic society: the voyeur's gaze*. London: Sage, 1995.

EBERT, R. Citizen Kane. *Microsoft cinemania*. USA: Microsoft, 1994.

FORD, J.; FORD, L. W. The role of conversations in producing intentional change in organizations. *Academy of Management Review*, v. 20, n. 3, p. 541-570, 1995.

GABRIEL, Y. The unmanaged organization: stories, fantasies and subjectivity. *Organization Studies*, v. 16, n. 3, p. 477-501, 1995.

HATCH, M. J. *The role of the research: an analysis of narrative position in organization theory*. Cranfield School of Management, 1995. (Working Paper).

HILL, G. *Iluminating shadows: the mythic power of film*. Boston: Shambbala, 1992.

JEFFCUTT, P. The interpretation of organization: a contemporary analysis and critique. *Journal of Management Studies*, v. 31, n. 2, p. 225-250, 1994.

JOHNSON, R.; STAM, R. *Brazilian cinema*. New York: Associated University Presses, 1982.

KATZ, J. Jazz in social interaction: personal creativity, collective constraint, and motivational explanation in the social thought of Howard S. Becker. *Symbolic Interaction*, v. 17, n. 3, p. 253-279, 1994.

KRIEGER, M. P.; BARNES, L. B. Organizational decision-making as hierarchical levels of drama. *Journal of Management Studies*, v. 29, n. 4, p. 439-457, 1992.

LUZ, R. Cinema e psicanálise: a experiência ilusória. *IDE*, v. 17, p. 68-73, 1989.

MAXFIELD, M. A man like ourselves: citizen Kane as an Aristotelian tragedy. *Film Literature Quarterly*, v. 14, n. 3, p. 195-203, 1986.

MORIN, E. *Le cinéma ou l'homme imaginaire*. Paris: Gonthier, 1965.

PELTZER P. On the aesthetics and its other: some remarks on the anaesthetics in organization and organization theory. In: CONFERENCE THE AESTHETICS OF ORGANIZATION, 1995. *Proceedings*... UK: Bolton Institute, 1995.

PHILIPS, N. Organization studies as fiction, fiction as organization studies. In: SCOS — STANDING CONFERENCE ON ORGANIZATIONAL SYMBOLISM, 10., 1992, Lancaster. *Proceedings*... Lancaster, 1992.

_______. Telling organizational tales: on the role of narrative fiction in the study of organizations. *Organization Studies*, v. 16, n. 4, p. 625-649, 1995.

ROCHA, G. *O século do cinema*. Rio de Janeiro: Alhambra, Embrafilme, 1983.

SIEVERS, B. *Work, death and life itself: essays on management and organization*. New York: Walter de Gruyter, 1994.

SMIRCICH, L.; MORGAN, G. Leadership: the management of meaning. *Journal of Applied Behavioral Science*, v. 18, n. 3, p. 257-273, 1982.

SONTAG, S. *Styles of radical will*. New York: Anchor Books, 1991.

STRATI, A. Aesthetic understanding of organizational life. *Academy of Management Review*, v. 17, n. 3, p. 568-581, 1992.

SYNNOTT, A. The eye and I: a sociology of sight. *International Journal of Politics, Culture and Society*, v. 5, n. 4, p. 617-636, 1992.

XAVIER, I. Cinema, revelação e engano. In: NOVAES, A. (Org.). *O olhar*. São Paulo: Schwarcs, 1993.

# 5
# Administração pública e gerentes no contexto brasileiro*

Gelson Silva Junquilho**

Três perspectivas de análise — a técnica, a política e a crítica — podem ser identificadas nos estudos sociológicos sobre gestão nas últimas décadas.[1] Na *perspectiva técnica*, a gestão é vista como instrumento tecnológico neutro e racional, que objetiva o alcance de resultados coletivos, preestabelecidos e não atingíveis sem sua aplicação. Pressupõe-se a gestão a partir de estruturas racionais formalizadas e sistemas de controle capazes de garantir eficiência na coordenação das ações humanas. As estruturas organizacionais são conceitualmente concebidas como organizações formais, tomadas estas como determinantes de comportamentos dos atores organizacionais.

Em resposta ao determinismo da perspectiva técnica, a *perspectiva política* concebe a gestão como um processo social. Daí a ênfase na questão do conflito de interesses entre grupos nas organizações, caracterizando-se o ambiente no qual os resultados organizacionais são buscados como de grandes incertezas. Os pressupostos de base são construídos a partir da noção de que as organizações são palcos de conflitos ou de coalizões entre grupos,[2] que disputam entre si processos de escolha decisória,

* Este capítulo baseia-se em Junquilho, 2000.

** Mestre em administração pela Eaesp/FGV e doutor em administração pela Universidade Federal de Minas Gerais. Professor do Programa de Pós-Graduação em Administração da Universidade Federal do Espírito Santo e coordenador do Núcleo de Estudos sobre Tecnologias de Gestão e Subjetividades (Netes/PPGADM/Ufes).

[1] Ver Reed, 1984, 1985 e 1989.

[2] Child, 1972; e Mintzberg, 1983.

apoiando-se, para a resolução desses conflitos, no exercício de relações de poder. A organização é tomada como uma "arena" de disputas de grupos com interesses divergentes e em busca do controle das decisões. A contribuição dessa perspectiva é que rejeita a concepção mecanicista e determinista da gestão, considerando-a resultante de uma dinâmica advinda da ação humana, na medida em que concebe os indivíduos, em particular os gerentes, como dotados de cognoscitividade suficiente para influenciar meios e resultados organizacionais. Percebe-se aqui a ênfase na ação do ator organizacional. Assim, uma noção central é que a gestão organizacional constitui um sistema político no qual imperam transações negociadas, pela constituição de coalizões que representam diferentes interesses do conjunto dos membros de uma dada organização.

Finalmente, a *perspectiva crítica* é uma alternativa à perspectiva política. Ao enfatizar a ação humana, a perspectiva política promove uma espécie de negligência em relação aos aspectos institucionais inerentes às estruturas de poder e de controle da economia política de uma dada sociedade. Assim, na perspectiva crítica, a gestão, influenciada pela abordagem organizacional de inspiração marxista, é vista como

> um mecanismo de controle que funciona para satisfazer os imperativos econômicos impostos por um modelo capitalista de produção e para disseminar as estruturas ideológicas através das quais essas realidades estruturais podem ser ocultadas. As estruturas de gestão e suas estratégias são tratadas como instrumentos a partir dos quais interesses econômicos e políticos de uma classe dominante, no interior de um modo de produção específico, são tornados possíveis e protegidos.
>
> (Reed, 1989:10).

Nessa perspectiva, não se nega a questão dos conflitos políticos entre grupos organizacionais, o que se acentua é que esses processos têm que ser entendidos como vinculados a determinadas estruturas capitalistas de produção, das quais a organização faz parte, e que definem imperativos para a própria sobrevivência do sistema econômico como tal. Os gerentes são concebidos como representantes da ordem capitalista, que reproduzem por meio das estruturas organizacionais. Os estudos, nessa perspectiva, enfatizam as contradições da gestão organizacional, ressaltando, entre elas, a questão da necessidade do exercício do controle e da cooperação no trabalho, o papel da gestão na regulação de conflitos entre capital e trabalho, bem como os conflitos do papel dos gerentes enquanto responsáveis pela manutenção da ordem capitalista, mas também subordinados a ela.

Analisando as abordagens técnica, política e crítica, Reed (1989) salienta que, nelas, existem problemas que, no seu entender, não se encontram resolvidos, entre os quais: a não-contemplação, nos modelos de análise, de uma proposta que integre, numa mesma perspectiva, as idéias de contexto institucional, estrutura organizacional e comportamento gerencial; e a ênfase ora no determinismo das estruturas, ora na ação humana estratégica, ambas posições mutuamente excludentes.

O papel dos gestores assume também distintas caracterizações. Na perspectiva técnica, cabe aos gerentes buscar resultados eficientes, obtidos por meio de instrumentos e técnicas formais que, em determinados momentos, se impõem às suas ações. Na perspectiva política, o corpo gerencial é considerado um agente calculador que utiliza espaços de poder em ambientes de grandes incertezas, sobre os quais têm pouco controle, buscando validar seus objetivos e interesses nas "arenas" organizacionais. Na perspectiva crítica, os gestores são portadores e defensores da transmissão de uma ordem econômica que é dissimulada por meio de instrumentos ideológicos. Nas três perspectivas, os gerentes não passam de simples agentes de ordens imperativas, geradas externamente às práticas sociais de seus cotidianos. Em conseqüência, nenhuma das três perspectivas é capaz, isoladamente, de tratar, de forma satisfatória, no que diz respeito às dimensões teórica e metodológica, as ambigüidades e complexidades das práticas gerenciais.[3]

Assim como a de Reed (1989), minha proposta é pensar uma abordagem que possa incorporar à análise da gestão, ao mesmo tempo, os níveis institucional, organizacional e comportamental, permitindo interseções entre a ação gerencial, a dinâmica da organização e o contexto macroestrutural. Daí a intenção de vincular ação e estrutura, concebendo esta última em sua dualidade estrutural.[4] Essa alternativa é a perspectiva da gestão como "prática social" capaz de integrar, em seu bojo, questões inerentes aos dilemas éticos e políticos aos quais as organizações e seus gerentes são submetidos no dia-a-dia.

Dessa forma, esses atores passam a ser vistos não só como agentes responsáveis pelo exercício da disciplina e dos interesses organizacionais, mas também como vivenciadores de conflitos e contradições, muitos deles inerentes às formas utilizadas para atingir aqueles mesmos objetivos, dado que as organizações são, por outro lado, tomadas como *locus* de contradições estruturais e processuais que se refletem na

---

[3] Reed, 1989.

[4] Giddens, 1984.

prática gerencial. O conceito de *prática social* é definido por Harris (1980:29) como o engajamento num conjunto de

> ações inteligíveis, através de conceitos que as informam, as quais devem ser entendidas como dirigidas a fins específicos compartilhados por todos os membros de uma comunidade, conjunto de ações este que é definido através dos meios adotados para o alcance daqueles fins, entendidos estes como determinados pelas condições nas quais a prática é empreendida.

Em Giddens (1979 e 1984), o conceito de prática social ganha ainda mais relevo, pois ele reafirma sua preocupação em destacar que a vida social, diferentemente das coisas da natureza, ocorre a partir de *skilled performances* dos agentes humanos. Assim, a prática social tem a ver com procedimentos, métodos e técnicas, executados e manejados de forma apropriada por esses mesmos agentes sociais, tomando por base a consciência que têm sobre os procedimentos de uma ação. Esse conhecimento mútuo (*mutual knowledge*) é compartilhado pelos atores sociais, que sabem como se comportar ou prosseguir em determinadas situações cotidianas. Dessa forma,

> as práticas sociais podem ser estudadas, em primeiro lugar, do ponto de vista da sua constituição, como séries de atos "desencadeados" pelos atores; em segundo, como formas de interação, envolvendo a comunicação de significados; em terceiro, como estruturas que pertencem às "coletividades" ou "comunidades sociais" (Giddens, 1996:121).

A prática social concilia condutas e atos de agentes humanos, sem contudo desconsiderar as estruturas sociais que são referências para aqueles mesmos agentes em processo de *interação social*,[5] possibilitando a dualidade macro e microssocial, sem privilegiar um nível em detrimento do outro, ou até sua independência mútua, mas tratando-os como pólos complementares. Alvesson e Willmott (1996), analisando criticamente os conceitos de gestão, também a classificam como uma prática social, no sentido de que seu conteúdo deve ser tomado como inerente a relações histórico-culturais de poder que, ao mesmo tempo, facilitam e restringem tanto sua existência quanto sua evolução numa dada sociedade. Nesse sentido, os autores afirmam que não se deve tomar a gestão como simples instrumento para buscar compromissos comuns e obter a produtividade organizacional. Ou seja, sua redução a uma técnica neutra, imparcial, dotada de habilidades profissionais, pela qual se atinge a

---

[5] Goffman, 1983.

eficiência. Negligencia-se aí seu aspecto político, isto é, a gestão como atividade técnica omite as relações sociais a partir das quais emerge e das quais é dependente.

A gestão como prática social pode ser identificada a partir de cinco fatores distintos, porém inter-relacionados (Reed, 1989:22):

- "a classe de ações nas quais os praticantes estão engajados como membros de uma comunidade ou prática;
- os conceitos por meio dos quais certos objetivos ou problemas compartilhados são identificados de modo significativo pelos praticantes como base para seu engajamento em interações recíprocas;
- os objetivos ou problemas através dos quais a prática é tomada e a maneira de comunicá-la através do vocabulário conceitual dos seus praticantes;
- os meios ou recursos (materiais ou simbólicos) utilizados para procurar chegar a projetos importantes;
- as condições situacionais ou limitadoras sob as quais são configurados e conduzidos atividades recíprocas, os recursos que elas requerem e as relações que elas engendram entre os seus praticantes".

Partindo da noção de prática social, Reed (1995:79) define o conceito de gestão "como uma configuração frouxamente integrada por práticas sociais que visam reunir e controlar os diversos recursos e atividades necessários à produção". As organizações são pensadas então como conjuntos de práticas nas quais os indivíduos estão rotineiramente engajados a fim de manter ou reestruturar os sistemas de relações sociais nos quais estão coletivamente envolvidos.[6] Assim, pode-se inferir que os gerentes não devem ser tomados exclusivamente como agentes imparciais e defensores dos interesses organizacionais. O trabalho gerencial deve ser percebido como dotado de tensões que são inerentes às relações de produção, que pressupõem conflitos de interesses no que diz respeito à distribuição de recursos e à gestão do trabalho, conflitos esses que perpassam todo o universo organizacional, incluídos aí os gerentes.

Assim, tomando-se a gestão como uma prática social, é possível, no entender de Reed (1995), ultrapassar o dualismo entre a estrutura e a ação humana nos estudos organizacionais, e buscar uma compreensão mais enriquecedora da ação dos gerentes para além das fronteiras das organizações, já que grande parte da literatura sobre a análise do trabalho gerencial não leva em conta a análise dos processos histórico-

---

[6] Reed, 1985.

sociais subjacentes ao comportamento dos gerentes, limitando-se a prescrever ou a descrever as atividades gerenciais. Outros autores[7] reafirmam essa tendência, mostrando que muitos desses estudos:

- negligenciam o vínculo entre as atividades dos gerentes e os arranjos institucionais nos quais eles atuam (regras e recursos produzidos institucionalmente);
- focalizam, em geral, as diferenças de comportamento dos gerentes e não o trabalho gerencial como expressão de arranjos institucionalizados que, ao mesmo tempo, são condição e conseqüência da ação gerencial;
- não exploram, de forma crítica, as distinções entre elementos técnicos e políticos do trabalho gerencial;
- privilegiam a abordagem do relato descontextualizado da atividade gerencial sem uma perspectiva crítica.

Evidências desse tipo de abordagem podem ser encontradas em obras clássicas sobre o trabalho gerencial: Taylor (1960), Fayol (1970), Barnard (1938), Dalton (1959), Mintzberg (1973) e Kotter (1982). Esses estudos separam o trabalho gerencial do seu contexto histórico-social, privilegiando de modo geral os aspectos comportamentais, desconsiderando flagrantemente seu aspecto político ou, quando muito, identificando o político como habilidades e estratégias utilizadas pelos gerentes para atingir seus objetivos. Em suma, não mostram as bases institucionais, isto é, os elementos da dimensão da estrutura social aos quais se vincula o trabalho gerencial.[8]

## Gerentes na ótica da teoria da estruturação

Whittington (1992) e Sahay e Walsham (1997) são categóricos ao apontar a utilidade da teoria da estruturação, concebida pelo sociólogo Anthony Giddens como ferramenta para o estudo da ação gerencial. De fato, essa teoria permite vincular a ação cotidiana do gerente, no nível micro, à questão mais ampla das estruturas sociais de uma dada realidade, sem porém estabelecer determinismos entre ação e estrutura. Para tanto, os conceitos de dualidade da estrutura e sistema social propostos por Giddens (1979 e 1984) são uma alternativa ao dualismo relacionado ao sujeito e ao objeto nas ciências sociais (tradições funcionalista e estruturalista), em que a estrutura é tomada como externa, suprema e limitadora da ação dos indivíduos.

---

[7] Willmott, 1984 e 1987; Whitley, 1989; Harrow e Willcocks, 1990.

[8] Willmott, 1987.

Contrapondo-se à visão dicotômica dessas duas correntes do pensamento social, Giddens (1984:377) propõe uma reconciliação ao afirmar que existe uma relação de reciprocidade entre ação e estrutura. Não se pode pensá-las separadamente. Para tanto, define estrutura (social) como o conjunto de "*regras e recursos recursivamente implicados na reprodução dos sistemas sociais*". A recursividade indica que as condutas humanas não são criadas pelos atores sociais e, sim, recriadas por eles, por intermédio das próprias formas e meios utilizados para se expressarem como atores. As *regras* representam convenções sociais cujo conhecimento, pelos atores, inclui o conhecimento dos contextos em que se aplicam. Os *recursos* referem-se às capacidades e à disposição dos atores de fazer as coisas acontecerem. A partir daí, a estrutura não é vista como existindo exteriormente à ação humana e, sim, concebida como "virtual", na medida em que só se concretiza através da reprodução da vida social. Ela não se viabiliza independentemente da ação humana.

Por isso, investigar "a estruturação das práticas sociais é procurar explicar como a estrutura se produz através da ação e, reciprocamente, como a ação é constituída estruturalmente" (Giddens, 1996:183). Partindo-se dessa noção de estrutura, define-se a idéia da *dualidade da estrutura*, buscando demonstrar que a "estrutura não deve ser equiparada à restrição, à coerção, mas é sempre, simultaneamente, restritiva e facilitadora" (Giddens, 1984:25). Através da *dualidade da estrutura* o autor demonstra que as propriedades institucionais dos sistemas sociais são criadas pela ação humana, ao mesmo tempo que servem de apoio para configurar essa ação. Logo, a ação humana pode produzir propriedades institucionais dos sistemas sociais, bem como pode ser reproduzida por essas mesmas propriedades, visto que

> cada ato que contribui para a reprodução da estrutura é também um ato de produção, um novo empreendimento e, enquanto tal, pode iniciar a mudança pela alteração dessa estrutura, ao mesmo tempo que a reproduz — assim como o significado das palavras muda durante e através do uso.
>
> (Giddens, 1996:146).

O conceito de propriedades institucionais ou estruturais refere-se ao de instituições, definidas por Giddens (1984) como aqueles aspectos que são mais duradouros na vida social. Delas derivam as propriedades estruturais que representam as características que se encontram institucionalizadas nos sistemas sociais, garantindo-lhes "solidez" através do tempo e do espaço. É importante observar ainda que a idéia de "dualidade" da estrutura permite superar o dualismo estrutura/ação como fenômenos isolados e independentes, bem como a interpretação de que a estrutura não é determinante da ação humana, mas sim sua condicionante. Assim entendida, é por meio da dualidade da estrutura que se explica a possibilidade de os atores (re)produzirem relações sociais ao longo do tempo e do espaço. Por ser virtual (por não existir concretamente), a estrutura torna-se uma propriedade abstrata dos sistemas sociais, definidos por Giddens (1984:377) como "a padronização de relações sociais ao longo do tempo-espaço, entendidas como práticas reproduzidas". Esse conceito de sistema social é de fundamental importância, pois permite ao autor afirmar que a estrutura

> está fora do tempo e do espaço, exceto em suas exemplificações e coordenação como traços mnêmicos, e é marcada por uma "ausência do sujeito". Os sistemas sociais em que a estrutura está recursivamente implicada, pelo contrário, compreendem as atividades localizadas de agentes humanos, reproduzidas através do tempo e do espaço
>
> (Gidddens, 1989:20).

Assim, os sistemas sociais não são estruturas, mas possuem propriedades estruturais específicas a cada um deles. Logo, a estruturação de sistemas sociais compreende "estudar como tais sistemas, fundamentados nas atividades cognoscitivas de atores localizados que se apóiam em regras e recursos na diversidade de contextos de ação, são produzidos e reproduzidos em interação" (Giddens, 1989:20).

A busca da conciliação de estrutura e ação humana, por meio da teoria da estruturação, passa também pela consideração do ator social como cognoscitivo e reflexivo, ou seja, como um ator que é consciente e sabe se conduzir na vida social cotidiana.[9] O ator social é visto, por princípio de base, como dotado de "cognoscitividade", entendida como "tudo que os atores sabem (crêem) acerca das circunstâncias de sua ação e da de outros, apoiados na produção e reprodução dessa ação, incluindo tanto o conhecimento tácito quanto o discursivamente disponível" (Giddens, 1984:375). Do mesmo modo, os atores sociais são capazes de entender um ato por eles perpetuado ao mesmo tempo em que o produzem.

A cognoscitividade é expressada por meio do que Giddens define como "consciências prática e discursiva", que se encontram agregadas uma à outra. Consciência prática corresponde a tudo aquilo que os atores conhecem, de maneira tácita e complexa, a respeito de regras e dos contextos em que interagem e que não é, necessariamente, exposto na forma de discurso. Mas os atores também são capazes de explicar,

---

[9] Rouleau, 1995; e Sarason, 1995.

de maneira verdadeira ou falsa, as razões que os levam a agir de determinada maneira, quando solicitados a descrever uma ação — consciência discursiva. Essa competência é que lhes permite produzir e reproduzir a vida social, compartilhando, reflexivamente, saberes comuns. Na interpretação de Rouleau (1995:29),

> o ator social competente tem conhecimento das condições sociais nas quais atua e, a partir das quais reconhece nos outros capacidades de racionalização da ação. É a partir desse saber comum que ele obtém as competências de ator social.

## Ação gerencial na administração pública brasileira

Baseando-me nos pressupostos da teoria da estruturação, mostro[10] como a ação gerencial na administração pública brasileira está ancorada em propriedades estruturais de nossa sociedade. Seguindo orientações metodológicas que contemplam a indissociabilidade entre a conduta humana e a estrutura social, conforme sugere Giddens, estudei a ação gerencial no setor público do estado do Espírito Santo, que adotou, no período de janeiro de 1995 a dezembro de 1998, iniciativas semelhantes às propostas pelo governo federal, empenhado em disseminar o que o então ministro Bresser-Pereira denominou administração pública gerencial. Os principais resultados daquela pesquisa retratam um certo conjunto de práticas sociais de gestão compartilhada pelos gerentes pesquisados e reafirmam a hipótese da reprodução de propriedades estruturais presentes em determinados sistemas sociais no Brasil, conforme veremos a seguir.

Foi no contexto de crise do Estado,[11] envolvendo recursos públicos cada vez mais escassos para cobrir déficits e o enfraquecimento do poder dos Estados nacionais, que as organizações burocráticas públicas passaram a ser alvo de críticas, ocasionando uma onda de propostas inerentes a novas lógicas envolvendo o papel e a ação do Estado. Inauguraram-se, em especial na Inglaterra e Estados Unidos, em fins dos anos 1970, processos de reestruturação estatal, apoiados na tendência de uma menor presença do Estado na economia como agente e promotor do desenvolvimento, bem como na adoção de um modelo de gestão organizacional distinto daquele baseado na burocracia weberiana, que passou a ser visto como inadequado ao atendimento das demandas da época.

---

[10] Ver Junquilho, 2000.

[11] Para uma discussão detalhada sobre a crise do Estado, ver Bresser-Pereira, 1992.

Foram postas em prática, entre outras medidas, ações que promoveram privatizações de empresas estatais, objetivando a redução do tamanho e da intervenção estatais, bem como, no plano da gestão organizacional, a superação do modelo burocrático, lento e ineficiente, pela implantação de um arcabouço de iniciativas que passaram a ser conhecidas como *nova gestão pública*,[12] em que a gestão estatal passou a conviver com um vocabulário que incluía palavras de ordem como eficiência, eficácia, produtividade, qualidade total, clientes, metas, resultados, parcerias, entre outras.

A administração pública brasileira, buscando uma alternativa à crise do Estado, vem desenvolvendo desde 1995, a partir da posse do presidente Fernando Henrique Cardoso, um processo de reforma administrativa de seus aparatos estatais identificado como "reconstrução" do Estado,[13] cabendo aí ações com vistas à recuperação da poupança pública e à supressão da crise fiscal, ao redirecionamento das formas de intervenção estatal na economia e à implantação de uma proposta de gestão estatal denominada *administração pública gerencial*.

O aspecto inerente à reforma do modelo burocrático de gestão da administração pública, proposta por Bresser-Pereira (1998b), é neste capítulo a questão mais relevante do processo denominado *reconstrução* do Estado. Seu objetivo central, ao propor a transição da administração pública do tipo *burocrática* para a *gerencial*, baseia-se em três dimensões: a) a *institucional-legal*, que consiste na modificação e/ou criação de aparatos legais que possam garantir a implantação e a aplicação de mudanças; b) a *cultural*, aquela inerente à transposição de traços da burocracia weberiana, que, incorporados aos cotidianos organizacionais, provocaram o emperramento das máquinas administrativas públicas; e c) a *gerencial*, mediante a qual se pretende tornar o serviço público mais eficiente e de qualidade para a população, agregando-se as temáticas da *nova gestão pública*.

As dimensões cultural e gerencial são as que tocam diretamente a problemática da ação gerencial, pois nelas estão implícitas propostas de mudanças nas práticas cotidianas de trabalho dos gerentes públicos, uma vez que introduzirão novas tecnologias organizacionais, baseadas em alguns princípios enumerados por Melo e Ckagnazaroff (1998), como: criatividade, flexibilidade, qualidade, multiplicidade, horizontalização de estruturas administrativas e maior participação popular no controle de resultados. Na transição do modelo "burocrático" de gestão para o "gerencial",

---

12 Ferlie et al., 1997.

13 Bresser-Pereira, 1998b.

está em jogo a aplicação dos denominados *valores gerenciais*, ou da gestão pela "excelência", identificados com as idéias de primazia do cliente e do mercado, diversidade, habilidades multidimensionais dos profissionais, delegação (em vez de controle) do gerente orientador, ênfase nos resultados, educação (em vez de treinamento) e estruturas organizacionais enxutas e ágeis.[14]

Como a introdução desses valores gerenciais exercerá pressão sobre a performance dos ocupantes de cargos de gerência, Melo e Ckagnazaroff reafirmam a necessidade de pesquisas científicas sobre a ação gerencial no setor público, dado que, no cerne das novas tecnologias de gestão, estão implícitas novas regras, que se contrapõem a problemas típicos da administração burocrática brasileira, como pouca participação dos funcionários nas decisões, distanciamento dos cidadãos, excesso e engessamento de procedimentos administrativos, clientelismo, entre outros.

Também Nogueira (1998:206-207), reconhecendo o contexto de um modelo burocrático no país, impregnado por práticas patrimoniais e voltado mais para interesses particulares do que públicos, distantes da descrição weberiana clássica, alerta para o fato de que, embora necessária, a construção de uma "burocracia de novo tipo" deve estar condicionada, bem como ser dependente "de uma ruptura com qualquer tentação mecanicista de transplantar acriticamente modelos, técnicas e paradigmas de valor formal-universal". No seu entender, só é possível superar as distorções do modelo burocrático clássico com uma análise ampla e concreta de situações em que possam ser identificados sujeitos, interesses diversos e possíveis propostas para o futuro. Entre esses atores, o autor inclui os gerentes públicos, que, em vez de administrar ou gerenciar, devem ter lugar ativo no ato do *governar*, tendo em vista a necessária ampliação de suas atribuições no plano maior do processo de *reconstrução* do Estado. Logo, é premente o estudo desses atores organizacionais, já que eles estão envolvidos numa das questões-chave do processo de reforma.

O exercício da função gerencial, mesmo que de conceituação um tanto quanto nebulosa,[15] comporta lógicas contraditórias de ação e é definido num contexto que admite tanto formas convencionais de manutenção quanto rupturas de práticas organizacionais. Do mesmo modo, os gerentes experimentam especificidades advindas de sua vivência em universos dotados de alta complexidade, não sendo possível identificá-los como grupos homogêneos, reconhecendo-os, a partir daí, como capazes de de-

[14] Peters e Waterman, 1982; Osborne e Gaebler, 1992; e Hammer e Champy, 1993.

[15] Ver Motta, 1991.

senvolver vontades e ações próprias, como agentes passivos ou ativos, em relação à definição de ações no cotidiano organizacional.[16]

Desse modo, a administração pública gerencial, ao tratar o ocupante de função de chefia como *protótipo* do administrador burocrático que precisa ser transformado em gerente, pressupõe o primeiro como uma categoria homogênea a ser superada. Pode-se dizer que, ao classificar de "burocrata" aquele que exerce um cargo de chefia, a abordagem da administração pública gerencial engessa e reduz a ação e o trabalho gerencial a uma única forma, oriunda daquela ligada ao tipo ideal weberiano. Daí o *administrador burocrata* ser considerado um mero cumpridor de regras impessoais, reprodutor ou implementador de decisões tomadas em outras instâncias, dogmático e orientado por interesses próprios, enquanto o *gerente* seria o tomador de decisões, o empreendedor, orientado por resultados e pelo mercado, pragmático e estratégico, buscando sempre os melhores interesses de eficiência e eficácia da organização.[17]

Nota-se que tanto a retórica do *administrador burocrático* quanto a do *gerente* negligenciam a ação gerencial como contingencial, dotada de conteúdos e estilos flexíveis. Em outras palavras, entre os protótipos do *administrador burocrático* do tipo ideal weberiano e do *gerente empreendedor*, existe um ator social concreto, envolto em práticas cotidianas, que se ocupa do trabalho gerencial no setor público e que precisa ser mais bem conhecido, a partir de investigação científica capaz de identificar e compreender os significados daquelas mesmas práticas que, por sua vez, caracterizam as ações gerenciais. Mais ainda, as ações desse ator social são definidas a partir de um processo de construção social que ocorre ao longo do tempo e do espaço, constituindo-se num conjunto de práticas complexas e distintas que dependem, entre outros fatores, da maneira particular com que cada gerente apreende os papéis a ele designados, da sua relação com outras pessoas, bem como dos contextos culturais em que está inserido.[18]

É, pois, de fundamental importância que se acrescente às proposições inerentes à introdução da chamada administração pública gerencial o estudo de como os gerentes do setor público constroem suas ações cotidianas, que, apoiadas em propriedades estruturais da sociedade brasileira, são definidas e redefinidas a partir da consciência que têm da realidade em que atuam. Essas ações caracterizam modos de agir especí-

---

16 Melo, 1995 e 1996.

17 Clark e Newman, 1997.

18 Whitley, 1989; Stewart, 1989; e Watson, 1994.

ficos, indicadores das interpretações que os gerentes dão ao próprio modelo burocrático weberiano, ao qual estão vinculados nas organizações públicas. Essa mesma consciência é o que Giddens (1984) define como *cognoscitividade* do ator social, ou seja, sua capacidade de saber como seguir em frente num determinado contexto.

Logo, as críticas feitas à ineficiência dos gerentes do setor público, rotulando-os de burocratas que aprenderam mal a lição, são inócuas se a elas não se associar a compreensão de como se define a ação desses mesmos atores, isto é, como essa ação se articula com o nível macrossocial da sociedade brasileira na qual se situam as organizações governamentais. Sem esse procedimento, corre-se o risco de culpar a burocracia weberiana por todos os males, os quais tampouco serão necessariamente resolvidos pela simples implantação de modelos alternativos de gestão.

Assim, toma-se como pressuposto que a ação e o trabalho gerenciais resultam de práticas sociais[19] e, como tal, devem ser compreendidos a partir de relações histórico-sociais em uma dada sociedade.[20] Deduz-se daí que um modelo de gestão, muito mais do que ser somente um conjunto técnico de conceitos, pressupõe sua interpretação pelos atores organizacionais, por meio de um processo de construção e reconstrução que inclui a ação destes últimos, situada no tempo e no espaço. Considerando-se ainda que as chamadas novas tecnologias de gestão impõem desafios à ação gerencial,[21] conhecer as bases estruturais em que ela se apóia é importante, entre outras coisas, para se introduzir mudanças nos modelos de gestão da administração pública.

## "Reconstrução" do Estado e ação gerencial no Espírito Santo

A administração pública estadual do Espírito Santo, no período janeiro de 1995-dezembro de 1998, deu início, de forma inequívoca, à rediscussão do papel do Estado no que tangia ao desenvolvimento local. Diferentemente dos governos anteriores, a ênfase recaiu no redirecionamento da ação estatal, fortalecendo a faceta de articulação do poder público estadual, cabendo-lhe o papel central de arregimentador de interesses de capitais privados e outras instâncias governamentais, a fim de atrair os investimentos necessários ao desenvolvimento capixaba. A busca de parcerias era a

---

19 Reed, 1984, 1985, 1989 e 1995.

20 Alvesson e Willmott, 1996.

21 Melo, 1996 e 1998.

tônica, possibilitando que o Estado ficasse à frente de ações inerentes ao desenvolvimento, sem, contudo, precisar dispor de recursos financeiros, até então inexistentes, para investimentos de porte. Esse processo tornou-se possível graças ao fortalecimento da chamada *administração indireta* e, nesse caso específico, à criação de uma agência,[22] que passou a ser uma unidade organizacional que buscava a instituição do governo em rede, nos moldes preconizados por Mintzberg (1998).

Além da busca de parcerias externas por meio da referida agência, o governo também efetivou a interlocução direta com o setor empresarial, instituindo diversas câmaras setoriais; procurou implementar iniciativas inerentes à redefinição dos modelos de gestão organizacional, viabilizando processos de implantação de gestão da qualidade; redefiniu estruturas organizacionais por meio do Conselho Técnico-Executivo para a Reforma do Estado; e tentou, mediante a adoção de um programa de demissão voluntária, reduzir os custos com as folhas de pagamento de pessoal.

Essas ações do governo do estado do Espírito Santo reforçaram seu alinhamento com as ações propostas pelo governo federal, a partir do governo Fernando Henrique Cardoso, no que diz respeito à implementação da gestão estatal baseada na administração pública gerencial, nos moldes discutidos por Bresser-Pereira (1996, 1998a e b). Nesse contexto de mudanças do papel do Estado e de seus modelos de gestão é que trabalhavam os gerentes públicos pesquisados.

Para demonstrar como a ação dos gerentes na administração pública estadual se apoiava na reprodução de propriedades estruturais — o que Holanda (1995) denominou *raízes brasileiras* —, foi necessário definir dois sistemas sociais: o *doméstico* e o da *gestão organizacional pública*. Para cada um deles foi elencado um conjunto de propriedades estruturais — regras e recursos — a partir de uma imersão nos universos teóricos dos estudos sobre a sociedade brasileira, em que trabalhos clássicos de autores como DaMatta (1990 e 1993), Ramos (1983), Faoro (1987), Ribeiro (1996), Holanda (1995), Freyre (1994), entre outros, apontam traços marcantes dos processos histórico-sociais que deram origem à cultura nacional.

Como propõe a teoria da estruturação, nas organizações públicas estudadas, os gerentes tomam como base de ação as propriedades estruturais dos sistemas sociais que condicionam e facilitam a construção de suas relações sociais com outros atores.

---

22 A Agência de Desenvolvimento em Rede do Espírito Santo (Aderes S.A.), criada em 1997 como empresa de economia mista, dotada da flexibilidade e da agilidade das empresas do setor privado, e tendo como principal função articular os interesses dos atores empresariais e governamentais a fim de levar à frente, em parceria, projetos inerentes ao desenvolvimento capixaba.

Isso é possibilitado pela cognoscitividade dos gerentes, ou seja, por aquilo que eles conhecem da realidade em que atuam — regras e recursos — e que lhes permite prosseguir na vida cotidiana rotineira. O quadro a seguir apresenta os sistemas sociais e suas propriedades estruturais.

## SISTEMAS SOCIAIS E SUAS PROPRIEDADES ESTRUTURAIS

| Sistema social | Regras | Recursos |
|---|---|---|
| Doméstico | ❑ Pessoalidade<br>❑ Isolamento entre unidades organizacionais internas<br>❑ Afetividade<br>❑ Cordialidade | ❑ Conhecimento pessoal<br>❑ Vínculo político-partidário<br>❑ Proximidade e intimidade pessoal<br>❑ Amizade |
| Gestão organizacional pública | ❑ Imediatismo<br>❑ Informalidade no controle de resultados<br>❑ Autoritarismo<br>❑ Formalismo<br>❑ Transigência | ❑ Criatividade/improvisação<br>❑ Bom senso/intuição<br>❑ *Status* hierárquico<br>❑ "Jeitinho"<br>❑ Conversas informais<br>❑ Permissividade<br>❑ "Jogo de cintura" |

Com base nesse quadro, os resultados de minha pesquisa[23] permitiram a caracterização do cotidiano organizacional dos gerentes do setor público, composto por um conjunto de práticas sociais ancoradas nas propriedades estruturais dos dois sistemas sociais por mim definidos, destacando-se entre elas:

- *a boa vizinhança* — universo pouco propício à cooperação e à troca de informações técnicas entre unidades organizacionais, gerando a necessidade de os gerentes estabelecerem relações pessoais e de amizade como propriedades indispensáveis à facilitação do convívio profissional;
- *o sincretismo casa/rua* — a não-distinção entre o espaço em que predominam valores ligados às relações familiares, à hierarquia patriarcal e à pessoalidade (a casa) e o mundo dominado pela impessoalidade, pelos decretos e regulamentos (a rua), caracterizando, para os gerentes, uma representação das organizações públicas como uma *segunda casa* ou uma *grande família* e, ao mesmo tempo, como um local de conflitos e de definição de estratégias de luta para a própria sobrevivência nos cargos;

[23] Ver Junquilho, 2000.

- *o controle cordial* — o uso de relações afetuosas para controlar os subordinados, procurando evitar ao máximo situações de conflito direto, tendo em vista a dificuldade de aplicar regras impessoais para punir a insubordinação, pois estas passariam a ser tomadas como de cunho pessoal, como atesta um depoimento em que um gerente foi visto como perseguidor até por seus próprios pares quando se viu obrigado a transferir de setor uma funcionária que não se adaptava aos padrões estabelecidos;
- *a contemporização* — a transigência no dia-a-dia organizacional é comum, sendo habitual "deixar as coisas como estão", o que dá origem a atitudes próximas da acomodação, da condescendência, do não-enfrentamento de conflitos diretos, e institui o "jogo de cintura" como um recurso fundamental em situações embaraçosas;
- *o plantar coco* — a dificuldade de conviver com o planejamento das atividades cotidianas faz imperar situações de emergência, de "apaga incêndio" e prioridades que mudam ao gosto dos governantes, o que é muito bem demonstrado pela metáfora utilizada por um dos entrevistados, que comparou os gerentes e os governantes públicos a *plantadores de coco*, que, diferentemente dos *plantadores de carvalho*, cuja madeira de lei leva tempo para chegar à maturidade, querem resultados sempre imediatos, como no cultivo do coqueiro, que não leva tantos anos para dar bons frutos;
- *o fazer-de-conta* — prática que indica espaços organizacionais que não privilegiam avaliações formais de desempenhos individuais ou coletivos, ou seja, onde dificilmente são estabelecidas e avaliadas metas e a obtenção de resultados, valendo mesmo a informalidade, a conversa informal, como no caso de um entrevistado que declarou que seu chefe imediato outorgava-lhe notas de acordo com critérios que arbitrava a cada dia;
- *o manda-chuva* — um conjunto de relações entre superiores e subordinados em que o lema básico é "manda quem pode, obedece quem tem juízo", o que caracteriza universos organizacionais marcados pelo autoritarismo e pela centralização do poder nas instâncias mais altas da hierarquia;
- *o dar-a-volta-por-cima* — situação em que se torna comum o uso do "jeitinho" como recurso indispensável para a convivência com o excesso de normas e decretos formais, o que caracteriza situações nas quais as relações pessoais e de amizade facilitam o contorno de dificuldades para a obtenção de resultados pelas vias formais.

O vínculo entre a ação gerencial e as propriedades estruturais, confirmado pelas práticas sociais já ilustradas, permitiu algumas constatações. A primeira refere-se à pessoalidade como regra predominante nas relações sociais das organizações públicas, e que legitima e fornece guias para a ação dos gerentes, ao mesmo tempo facilitando-a e restringindo-a. Assim, pelo conhecimento pessoal ou por indicação partidária, chega-se a um posto gerencial, e as amizades ajudam a aproximação para tratar de assuntos de trabalho em ambientes organizacionais pouco abertos à cooperação entre setores internos. Isso, por outro lado, interfere na capacidade dos gerentes de utilizarem sua autoridade para cobrar resultados de terceiros, de maneira mais impessoal, tendo em vista que a impessoalidade é confundida com atos de inimizade ou de perseguição na vida cotidiana organizacional.

Essa mesma pessoalidade cria um sincretismo entre os mundos da *casa* e da *rua*, misturando aspectos ligados ao universo da pessoa, das relações e hierarquias familiares, ao universo da legalidade, ou seja, da burocracia impessoal, dos decretos e processos administrativos. No dia-a-dia, os gerentes, por meio de seus acervos de conhecimento sobre essa realidade, constroem opções para as suas relações sociais, possibilitando um conjunto de ações que, ao mesmo tempo, podem manter ou transformar essas mesmas propriedades estruturais daqueles dois mundos.

Reproduzindo a cordialidade, bem como a regra da transigência, os gerentes definem condutas contemporizadoras, utilizando-se de recursos como o "jogo de cintura"; deixando as coisas acontecerem; evitando conflitos; fazendo valer a intimidade e amizades pessoais, a afetividade; conjugando razão e coração. Entretanto, ser gerente contemporizador não quer dizer agir com bondade, pois, se a cordialidade permite a proximidade pessoal, a afetividade também outorga o direito da conduta mais dura, da demonstração da autoridade hierárquica quando necessária.

Os gerentes têm na regra do formalismo nas organizações públicas o guia para a conduta que é facilitada pelo "jeitinho" e que os habilita a contornar situações desfavoráveis em termos de legislação, que, por serem demasiadas e consideradas fora da realidade, dificultam a ação. Assim, o formalismo, ao mesmo tempo em que restringe a ação, induz ao uso do "jeitinho" que a facilita. Conjugando regra e recurso, os atores sociais constroem e reconstroem suas ações, possibilitando a convivência num universo a princípio voltado para o mundo da racionalidade burocrática, da impessoalidade, que são obrigados a seguir e que, por outro lado, os impede de ser mais eficientes, tendo em vista seu excesso. O "jeitinho" é o recurso sem o qual a ação não seria possível.

No tocante ao plano das chamadas funções administrativas, que compõem o que passou a ser o "cardápio" das atividades gerenciais, ou seja, o planejamento, o comando, o controle, a avaliação e a organização, identificaram-se práticas sociais que permitem ratificar os estudos que dão conta de que o trabalho gerencial não possui a lógica racional dos receituários e manuais gerenciais. Assim, o planejamento dá lugar ao *apaga incêndio*, mais próximo da aventura do que do alcance de fins predefinidos, imperando a criatividade e a improvisação. O controle de resultados é informal e pouco utilizado. Os gerentes, no seu dia-a-dia, constroem funções administrativas impregnadas de traços estruturais das sociedades nas quais estão inseridos, artifício vital para a sua sobrevivência nas organizações.

Logo, o arquétipo do administrador burocrático weberiano, tão criticado nas propostas da administração pública gerencial, na verdade confronta-se, no mundo empírico, com um universo social em que predominam paradoxos entre pessoalidade e impessoalidade, razão e emoção, formalismo e "jeitinho", como evidencia minha pesquisa, embora o Estado, enquanto instância de poder e controle social, se constitua num *locus* por excelência da burocracia.

A identificação das práticas sociais de gestão inerentes a conjuntos de ações gerenciais indica ainda a definição do perfil dos gerentes do setor público, o qual engloba as seguintes características: autodidata na formação gerencial; "cordial" — usa o "coração" e a razão; contemporizador — procura evitar conflitos diretos; acostumado ao imediatismo — "semeador", nos moldes de Holanda (1995); criativo e sensível às suas intuições; habituado ao sincretismo casa e rua — ao pessoal e impessoal; versátil para contornar regulamentos formais sem fugir à legalidade; dividido quanto ao dilema de "estar" gerente e "ser" servidor público.

Esse perfil é, portanto, o que retrata mais fielmente a concepção do gerente do setor público, permitindo fugir à tentação de confundi-lo com o protótipo do "burocrata" ineficiente que precisa ser substituído pelo "gerente", nos moldes ditados pela retórica da gestão pela "excelência". Assim, mais importante do que rotular o gerente público de "burocrata" é reconhecer que a construção de um perfil distinto de gerente na administração pública brasileira passa, necessariamente, pela "reconstrução" social da realidade organizacional em que os gerentes atuam, na qual as suas práticas cotidianas possam ser discutidas criticamente, permitindo a articulação entre o perfil gerencial atual[24] e o do "gerente" ideal, desejado na abordagem mais universalizante

---

[24] Identificado em Junquilho, 2000.

da administração pública gerencial. A partir dessa conjugação indispensável é que se pode considerar a redefinição de um profissional ligado a uma gestão pública mais eficaz no Brasil.

## Considerações finais

As práticas compartilhadas pelos gerentes pesquisados comprovaram a hipótese de que a ação cotidiana desses atores organizacionais reproduz propriedades estruturais da sociedade brasileira. Fica claro, então, como nos ensina a teoria da estruturação, que essa ação não se dá ao acaso, mas reflete características de um determinado contexto histórico-social. Após essa constatação, busquei agregar uma contribuição à pesquisa em administração, em particular no tocante à temática da mudança organizacional, já que esta não pode se dar se não se conhecerem as práticas cotidianas dos atores sociais que atuam numa organização qualquer, seja ela pública ou privada. Desse modo, a implantação da administração pública gerencial, tão desejada por vários níveis de governo no Brasil de hoje, deve passar, necessariamente, por uma rediscussão de determinadas práticas de gestão compartilhadas pelos seus profissionais.

Os resultados encontrados em Junquilho (2000) permitem ainda afirmar que os ambientes organizacionais em que os gerentes atuam no setor público são marcados pelo autoritarismo, pelo baixo nível de cooperação interna entre as unidades administrativas, pela não-primazia da definição de metas, bem como de controles e cobranças de resultados organizacionais eficazes, entre outras características, que estariam bem próximos da idéia da "não-excelência" empresarial e, portanto, distantes do cenário desejado pela administração pública gerencial. As práticas sociais daí decorrentes representam apenas o resultado de como os gerentes, a partir dos estoques de conhecimentos que dispõem daqueles mesmos ambientes organizacionais, ou seja, da sua *cognoscitividade*,[25] criam e recriam condutas que lhes permitem prosseguir como gerentes e que garantem sua sobrevivência nos cargos, não cabendo julgamento valorativo no sentido de que eles sejam profissionais mal-intencionados ou incapazes. Mais do que certas ou erradas, eficazes ou ineficazes, as práticas sociais demonstram como os gerentes se utilizam de seus "saberes" sociais comuns, construídos e legitimados socialmente, para tornar possível a continuidade da rotina da gestão organizacional cotidiana.

---

[25] Giddens, 1989.

Por outro lado, ainda baseado na teoria da estruturação, as regras e os recursos que podem limitar a implantação de mudanças de práticas de gestão em prol de *valores* gerenciais são os mesmos que podem facilitar o processo de mudança. É a partir deles que os atores organizacionais poderão construir uma nova realidade. Isso por meio do entendimento do conceito da *dualidade da estrutura*, em que fica claro que as propriedades estruturais tanto facilitam quanto restringem a ação humana. Dessa forma, a cordialidade, a criatividade, a afetividade, a pessoalidade, a transigência, que tornam possível a ação dos gerentes em contextos organizacionais tidos como "não-excelentes", são as mesmas propriedades facilitadoras da construção de organizações públicas mais sintonizadas com os cidadãos-contribuintes, na medida em que os processos de mudança sejam capazes de tomá-las como propriedades que distinguem os brasileiros dos outros povos e que dão aos gerentes condições para o desenvolvimento de novas condutas organizacionais. Logo, a construção de ações voltadas para uma organização de *excelência* requer, em paralelo, distintas orientações para a vida social. Isto é, envolve a rediscussão de práticas que estão impregnadas em nossa ação cotidiana, resultantes de traços históricos identificados por Sérgio Buarque de Holanda como *raízes brasileiras*.

Isto posto, restaria ainda uma indagação: as constatações de meu estudo valeriam apenas para a administração pública? Certamente que não, pois as propriedades estruturais de nossa sociedade são o suporte para a ação de atores organizacionais, estejam eles no setor público ou privado. A pesquisa ratificou dados levantados por outros autores no setor empresarial, tanto na literatura estrangeira quanto na nacional, como por exemplo Hofstede (1984), Trompenaars (1994), Barros e Prates (1996), Motta (1996), Motta e Caldas (1997), Motta e Alcadipani (1999), que ilustram como os traços culturais de uma sociedade influenciam as condutas humanas. Ou seja, como os significados compartilhados pelos atores de uma organização são, de certa forma, condicionados pelos traços inerentes a uma determinada realidade social em que a organização está inserida, podem facilitar ou dificultar processos distintos de mudanças, principalmente aquelas inerentes à introdução de novos modelos de gestão.

Assim, no mundo empresarial contemporâneo, marcado por organizações *transnacionais*, presentes em vários lugares do planeta e expostas à interação cada vez mais ativa de profissionais de diferentes culturas, torna-se vital o estudo das práticas sociais de gestão. De fato, faz-se mister definir alternativas que possibilitem ações empresariais estratégicas, mais voltadas para as realidades locais, que articulem modelos de gestão portadores de ferramentas referenciais universalmente aplicáveis e que sejam embebidas pelos traços típicos das sociedades em que estão inseridas.

No caso específico da administração pública no Brasil, a identificação de práticas sociais de gestão e sua reprodução podem representar um diferencial, em face das exigências das próprias propostas da administração pública gerencial, com suas concepções universalizantes. Se essas práticas estão ancoradas em propriedades de uma sociedade que guiam a ação humana, qualquer mudança efetiva nos cenários organizacionais só é factível quando se constroem novos significados para essa mesma ação. Depois de conhecidas as práticas sociais de cada contexto organizacional, pode-se, por exemplo, rediscutir propostas que tomem como ponto de partida as relações sociais internas, tornando mais tangível a viabilização de novos acordos e compromissos entre os atores organizacionais; e que possam canalizar a utilização de regras e recursos de uma forma distinta do passado, redesenhado-se, a partir daí, novos contornos para a administração pública no Brasil.

Fica evidente, então, que esse processo de mudança não pode se dar *a priori*, assim como não se pode imaginar um perfil ideal de gerente empreendedor sem que se consiga, após levantadas certas práticas recorrentes, construir, juntamente com os próprios ocupantes das funções gerenciais no setor público, novas práticas sociais de gestão, tendo em vista que tais atores estão bem distantes do tipo ideal weberiano — o *burocrata impessoal* —, como de sua antítese — o *gerente empreendedor* —, característico da administração pública gerencial.

## Referências bibliográficas


ALVESSON, M.; WILLMOTT, H. *Making sense of management: a critical introduction*. London: Sage, 1996.

BARNARD, C. *The functions of the executive*. Cambridge: Harvard University Press, 1938.

BARROS, B. T.; PRATES, M. C. *O estilo brasileiro de administrar*. São Paulo: Atlas, 1996.

BRESSER-PEREIRA, L. C. *A crise do Estado: ensaios sobre a economia brasileira*. São Paulo: Nobel, 1992.

________. Da administração pública burocrática à gerencial. *Revista do Serviço Público*, v. 47, n. 1, p. 7-29, 1996.

________. Gestão do setor público: estratégia e estrutura para um novo Estado. In: BRESSER-PEREIRA, L. C.; SPINK, P. (Orgs.). *Reforma do Estado e administração pública gerencial*. Rio de Janeiro: FGV, 1998a.

________. *Reforma do Estado para a cidadania: a reforma gerencial brasileira na perspectiva internacional*. São Paulo: Ed. 34; Brasília: Enap, 1998b.

CASTELLS, M. *A sociedade em rede: a era da informação — economia, sociedade e cultura*. São Paulo: Paz e Terra, 1999.

CHILD, J. Organizational structure, environment and performance — the role of strategic choice. *Sociology*, n. 6, p. 1-22, 1972.

CLARK, C.; NEWMAN, J. *The managerial State*. London: Sage, 1997.

DALTON, M. *Men who manage*. New York: Wiley, 1959.

DA MATTA, R. *Carnavais, malandros e heróis: para uma sociologia do dilema brasileiro*. 5. ed. Rio de Janeiro: Guanabara, 1990.

_______. *O que faz o Brasil, Brasil?* 5. ed. Rio de janeiro: Rocco, 1993.

FAORO, R. *Os donos do poder*. 7. ed. Porto Alegre: Globo, 1987.

FAYOL, H. *Administração industrial e geral*. 8. ed. São Paulo: Atlas, 1970.

FERLIE, E. et al. *The new public management in action*. Oxford: Oxford University Press, 1997.

FREYRE, G. *Casa-grande & senzala*. 29. ed. Rio de Janeiro: Record, 1994.

GIDDENS, A. *Central problems in social theory*. Berkeley: University of California Press, 1979.

_______. *The constitution of society*. Berkeley: University of California Press, 1984.

_______. *A constituição da sociedade*. São Paulo: Martins Fontes, 1989.

_______. *Novas regras do método sociológico*. 2. ed. Lisboa: Gradiva, 1996.

GOFFMAN, E. The interaction order. *American Sociological Review*, v. 48, n. 1, p. 1-17, 1983.

HAMMER, M.; CHAMPY, J. *Reengenharia*. Rio de Janeiro: Campus, 1993.

HARRIS, C. C. *Fundamental concepts and the sociological enterprise*. London: Croom Helm, 1980.

HARROW, J.; WILLCOCKS, L. Public services management: activities, initiatives and limits to learning. *Journal of Management Studies*, v. 27, n. 3, p. 281-304, 1990.

HOFSTEDE, G. *Culture's consequences: international differences in work-related values*. London: Sage, 1984.

HOLANDA, S. *Raízes do Brasil*. São Paulo: Companhia das Letras, 1995.

JUNQUILHO, G. S. *Ação gerencial na administração pública: a re/produção de "raízes brasileiras"*. 2000. Tese (Doutorado em Administração) — Face/Universidade Federal de Minas Gerais, Belo Horizonte, 2000.

KOTTER, J. P. *The general managers*. New York: Amacom, 1982.

MELO, M. C. L. Os dramas e as tramas da carreira gerencial. In: ENCONTRO NACIONAL DE PROGRAMAS DE PÓS-GRADUAÇÃO EM ADMINISTRAÇÃO, 1995, João Pessoa. *Anais*... João Pessoa: Anpad, 1995. v. 19.

_______. O exercício da função gerencial em tempos de novas tecnologias organizacionais: da gestão profissional à gestão compartilhada. In: ENCONTRO NACIONAL DE PROGRAMAS DE PÓS-GRADUAÇÃO EM ADMINISTRAÇÃO, 1996, Rio de Janeiro. *Anais*... Rio de Janeiro: Anpad, 1996. v. 20.

_______. *A gerência e os seus desafios face aos processos de adoção de novas tecnologias no setor público e privado: uma análise e proposições*. Belo Horizonte: Cepead/Face, 1998. ms.

_______; CKAGNAZAROFF, I. B. *A questão da função gerencial e a reforma do Estado — problemas e propostas de ação*. Belo Horizonte: Cepead/Face, 1998. ms.

MINTZBERG, H. *The nature of managerial work*. New York: Harper & Row, 1973.

_______. *Power in and around organizations*. Englewood Cliffs: Prentice Hall, 1983.

_______. Administrando governos, governando administrações. *Revista do Serviço Público*, v. 49, n. 4, p. 151-165, 1998.

MOTTA, F. C. Cultura nacional e cultura organizacional. In: DAVEL, E.; VASCONCELOS, J. (Orgs.). *Recursos humanos e subjetividade*. Petrópolis: Vozes, 1996.

_______; ALCADIPANI, R. Jeitinho brasileiro, controle social e competição. *Revista de Administração de Empresas*, v. 39, n. 1, p. 6-12, 1999.

_______; CALDAS, M. P. (Orgs.). *Cultura organizacional e cultura brasileira*. São Paulo: Atlas, 1997.

MOTTA, P. R. *Gestão contemporânea: a ciência e a arte de ser dirigente*. Rio de Janeiro: Record, 1991.

NOGUEIRA, M. A. *As possibilidades da política: idéias para a reforma democrática do Estado*. São Paulo: Paz e Terra, 1998.

OSBORNE, D.; GAEBLER, T. *Reinventing government: how the entrepeneurial spirit is transforming the public sector*. Readomg: Addison-Wesley, 1992.

PETERS, T.; WATERMAN, R. *In search of excellence: lessons from America's best-run companies*. New York: Harper and Row, 1982.

RAMOS, G. *Administração e contexto brasileiro: esboço de uma teoria geral da administração*. 2. ed. Rio de Janeiro: FGV, 1983.

REED, M. Management as a social practice. *Journal of Management Studies*, v. 21, n. 3, p. 273-285, 1984.

_______. *Redirections in organizational analysis*. London: Tavistock, 1985.

_______. *The sociology of management*. London: Harvester Wheatsheaf, 1989.

_______. The labour process perspective on management organization: a critique and reformulation. In: HASSARD, J.; PYM, D. *The theory and philosophy of organizations: critical issues and new perspectives*. London: Routledge, 1995.

RIBEIRO, D. *O povo brasileiro: a formação e o sentido do Brasil*. 2. ed. São Paulo: Companhia das Letras, 1996.

ROULEAU, L. *La structuration sociale de l'activité stratégique: le cas Irving Samuel/ Jean-Claude*

*Poitras*. 1995. Tese (Doutorado em Administração) — École des Hautes Études Commerciales, Montréal, 1995.

SAHAY, S.; WALSHAM, G. Social structure and managerial agency. *Organization Studies*, v. 18, n. 3, p. 415-444, 1997.

SARASON, Y. A model of organizational transformation: the incorporation of organizational identity into a structuration theory framework. *Academy of Management Journal*, p. 47-51, 1995.

STEWART, R. Studies of managerial jobs and behavior. *Journal of Management Studies*, v. 26, n. 1, p. 1-10, 1989.

TAYLOR, F. *Princípios de administração científica*. 4. ed. São Paulo: Atlas, 1960.

TROMPENAARS, F. *Nas ondas da cultura: como entender a diversidade cultural nos negócios*. São Paulo: Educator, 1994.

WATSON, T. *In search of management: culture, chaos e control in managerial work*. London: Routledge, 1994.

WHITLEY, R. On the nature of managerial tasks and skills: their distinguishing characteristics and organization. *Journal of Management Studies*, v. 26, n. 3, p. 209-224, 1989.

WHITTINGTON, R. Putting Giddens into action: social systems and managerial agency. *Journal of Management Studies*, v. 29, n. 6, p. 693-712, 1992.

WILLMOTT, H. C. Images and ideals of managerial work: a critical examination of conceptual and empirical accounts. *Journal of Management Studies*, v. 23, n. 3, p. 349-368, 1984.

_______. Studying managerial work: a critique and a proposal. *Journal of Management Studies*, v. 24, n. 3, p. 249-269, 1987.

# 6

# Gerentes e repertórios de identidade em contexto de reestruturação organizacional*

Linda Rouleau**

Inquietos quanto ao futuro, os gerentes que vivenciam uma reestruturação de empresa se encontram no centro de tensões contraditórias que os levam a se questionar sobre suas práticas. O que Ollivier (1995) chama de "mal-estar do gerente intermediário" está num momento de expansão no contexto de reestruturação. Desde que surgiram no sistema de produção industrial, os gerentes intermediários enfrentam problemas de identidade. Até agora, era sua função tradicional de ligação do topo com a base que os deixava em má situação. Desde que o taylorismo cedeu aparentemente espaço às novas formas de organização do trabalho e de gestão, esse "mal-estar" foi exacerbado pela incerteza com relação ao futuro e pela obrigação de apre-

* Tradução de Maria I. S. Betiol e revisão técnica de Marlene Catarina de Oliveira Lopes Melo. Este capítulo se apóia em trabalhos de pesquisa exploratória conduzidos no contexto de um conjunto de pesquisas que visa compreender a modernização das empresas, isto é, como os indivíduos participam da manutenção e da transformação do social para participar da renovação da modernidade. O estudo de reestruturações organizacionais constitui um ponto central desse programa de pesquisas, desdobrando-se em duas direções: a) a centrada na consciência discursiva e que visa recolher narrativas da vida ocupacional junto a gerentes intermediários (estudo subvencionado pelo Fundo de Ajuda e Apoio à Formação de Pesquisadores — Fcar); e b) a que privilegia a consciência prática e observa as práticas cotidianas de gestores em contexto organizacional reestruturado (estudo subvencionado pelo Conselho de Pesquisa em Ciências Humanas do Canadá — CRSH). Este capítulo se inscreve na primeira linha e constitui uma primeira etapa de análise a partir de entrevistas realizadas durante 1997 e 1998.

** Doutora em administração pela École des Hautes Études Commerciales de Montreal (Canadá), socióloga e professora do Departamento de Ensino da Direção e da Gestão das Organizações da referida escola.

sentar constantemente uma alta performance. No entanto, independentemente do que façam, os gerentes intermediários correm o risco, na maior parte das vezes, de ser vítimas das reestruturações que eles mesmos devem, porém, implementar.

Com a exceção dos estudos sobre a resistência à mudança da gerência intermediária ou sobre os impactos nos "sobreviventes" das reestruturações, sabe-se ainda pouco sobre esse "mal-estar".[1] De modo geral, esse "mal-estar" remete a dificuldades de adaptação, isto é, segundo Dopson e Neumann (1998), ao ressentimento sentido em contexto de mudança. Ora, é preciso circunscrever as microdinâmicas que estruturam esse "mal-estar", para que se possa compreender a complexidade das práticas e da vivência da gerência intermediária em contexto de reestruturação.

Neste capítulo, exploro as transformações de identidade vividas pelos gerentes intermediários em contexto de reestruturação. Primeiramente, faço uma breve leitura da literatura referente à questão dos gerentes intermediários. Em seguida, examino as questões ligadas ao duplo processo de racionalização e de flexibilização que se encontra no centro das reestruturações empresariais. Depois, considero alguns pontos de referência teóricos e metodológicos relativos, respectivamente, à identidade da organização e aos relatos de experiências. Na seqüência, exponho quatro casos de identidade de gerentes que passaram por processos de reestruturação. Por fim, evidencio o que caracteriza a decomposição e a renovação da identidade da gerência intermediária em contexto de reestruturação.

## A gerência intermediária

Nas revistas acadêmicas sobre gestão, a gerência intermediária tem pouco destaque.[2] Em geral, os autores nessa área de estudo tendem a finalizar suas reflexões dedicando um ou dois parágrafos ao gerente intermediário, discutindo os impactos sobre esse grupo. Desde o final dos anos 1950, pode-se mencionar cerca de 30 artigos cujo tema principal é a gerência intermediária. Dopson e Stewart (1990) encontraram 18 estudos sobre os gerentes intermediários, publicados entre 1958 e 1988. A partir do início dos anos 1990, uma dezena de artigos vieram enriquecer o debate. O que mais surpreende quando se estuda os gerentes intermediários é que, numa primeira abordagem, o corpo de conhecimentos com que nos deparamos parece ser controverso.

---

[1] Allen et al., 1995; e Nelson et al., 1995.

[2] Torrington e Weightman, 1987.

Há os que apresentam uma visão negativa do papel e do futuro do gerente intermediário e os que profetizam para ele um futuro promissor. Uma análise mais profunda dos estudos sobre o gerente intermediário permite uma interpretação mais diferenciada da questão. As posições relativas ao papel e ao futuro da gestão variam geralmente em função do período histórico de produção dos estudos sobre o tema. De fato, pode-se distinguir três períodos de produção de conhecimentos sobre a gerência intermediária.

Do fim dos anos 1950 até o fim dos anos 1970, os estudos sobre os gerentes intermediários deixam transparecer uma visão fundamentalmente pessimista. Quando descrevem o que fazem os gerentes intermediários, a maior parte dos trabalhos evidencia as dificuldades inerentes à ocupação de uma posição intermediária numa linha hierárquica. Nos anos seguintes, esses trabalhos predizem o achatamento progressivo das estruturas organizacionais, o que levará, mais ou menos a longo prazo, ao desaparecimento de uma importante parte da gerência intermediária.[3] Entre outras coisas, a rotinização de suas práticas, graças ao incremento das novas tecnologias da informação, constitui uma das maiores causas evocadas para sustentar a hipótese do declínio do gerenciamento intermediário.[4]

Nos anos 1980, a posição dos autores que se interessam pela gerência intermediária se modifica. No seu conjunto, eles entrevêem transformações mais importantes no papel do gerente intermediário para enfrentar os novos desafios dos anos futuros. Nesse caso, os autores sugerem que as novas tecnologias liberarão os gerentes de suas tarefas de controle hierárquico, permitindo-lhes assumir um papel mais ativo e até mesmo mais criativo na implementação das mudanças na empresa.[5] Nesse contexto, a maior parte dos trabalhos publicados nessa década contribui para a revalorização do papel do gerente intermediário, sustentando que ele tende a tornar-se cada vez mais exigente. Alguns autores chegam até mesmo a se interessar pela maneira de os gerentes intermediários influenciarem positivamente as decisões estratégicas.[6]

Nos anos 1990, as interpretações estão cada vez mais diferenciadas. Antes mesmo de se pronunciarem sobre o futuro dos gerentes intermediários, os estudos destacam a complexidade das transformações que teriam que enfrentar naquela época e no

---

3 Leavitt e Whistler, 1964; e Neumann, 1978.

4 Hicks, 1971.

5 Millman e Hartwick, 1987; Buchanan e MacCalman, 1988; e Weiss, 1988.

6 Kanter, 1982; Guth e MacMillan, 1986; Schilit, 1987; e Nonaka, 1988.

futuro.[7] Nesse contexto, preocupam-se menos em prever o que eles se tornarão e mais em realçar as dimensões e as variáveis que têm impacto positivo ou negativo sobre o papel dos gerentes intermediários.[8] Em outras palavras, a maioria dos trabalhos atuais que se referem à questão dos gerentes de nível médio têm por finalidade compreender em quais circunstâncias e sob quais condições as mudanças em suas tarefas vão levar seja ao seu desaparecimento seja a sua ascensão.

O reconhecimento da variedade e da complexidade das transformações que afetam o papel do gerente intermediário é um passo à frente sem precedente para compreender a natureza dos riscos e dos desafios que eles devem enfrentar. Entretanto, a abordagem contingencial parece-me insuficiente. Na verdade, ela nos leva a reduzir parte da complexidade da situação, enfocando alguns fatores-chave (por exemplo, o ritmo das mudanças, a maturidade do setor, o grau de centralização da autoridade etc.), para apreciar a amplitude das conseqüências das reestruturações de empresa para o papel e o futuro dos gerentes intermediários. Assim, a pesquisa de fatores explicativos, sejam eles macros ou micros, corre o risco de levar a generalizações rápidas, que, a exemplo de trabalhos realizados até o momento sobre a questão da gerência intermediária, não permitem compreender a natureza profunda dos processos e das dinâmicas de identidade com que se defrontam os gerentes intermediários em contexto de reestruturação.

## Reestruturação e gerência intermediária

Partindo de Singh (1993), entendo por reestruturação de empresa o conjunto de mudanças rápidas e significativas que visam a transformação das estruturas corporativas e organizacionais de uma empresa. A reestruturação de uma empresa supõe a execução de diferentes projetos de mudança, cujo conjunto implica transformações ao mesmo tempo estratégicas e operacionais. Por exemplo, uma fusão será acompanhada de diversos projetos de mudança que permitirão experimentar o uso de novas tecnologias, rever o processo de produção e/ou introduzir novas formas de organização do trabalho. As reestruturações de empresa provocam mudanças múltiplas, cujos riscos para a gerência podem assumir diferentes formas.

---

7 Fulop, 1991; Dopson, Risk e Stewart, 1992; Dutton et al., 1997; e Floyd e Woolbridge, 1997.

8 Dopson e Stewart, 1990; e Pinsonneault e Kraemer, 1997.

Essas transformações polimorfas, denominadas correntemente "reestruturações", têm a particularidade de se inscreverem num duplo movimento de racionalização e flexibilização das empresas. Num primeiro plano, as reestruturações de empresas constituem estratégias de modernização que procuram satisfazer objetivos de eficácia e de lucro. Várias das políticas gerais de gestão que resultam disso visam a renovação da taylorização para melhor enfrentar a concorrência. Simultaneamente, as reestruturações provocam um conjunto de medidas mais ou menos pontuais que têm por finalidade tornar a empresa mais flexível. Nesse caso, focalizam uma lógica de adaptação que visa a transformação das estruturas e dos modos de organização do trabalho com o objetivo de fazer frente à diversificação da demanda de bens e serviços. Racionalização e flexibilização são duas facetas de uma mesma realidade, a da modernização das empresas, que se faz pelo viés de sua "reestruturação" tanto estratégica quanto organizacional.

Em contexto de reestruturação, as práticas administrativas dos gerentes intermediários se inscrevem neste duplo movimento de racionalização e flexibilização. De fato, os gerentes intermediários são regularmente submetidos a tensões conflitantes, e mesmo contraditórias, que os levam a questionar a eficácia e o fundamento de suas práticas. Por um lado, as medidas que visam a racionalização das empresas necessitam que os gerentes intermediários tomem decisões draconianas para reforçar o controle das atividades empresariais. Por outro, para tornar a empresa mais flexível, eles devem adotar uma linguagem mais democrática e favorecer a autonomia dos indivíduos. Inquietos quanto ao futuro, eles necessitam procurar constantemente soluções práticas de gerenciamento, ao mesmo tempo que são seduzidos por novos modelos de gestão, cujos riscos nem sempre podem ser controlados. É nesse sentido que as fusões, as reduções de pessoal e as experiências de reengenharia suscitam nos gerentes intermediários tanto esperanças quanto dificuldades de adaptação.

No plano profissional, essas transformações representam alguns riscos, que contribuem para a fragmentação e mesmo para a ruptura das práticas de gestão do gerenciamento intermediário.[9] Por exemplo, sua posição intermediária torna-se cada vez mais indeterminada. Tradicionalmente, o gerente intermediário ocupa uma posição de transmissão entre o topo hierárquico e os executivos de primeiro escalão. Em contexto de reestruturação, há uma tendência à polarização do gerente intermediário para cima ou para baixo. Cada vez mais, este ocupa uma dupla posição de transmis-

---

9 As constatações que se seguem encontram-se em Rouleau, 1999.

são: no plano hierárquico e no das relações com o ambiente. É isso que cria novas zonas cinzentas quanto à posição que a gerência intermediária ocupa realmente na hierarquia da empresa. As reestruturações de empresa também parecem propiciar, aos gerentes intermediários, diversas experiências de comunicação contraditórias. Freqüentemente, a falta de coerência nas mensagens da alta direção reforça a lógica de conflito à qual eles estão regularmente submetidos. Por outro lado, perante todos aqueles com quem os gerentes intermediários interagem no cotidiano, o problema está na dificuldade de traduzir a mensagem do topo.

Além disso, vários gerentes intermediários lamentam a desestruturação das redes sociais causada pelas múltiplas mudanças efetuadas para reorganizar a empresa. No decorrer dos anos, eles tinham estabelecido, na empresa e em torno dela, diferentes contatos que lhes permitiam "apagar incêndios" mais rapidamente. Ora, as novas políticas de subcontratação, de parceria, além das numerosas aposentadorias, fazem com que uma parte importante das pessoas com as quais mantinham negócios diariamente se encontre dispersa. Enfim, a atitude com relação à carreira torna-se cada vez mais complexa em contexto de reestruturação. Recuo e/ou avanço? Tanto num caso quanto no outro, no tocante à carreira, está claro que o tempo de progressão ascendente é cada vez mais ilusório.[10] Pouco importa. Nos dois casos, trata-se de uma batalha cotidiana pela sobrevivência, sabendo que o amanhã é cada vez mais incerto.

## A identidade com a organização

Estas constatações ilustram bem como as reestruturações de empresa contribuem para desestabilizar o papel e as práticas de gestão da gerência intermediária. Para compreender a natureza profunda dos processos e das dinâmicas com as quais se defrontam os gerentes intermediários em contexto de reestruturação, proponho tratar esse problema sob o ângulo da questão da identidade, isto é, partindo do sentido que os atores dão a essas reestruturações.

Longe de restringir a análise a uma lógica individual, a questão da identidade está no centro do processo de modernização das empresas. De fato, as múltiplas microdinâmicas a partir das quais os gerentes garantem a continuidade e a renovação das maneiras de ser sujeito na história de sua empresa são o pivô da transformação dos modos de controle subjacente às reestruturações. Lá onde o taylorismo parece

---

[10] McKinley e Mone, 1998.

ceder lugar à autonomia individual, isso afeta tanto a maneira pela qual os gerentes exercem o controle quanto o modo de se constituírem como sujeitos. No cotidiano, a identidade dos gerentes intermediários que vivenciam uma reestruturação encontra-se em constante tensão entre o papel tradicional de execução, de transmissão das decisões e o da criação e transmissão de sentido para as pessoas com quem estão em contato. É pelo viés de múltiplas microdinâmicas que, no contexto de racionalização e de flexibilização das empresas, os gerentes participam da transformação dos modos de controle, ao mesmo tempo que renovam os fundamentos subjetivos de sua identidade no trabalho.

**FIGURA 1**
**IDENTIDADE COM A ORGANIZAÇÃO**

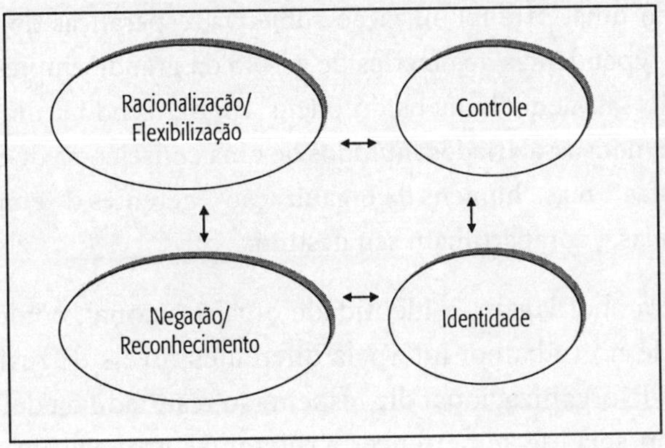


Nas ciências sociais, assim como nas administrativas, a questão da identidade já vem há alguns anos consumindo muita tinta. Nas ciências sociais, a questão da identidade é geralmente tratada como o ponto de apoio de uma teoria de vínculo social.[11] Sem que seja sempre nomeada, vários temas se entrelaçam a ela — por exemplo, os trabalhos sobre socialização, sobre construção social da realidade e sobre modernidade. Nas ciências da administração, há duas grandes opções. Uma é tratar a questão da identidade como prolongamento dos estudos sobre a cultura de empresa.[12] É a nova *buzzword* dos anos 1990, que fala dessas questões. A noção de identidade permite

11 Baugnet, 1998.

12 Whetten e Godfrey, 1998; e Craib, 1998.

considerar o caráter revelado e pluralista dos fatos organizacionais, o que dificilmente acontece com a noção de cultura. Mas a identidade também interessa como vínculo vivido no trabalho.[13] Nesse sentido, a identidade é considerada uma maneira de ser do ator, de se definir e de se posicionar como tal.

Existem várias maneiras de compreender o que é o trabalho em função da categoria socioprofissional visada e da evolução do modo de produção. Entre outros, o advento da grande empresa e sua expansão pelo mundo contribuíram para a criação de um grupo cuja adesão à empresa e às competências representa dimensões fundamentais do que fazem. Segundo Dubar (1998:68), trata-se de uma nova forma de identidade, que estrutura o mundo do trabalho:

> Pode-se chamar de "identidade de empresa ou de organização" esta forma de relação com o trabalho muito diferente da dos assalariados comuns e que implica ao mesmo tempo uma forte mobilização subjetiva, esperanças de carreira interna e uma grande dependência aos modos de gestão da grande empresa. Os que a compartilham não são nem "homens do ofício", pertencendo a uma corporação que lhes dá nome, nem assalariados munidos de uma consciência de classe que os opõe aos "capitalistas", mas "homens da organização", gerentes de empresa que se identificam com elas e compartilham seu destino.

Numa primeira abordagem, a identidade organizacional, como qualquer outra forma de identidade no trabalho, interpela diferentes níveis de realidade. No plano coletivo, a identidade organizacional diz respeito ao resultado da definição de si mesmo pelos outros, ou seja, de se pertencer a diferentes grupos. Em relação ao plano individual, ela resulta da definição de si para si mesmo, isto é, a maneira pela qual o indivíduo vê o mundo e constrói sua realidade. No plano profissional, a identidade organizacional resulta da aquisição, pela experiência ou pela formação, de diferentes saberes relativos ao exercício de uma função na organização.

Para operacionalizar o processo de formação da identidade, recorrerei à idéia de "pólos de identidade". No cumprimento de suas atividades rotineiras, as pessoas participam, individual e coletivamente, da construção de uma definição delas mesmas em torno de diferentes pólos de identidade cuja definição toma uma conotação particular na atividade de gestão: a) o exercício de uma capacidade de ação sobre o real (gerenciar como meio de estar em contato com os outros); b) a busca de legitimidade no agir junto aos outros (gerenciar como local do exercício de uma competência

---

[13] Dubar, 1996; Frankfort et al., 1995; e Sainsaulieu, 1985.

profissional); e c) o sentido dado à ação (gerenciar pela busca de um ideal ou para atingir um objetivo pessoal). Esses pólos representam os diferentes níveis de vivência da identidade no trabalho (coletivo, profissional e individual), que se superpõem uns aos outros e que estão em constante movimento de composição e de recomposição, como se pode observar no quadro 1.

QUADRO 1

A IDENTIDADE DA ORGANIZAÇÃO

| Nível | Fonte | Tipo de agir | Ato de gestão |
|---|---|---|---|
| Coletivo | Definição de si pelos outros | Exercício de uma capacidade de ação sobre o real | Administração como meio de estar em relação com os outros |
| Profissional | Definição de si pelo saber | Busca de legitimidade | Administração como local do exercício de uma competência profissional |
| Individual | Definição de si por si mesmo | Sentido dado à ação | Administração como busca de um ideal ou de um objetivo pessoal |

Por exemplo, um gerente intermediário de uma empresa pública poderia se definir e se sentir reconhecido pelo fato de contribuir para o equilíbrio de um grupo de trabalho cujos vínculos são estreitos, pela necessidade de recorrer regularmente a sua competência e pelo fato de ter a impressão de prestar um serviço. Quando elementos de contingência — como uma reestruturação — interferem nas práticas desse gerente, o frágil equilíbrio entre os pólos pode se romper. É então que se põe em andamento um processo de reestruturação da identidade. A partir dos discursos sobre as reestruturações que vivenciaram, procuro descrever algumas microdinâmicas que permitem compreender como, no cotidiano, os gerentes intermediários vivenciam as transformações de identidade com que se defrontam.

## Discurso das práticas

Para compreender a experiência dos gerentes intermediários,[14] tal como se apresenta em sua consciência discursiva, é preciso considerar a coleta dos dados efetuada

[14] É importante observar que os gerentes intermediários que foram entrevistados até o momento eram considerados como tais, visto que, além de ocuparem um cargo de transmissão entre a direção e os empregados ou a empresa e a clientela, enquadram-se em um dos seguintes critérios: supervisionam outros gerentes; atuam como conselheiros ou são responsáveis pela gestão de projetos. É importante notar também que os gerentes que participam do estudo devem ter experimentado mudanças em seu trabalho no contexto da reestruturação que vivenciaram.

a partir de relatos de práticas.[15] Trata-se de relatos temáticos de vida centrados nas práticas individuais e, mais particularmente, na experiência no trabalho. Esses discursos permitem ao entrevistado explicitar alguns dos múltiplos territórios de identidade a partir dos quais ele se define como ator social. Cada repertório[16] é constituído ao mesmo tempo em que ele se constitui no discurso ou na ação pela recomposição do agenciamento dos diferentes pólos de identidade. Esse agenciamento nunca se dá de uma só vez; constrói-se com o tempo.

Os discursos de vida ocupacional assumem a forma de entrevistas individuais semidiretivas, nas quais, a partir de uma trama eventualmente particular, no caso de uma reestruturação[17] de empresa, o gerente intermediário é levado a falar de si, a tornar-se testemunha de sua própria realidade assim como da dos seus pares. Os discursos das práticas comportam três momentos privilegiados, nos quais o gerente que aceita participar da pesquisa fala de si mesmo. Desde o início, ele sabe qual será o assunto de cada encontro, o que lhe permite organizar seus propósitos, deixando-se levar, no momento oportuno, pelas temáticas da entrevista. No primeiro encontro, o gerente faz o relato de sua trajetória profissional. Esse encontro lhe possibilita lembrar o passado, fornecendo um conjunto de elementos de interpretação da realidade. O segundo encontro é inteiramente dedicado ao relato da reestruturação como tal. Quanto ao terceiro encontro, este concentra-se principalmente na projeção de um fim de carreira, isto é, aborda seu futuro e o de seus companheiros.

Até o momento, já foram realizados cerca de 30 relatos de práticas.[18] Primeiramente, fez-se o recrutamento dos participantes com base no "julgamento de especialistas".[19] Eu encontro pessoas que, por força de seu ofício, estão em contato direto

---

[15] Poirier et al., 1983.

[16] Nota da revisora técnica: o termo *repertoire* foi traduzido por repertório. Segundo o Aurélio, o termo significa conjunto, reunião de textos de vários autores ou de natureza diversa. No texto deste capítulo, repertório significa o conjunto de diferentes pólos de identidade revelados pelo entrevistado.

[17] A reestruturação, a partir da qual os gerentes relatam suas práticas, deve estar em fase final ou ter atingido a estabilidade há pelo menos dois anos. Além desse período, corre-se o risco de que distorção ligada à reinterpretação dos dados fique muito grande. Para que uma empresa seja considerada em reorganização, deve atender aos seguintes critérios: ter sido objeto de mudanças estratégicas importantes (fusão-aquisição, diversificação, *downsizing*, renovação da missão etc.); e ter adotado medidas de racionalização ou introduzido pelo menos uma nova forma de gestão ou de organização do trabalho (reengenharia dos processos, redefinição dos cargos de gestão etc.).

[18] O processo exploratório segue o seguinte esquema: 25 relatos de práticas no setor privado; 25 relatos de práticas no setor público; 25 relatos de práticas no setor comunitário.

[19] Contandriopoulos et al., 1990.

com gerentes — por exemplo, consultores em gerenciamento de carreira, educadores, diretores de associações de executivos — a fim de identificar possíveis candidatos para a pesquisa. Em seguida, faz-se uma amostragem tipo "bola-de-neve". Cada participante é solicitado a sugerir dois ou três nomes de pessoas que viveram a mesma reestruturação. Sempre que possível, pede-se que forneçam nomes de pessoas para as quais a reestruturação teve conseqüências diferentes. Isso permite fazer o que Bertaux (1997) chama de "cachos" de relatos de práticas. Esses microrreagrupamentos permitem situar melhor o universo do discurso no quadro em que a ação aconteceu. Os recortes dos acontecimentos e a forma diferente de contá-los são reveladores do sentido que cada ator lhes dá.

## Repertórios de identidade de quatro gerentes

Neste capítulo, reconstituo quatro repertórios de identidade, a partir de discursos obtidos na primeira etapa de coleta de dados.[20] O leitor já terá compreendido que a reconstituição desses repertórios não tem, de maneira alguma, a intenção de tornar públicos os sucessos e os fracassos de diferentes formas de reestruturação. Além disso, trata-se menos ainda de pretender que essa representação do "retrato" seja objetiva em todos os itens a ponto de querer generalizá-la. Trata-se aqui de um primeiro exercício de análise do discurso das práticas realizadas. O objetivo do exercício é detectar pistas de reflexão que possam facilitar e enriquecer o procedimento. O quadro 2 apresenta as características gerais dos gerentes intermediários (com nomes fictícios) que vivenciaram uma reestruturação e cujos repertórios estão descritos a seguir.

### Quadro 2
### Perfil de quatro gerentes intermediários que vivenciaram uma reestruturação

| | |
|---|---|
| ❑ Marie | ❑ Enfermeira por formação.<br>❑ 48 anos.<br>❑ Mais de 25 anos de carreira no mesmo estabelecimento de saúde.<br>❑ Supervisora de enfermagem (tratamentos de longa duração).<br>❑ Supervisiona cerca de 40 empregados.<br>❑ Reconfiguração dos tratamentos e das atividades (fusão das unidades de tratamento e redefinição dos cargos, projeto de mudança do ambulatório). |

*Continua*

---

[20] Como primeiro procedimento de análise em profundidade dos relatos de práticas, parece-me pertinente salientar a diversidade das experiências. Os relatos reconstituídos não foram feitos no mesmo momento.

| | |
|---|---|
| | ❑ Desde 1997 trabalha na área dos tratamentos de enfermagem e dos serviços de atendimento ao cliente (conselheira clínica do atendimento ao cliente).<br>❑ Problemas de saúde, competição entre os gerentes, situação de sobrevivência, pesquisa de um novo estilo de gestão. |
| ❑ François | ❑ DEC em eletrônica, 2º grau em ciências humanas e certificado em administração.<br>❑ 43 anos.<br>❑ Diretor técnico em informação (empresa pública de produção de televisão).<br>❑ 11 anos de experiência em gestão.<br>❑ Supervisiona cerca de 50 pessoas.<br>❑ *Downsizing* e lançamento de um novo canal de notícias.<br>❑ Com novos diretores vindos de fora, torna-se coordenador técnico em gerenciamento de auxiliares. Passa a ser responsável pela reestruturação no canal 1. |
| ❑ Anne | ❑ Formação em matemática e em informática (cursando administração).<br>❑ 47 anos.<br>❑ Nove anos de experiência em administração.<br>❑ Encarregada do projeto de desenvolvimento tecnológico (Confederação do Movimento Cooperativo Desjardins desde 1989).<br>❑ Supervisiona cerca de oito pessoas.<br>❑ Reconfiguração dos processos (centralização do poder nos que concebem o trabalho e aumento dos jogos políticos).<br>❑ Perda de influência funcional, diminuição do sentimento de pertencimento à empresa Desjardins, desmotivação. |
| ❑ Jean | ❑ DEC em finanças e informática, 2º grau em administração municipal e MBA.<br>❑ 43 anos.<br>❑ Diretor dos serviços administrativos (serviço público municipal).<br>❑ 13 anos de experiência em administração.<br>❑ Supervisiona cerca de 40 pessoas.<br>❑ Plano estratégico — competitividade da cidade, cortes orçamentários de recursos humanos e materiais.<br>❑ Envolvido na elaboração e implantação da reestruturação.<br>❑ Acúmulo de dois cargos administrativos, clima difícil, tensões com o sindicato.<br>❑ O projeto devia levá-lo à direção geral, mas ele abandona a administração no fim do processo. Ele é agora diretor de operações (produtos de aceitação em um grande banco). |

## *A experiência da gerente Marie*

Marie é enfermeira por formação. O essencial de sua carreira aconteceu num centro de acolhimento, que tem, como se diz no jargão da rede pública de saúde quebequense, três vocações: centro de acolhimento, centro de tratamentos de longa duração e ambulatório. Ingressou em 1970 nesse estabelecimento como enfermeira. Em 1976, obteve um cargo de coordenadora das atividades diurnas e noturnas. Trata-se de um cargo de gerente. Alguns anos mais tarde, Marie tornou-se assistente da direção de serviços de enfermagem. Em 1981, ela teve duas escolhas: a direção dos serviços de enfermagem ou um cargo de chefe de unidades. Preferindo "ficar junto à cabeceira de seus pacientes e na prática com as equipes", Marie tornou-se chefe de unidade no centro de acolhimento. Com cinco enfermeiras no início, ela assumiu essa função diurna por 10 anos. Em 1991, passou a coordenar cerca de 20 enfermeiras. Segundo Marie, tratava-se de um ambiente de trabalho "dinâmico e estimulante. Era realmente uma família! Éramos capazes de trocar experiências e de conversar quando precisávamos. Nós, chefes, formávamos uma grande equipe, nós nos respeitávamos!"

No início dos anos 1990, o estabelecimento passou a ter uma nova direção. O reinado dessa nova direção foi anunciado sob o signo de cortes orçamentários. Nesse contexto, ela tornou-se chefe de duas unidades, uma do centro de acolhimento e outra do ambulatório. Com cerca de 40 empregados, assumiu a responsabilidade por quase 100 pacientes. Marie conheceu, então, suas primeiras dificuldades como gerente. A lógica de cuidar de duas equipes não era a mesma e havia uma profunda rivalidade entre elas, rivalidade encarnada pela chefe da unidade cujo cargo fora cortado. Ela não era bem-vinda na unidade de serviços ambulatoriais e as enfermeiras faziam-na sentir isso.

> Eu sou de natureza aberta, adoro as pessoas e, quando comecei, disse a mim mesma: deixemos a sorte aos corredores, eu terei uma opinião formada depois que eu tiver convivido com eles. Desde o início, eu comi o pão que o diabo amassou, comecei a sofrer isso moralmente, a encontrar muita dificuldade em iniciar o meu trabalho. (...)
>
> Eu afundei desde o primeiro ano. Agüentei e engoli muita coisa. Depois não suportei mais. Chamam isso de *burn-out*, mas vou chamar de depressão também. Eu fiquei de licença durante três meses. Logo depois voltei, eu não tinha escolha, era necessário superar isso. (...)
>
> Entre outras coisas, me acusavam de estar sempre ligada à minha primeira seção. Me diziam, aquelas são suas "meninas"! Eu deveria, talvez, ter-me deixado levar e ter respondido grosseiramente e chegar, quem sabe, a dominar, mas esse não é o meu estilo de administrar. Gosto mais de compor harmoniosamente, de discutir com a pessoa, de escutar seu ponto de vista e de expor o meu também, eu sou capaz de ter compromissos. Acho que elas buscavam muito mais alguém que impusesse suas vontades, talvez assim, quem sabe, elas tivessem funcionado. Não era meu estilo e eu não fui capaz de mudar isso!

Em 1994, a direção quis facilitar a mobilidade profissional e sugeriu aos gerentes que trocassem de posto. Ela tornou-se chefe da unidade de tratamentos de longa duração. A idéia lhe agradou, apesar de tudo, pois era uma clientela mais próxima dos pacientes com os quais já tinha criado bons vínculos. A direção acreditava que Marie poderia revalorizar o pessoal que saía de uma experiência de reestruturação de tarefas mais ou menos bem-sucedida. De fato, Marie até que se saiu bem: "Acho que tinha conseguido criar um sentimento de orgulho, de fazer parte, o gosto pela aprendizagem, pelo fato de que elas eram respeitadas no que faziam".

Dois anos mais tarde, tem início um projeto de reengenharia. Outra mudança para Marie! Desta vez, fala-se em uma reestruturação maior. Trata-se mesmo de um projeto piloto apoiado pela Administração Regional. Entre outras coisas, trata-se de redesenhar os cargos administrativos (por exemplo, abolindo a direção de tratamentos de enfermagem), de reduzir os locais de coordenação dos profissionais da saúde (médicos, fisiologistas e ergonomistas) e de privilegiar a admissão de auxiliares de enfermagem em detrimento das enfermeiras formadas. Com a nova estrutura, prevê-se que cabeças vão rolar. Os oito gerentes intermediários visados pelo redesenho da estrutura, juntamente com os profissionais atuais, estudam cuidadosamente o projeto.

Pouco a pouco, as reuniões se polarizam em dois grupos: um contra e outro a favor. Quanto ao sindicato, ele endossa o projeto e contribui para denegrir aqueles e aquelas que lhe são contrários. Marie faz parte dos que estão contra. Os riscos são grandes, o que provoca diversos confrontos, e mesmo, segundo Marie, "ações sujas".

> Aqueles que estavam a favor diziam que "tem muita enfermeira, as auxiliares de enfermagem são capazes de fazer o trabalho com as serventes (...) não precisamos de diretoras nos tratamentos de enfermagem, não precisamos de uma direção dos serviços profissionais". Eles cortavam a cabeça de todo mundo. (...)
>
> Não queríamos modificar tudo a ponto de destruir o que havia (...) É frustrante e chocante porque eles querem nos fazer acreditar que o hospital ia renascer, sendo que há 20 anos estamos fazendo este trabalho cotidianamente, prestando um atendimento de qualidade com um pessoal de qualidade. No debate, o que sobressaía era que até que enfim haveria pessoas competentes para colocar o hospital nos "eixos", sendo que ele já tinha passado por provas ao longo dos anos (...) Os velhos, o velho estoque, não é nada bom o que fizeram, o atendimento que vocês deram!

Para pôr em prática o projeto de reengenharia, a estrutura foi remanejada em quatro áreas: uma nova área de tratamentos e atendimento ao cliente, uma área de programação e avaliação, uma área financeira e de recursos técnicos e uma área de recursos humanos. Vários postos foram cortados, e as pessoas favoráveis à reestruturação ocuparam as novas funções. Marie, que estava então no serviço de enfermagem, recebeu um estatuto de conselheira: a partir de então, teve que dividir seu tempo como conselheira operacional (na área dos tratamentos e serviços de atendimento ao cliente) e como conselheira clínica (na área de programação e avaliação). Deram a ela o que se chama de "responsabilidade de supervisão do ato de enfermagem no que diz respeito à qualidade", o que, de fato, significa nenhum paciente sob sua responsabilidade ou equipes de trabalho.

> Eu não cheguei a perder meu emprego, mas quando se vive isso, a auto-estima vai lá embaixo. Lá em cima é visto como resistência à mudança. Quando eu escutava isso, dizia para mim mesma, eles estão malucos (...) eu não resisti à mudança; durante minha carreira mudei várias vezes de função. Eu estava aberta para isso, para viver experiências. Quando eu me sentia pronta e quando o aceitava, entrava realmente de cabeça. Foi um choque ver o que eles pensavam de mim. Eu achava isso vergonhoso! (...)
>
> Eu ainda não adquiri a confiança dos meus colegas, sempre falo para mim mesma que não me colocarei de joelhos, mas na maior parte do tempo eu não reajo, não me defendo. Talvez seja um defeito meu, tentar não magoar, porque eu não gosto de ser magoada. Eu preciso mudar. É sempre o que eu me digo. (...)
>
> Outro dia, me chamaram a atenção, foi mais forte que eu, eu respondi no mesmo tom, uma moça me disse: "Ah, eu não gosto de você, Marie, quando você faz isso comigo". Aí, eu a olhei e disse: "Não me incomodo que você não goste de mim, eu não estou aqui para que você goste de mim". Depois disso, ela acabou, ela ficou com a cara no chão (...) Mas acho muito ruim ter que reagir desta forma.

Bem, sem querer, Marie tinha mudado profundamente. Alguns meses mais tarde, o hospital de Marie implantou uma mudança no ambulatório. Ficou decidido que o serviço ambulatorial seria transferido para outro estabelecimento!

## *A experiência da gerente Anne*

Há mais de 25 anos, Anne é apaixonada por informática. Quando ela concluiu seu curso de matemática, fez alguns cursos de informática que a levaram diretamente ao mercado de trabalho. No início dos anos 1970, era um mundo em efervescência.

> Eu adorei isso, foi o máximo (...) Eu consegui um trabalho nesta área no Ministério da Educação (...) Era em Québec, em agosto de 1973. Na época, era um pessoal bem técnico, um grupo de intelectuais fora dos padrões vigentes. O trabalho era

> um lazer e a gente se divertia. O setor não era estruturado, era muito divertido! Naquela época, qualquer pessoa que quisesse podia trabalhar lá. Os horários eram loucos. Eles te chamavam a qualquer hora. Está muito mais estruturado hoje em dia, mas ainda é assim!

Alguns anos mais tarde, Anne tornou-se gerente de primeiro nível na Comissão de Saúde e Segurança do Trabalho (CSST). Primeiramente, ela ocupou um cargo de chefe de equipe de moças na codificação. Em seguida, passou a ser responsável por uma equipe de gestão de base de dados. Em 1985/86, Anne não "se diverte mais", está esgotada pelos inúmeros pedidos pontuais e vê cada vez menos a possibilidade de promoção. Ela abandona seu cargo no governo para dedicar-se à área de segurança em informática. Ela, então, se lança na gestão de projetos, tornando-se consultora responsável pela implantação dos sistemas informáticos numa consultoria de médio porte. Rapidamente, Anne constata que a consultoria não é um universo que lhe agrade.

> Fui consultora durante um ano e meio, dois. É um ambiente que não me convém. Eu preciso ter o sentimento de pertencimento. Quando eu trabalho em algum lugar, trabalho para essa empresa e faço parte dela. Isso não me impede às vezes de criticá-la. Sou uma moça de "grupo"! Eu também não gosto de ficar mudando de trabalho a cada seis meses.

Em 1988, Anne volta para Montreal, sua cidade natal, e é admitida na Trust General como responsável pela área de segurança em informática. Embora não faça programação, ela se encarrega do acompanhamento da concepção dos sistemas de segurança, além de ser responsável por sua implantação (por exemplo, procedimentos e acompanhamento para a proteção das salas de máquinas e aplicações informáticas). Algum tempo depois, é recrutada pela Confederação do Movimento das Caisses Populaires Desjardins para gerenciar uma equipe encarregada da segurança. Nesse meio tempo, os projetos de informática se multiplicam, surgindo a oportunidade de ela se tornar gerente de projetos de implantação de sistemas. Anne fala do que faz nos seguintes termos:

> Em geral, eu trabalho em grandes projetos, projetos *cowboys*, são projetos nos quais todas as tecnologias em vigência não funcionam. O único negócio que dá certo é o "jeitinho" ou projetos para ontem. Eu me sinto à vontade nesse trabalho! Em 75% do tempo, eu apago incêndios e nos outros 25%, eu planejo. Os prazos são apertados, é preciso resolver os problemas rápido, é preciso constantemente compor com

> as pessoas. Às vezes você é obrigado a insistir muito tempo, mas sempre pode desenvolver alianças. Se você está na pior, eu te quebro um galho, mas na próxima vez que eu estiver na pior (...) desenvolver cumplicidades, isso faz parte da sobrevivência. Mas é isso também que é motivador. Para mim, é um desafio e não é por acaso que esta situação vai parar na minha mesa.

A partir de 1996, as coisas começaram a mudar na organização Desjardins. Primeiro, estudou-se o funcionamento da gestão por projeto para modificar as maneiras de proceder. As propostas foram discutidas pelos gerentes de projetos. Uma delas, chamada de "chefia de projeto único", provocou muita reação, fazendo com que nada mudasse. Depois, a direção do Movimento Desjardins anunciou um ambicioso projeto de reengenharia de processos que atingiria tanto os serviços da confederação quanto a gestão das *caisses populaires*. No âmbito dessa reconfiguração de atividades, foram implantadas "oficinas de projetos".

Até aquele momento, as decisões no plano tecnológico eram tomadas em "mesas-redondas de projetos", instância que reunia todos os gerentes de projetos envolvidos no desenvolvimento e na implantação dos sistemas. A reengenharia modificou a maneira de trabalhar. Desde então, as decisões passaram a ser tomadas pelo "chefe de projeto único". Anne explica essa mudança:

> Hoje, tem uma pessoa na empresa que é encarregada de gerenciar todos os outros chefes de projeto, é o chefe de projeto único. É a nova moda, que se chama oficinas de projeto. Antes disso, fazíamos parte de uma espécie de mesa-redonda de projetos e opinávamos diretamente junto ao usuário. (...) Tínhamos também muito mais poder de reivindicação se isso não funcionasse. Hoje, estamos mais reativos. A pessoa que nos representa é freqüentemente a causa das nossas reivindicações. Nesse caso, ela não vai dizer lá em cima que o "grupo" daqui de baixo não está satisfeito com ela. Isso mudou muito as formas de execução. Nós temos menos poder. As pessoas da gestão de mudança também. Hoje é mais hierarquizado. Nós, chefes de projetos, somos representados por um intermediário que nem sempre vê muita vantagem em levar as nossas preocupações para as discussões.

De fato, esse intermediário — o primeiro vice-presidente de reengenharia — está mais próximo das pessoas do desenvolvimento das aplicações do que daquelas da produção, das quais Anne faz parte. Isso permite às equipes de desenvolvimento — nas quais cada vez menos pessoas são puros produtos Desjardins — serem muito mais produtivas. Ainda mais que reduziram as etapas da metodologia de desenvolvimento visando documentar as aplicações. No todo, o desenvolvimento informático adquiriu mais flexibilidade. Por outro lado, no momento da implantação de novas aplicações, as equipes encarregadas da implementação não têm, muitas vezes, toda a informação necessária, agora que "o trabalho deve ser feito para ontem". Segundo Anne,

> é esta mudança que nos causa mais impacto. Certamente, a exigência de rapidez de produção à qual somos submetidos, as novas tecnologias que ninguém conhece, inclusive nós, fazem com que a qualidade do que entregamos seja muito menor. Antes, tudo era documentado, conhecíamos antecipadamente as coisas, tinha toneladas de papéis e todo mundo sabia como funcionaria. Era talvez um processo um pouco lento (...) Mas agora, você está sempre contra a corrente, estamos sempre reagindo!

Segundo Anne, a reengenharia favorece a centralização do poder para dar mais flexibilidade à organização, cuja base reage pelo viés de jogos políticos.

De fato, o ritmo dos projetos aumentou, enquanto "Desjardins não é mais, para Anne, o que era!" Pouco a pouco, seu sentimento de pertencer à Desjardins se desfez. Entre outras coisas, ela lamenta que "tudo o que simbolizava Desjardins" tenha se tornado cada vez menos importante, em decorrência dos cortes orçamentários (por exemplo, atividades reduzidas da semana Desjardins, número cada vez maior de executivos de fora, alta taxa de rotatividade de pessoal, sobretudo na área de tecnologias etc.). Além disso, ela foge das reuniões de informação organizadas pela alta direção para não "ouvir mentiras". E como vários outros, gosta cada vez menos de escutar que os projetos da reengenharia são inteiramente bem-sucedidos, enquanto, no dia-a-dia, eles ainda não são operacionais.

Por fim, o que mais incomoda Anne em toda essa aventura é a perda de influência na realização dos projetos. Essa situação contribui para aguçar em Anne o sentimento de que sua participação, e mesmo sua competência são cada vez menos reconhecidas. Muitos dos seus colegas começaram a sair da organização e ela compreende muito bem o porquê. Contudo, o contexto de mudanças rápidas parece favorecer o aumento dos problemas pontuais a serem resolvidos. Alguns desses problemas ou desses "incêndios" assumem às vezes grandes proporções, aproximando-se do estado de crise. Em tais momentos, Anne se sente renascer:

> Antes, o desenvolvimento informático passava pelos projetos e havia sempre algum de nós que estava diretamente envolvido. Podíamos negociar, dizer não e provocar mudanças. Hoje, nem sempre sabemos o que está sendo implantado. De maneira geral, a menos que precisem de você, você não existe mais para a estrutu-

> ra. Em um dado momento, isso faz com que você perca o gosto. (...) Apesar de tudo, eu "cavei" o meu lugar. Peguemos o *datawarehouse*, o que seria um banco de dados extraordinário sobre a clientela, que permitiria oferecer produtos cada vez mais sob medida. É difícil (...) Eles não conseguem. Sempre tem alguma coisa que não funciona. Eu sou a única que acompanhei o projeto desde o início. Se há necessidades particulares, é a mim que eles chamam. Aí eu me divirto!

## *A experiência do gerente François*

Em 1976, François entrou numa empresa de produção de televisão como assistente técnico. Durante 10 anos, foi técnico de produção de programas informativos. Seu trabalho consistia em direcionar os sinais de vídeo para que as câmeras se coordenassem segundo as ordens do contra-regra. Paralelamente, François fez várias viagens, passou a gostar de história e optou por um curso nessa área. Em 1987, tornou-se diretor técnico de informação, que, segundo François,

> na época era um cargo de pouco prestígio, as pessoas queriam fazer outra coisa, mas eu gostava das notícias, provavelmente por causa da história. Além disso, para vários "executivos", isso significa que alguém vai ter que fazer o trabalho de técnico, se os outros não forem capazes de fazê-lo.

François, então, passou a ser o responsável por umas 20 pessoas. Paralelamente a essa experiência, iniciou um curso de administração de recursos humanos.

De 1990 a 1994, ficou encarregado do Centro de Aparelhagem Técnica (CAT), isto é, da área da "oficina". O trabalho não era nada fácil. O CAT compunha-se de umas 50 pessoas com especialidades bem diferentes — técnicos de manutenção, motoristas, mecânicos e fiscais de depósitos. Além disso, parecia ser o lugar onde se reuniam todas as pessoas desmotivadas — técnicos já saturados ou em final de carreira. Segundo François,

> todos os estropiados, os desmotivados estavam lá; eu deixei a informação, meu lazer, para partir em busca do desafio de administrar. Tinha problemas de droga, de prostituição, de alcoolismo etc. Os rumores diziam que "a empresa" cuidava dos equipamentos, mas não de seu pessoal. Era um problema de motivação, mas os patrões na época ou estavam desinteressados ou administravam no cabresto.

Apesar das dificuldades, François se saiu muito bem. Seu mandato aconteceu durante o reinado da flexibilidade. François conta que um de seus instrumentos de gestão naquela época era o jogo de cartas abertas. "Os caras vêm te ver, você fala e aprende a conhecê-los. Quando eles vêm te pedir alguma coisa, você sabe se é verdade ou mentira. Quando você quebra o galho deles, eles ficam te devendo uma." François tem um estilo próprio de gestão, fortemente centrado nas pessoas, no qual a importância da fala é primordial. Aliás, foi o que lhe permitiu inovar. Ele pôs em prática processos como férias, horários de motoristas; em vez de recorrer às medidas disciplinares, introduziu as primeiras formas de polivalência sem formalizá-las (por exemplo, aceita que estoquistas se tornem técnicos se tiverem potencial para isso).

François conseguiu refinar esse estilo de gestão freqüentando a escola de administração. Entretanto, isso teve origem em seu universo familiar:

> Na minha família, a gente sempre esteve em situação de poder; por exemplo, meu pai tinha um comércio, uma mercearia. A gente sempre teve casas, locatários. Eu, com 22 anos, comprei minha primeira casa. Comprei outras depois. Minha primeira experiência de gestão foi com os meus locatários, fechar contratos, negociar com eles. Não é a mesma coisa, mas foi assim que eu aprendi a negociar com as pessoas, o tipo de respeito, um em relação ao outro, aprendi isso com eles. Aprendi também que as pessoas podem ser más. Aprendi ainda que é preciso ser aceito pelas pessoas. É preciso recuperar isso e não guerrear, aprendi a "lidar" com as pessoas.

François está sempre à procura de um bom "negócio", tanto no plano financeiro quanto no relacional. Isso provém, aliás, da lógica de comércio ou, mais precisamente, da lógica dos negócios. É isso que explica em parte o sucesso de François na CAT!

Ao mesmo tempo em que a sociedade de produção de programas de televisão organizou seu plano de cortes orçamentários, implantou um canal especializado em notícias. Em 1995, François tornou-se diretor técnico dessa empreitada. "Era um novo mundo, a gente reinventava a TV. Os cortes acabaram, tinha muito equipamento novo." Dessa vez a problemática era diferente: as jornadas de trabalho eram de 12 horas, boa parte da mão-de-obra, a maioria jovens, ficava de sobreaviso. Para François, era preciso flexibilizar e fidelizar os jovens. Ele passou a adotar esse mesmo tipo de funcionamento caso a caso. Sua visão e sua prática da polivalência se refinaram:

> em uma equipe, tem cinco montadores, um técnico de áudio e um técnico de produção; estes dois últimos desempenham funções vitais. Não tem programa sem eles. Então resolvi que em minha equipe de montadores todos seriam treinados para trabalhar com o áudio e com a produção. Deveria ter somente duas categorias: os especialistas em som e os em imagem. Assim, todo mundo seria capaz de

> fazer um pouco de tudo. Seríamos melhor vistos e eles teriam mais tempo para comer. Bem, isso não estava negociado ainda. Até aquele momento, era preciso tomar cuidado com a polivalência, era preciso usar estratégias para gerenciar essa situação.

Para as pessoas da produção, as coisas não pareciam ser tão simples. Entre outras coisas, ele estava sempre em conflito com um dos patrões. "Para um, a gente era uma 'corja', a técnica para ele era uma 'gangue' e ele não gostava disso!" Os conflitos se agravavam de tal forma que seus anos de trabalho na CAT não lhe permitiram manter-se em dia no plano técnico. Em 1997, François se viu forçado a voltar ao canal 1, que passava por um corte importante de gastos. A equipe de gestão foi renovada, alguns sem os conhecimentos necessários de produção televisiva. Segundo François, tudo tinha que ser refeito:

> Eu sempre progredi aqui. O que foi difícil é que eu me dei conta de que tudo o que havia feito durante nove anos, tudo tinha que ser refeito. Os novatos não me conheciam, eles não se importavam com o passado de cada um de nós. Tudo isso tinha que ser reconstruído. Era preciso refazer nosso nome, nosso prestígio.

Além disso, ele se deu conta de que, no contexto dos cortes de gastos no canal 1, sua rede de contatos estava em decomposição.

> A gente tinha que fazer programas com o que nos restava, e todas as redes de comunicação estavam reduzidas. Existe uma rede oficial que a gente conhece, a gente sabe que o fulano faz tal coisa. Mas existe o que não é oficial, as redes informais. Quando você não está conseguindo, você chama alguém para te ajudar. Isso não estava escrito em nenhum lugar e não existia mais quando eu voltei. Era duro. Tinha também algumas atribuições que não faziam o menor sentido.

Logo depois, em 1998, aconteceu a crise da geada em Montreal (*verglat*) que criou uma situação de emergência para a sociedade televisiva. Num dado momento, o diretor de produção que o tinha despedido se viu encarregado de montar uma equipe para o próximo período. Apesar de um grande número de pessoas chamadas, foi tempo perdido. Uma colega, então, pediu a François que passasse por lá, para ajudá-los.

> A crise da geada foi uma boa ocasião. Eles se deram conta de que eu tinha competência, eu refiz minha imagem. Era preciso uma equipe para a noite. Eu disse, chame o fulano, diga-lhe tal e tal coisa, você vai tê-lo. Eu precisei de uma meia hora e a equipe já estava montada. Eu sabia quem morava em Montreal e conhecia

> a competência das pessoas. Um dia olhei a lista do canal e vi que mais ou menos 95% do pessoal que o compunha eu já havia dirigido num certo momento. Conheço quase todo mundo aqui. Eu sabia quem chamar, sabia quem estava mais ou menos com problemas e sabia também como lhes falar.

Desde sua volta ao canal 1, François passou a ser o "coordenador da gestão de recrutamento dos auxiliares" (recrutamento de pessoas). Aos poucos sua situação melhorou. Apesar de um pouco amargurado, François permanece fiel a si mesmo.

> Meu desafio é refazer aqui o que fiz no novo canal. Eles nunca me disseram, mas me pedem para refazer aqui o que eu fiz no outro. Isso funcionava no canal novo! Penso comigo mesmo: "se me usam no canal 1 e me dizem que querem que funcione como foi no canal novo em nível de polivalência, é porque pelo menos algumas coisas ficaram. Mas meu patrão nunca me disse que tinha feito um bom trabalho, isso nunca ninguém me disse!(...)".
> O mais difícil no momento é que tudo está por fazer. É preciso construir experiências a partir do que já existe. É preciso fazer com que as pessoas te aceitem, os recrutados ainda não perceberam que eu sou o chefe. São 300 pessoas, sobretudo pessoas de estúdio.

## *A experiência do gerente Jean*

Jean tem uma trajetória de carreira que ele qualifica de "oportunidades". No início dos anos 1970, ele estudou finanças na escola técnica (Cegep), o que o levou a trabalhar durante quase um ano num hospital. Aos 19 anos, abriu com um colega um comércio varejista no setor de eletrônica (Rádio Shack). Por causa de um desentendimento, abandonou a sociedade para dedicar-se à contabilidade de um serviço de locação numa oficina mecânica Ford. Nesse meio tempo, começou a estudar informática num curso noturno (um segundo diploma de estudos colegiais). Em 1979, tornou-se "chefe de divisão de métodos e procedimentos" na prefeitura de uma pequena cidade de cerca de 12 mil habitantes. Paralelamente ao seu trabalho, terminou os estudos. Depois de ter trabalhado na informatização de diversos processos contábeis, em 1987 foi convidado a ser diretor dos serviços informáticos num município maior, pertencente à Comunidade Urbana de Montreal.

Sua missão consistia em implantar um sistema de informática na cidade. Com a colaboração de parcerias privadas, o novo diretor desenvolveu e implantou um sistema que seria utilizado por outros municípios. Com muito sucesso, ele coordenou uma equipe de cerca de 20 pessoas. Além disso, criou, por iniciativa própria, diversos grupos para facilitar o aprendizado e difundir a utilização de diferentes programas e ferramentas de informática. Após alguns anos, Jean se deu conta de que "poucas empresas públicas têm foco nos serviços, nos clientes, no marketing e, para ele, este é o aspecto deficiente". Nessa perspectiva, iniciou em 1995 um MBA executivo que o orientou para a comunicação e o marketing, pois lhe parecia cada vez mais importante que os modelos de gestão da empresa privada fossem aplicados aos municípios. Em relação a isso, Jean afirma:

> Aqui, nós utilizamos a palavra cliente. Primeiro, cidadão é mais restrito que cliente real. O cliente real pode ser um cliente que não é cidadão (um cliente que vende gelo, proprietários de imóveis). Além disso, queríamos pôr na cabeça dos participantes que aquele a quem servimos é nosso cliente.

Para Jean, um gerente é:

> um líder, é alguém que se interessa em concentrar a responsabilidade de um grupo ou de um projeto; alguém que é capaz de ter uma visão, alcançar resultados, capaz de definir planos, capaz de organizar, de coordenar recursos para realizar os seus objetivos. Um líder deve promover realizações, ir até o fim de um projeto, utilizar recursos (humanos, financeiros e o tempo também).

Quando se trata de explicar de onde vem essa sua concepção, Jean a associa às suas origens familiares:

> Eu sou o mais velho de uma família de seis filhos, meus pais se divorciaram quando eu era muito jovem. Aos 14 anos, como minha mãe trabalhava, eu assumi o papel de pai de família. Eu tinha a responsabilidade de cuidar do grupo, este foi o início do meu aprendizado em relação a isso. Durante minha carreira, me relacionei com muitos empreendedores. Tenho também vários irmãos que estão no comércio. Depois dos 14 anos, sempre trabalhei para pagar os meus estudos e ser independente. Tive que ser responsável desde cedo. Foram essas situações que serviram de base a minha formação. Foi por causa disso também que eu sempre fui metódico, organizado com os meus projetos futuros. É difícil cuidar da vida dos outros se não somos capazes de cuidar da nossa própria vida.

Paralelamente a seus estudos, a prefeitura deu início a um projeto de planejamento estratégico (executado por uma empresa de consultoria externa em gestão municipal) e encarregou Jean de executá-lo. O plano estratégico visava uma mudança radical das práticas, "era preciso mudar a maneira de trabalhar, voltar-se mais para a clientela, não podíamos fazer as coisas de uma forma apenas porque sempre tínhamos feito daquela forma". Em 1994, tornou-se coordenador-geral. O plano estratégico implicou uma reforma estrutural com o objetivo de garantir a mudança. A nova estrutura apoiou-se na estrutura da empresa privada. De 10 diretores, passou-se a uma estrutura de três gerentes principais. Entre outras coisas, a direção de recursos humanos foi extinta. A função passou a ser de responsabilidade do "diretor dos serviços administrativos", que também deveria cuidar das questões de informática. Segundo Jean:

> Estávamos adotando um modo diferente do modo habitual de gestão de recursos humanos. Estávamos entrando numa crise que nos levou a reduzir as massas salariais, reduzir os recursos, reorganizar as equipes de trabalho, por causa dos recursos financeiros que visavam a automação.

A execução das medidas de racionalização se fez num clima de confronto. Os anúncios de demissão e de suspensão aumentaram a revolta nos sindicatos. Apesar de as coisas se desenvolverem rapidamente com os "colarinhos brancos", os "colarinhos azuis" declaram "guerra industrial". Jean, então, ficou encarregado de negociar com o sindicato. Isso não seria nada fácil, pois o conflito continuava. Jean, que seria vítima de vandalismo, comenta a negociação nesses termos:

> É a obrigação, somos condenados a negociar juntos. No setor privado, temos a oportunidade de escolher nosso cliente. Em relação ao trabalho, numa empresa como a nossa, não temos a oportunidade de escolher nosso cliente. Temos que trabalhar com pessoas que não têm boa vontade para fazer avançar as coisas, que têm somente seus interesses pessoais à custa da empresa e dos clientes. Para mim, isso não é racional. A gente vem trabalhar para fazer algo de positivo e não para destruir a organização. (...) A gente negociava com gente dura, enfrentava paredão, uma máquina violenta!

Como o conflito se agravou e se eternizou, a reputação de Jean ficou abalada. No âmbito da reestruturação, Jean estava sendo cogitado para substituir o diretor-geral da cidade. No final de 1998, estava previsto e fora discutido pela comissão administrativa que faria a mudança pôr em funcionamento uma nova estrutura, na qual Jean teria o cargo de diretor-adjunto da DG. Uma vez em funcionamento, seria mais fácil garantir a transição. Entretanto, as coisas não aconteceram assim. Jean "estava entre dois fogos".

> O que achei surpreendente, no papel que eu tive que assumir, sobretudo no último período, foi que o conselho da cidade tomava as decisões e eu ia à frente para vender a idéia. De um lado, tinha "colarinhos azuis", do outro, tinha um grupo de trabalho que não concordava com as decisões tomadas pelo conselho administrativo. E ainda tinha o conselho administrativo, que não concordava que se agisse brutalmente com essas pessoas, que, por sua vez, faziam *lobby* político por baixo dos panos. Eu fiquei muito decepcionado com as reações do conselho da cidade nas reuniões que a gente teve à noite. Porque 75% do grupo não concordava comigo, com as questões que os outros tinham decidido coletivamente. Sempre tem gente que não adere às decisões coletivas e depois diz: eu não estava de acordo. A gente não tem escolha, tem que executar as decisões do conselho. É o aspecto difícil (...) é um tanto injusto (...) Por causa da dimensão política, a gente faz o papel de *punching ball* [saco de pancadas], o prefeito e o diretor-geral devem ser protegidos. Eu sempre deixei o fuzil apontado na minha direção!

Longe de se tornar diretor-geral, Jean e outro colega que participou ativamente da mudança tiveram que deixar seus postos. Eis como ele conta sua partida:

> Eu saí, como qualquer um, eles me sacanearam e me desejaram "boa sorte". É decepcionante (...) Os novos, que chegam, não têm memória coletiva e acham que sempre vão fazer melhor. É difícil ir embora, como um joão-ninguém, quando se deu tanto! "Isto é duro!" Estou decepcionado que tenha sido assim! Pagamos aos menos experientes para irem embora e agora as pessoas mais preparadas são quase obrigadas a sair pelas portas dos fundos. É injusto que tenha sido assim, mas é assim! É uma pena que não haja mais reconhecimento (...).

Em novembro de 1998, Jean ingressou numa instituição financeira, onde ocupa o cargo de diretor de operações de documentos de distribuição. Desde então, coordena uma equipe de 40 pessoas. Com essa experiência Jean parece ter aprendido muito:

> Eu já tinha dito que não me via trabalhando em recursos humanos. É engraçado. No meu novo emprego, eu sou responsável pelo programa de atendimento. Desde que eu entrei aqui, me chamaram até a atenção porque me preocupava muito com as relações de trabalho. A empresa é privada, não sindicalizada e está mais habituada a fazer as coisas e apresentá-las aos empregados e dizer agora é assim. Estou mais próximo de um modelo de consulta às pessoas. Antes de pôr em prática a política e as diretrizes da empresa, fiz uma pesquisa para ver quais eram as expectativas dos funcionários. Se é para fazer algo, é preciso fazer algo que atenda às ex-

pectativas de todos, pelo menos da maioria. Acho que o papel do gerente tem uma parte importante de "recursos humanos", pois a gente não gerencia somente os instrumentos, mas também as pessoas que os usam. Depois de tudo, eu cresci, desenvolvi bastante a consciência em relação a isso, coisa que eu não sabia, porque só tinha coordenado pequenas equipes.

## Repertórios de identidade em (des)estruturação

No conjunto, contata-se que, para cada gerente intermediário que fala de si próprio, a reestruturação teve conseqüências negativas em relação ao cumprimento das tarefas. Marie e François submeteram-se a um rebaixamento de cargo. Anne perdeu influência e Jean não obteve o cargo desejado. No plano da identidade, essas conseqüências negativas tiveram como efeito desestabilizar sua identidade organizacional. De fato, o equilíbrio que eles tinham levado anos para atingir no agenciamento dos pólos do seu repertório de identidades foi ameaçado, às vezes rompido.

Vejamos, primeiramente, o caso de Marie. As escolhas profissionais que ela fez no início de sua carreira são muito significativas em relação à identidade que ela construiu. Essa identidade se apóia no agenciamento dos pólos identitários da seguinte maneira: primeiramente, há a relação direta, muito personalizada, a relação de serviço junto aos pacientes e que está no centro daquilo que ela é. A vocação de enfermeira, o sentido que ela dá ao seu trabalho, é fundamental para ela. Em seguida, o exercício da competência profissional constitui outro ponto de ancoragem. Enfim, Marie se sente bem se suas relações com os outros são harmoniosas e não conflitivas. Seus primeiros 10 anos na atividade de gestão lhe permitiram agir em equipe e construir uma pequena "família" no trabalho.

Nesse ponto, a reestruturação visa o que se chama no jargão administrativo "o aumento da qualidade dos cuidados e do serviço ao cliente". Entretanto, Marie está convencida de que suas atitudes têm um efeito contrário. Como conseqüência da reestruturação, a identidade da organização de Maire está de certa forma mudando. O "serviço ao cliente" ou, na linguagem de Marie, o "o bem-estar dos pacientes" deve agora passar por uma supervisão do ato de enfermagem. É a capacidade de agir sobre o real que torna o pólo de identidade mais solicitado e pouco a pouco Marie percebe que está se tornando o que se esperava dela. O que, aliás, surpreende todo mundo ao seu redor. Aos poucos, o repertório de identidade de Marie evolui em direção a uma identidade organizacional que é contrária àquilo que ela é.

Apesar de Anne viver uma reengenharia de processos, seu repertório de identidade é bem diferente. Para ela, é a capacidade de agir sobre o real, de realizar "projetos *cowboys*" que é fundamental. Gerenciar torna-se, então, um meio de estar em "grupo", de desenvolver atividades com outras pessoas. E isso deve ser divertido, porque, para Anne, o trabalho é um "jogo". Eis, então, os dois elementos fundamentais de sua identidade organizacional. Quanto à sua competência profissional, é um meio de assegurar sua credibilidade junto aos colegas.

No caso de Anne, a reestruturação apenas desestabiliza seu equilíbrio de identidade, em vez de destruí-lo de vez. É sobretudo a perda de uma tribuna formal para fazer avançar os projetos que constitui um problema. E isso se complica na medida em que ela perde seus vínculos de pertencimento com seus colegas, com seus superiores. Sua "equipe" é desestruturada e, conseqüentemente, sua capacidade de agir sobre o real encontra-se corroída. Entretanto, a reestruturação provoca também um conjunto de situações imprevistas. De fato, a reengenharia cria algumas dificuldades de funcionamento, mas ao mesmo tempo cria um clima propício para o desembaraço e para a aproximação. Primeiramente, com a "equipe de baixo" e, nos momentos nos quais "a de cima" não controla mais nada, é a ela que eles recorrem. Essas ocasiões fazem-na renascer, visto que encontra nela mesma os belos dias do desenvolvimento informático no qual era preciso resolver problemas.

Quanto a François, são as suas habilidades de interação com os outros, de obtenção do que ele quer, respeitando o outro, a tentativa de resolver situações complicadas que são para ele fundamentais. É muito importante para François fazer projetos que dêem resultados concretos. Suas competências profissionais ocupam um lugar de destaque na estruturação de sua identidade e são primeiro, e antes de mais nada, construídas ao redor da "técnica" e de sua experiência. O sentido dado ao trabalho é um pólo secundário de sua identidade organizacional.

No conjunto, as reestruturações da sociedade de produção de programas para televisão foram um golpe duro para François. Suas habilidades pessoais de negociação fizeram com que ele se encontrasse em uma função de gestão pouco prestigiosa na organização. Conjugado aos efeitos dos cortes orçamentários, ele se vê numa função pouco valorizada, mas que lhe permite conhecer todas as pessoas. Na sua volta para o canal 1, poucas pessoas conheciam sua competência na empresa. Pouco importa, pois o sentido da sua vida não está somente no trabalho. Entretanto, a crise deflagrada pela geada em Montreal em janeiro de 1998 permitiu que se valorizasse e, como conseqüência, encontrasse um certo equilíbrio na sua identidade organizacional.

Bom "pai de família" e gerente intransigente, Jean é um homem de ação e de carreira. Como Anne, é extremamente importante para Jean realizar projetos, cumprir objetivos. No seu caso, no entanto, essa capacidade de ação sobre o real está ligada ao fato de que ele se sente responsável pelos outros. Fundamentalmente centrado na sua carreira e na sua mobilidade profissional, ele age também para ter maior autonomia. Suas competências profissionais vêm de experiências pessoais com as quais ele sempre enriqueceu suas diversas formações acadêmicas.

Ao sair do processo de reestruturação por ele mesmo implementado, Jean teve sua identidade de organização fortemente abalada. Jean tinha trabalhado muito e agido como sempre agira. Para enfrentar o conflito, ele entrou em cena para proteger o pessoal político (responsável pelos outros), ao mesmo tempo querendo atingir os objetivos fixados para o plano (autonomia para a promoção de carreira). No entanto, viu-se em uma situação de "dupla-restrição", de forma que a trajetória de sua carreira ficou mais lenta. Por causa disso, sua identidade organizacional foi colocada em questão. As novas funções de Jean aproximam-se bastante de suas competências técnicas, que são cada vez mais marcadas pela preocupação com as pessoas que colocam essas técnicas em funcionamento.

Em todos os casos relatados, a reestruturação parece ter tido como conseqüência o questionamento dos pólos que formam a identidade com a organização. Essa ruptura de equilíbrio toma formas diferentes, ao mesmo tempo que sua intensidade varia de caso para caso. Na primeira abordagem, a forma assumida pela ruptura parece depender do que as pessoas são e de seu engajamento passado no trabalho. Quanto à intensidade do rompimento da identidade, parece estar ligada a como se negocia com os outros as mudanças que, para a maior parte, lhes são impostas. É assim que Anne e François parecem menos atingidos no plano da identidade do que Marie e Jean. Ora, Anne e François estão inclinados a partilhar um grande número de relações com os outros. Eles mostram um tipo de gestão que se baseia na capacidade de negociar, de fazer alianças e transigir com os colegas. Com os outros dois entrevistados, trata-se mais do sentimento de que a reestruturação tem por conseqüência não reconhecer tudo que fizeram e dedicaram à organização. De fato, no caso de Marie e Jean, o agenciamento do seu pólo de identidade deve-se, principalmente, ao reconhecimento daquilo que eles "dedicam" à organização em termos de tempo e de si mesmos.

## Repertórios de identidade em reestruturação

Os repertórios de identidade examinados fornecem também indícios para se compreender como os gerentes lidam, no cotidiano, com as dificuldades em que estão envolvidos no momento da reestruturação. O contexto das reestruturações dinamiza um conjunto de microdinâmicas, gerando um novo agenciamento entre os diferentes pólos. Por enquanto, estou em condições de identificar algumas microdinâmicas pertinentes: as situações de teste, a dupla dinâmica de negação/reconhecimento e as novas concepções de definição de si mesmo. Essas microdinâmicas se encontram esquematizadas mais adiante, na figura 2.

## As "situações de teste"

No contexto de reestruturações, o equilíbrio construído no entrelaçamento de diferentes pólos de identidade é rompido. Essa ruptura inscreve-se no que se poderia chamar de "situações de teste". Segundo Jean-Marc Weller (1994:38), a identidade dos atores é indissociável das "situações de teste", para falar como Boltanski, que obrigam os atores a se pronunciar a respeito e a se posicionar claramente. Essas situações de teste revelam-se tanto nos momentos de desestruturação quanto nos de recomposição de identidade. Nos repertórios examinados, as situações de teste assumiram duas formas.

Primeiramente, a situação de teste ocorre na reestruturação, na execução e nas conseqüências que delas advêm. Em cada um dos repertórios reconstituídos, os gerentes expressam o sentimento de terem sido "traídos" pela organização. Por exemplo, Marie diz ter tido o sentimento de ter dado muito dela para atingir os objetivos fixados e de ter sido abandonada no momento da reestruturação. Jean não compreende muito a lógica organizacional do que lhe aconteceu. É o sentimento de "traição" que, no contexto da reestruturação, está no cerne do "mal-estar" do gerente intermediário. Tudo se passa como se eles tivessem que viver um período de "luto" em relação ao que eles eram antes da reestruturação, em relação ao que tinham conseguido construir. Até certo ponto, não é apenas a competência deles que está sendo questionada, são eles mesmos.

Em seguida, as reestruturações ocasionam um conjunto de conseqüências inesperadas, isto é, problemas operacionais e humanos que não tinham sido previstos. Por exemplo, no setor bancário, a flexibilidade na concepção tecnológica parece, segundo Anne, levar a mil e um pequenos problemas técnicos no plano da produção.

A resistência sindical pode constituir-se em outra conseqüência inesperada da ação. Confusas, por causa da reestruturação, essas mil e uma situações de teste que explicitam brutalmente as perdas da reestruturação em curso reforçam a impressão de que a situação é caótica. Os gerentes são confrontados consigo mesmos e com as suas capacidades de agir sobre a realidade, de modificar o real.

Nas situações de teste, parece que a maneira de agir dos gerentes intermediários e de atestar sua experiência são pinçadas das suas experiências de vida anteriores. De fato, talvez a facilidade de assumir a ruptura do seu equilíbrio de identidade provocada pela reestruturação parece ligada ao "sentido do teste" que eles desenvolveram em suas vidas profissionais através do tempo. Por exemplo, grande parte da filosofia de gestão de Jean e François encontra suas raízes nos episódios marcantes de suas vidas familiares. No caso de Jean, seu papel de arrimo familiar esculpiu profundamente sua maneira de agir como gerente. Quanto a François, sua visão de ato de gestão está fundamentalmente ligada ao modelo de socialização do qual ele foi objeto na pequena empresa familiar. Assim, é esse maior ou menor "sentido de teste" que está no centro da ação gerencial, servindo de radar para se passar pela reestruturação.

FIGURA 2
A MODERNIZAÇÃO SOCIAL DAS EMPRESAS ENTRE A RACIONALIZAÇÃO E A FLEXIBILIZAÇÃO

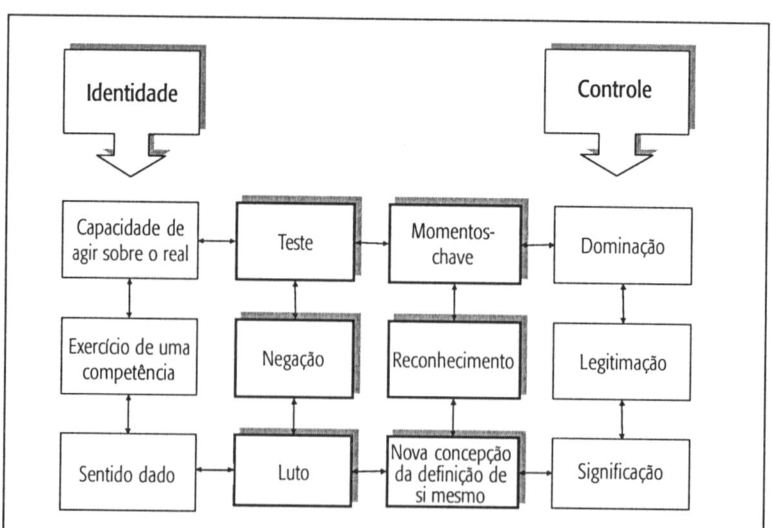

## A dupla dinâmica de negação e reconhecimento

Além das causas inesperadas que provocaram as reestruturações, existe também conseqüências não previstas que modificam o curso do que tinha sido planejado. Trata-se de acontecimentos contingentes à organização, isto é, acontecimentos que se produzem no meio ambiente (por exemplo, períodos de festas de fim de ano, tempestades de neve etc.). Enquanto a reestruturação rompe o equilíbrio de identidade dos gerentes intermediários, as conseqüências não desejadas desse processo tornam-se ocasião de implementar novas estratégias de reconhecimento. É o que aconteceu no caso de Anne e de François. No projeto de criação de um banco de dados sobre a clientela, Anne, que acompanhou o projeto desde o início, é solicitada diretamente, o que lhe confere, novamente, influência sobre seus colegas e superiores. Foi graças à experiência e às habilidades de negociação de François com os técnicos que foi possível fazer um bom trabalho de teledifusão durante a crise da geada.

Por ocasião de grandes crises, a organização fica extremamente fragilizada. Como todo mundo se mobilizou, os gerentes intermediários deixados de lado na hora da reestruturação foram chamados a contribuir. Nesse contexto, eles obtiveram da nova direção carta branca para resolver o problema. Por um momento, sua margem de atuação foi aumentada e eles tiveram acesso a informações privilegiadas. Se conseguissem resolver o problema, passariam a ser os "heróis do dia" para a direção geral. Por um momento, sentiram-se reconhecidos por seus superiores. Evidentemente, trata-se de uma forma pontual de reconhecimento específico no novo contexto. É assim que, nas reestruturações, os gerentes intermediários são submetidos a um constante vaivém entre a identidade existente e a que virá a ser.

Em vez de guardar só para si o sentimento de "traição", esses momentos de reconhecimento parecem, entretanto, constituir, para o gerente intermediário, um lugar de passagem obrigatório em direção à interiorização dos riscos do processo de reestruturação. Com efeito, sendo novamente reconhecido pelos gerentes dos níveis mais altos, o gerente intermediário torna-se subjetivamente mobilizado em relação aos riscos da reestruturação. Essa mobilização subjetiva contribui para aprimorar os novos vínculos de coerência entre o que ele fazia antes e o que ele deverá fazer no futuro. Em suma, essas formas pontuais de reconhecimento são, de fato, microdinâmicas de disciplinarização do indivíduo que constituem a expressão das tensões contraditórias entre flexibilização e racionalização.

## As novas concepções de definição de si mesmo

Apesar do fato objetivo de que, em cada um dos repertórios reconstituídos, os gerentes intermediários tenham sofrido algum tipo de perda, eles em geral expressam o sentimento de ter "amadurecido", de ter "aprendido" alguma coisa. Isso ocorre após terem passado por acontecimentos difíceis. Esses gerentes, cada um a sua maneira, atestam que há uma brecha profunda no equilíbrio do repertório de identidade que haviam construído ao longo dos anos. Entretanto, essa ruptura de identidade também dá ensejo a uma modificação da relação consigo mesmo e, conseqüentemente, com seus subordinados.

No final de seu testemunho, os gerentes intermediários, ao falar de si próprios, apresentam uma definição transitória deles mesmos e daquilo que fazem. Marie decidiu prestar-se um favor e adotar uma maneira de agir com os outros que corresponde à nova imagem profissional da organização. Mesmo não sendo sempre fácil, no final do seu relato ela demonstra que se vê agindo com seus colegas da mesma maneira que eles agem com ela. Para Jean, a técnica empregada também tem a ver com o campo da relação com as pessoas; considerando-se que ele estava muito pouco centrado nas pessoas, isso tomou uma dimensão importante na sua gestão.

Além das estratégias individuais de recomposição de identidade postas em prática por ocasião de acontecimentos extraordinários, as reestruturações de empresa também são ocasiões de múltiplos momentos de constituição de uma nova posição com relação à identidade. Trata-se de seqüências de interações mais ou menos formais que pontuam o curso da vida organizacional. Esses momentos podem acontecer tanto numa troca de idéias durante um cafezinho quanto numa reunião ou durante o exercício de uma competência. Em geral, eles são o tema de uma mobilização subjetiva importante, ao mesmo tempo que põem em prática uma dimensão fundamental de identidade organizacional das pessoas envolvidas.

Esses diversos momentos de recomposição da identidade atuam como um conjunto de múltiplas concepções que se reproduzem mais ou menos regularmente no tempo. Assim, as rotinas entrelaçam-se, contribuindo para a renovação de identidade dos gerentes intermediários. Esses traços aglutinam-se no tempo, sugerindo, assim, que, após um momento de "mal-estar", os gerentes intermediários venham necessariamente a absorvê-lo. A transformação da identidade de organização é um lento processo que está longe de ser linear. Esses traços fazem a junção entre a identidade existente e a que vai se constituir ao mesmo tempo em que eles são o pivô da transformação dos modos de gestão na empresa.

## Conclusões

Neste capítulo, reconstituo quatro repertórios de identidade a partir de entrevistas realizadas com gerentes intermediários, que vivenciaram uma reestruturação de empresa. A análise desses repertórios tinha por objetivo ultrapassar os estudos habituais sobre o papel e o futuro dos gerentes intermediários para compreender mais profundamente o que eles vivenciam durante as reestruturações. Com essa intenção, dei mais ênfase à questão da "identidade organizacional" desses profissionais.

Partindo da idéia de que a identidade toma forma na inter-relação de três pólos de identidade (capacidade de agir sobre o real, a busca de legitimidade e o sentido dado), procurei compreender como as reestruturações constituem locais de desestruturação e de reestruturação dos repertórios de identidade. Entre outras coisas, destaquei como o agenciamento dos pólos de identidade toma formas muito diferentes, segundo as características dos gerentes intermediários e segundo a maneira de negociarem com os outros as mudanças que, para a maioria, são impostas. Igualmente, esclareci algumas microdinâmicas de disciplinarização cujo objetivo é permitir a criação de um novo agenciamento entre os diferentes pólos de identidade: as situações de teste, a dupla dinâmica de negação/reconhecimento e as novas concepções de definição de si mesmo.

No plano teórico, este texto constitui uma primeira reflexão que se inscreve num questionamento mais vasto, recaindo sobre a modernização das empresas. Entre outros, os desenvolvimentos teóricos estão para ser feitos, as microdinâmicas identificadas devem ser elaboradas, e mesmo confirmadas pela análise de um maior número de repertórios. Além disso, é através da questão da identidade que se evidenciam e examinam as questões de controle e suas transformações. De fato, cada pólo de identidade parece estar ligado ao exercício que Giddens (1987) chama de "propriedade estrutural dos sistemas" sociais e organizacionais mais amplos (dominação, legitimação e significação). A seqüência da reflexão deverá considerar a justaposição desses dois momentos teóricos, a fim de melhor compreender como, através da transformação dos modos de controle e da identidade dos gerentes, efetua-se a modernização das empresas.

No plano metodológico, é preciso compreender que os relatos de práticas são um meio de acesso privilegiado à consciência discursiva. Nesse sentido, eles estão limitados pela compreensão do agir e do contexto da ação. A análise de relatos a partir de um conjunto de repertórios permitirá atenuar, em parte, essas fraquezas. Além disso, foi possível constatar que, no centro das interações com o entrevistado, ele negocia e constrói sua identidade falando sobre ela. A maneira de contar o que aconteceu testemunha uma "intriga", uma forma de posicionamento em relação ao real — em relação ao entrevistado também, é claro — que estrutura o ato de fala. Assim como no cotidiano, as relações de força não estão ausentes. Elas aparecem nas situações confusas nas quais um outro indivíduo expressa-se e questiona a definição de si e o reconhecimento do outro. Nesse sentido, as contradições discursivas que são recuperadas nas entrevistas constituem, freqüentemente, elas mesmas, um local de reconstrução de identidade.

No plano prático, a descrição de alguns repertórios sugerem que boa parte das dificuldades vivenciadas pelos gerentes intermediários em contexto de reestruturação provém da redução do seu universo de ação, ocasionada por mudanças. Isso num contexto de aumento da incerteza. As dificuldades estão igualmente ligadas à ausência de valorização e de reconhecimento em relação ao que eles fizeram ou ao que eles fazem. Além disso, essas dificuldades também provêm do fato de seus valores profundos serem postos, em um ou outro momento, em questionamento. Conseqüentemente, é importante encontrar uma maneira de valorizar o que os gerentes intermediários são levados a fazer em contextos de reestruturação, oferecer-lhes a possibilidade de debater questões importantes, a fim de reconhecer simbolicamente a importância e o lugar de cada um. Além do mais, é preciso acompanhar o gerente intermediário na reconstrução de sua identidade pessoal. Não se trata somente de levá-lo a adquirir novas competências técnicas, mas sobretudo de levá-lo a reconquistar sua autonomia em contexto de mudança. Ele deve mudar a si próprio se quiser convencer os outros a mudar. Esse trabalho de exploração dos recursos pessoais é, a meu ver, a garantia de uma certa qualidade de profissionalismo tanto no processo de gerenciamento quanto no de mudança.

## Referências bibliográficas

ALLEN, G. et al. Just another transition? Examining survivors attitudes over time. *Academy of Management Journal*, v. 38, p. 78-82, 1995.

BAUGNET, L. *L'identité sociale*. Paris: Repères, 1998.

BERTAUX, D. *Les récits de vie*. Paris: Nathan, 1997.

BUCHANAN, D.; MACCALMAN, J. Confidence, visibility and pressure: the effects of shared information in computer aided hotel management. *New Technology Work Employment*, v. 3, p. 38-46, 1988.

CONTANDRIOPOULOS, J. et al. *Savoir préparer une recherche*. Montréal: PUM, 1990.

CRAIB, I. *Experiencing identity*. London: Sage, 1998.

DOPSON, S.; NEUMANN, J. E. Uncertainty, contrariness and the double-bind: middle managers' reactions to changing contracts. *British Journal of Management*, v. 9, p. 53-70, 1998.

_______; STEWART, R. What is happening to middle management? *British Journal of Management*, v. 1, p. 3-16, 1990.

_______; RISK, A.; STEWART, R. The changing role of the middle manager in the United Kingdom. *International Studies of Management e Organization*, v. 22, n. 1, p. 40-47, 1992.

DUBAR, C. *La socialisation*. Paris: Armand Colin, 1996.

_______. Les identités professionnelles. In: KERGOAT, M. et al. (Dirs.). *Le monde du travail*. Paris: La Découverte, 1998.

DUTTON, P. et al. Reading the wind: how middle manager assess the context for selling issues to top managers. *Strategic Management Journal*, v. 18, n. 5, p. 407-425, 1997.

FLOYD, S. W.; WOOLBRIDGE, B. Middle management's strategic influence and organizational performance. *Journal of Management Studies*, v. 34, n. 3, p. 465-485, 1997.

FRANKFORT, I. et al. *Les mondes sociaux de l'entreprise*. Paris: Desclée de Brouwer, 1995.

FULOP, L. Middle managers: victims or vanguards of the entrepreneurial movement? *Journal of Management Studies*, v. 28, n. 1, p. 25-44, 1991.

GIDDENS, A. *La constitution de la société*. Paris: PUF, 1987.

GUTH, W. D.; MacMILLAN, I. C. Strategy implementation versus middle management self-interest. *Strategic Management Journal*, v. 7, p. 313-327, 1986.

HICKS, R. L. Developing the top management group in total systems organization. *Personnel Journal*, v. 5, p. 675-682, 1971.

KANTER, R. M. The middle manager as innovator. *Harvard Business Review*, v. 60, n. 4, p. 95-105, 1982.

LEAVITT, H.; WHISTLER, L. Management in the 1980s'. In: LEAVITT, C.; PONDY, B. *Readings in managerial psychology*. Chicago: University of Chicago Press, 1964.

McKINLEY, W.; MONE, M. A. Some ideological foundations of organizational downsizing. *Journal of Management Inquiry*, v. 7, n. 3, p. 198-212, 1998.

MILLMAN, Z.; HARTWICK, J. The impact of automated office systems on middle manager and their work. *MIS Quarterly*, v. 11, p. 479-491, 1987.

NELSON, V. et al. Uncertainty, admist change: the impact of privatization on job satisfaction. *Journal of Occupational and Organizational Psychology*, v. 68, n. 1, p. 57-71, 1995.

NEUMANN, P. What speed of communication is doing to span of control. *Administrative Management*, v. 39, p. 30-46, 1978.

NONAKA, I. Toward middle-up-down management: accelerating information creation. *Sloan Management Review*, p. 9-18, 1988.

OLLIVIER, B. *L' acteur et le sujet. Vers un nouvel acteur économique.* Paris: Desclée de Brouwer, 1995.

PINSONNEAULT, A.; KRAEMER, K. L. Middle management downsizing: an empirical investigation of the impact of information technology. *Management Science*, v. 43, n. 5, p. 659-679, 1997.

POIRIER, C. et al. *Les récits de vie théorie et pratique.* Paris: PUF, 1983.

ROULEAU, L. Le "malaise" du management intermediaire. *Gestion*, v. 24, n. 3, p. 96-101, 1999.

SAINSAULIEU, R. *L' identité au travail.* Paris: FNSC, 1985.

SCHILIT, W. K. An examination of the influence of middle level managers in formulating and implementing strategic decisions. *Journal of Management Studies*, v. 24, p. 271-293, 1987.

SINGH, H. Challenges in researching corporate restructuring. *Journal of Management Studies*, v. 30, n. 1, p. 147-172, 1993.

TORRINGTON, D.; WEIGHTMAN, J. Middle management work. *Journal of General Management*, v. 13, n. 2, p. 74-89, 1987.

WEISS, R. Will the role of managers decline in the corporation of the future? *National Productivity Review*, v. 7, p. 114-121, 1988.

WELLER, J.-M. Le mensonge d'Ernest Cigare. *Sociologie du Travail*, n. 1, p. 25-42, 1994.

WHETTEN, D. A.; GODFREY, P. C. *Identity in organizations.* London: Sage, 1998.

# 7
# Gerentes e organizações na pós-modernidade*

John Hassard**
Maria José Tonelli***
Rafael Alcadipani****

## Introdução

Este capítulo tem por objetivo analisar algumas condições e características que marcam a pós-modernidade e suas implicações para a teoria organizacional e para os modelos de atuação das pessoas, em especial os gerentes, neste novo cenário que se monta no espaço organizacional. Como o termo pós-modernidade comporta uma pluralidade de significados, primeiramente esclareceremos como o conceito foi utilizado.

Em seguida, serão apresentadas as idéias de alguns autores que têm trabalhado a teoria organizacional na perspectiva da pós-modernidade, procurando correlacionar

* Os autores agradecem o incentivo do professor Miguel Pinto Caldas à produção deste trabalho e a cuidadosa revisão e sugestões de Eduardo Davel.

** Professor de análise organizacional da Manchester School of Management, do University of Manchester Institute of Science and Technology (Umist), Reino Unido. Foi professor da London Bussiness School e da Keele University. Publicou diversos livros, entre os quais se destacam: *Postmodernity and organizations* (Sage, 1993), *The theory and philosophy of organization* (Sage, 1994), *Organization-representation* (Sage, 1998) e *Body and organization* (Sage, 2000). Participa do conselho editorial de várias publicações na área de estudos organizacionais e é editor-chefe da *Sociological Review*.

*** Psicóloga, mestre e doutora em psicologia social pela PUC-SP, professora de psicologia do trabalho, psicologia organizacional e psicodinâmica do trabalho na Eaesp/FGV, onde tem atuado nos programas de desenvolvimento realizados pelo Programa de Educação Continuada.

**** Mestre em organizações e recursos humanos pela Eaesp/FGV, doutorando na Manchester School of Management (Umist), Reino Unido, e graduado em administração pela ESPM. Obteve diversas bolsas de pesquisa e foi *research assistant* na Manchester School of Management.

a práxis administrativa e as ações organizacionais com os conceitos da pós-modernidade. Estabelecidas as bases que marcam as condições dessas organizações, discutiremos especialmente as idéias vinculadas à "cultura organizacional" e à "qualidade", buscando mostrar que esses discursos têm construído também um modelo de atuação para o gerente, que se converte, ao mesmo tempo, em vítima e em algoz dessas práticas no espaço organizacional.

Na terceira parte mostraremos que "as práticas discursivas" que constroem a retórica da qualidade e da cultura organizacional produzem, simultaneamente, o *self* dos gerentes responsáveis por sua administração. Nessa etapa, recorremos ao *best-seller O gerente minuto*, de Kenneth Blanchard e Spencer Johnson, para argumentar que o *self* do "gerente minuto" foi o modelo precursor de um estilo de comportamento gerencial que abriu as portas para uma série de modismos.

Este capítulo, pois, discute as condições peculiares da construção do *self* do "gerente minuto" a partir de algumas condições organizacionais contemporâneas, fortemente marcadas, no nosso entender, por características da pós-modernidade como flexibilidade, volatilidade, superficialidade e simulações.

## O que é pós-modernidade?

De maneira ampla, pós-modernidade significa a "morte da razão".[1] Ela propõe o questionamento da unidade metodológica. Foi através do método pós-moderno de "desconstrução"[2] que um conjunto de pilares filosóficos foi derrubado, em especial os pilares que se referem à "unidade" do significado, da teoria e do *self*.

Power sugere que, como não há uma linha absoluta demarcando a diferença entre moderno e pós-moderno, o último pode significar tanto o término quanto uma continuação diferente da modernidade. Essa ambigüidade inerente ao conceito é aceita para compensar a tendência dos comentadores de fazer categorizações simplistas. Power observa, por exemplo, que, enquanto a trajetória modernista nas artes visuais tem desafiado o conceito de representação autônoma, o pós-modernismo aparece como ainda mais radical. A arte visual pós-modernista parece representar

> a continuação da estética *avant-garde* sem a nostalgia para o contato direto com o mundo real (...) A estética pós-modernista do sublime é precisamente um tipo de

---

[1] Power, 1990.

[2] Derrida, 1978.

consciência que escapa dos conceitos tradicionais da realidade artística. Isto parece tornar visível o fato de que há algo que pode ser pensado mas não pode, em princípio, transformar-se em visível ou representável.

(Power, 1990:110).

A primeira e mais importante característica do pós-modernismo, portanto, é rejeitar a relação unívoca entre formas de representação (palavras, imagens etc.) e qualquer objeto no mundo. "Na análise pós-moderna, o foco está nas regras que, fornecem o embasamento e a construção de práticas que precedem a subjetividade" (Power, 1990:111). Não há espaço real para o ator voluntário; ao contrário, seu espaço é fundamentado na noção da ação como um "jogo" em vez de "lugar".[3] Diferentemente do modernismo, no qual há uma fé na recuperação da relação com a natureza, o pós-modernismo aponta simultaneamente para "a crescente liberação do mundo natural e para a separação da cultura em diferentes esferas" (Power, 1990:111). No pensamento pós-moderno, portanto, são liberadas energias que demandam reunificação ao mesmo tempo que afirmam sua impossibilidade.

## *Antinomias*

Modernidade ou pós-modernidade podem ser definidas como um conjunto contrastante de antinomias.[4] Featherstone, por exemplo, analisa a família de termos derivados de dois conceitos genéricos. Ele contrasta, especificamente, "modernidade e pós-modernidade", "modernização e pós-modernização" e "modernismo e pós-modernismo". No desenvolvimento desses termos, Featherstone nota que o prefixo "pós" significa "o que vem depois". O pós-moderno parece representar uma ruptura em relação ao moderno que é definida em contraste com ele. Como Power, porém, sugere que a situação é mais complexa do que parece, já que o termo "pós-modernismo" é utilizado para indicar não só uma ruptura, mas também uma negação do moderno. Enquanto, em um sentido, o pós-moderno é aquilo que vem depois do moderno, em outro, é o abandono do moderno, estando a ênfase em um movimento noutra direção. Tendo-se em vista a má definição do termo, Featherstone examina de maneira especial as palavras utilizadas em seu significado.

---

[3] Lyotard e Thébaud, 1986.

[4] Featherstone, 1988; e Clegg, 1990.

## *Modernidade e pós-modernidade*

A primeira distinção entre modernidade e pós-modernidade relaciona o significado do termo à significação de época. A idéia é que a "modernidade" começou a existir a partir do Renascimento e foi definida em relação à antigüidade ou ao debate entre os antigos e os modernos. Alternativamente, pela perspectiva dos sociólogos germânicos do final do século XIX e início do XX — de quando provém muito de nosso entendimento sobre a modernidade —, o moderno é contrastado com a ordem "tradicional". Isso sugere a diferenciação progressiva que o mundo social testemunhou, especificamente, no desenvolvimento do Estado industrial capitalista moderno.[5]

Em contraste, discutir "pós-modernidade" é assumir um rompimento com a época moderna. Está implícito aqui o surgimento de uma nova totalidade social, com princípios organizadores próprios. Esse é o tipo de mudança sugerido nos escritos de Jean Baudrillard e Jean-François Lyotard. Baudrillard (1983) argumenta que as novas formas de tecnologia e informação têm-se tornado centrais no processo de ruptura de uma ordem produtiva em direção a uma ordem reprodutiva, na qual, cada vez mais, os "modelos" constituem o mundo. Como resultado, a distinção entre o real e o aparente torna-se obscura. De maneira similar, a partir de Lyotard (1989), tem-se falado de uma "sociedade pós-moderna" ou idade pós-moderna, fundada na substituição nítida por um Estado pós-industrial.[6]

## *Modernização e pós-modernização*

Outros dois termos usados por Featherstone — modernização e pós-modernização — encontram-se, ainda que desconfortavelmente, no meio da discussão sobre modernidade, pós-modernidade e modernismo. O termo "modernização" é comumente usado na sociologia do desenvolvimento para denotar os efeitos do progresso econômico nas estruturas e culturas tradicionais. A teoria da modernização é

---

[5] Weber, 1947.

[6] Featherstone (1988) observa, porém, que Lyotard mudou o registro de um uso do pós-modernismo para o seguinte. Em seu trabalho mais recente — Lyotard, 1989 — há uma ênfase no pós-modernismo como parte do modernismo. Lytoard escreve: "pós-modernismo é provavelmente um termo muito ruim, porque contém a idéia de uma periodização histórica. Periodização, entrentanto, é ainda uma idéia clássica ou moderna. Pós-modernismo simplesmente indica uma disposição, ou melhor, um estado da mente" (Lyotard, 1987:209, apud Featherstone, 1988:198).

também usada para indicar estágios de desenvolvimento social baseados na "industrialização, o crescimento da ciência e tecnologia, o mercado mundial capitalista, o moderno Estado-nação e outros elementos de infra-estrutura" (Featherstone, 1988:201). Assim, pressupõe-se que as mudanças culturais baseiam-se no crescimento da secularização e num espírito de autodesenvolvimento que resultam do processo de modernização.

Quando nos voltamos para a pós-modernização, sugere-se que uma definição similar do processo social e de mudanças institucionais ainda deva ser realizada. No presente, temos apenas a possibilidade de derivar o termo desses usos da pós-modernidade que se referem a uma nova ordem social, através de uma mudança de época. Featherstone (1988) argumenta, contudo, que "os simulacros" do mundo, descritos por Baudrillard (1983), podem representar um exemplo relevante. No mundo da simulação, o desenvolvimento da produção coisificada, juntamente com a tecnologia da informação, leva ao triunfo da "cultura de significados". Nesse processo, pode ser invertida a direção do determinismo.

## *Modernismo e pós-modernismo*

Quanto aos dois termos finais — modernismo e pós-modernismo —, apesar de nos defrontarmos com uma grande variedade de significados para esses termos, torna-se relativamente comum para todos a centralidade da cultura.[7] O modernismo está relacionado a estilos associados aos movimentos artísticos que se originaram na virada do século XX e que dominaram várias artes até recentemente. As características distintivas do modernismo que emergiram desses movimentos são:

> Uma estética de autoconsciência e reflexividade; a rejeição da natureza das estruturas narrativas em favor da simultaneidade e da montagem; a exploração da natureza paradoxal, da ambigüidade e da incerteza da realidade; e a rejeição da noção de uma personalidade integrada em favor de uma ênfase no sujeito desestruturado e desumano.
>
> (Featherstone, 1988:202; e Lunn, 1985:34).

Entretanto, um dos principais problemas encontrados por aqueles que desejam compreender esse debate nas artes é que muitas dessas características modernistas constam também das definições de pós-modernismo. Featherstone diz que, em sua

---

7 Featherstone, 1988.

origem, o termo foi usado primeiramente por Frederico de Onis, nos anos 1930, para indicar uma reação menor ao modernismo. E, posteriormente, nos anos 1960, em Nova York, o termo entrou em voga quando foi usado por jovens artistas, escritores e críticos, como Burroughs, Barthelme, Cage, Fiedler e Sontag, para indicar um movimento além do "alto" modernismo, mas foi rejeitado por sua institucionalização no museu e na academia. Nos anos 1970 e 80, o termo passou a ser mais amplamente utilizado na arquitetura, na música e nas artes visuais e performáticas.

"Pós-modernismo" começou, então, a ser disseminado, na Europa e nos Estados Unidos, como a busca por explicações teóricas do pós-modernismo artístico que tem incluído amplas discussões da pós-modernidade. Esse processo desperta interesse não só nas obras de Baudrillard e Lyotard, mas também nas de outros teóricos, como Bell, Derrida, Habermas e Jameson. Tomando por base os diversos argumentos desses autores, as principais características associadas ao pós-modernismo e à cultura podem ser assim resumidas:

> o enfraquecimento da fronteira entre a arte e a vida cotidiana; o colapso das distinções hierárquicas entre a alta cultura e a cultura de massa ou popular; uma promiscuidade estilística que favorece o ecletismo e a mistura de códigos; a paródia, o pastiche, a ironia, a ludicidade e a celebração da superficialidade da cultura; o declínio da originalidade/genialidade do produtor artístico autêntico e o pressuposto de que a arte só pode ser repetição.
>
> (Featherstone 1988:203)

## *Pós-modernidade e a cultura atual*

Como vimos, é possível conceituar pós-modernismo de diversas maneiras. O termo pode ser meramente acadêmico, designar movimentos artísticos ou uma nova abordagem intelectual. Não há também uma conceitualização precisa, que abranja a pluralidade de utilizações do termo; porém, o que parece ser uma característica comum de todos os seus usos é o fato de definir e significar algumas mudanças culturais que estamos presenciando nos dias de hoje[8] e que nos remetem ao novo e ao descontínuo.[9]

---

[8] Featherstone, 1998.

[9] Bauman, 1988b.

Entre essas mudanças incluem-se:

- a centralidade da mídia na reprodução cultural, construindo o mundo como uma linha de montagem de imagens[10] e ocasionando a transformação da realidade em imagens e o tempo em presentes perpétuos (uma espetacularização da sociedade);
- o colapso da distinção entre alta cultura e cultura popular ou de massa, com um crescimento espantoso desta última;
- o fim da hierarquia e da bipolaridade associada à perda de referências sólidas e absolutas (tudo parece passageiro e volátil), ocasionando um aumento substancial das mudanças;
- a dissipação da objetividade e a centralidade de uma pluralidade de diferentes culturas;
- o engajamento do indivíduo na sociedade prioritariamente como consumidor, como cliente e não mais como produtor.[11]

Como vimos também, a epistemologia pós-moderna está associada à crítica do conhecimento universal, das metateorias e do fundamentalismo.[12]

Nesse cenário de mudanças, Bauman (1988a) defende que há no pós-modernismo uma erosão da tradicional dominação da cultura ocidental sobre as demais culturas do mundo, fazendo com que ela não mais estabeleça padrões universais de verdade, moralidade e gosto. Além da questão da cultura e dos estudos sobre ela, ganha força, em tempos pós-modernos, uma destruição das bases comuns de poder social. A dominação nesses novos tempos tem-se dado por dois mecanismos complementares: a sedução e a repressão. A sedução é apontada por Bauman (1988a:222) como a ferramenta de integração — e reprodução da dominação — na sociedade de consumo, já que o mercado conseguiu fazer com que as pessoas ficassem dependentes dele. A geração da dependência ao mercado foi possível graças à destruição de habilidades pessoais técnicas, sociais, psicológicas e existenciais, que foram sendo substituídas pelas mercadorias supridas por ele. As pessoas são obrigadas a se submeter a sua lógica, uma vez que se converteram, antes de mais nada, em consumidores. Já a repressão, segundo Bauman, está relacionada com o poder disciplinar descrito por Foucault e tem o papel de subjugar as pessoas que não se submeteram ao mercado, ou melhor, subjugar os não-consumidores.

---

[10] Bauman, 1988a.

[11] Ibid., e Featherstone, 1988.

[12] Featherstone, 1988.

## Pós-modernidade e estudos organizacionais

Como os estudos organizacionais estão intimamente atrelados às mudanças tanto da sociedade quanto da reflexão teórica dessa sociedade,[13] novos tempos parecem exigir novas teorias organizacionais e novas formas de pensar as organizações. Parker (1992) dividiu, nos estudos organizacionais, a pós-modernidade em pós-modernidade, que significaria a época subseqüente à modernidade, e pós-modernidade como a epistemologia desta, supostamente uma nova forma de pensar as organizações. Dá-se extrema importância à análise da pós-modernidade como novo referencial teórico para os estudos organizacionais, principalmente no que diz respeito à metodologia e às novas abordagens desses estudos, como nos mostra Burrell e Cooper (1988), Cummings (1996) e Calás e Smircich (1999).

Nessa linha, Hassard e Parker (1993) fornecem uma contribuição importante ao mapear as influências da epistemologia pós-moderna e ao sugerir que o mundo é constituído por nossas linguagens compartilhadas. Nós só podemos conhecê-lo através de formas particulares de discursos que nossa linguagem cria para os estudos organizacionais. Após analisar detalhadamente as simulações em Baudrillard, em Lyotard — na *Condição pós-moderna* e na *Desconstrução* — e em Derrida, Hassard desenvolve cinco noções epistemológicas (presentes nos trabalhos dos autores citados): a representação, a reflexividade, a escrita, a diferença e a descentralização do sujeito. E nos mostra como essas noções afetam os estudos organizacionais. Não nos deteremos nas questões epistemológicas da pós-modernidade, mas na pós-modernidade como época.

A pós-modernidade como época tem produzido alguns efeitos sobre os estudos organizacionais. Encarar a pós-modernidade como uma época tem por objetivo identificar características do mundo que dão força à hipótese de que ele está mudando em direção a uma nova era: a pós-modernidade. Parker (1992), em sua análise da pós-modernidade, identifica que o prefixo "pós" está relacionado com um universo de conceitos, como pós-industrial, pós-fordismo, pós-capitalismo etc. Tais conceitos refletem feições características da pós-modernidade, compartilhando a idéia de que há uma nova época histórica em curso. Hatch (1997), por sua vez, apresenta as características de nosso tempo denominando-o como pós-industrial e aponta as mudanças da época industrial para a pós-industrial no ambiente, na tecnologia, na estrutura

---

[13] Burrell e Morgan, 1979; e Hatch, 1997.

social, na cultura, na estrutura física, na natureza do trabalho, afirmando que as organizações, para serem bem-sucedidas nesse novo contexto, devem ser flexíveis, democráticas, coletivistas e horizontais.

O trabalho de Clegg (1990) desponta como um dos mais significativos, por afirmar que, em um mundo pós-moderno, as organizações modernas, as "organizações como máquinas" — termo usado por Morgan (1986) para representar as organizações "burocráticas"[14] e tayloristas —, perderam espaço. Destacam-se então as maneiras criativas que franceses, italianos, asiáticos e suecos encontraram para "vencer" os desafios dessa "nova aldeia global", defendendo que tempos pós-modernos exigem organizações pós-modernas. Nessas organizações, os funcionários seriam controlados de forma menos autoritária, formando grupos e coletividades que se autocontrolariam, e o trabalho exigiria múltiplas habilidades dos funcionários.[15] Além disso, haveria uma ênfase no lado simbólico da organização ao mesmo tempo em que a estrutura organizacional seria mais orgânica e flexível, graças ao uso da tecnologia, especialmente de equipamentos microeletrônicos. Assim, as organizações pós-modernas apresentadas por Clegg têm características que refletem as teorias da "especialização flexível", "pós-fordistas" ou "pós-industriais".[16]

Diferentes terminologias têm sido empregadas para essas organizações, nesses tempos turbulentos, referindo-se às mesmas características: flexibilidade organizacional, maior autonomia para os empregados, menor estrutura organizacional, redes de apoio entre as organizações e forte cultura empresarial. Além dessas, ainda há as características dessa nova época que descrevemos acima, como perda de referenciais sólidos, tudo sendo volátil e flexível; a não-valorização da hierarquia; a ênfase nas questões culturais etc. Nessa perspectiva, que práxis administrativa possibilitaria a consolidação dessa "nova empresa"?

Para Barley e Kunda (1992), quando se fala em teoria administrativa, "cultura organizacional" e "qualidade" são os discursos mais recentes que se solidificaram na teoria organizacional em meados dos anos 1980. Corroborando essa análise, Aktouf (1996) afirma que as correntes da *cultura corporativa* e da *qualidade* despontam como as grandes "novidades" em termos de teoria organizacional nas últimas três décadas. Pode-se apontar essas duas correntes como as preponderantes nesses tempos pós-modernos; elas englobam boa parte das características dessas "novas organizações".

---

[14] Utilizamos aqui o termo burocracia não no sentido weberiano, mas no coloquial.

[15] Clegg, 1990.

[16] Piore e Sabel, 1984; Pollert, 1988; e Hirst e Zeitlin, 1991.

## Qualidade

Nas últimas décadas, o termo "qualidade" vem sendo utilizado para designar as mais diferentes técnicas e iniciativas de gestão.[17] De modo geral, tais técnicas e iniciativas buscam incentivar cada empregado, seja do chão da fábrica ou da alta direção, a ser responsável pelo desenvolvimento contínuo da organização, tanto no processo produtivo quanto na distribuição dos produtos. Geralmente, tal ênfase na responsabilização do empregado com relação ao desenvolvimento contínuo está atrelada à eliminação de desperdícios e do retrabalho.[18] A "melhoria contínua" seria alcançada através do *empowerment*, de equipes de trabalho e do participacionismo. A idéia central é de que cada um pode participar em sua equipe, discutindo com os demais os problemas que surgem no momento da produção dos bens ou serviços.

Contudo, por que motivo a qualidade entrou em voga no mundo empresarial? Antes de mais nada, percebe-se, nas últimas décadas, o aumento significativo da importância e do poder do consumidor. Como já vimos, no cotidiano, as pessoas não são vistas como produtoras, mas como consumidoras. Um fator preponderante para a difusão dessas idéias foi o sucesso e a velocidade obtidos pelas empresas japonesas na dominação dos mercados nas décadas de 1970 e 80 e a conseqüente derrota dos países ocidentais frente aos orientais. A qualidade foi freqüentemente apontada por seus gurus — Deming e Juran — como o fator-chave para assegurar a vantagem no mercado numa economia mundial altamente mutável e competitiva.[19]

Os primeiros gurus da qualidade enfocaram a gestão da produção. Posteriormente, suas lições foram estendidas para cada área da organização e da administração. A mais famosa de todas as iniciativas relacionadas com a qualidade foi a "qualidade total", originada nos escritos de Deming e Juran. Trata-se de uma técnica de gestão multifacetada que tem por objetivo aumentar a produtividade organizacional, melhorar a qualidade dos produtos e do processo produtivo.[20] A "qualidade" seria gerada em cada aspecto da vida organizacional, através do foco no cliente (qualidade = consumidor satisfeito), da melhoria contínua (correção do erro assim que este ocorre para evitar que se repita) e do envolvimento total (a cultura da organização como suporte para o envolvimento

---

17 Wilkinson e Willmott, 1995:1.

18 Ibid.

19 Ibid.; e Rothschild e Ollilainen, 2000.

20 Rothschild e Ollilainen, 2000:12; e Wilkinson e Willmott, 1995.

dos clientes internos).[21] A organização, nesse movimento, é vista como sistemas construídos em torno da idéia de clientes e fornecedores internos e externos. O processo produtivo seria fazer com que as necessidades dos clientes internos estivessem voltadas para o atendimento das necessidades dos clientes externos.[22]

Para tanto, os funcionários formariam equipes de trabalho, que incrementariam a participação dos empregados, que teriam autonomia para tomar decisões, o que aumentaria o seu envolvimento por deixar de lado o controle externo do seu trabalho, tão presente nas "organizações-máquina". Segundo Deming, a fórmula básica para os funcionários e a organização seria *plan, do, study, act.*[23] À medida que os trabalhadores fossem assumindo mais responsabilidades, as estruturas organizacionais iriam se tornando mais horizontais e flexíveis, pois a hierarquia iria sendo eliminada. A hierarquia também diminuiria com a necessidade de implementar *networks* de interdependência entre os consumidores internos da organização.[24] A qualidade é, então, um desafio aos métodos de controle burocráticos tayloristas, que se mostravam ineficientes na "nova ordem mundial". As técnicas "*empowerment*", "equipes de trabalho" e "participação" parecem promover a colaboração entre empregados, em detrimento do enfoque na supervisão.[25]

Assim, pode-se perceber na filosofia da qualidade várias características das "organizações pós-modernas",[26] como: controle menos autoritário dos funcionários, formação de grupos e coletividades que se autocontrolam, trabalho que exige múltiplas habilidades dos funcionários para gerar a melhoria contínua da organização, o que ocasiona uma estrutura organizacional mais orgânica e flexível.

## *Cultura*

Barley e Kunda (1992) salientam que a preocupação com a questão cultural nas organizações já estava presente no movimento das relações humanas. Porém, a noção

---

21 Wilkinson e Willmott, 1995:7-9; e Rothschild e Ollilainen, 2000:13.

22 Rothschild e Ollilainen, 2000:13.

23 Ibid.

24 Thompson e McHugh, 1995:175.

25 Rothschild e Ollilainen, 2000:6.

26 Clegg, 1990.

de que as organizações podem ser vistas como culturas só ganhou ímpeto a partir do final da década de 1970. Tal noção, segundo os autores, entrou no discurso gerencial por dois caminhos. No primeiro, alguns teóricos defendiam a idéia de que as organizações deviam ser vistas como um sistema de significados socialmente construídos e, no segundo e mais influente, consultores e pesquisadores passaram a defender a tese de que a atenção, no espaço organizacional, devia se voltar para os simbolismos da liderança e para os valores dos empregados, o que permitiria aos gestores aumentar a competitividade de suas organizações. Essas duas tendências se ramificaram em pelo menos cinco abordagens distintas da cultura nas organizações[27] — a administração comparativa, a cultura corporativa, a cognição organizacional, o simbolismo organizacional e os processos inconscientes e a organização.

A cultura corporativa foi, porém, a que despontou como a mais importante para a prática organizacional,[28] pois relacionou a cultura organizacional com a competitividade das indústrias japonesas, chamando atenção para o fato de as corporações nipônicas inspirarem o comprometimento sem sacrificar a flexibilidade e o desempenho organizacional. O *boom* dessas idéias se deu em 1982 com os livros de Ouchi, Peters e Waterman, e Deal e Kennedy.[29]

Tal abordagem baseia-se na teoria dos sistemas, que aponta como variáveis típicas aquelas que contribuem para a eficiência organizacional: estrutura, tamanho, tecnologia e liderança. Os defensores da cultura corporativa incluem mais uma variável nessa lista; dizem que empresas com culturas fortes têm mais sucesso, já que a cultura é a "cola que gruda" as pessoas entre si e à empresa.[30] Assim, a cultura corporativa forte é vista por seus defensores como o principal meio para fazer com que as diferentes partes da organização ajam em conjunto.

A cultura expressa os valores e as crenças que as pessoas compartilham na organização através de mitos, rituais, histórias, lendas.[31] Os artefatos culturais e a arte de administrar são apresentados como poderosos meios simbólicos de comunicação, podendo ser usados para construir comprometimento, fazer com que todos compartilhem a filosofia gerada na administração, racionalizar e legitimar atividades, moti-

---

27 Smircich, 1983.

28 Ibid.; Willmott, 1993; e Aktouf, 1996.

29 Barley e Kunda, 1992; e Willmott, 1993.

30 Smircich, 1983.

31 Ibid.; e Freitas, 1991.

var e facilitar a socialização das pessoas. Para tanto, a tarefa dos gestores na cultura corporativa é encontrar maneiras de manipular os símbolos culturais a fim de que a organização atinja seus objetivos, ou seja, administradores esclarecidos construiriam heróis, mitos, sagas para o benefício e a difusão dos valores organizacionais.[32] Assim, acredita-se que as culturas podem ser manipuladas, sendo os valores da organização aqueles que devem ser compartilhados por todos. Torna-se evidente nesse momento o importante papel do gerente nesse processo — o de concretizar a cultura em função das políticas organizacionais. O que discutiremos a seguir é que, para poder realizar essa tarefa, é necessário que ele assuma, ou demonstre assumir, pessoalmente, esses discursos.

A administração das culturas é vista como um dos principais papéis da gestão de RH nas empresas. Os que defendem essa idéia acreditam que ela substitui a hierarquia burocrática e a relação de baixa confiança entre empregados e chefes por uma relação que assegura um real comprometimento dos empregados,[33] já que o poder da cultura corporativa, segundo eles, está em aumentar o desempenho organizacional assegurando aos empregados comprometimento e flexibilidade.

O objetivo da cultura corporativa é fazer com que a organização entre nos corações e nas mentes de seus empregados, definindo como agir e pensar e não apenas como se comportar.[34] A cultura corporativa tem ainda a função de fornecer uma identidade aos membros da organização, atuando como um tipo de "cola" entre pessoas e organizações. Bauman (1988a e b) mostra que a sedução é o mecanismo de controle na pós-modernidade e que a cultura corporativa, ao declarar a necessidade de criação de mitos, sagas, heróis, desempenha um claro papel de sedução, funcionando como uma arte "neofacista".[35]

Valorizando a cultura e seus aspectos simbólicos, a pós-modernidade torna patente a influência dos conceitos da cultura corporativa na constituição das chamadas organizações "pós-modernas".[36] Observamos nestas últimas três décadas o surgimento de duas abordagens teóricas consonantes com esses novos tempos "pós-modernos"

---

32 Barley e Kunda, 1992.

33 Thompson e McHugh, 1995.

34 Willmott, 1993.

35 Burrell, 1997.

36 Clegg, 1990.

— a qualidade e a cultura —, deixando claro sua influência histórica na configuração das organizações, transformando-se em "um modelo ideal" para todos, inclusive os gerentes. Tais mudanças influenciam o gerente ao mesmo tempo que são implementadas por ele. Essas formas de controle gerencial precisam ter expressão na subjetividade daqueles que exercem no dia-a-dia a viabilização de tais políticas, ou seja, elas precisam estar de alguma forma introjetadas no comportamento dos gerentes. Ao mesmo tempo que temos a difusão desses modelos de controle gerencial, encontramos também preconizados modelos de comportamento pessoal. O que apresentaremos a seguir mostra, através da figura do "gerente minuto", um modelo de comportamento difundido nos anos 1980 que teve grande repercussão na mídia.

## Pós-modernidade e o "gerente minuto"

No contexto da pós-modernidade, que modelo de gerente se espera no espaço organizacional? Em uma sociedade que se organiza a partir da destradicionalização[37] e de mudanças constantes, transformar o ambiente implica uma mudança do próprio sujeito. De certa forma, um novo modelo de comportamento é exigido, um modelo que se ajuste às demandas organizacionais cambiantes, numa versão "moderna" e atualizada do homem operacional.

A construção de uma "nova" organização implica a construção de uma nova imagem do gerente, de um outro modelo de comportamento. Se o modelo taylorista ou burocrático não serve mais, é preciso encontrar um modelo que possibilite um comportamento adaptável à flexibilidade da pretensa "nova cultura organizacional". Autores que discutem a construção do *self* na pós-modernidade, como Giddens (1994) e Baudrillard (1992), argumentam que essa construção está marcada pela flexibilidade e por processos identificatórios efêmeros, que se deixam influenciar pelos eventos cotidianos do espaço local, mas também por experiências globais distantes, num movimento certamente percebido como de maior risco.

Cabe acrescentar que, nesse processo de construção através de imagens, a mídia desempenha papel importante na difusão dos novos modos e modelos de comportamento,[38] assim como a mídia especializada tem seu papel nos modismos gerenciais.[39]

---

[37] Conforme a perspectiva de Giddens, 1990.

[38] Thompson, 1995; e Spink, 1999.

[39] Serva, 1992; Abrahamson, 1996; e Caldas, 1996.

Nesse contexto, o "gerente minuto", difundido como um estilo "moderno" de comportamento na década de 1980, ajudou a construir um modelo de comportamento do executivo pós-moderno baseado na implementação de "novas tecnologias de gestão". Tal modelo está ancorado no conceito de *self* que se desenvolveu na pós-modernidade.

## O conceito de self na pós-modernidade

Para Goolishian e Anderson (1996:193), "o *self*, numa perspectiva pós-moderna, pode considerar-se uma expressão dessa capacidade para a linguagem e a narração". Isso significa que o *self* é construído e reconstruído incessantemente, através das narrativas sobre o *eu*; em outras palavras, das imagens de si mesmo que cada um de nós constrói através de relações com diferentes interlocutores. O *self* é um fenômeno intersubjetivo. Construímos a nós mesmos na medida em que nos revelamos aos outros através de diferentes narrativas em nossas práticas sociais. Nessa perspectiva, as diferentes narrativas, inclusive as das mídias, ajudam na construção não de uma identidade/continuidade, mas de um conjunto polifônico de *selves*, em incessante e perpétua mudança. Implica também a idéia de que essas narrativas podem se desenvolver no contato com o outro, em sucessivas histórias que contamos sobre nós mesmos, em vez de se apoiar na versão clássica da psicanálise de que somos "algo" oculto que devemos decifrar.

Nessa perspectiva, a construção do comportamento individual está atrelada à linguagem e, portanto, entremeada pelas diversas práticas discursivas do nosso cotidiano, sejam elas as construções narrativas presentes na mídia ou nos discursos gerenciais da organização. Cada um de nós constrói seu próprio *self* através do uso da linguagem, o que nos permite dizer que o *self* do gerente é construído de acordo com as práticas discursivas presentes no seu universo organizacional. Tendo essa proposição como fundamento, pode-se argumentar também que o *self* deve se alterar à medida que mudam as tecnologias de gerenciamento, entendendo-se por isso as diversas práticas que as empresas adotaram nestes últimos anos, como reengenharia, círculos de qualidade, qualidade total, fortalecimento da "cultura organizacional", entre outras.

Aprofundando um pouco mais essa discussão do *self*, pode-se dizer que somos o que falamos sobre nós e com os outros. Nas palavras de Goolishian e Anderson (1996:198): "quem somos, portanto, é sempre uma função das histórias socialmente construídas que narramos a nós mesmos e a outros. Essas narrações sempre estão situadas na história, porque, sem uma história que mude no tempo, nossas vidas se tornariam ininteligíveis". Assim, toda conduta humana é construída e também modificada a partir da linguagem. Somos seres criadores de linguagens e significados. É nesse sentido que se pode estudar as autonarrativas do *self* do gerente ou as práticas discursivas administrativas que visam organizar as condutas humanas nos espaços organizacionais, já que as proposições sobre modelos de comportamento dos gerentes ajudam ao mesmo tempo a construção do modelo de conduta profissional e a construção do próprio *self*.

De acordo com alguns teóricos como Baudrillard (1992), Giddens (1990 e 1994), Pahl (1997) e Santos (1994), a pós-modernidade marca a subjetividade. Ainda que esses autores tenham posturas distintas em suas concepções sobre a pós-modernidade, eles mostram que a construção do *self* na modernidade comporta características peculiares da época atual.

Crítico das condições atuais, Santos mostra que o espaço urbano atual, incluindo aqui o espaço organizacional, é especialmente desagregador da subjetividade, que foi sacrificada e tornou o indivíduo incapaz de suprir suas necessidades físicas e psíquicas, deixando-o refém das razões tecnológicas. Na concepção de Santos, longe dos *selves* construídos nos processos interativos, estamos diante de uma docilidade que revela formas repressivas de felicidade: o consumo das mercadorias. O fracionamento da subjetividade — em vez de representar a pluralidade do *self* — traduz as formas contemporâneas de dominação e submissão, de modo similar ao conceito de sedução de Bauman (1988a e b).

Para Giddens (1994), que prefere usar a expressão "modernidade tardia" para se referir ao mundo contemporâneo, o *self* tem que ser construído reflexivamente. Ou seja, estamos num período em que as tradições e as certezas foram perdidas, de modo que se torna necessário construir, a cada momento, aquilo que somos. De certo modo, diz o autor, essa reconstrução parte da dúvida constante que caracteriza nossa conduta atual, o que significa dizer que o *self* enfrenta hoje, mais do que antes, uma "cultura de risco". O indivíduo enfrenta hoje uma "confusa diversidade de opções". É essa diversidade que transforma e influencia a construção do *self*, primeiro através da influência direta de acontecimentos que antes estavam distantes e em que a mídia representa um papel importante de influência, seja na construção da realidade individual, seja na construção das relações sociais. Para Giddens, temos que enfrentar uma reconstrução constante das narrativas que construímos sobre nós mesmos, ainda que algumas narrativas sejam mais ou menos consistentes entre elas. Nossa vida diária está mais influênciada pelo jogo entre o local e o global, inclusive o próprio controle do corpo. Essa condição leva a uma certa instabilidade e fragilidade na constituição do *self*, já que, cada vez mais, os conteúdos que compõem a tradição — condição para a manutenção da estabilidade — variam tanto social quanto culturalmente.

Baudrillard (1992) apresenta igualmente uma visão crítica. Na concepção do autor, o homem contemporâneo não tem mais tempo para construir sua identidade, seja com base no passado, seja com perspectiva de futuro. Essa condição o leva a assumir a "identidade" do momento, uma identidade que reproduz o visual da moda, efêmera. O *self* do homem contemporâneo revela apenas a aparência e, nesse sentido, pode-se dizer que é um *self* construído fragmentadamente a partir dos discursos em voga. Não se trata de um *self* com "a profundidade do *iceberg*", cuja ponta apenas insinua o oculto e o que está latente, mas sim a aparência, ou seja, o visual do momento, a superfície.

Transportada para o espaço organizacional, essa transformação incessante já foi interpretada como defesa. O indivíduo das organizações pós-modernas muda convulsivamente por medo, assim como o camaleão muda de cor para se defender e enfrentar um meio ambiente hostil. As organizações, assim como as pessoas, são compelidas a procurar uma aparência "moderna", ou seja, o visual do momento, não como resultado de uma reflexão, mas como um comportamento defensivo ante um ambiente adverso e beligerante.[40] O *homem-camaleão* é a versão de época do gerente "moderno", que nos ajuda a entender, na perspectiva individual, o fenômeno dos modismos gerenciais. A difusão dos modismos gerenciais tem-se evidenciado como um fenômeno social complexo, que inclui dimensões econômicas, sociológicas e psicológicas e que tem sido estudado nestes últimos anos por diversos pesquisadores da área organizacional.[41]

No nosso entender, algumas narrativas que fizeram sucesso desde a década de 1980 até a de 90, como "o gerente minuto", ajudaram a construir, no espaço organizacional, esse modelo de comportamento do gerente pós-moderno, do gerente camaleão. Rápido como o camaleão, o gerente minuto parece ter imposto a velocidade exigida nesse contexto organizacional cambiante. Ele assinala a importância do tempo e da aceleração nas formas de organização do trabalho que se difundiram a partir da década de 1980.

O discurso sobre o sucesso, embutido na construção do "gerente minuto", parece refletir também o modelo de sucesso que todos buscam alcançar atualmente, como

---

[40] Caldas e Tonelli, 1998.

[41] Abrahamson, 1996; e Caldas, 1996.

a outra dimensão que compõe o indivíduo organizacional de nossos dias. Pahl (1997) nos mostra que o sucesso é uma exigência para o indivíduo contemporâneo, ainda que possa permanecer uma sensação de vazio e uma dúvida se tudo isso realmente vale a pena. Como o mundo passa atualmente por uma situação de empregos mais flutuantes e uma estrutura mais flexível e instável, isso nos leva a manter uma conduta que oscila entre o sucesso e a ansiedade. A flexibilização do mercado de trabalho impôs algumas dificuldades complementares na construção das carreiras, o que nos leva a pensar que, para obter o sucesso, as pessoas são obrigadas a mudar mais velozmente e a adotar posturas inovadoras com relação à concorrência. Nesse contexto, muitos se tornam escravos do sucesso e, portanto, do trabalho, numa sociedade onde crescem o risco, a desordem, a insegurança e a ansiedade. A busca pelo sucesso transforma as pessoas, fazendo com que algumas "criem para si mesmas um eu falso, afastem-se de seu eu verdadeiro e tornem-se autômatos 'bem adaptados'" (Pahl, 1997:33). Isso leva as pessoas a adotar, sem críticas, tecnologias de gerenciamento do corpo e das atividades profissionais que estejam em consonância com os espaços organizacionais, na tentativa de se notabilizarem e de se destacarem num mundo que penaliza os "fracassados". Na modernidade tardia, atributos como sexo, etnia, religião e classe social parecem ter-se atenuado como forma de inclusão social. Há mais espaço para a diversidade, porém o custo dessa inserção e reconhecimento social é alto: é necessário ter sucesso no trabalho.

*O gerente minuto*, livro de Kenneth e Spencer Johnson lançado em 1997, simboliza a busca por essa condição de modo peculiar. De um lado, temos a velocidade, isto é, a necessidade de mudar rápida e intensamente. De outro, temos o gerente, que precisa atender a essa condição. O livro alega pôr essa condição maravilhosa ao alcance de todos os que seguirem sua "receita" e, com isso, vendeu, não por acaso, 22 milhões de exemplares em todo o mundo. Na década de 1980, quando vários países passavam por crises no modo de produção, o modelo de comportamento difundido pelo livro oferecia a todos — "sem distinção de raça, credo, cor, classe social" — a possibilidade de alcançar a condição de gerentes, desde que colocassem em prática o modelo de comportamento nele apresentado. Era a mídia especializada trazendo uma proposta real de alteração de conduta para o sucesso, o que abriu caminho para uma sucessão de publicações nessa mesma linha. O modelo de comportamento sugerido ao gerente minuto combina, eficazmente, os modelos de cultura corporativa e de qualidade total. O gerente minuto seria aquele que concretizaria com suas práticas esses "modelos de gestão".

A primeira página do livro traz o símbolo do gerente minuto, assim descrito: "O símbolo do gerente minuto — a indicação de um minuto no mostrador de um *moderno* relógio digital — destina-se a lembrar a todos nós de reservar um minuto em nosso dia para observar as fisionomias das pessoas que gerenciamos. E também de nos fazer compreender que *elas* são os nossos recursos mais importantes".[42]

Consideremos no texto, por exemplo, as palavras *moderno* e *um* para se referir ao minuto. De um total de 600 minutos que um dia de 10 horas de trabalho comporta, *um* minuto é tempo suficiente para "observar a fisionomia das pessoas que gerenciamos (...) [e para] nos fazer compreender que elas são os nossos recursos mais importantes". Seria cômico se não fosse trágico. De todo modo, essa tecnologia de gerenciamento mostra bem o valor atribuído às pessoas e a uma visão ultramoderna do tempo. A partir da década de 1980, o mundo organizacional foi inundado por modelos de reorganização empresarial, com propostas de enxugamento de pessoal que, associadas ao avanço das tecnologias de informação, aceleraram o tempo do trabalho. A proposta do gerente minuto ensina a trabalhar mais rápido, em uma cultura de qualidade e produtividade centrada no próprio *self*, isto é, na pessoa que se torna, ela própria, responsável pela eficácia. O uso da palavra *moderno* nos remete, por exemplo, à noção de que os que assim não se comportarem terão ficado para trás em face dos novos modelos de gerenciamento.

Outra observação diz respeito ao formato do livro. De formato pequeno, suas páginas não estão inteiramente preenchidas pelo texto, que ocupa por vezes apenas um terço do espaço. Desse modo, é possível lê-lo, não em um, mas em poucos minutos. A leitura é extremamente fácil, rápida, não havendo qualquer dificuldade de interpretação do texto. O livro, além disso, segue as diretrizes que propõe; é prático, sem teoria, ou seja, bem próximo da racionalidade instrumental, adequado a um mundo sem profundidade, a um mundo de trocas rápidas e superficiais. Um livro que antecipa o *zapping* da MTV, sem reflexão, mas pleno de ações eficazes.

Que modelo de gerenciamento está na base do gerente minuto? As propostas de gerenciamento apresentadas no livro — objetivo claro, não mais de 250 palavras, elogio minuto, repreensão minuto — nada mais são do que uma versão, com nova roupagem, do clássico modelo de controle de comportamento *behaviorista*, onde a recompensa ou a punição devem ser associadas o mais rápido possível ao comportamento desejado e que se quer controlar.

---

42 Blanchard e Johnson, 1997:vi.

## Considerações finais

É cantado em verso e prosa que o mundo atual, como nunca antes, é o mundo da imprevisibilidade, das mudanças constantes, da flexibilidade; um mundo onde tudo o que era rígido passou a ser volátil, onde as referências sólidas sumiram. As organizações são pintadas com todas as tintas da incerteza e da imprevisibilidade. Contudo, aqueles que estudam e atuam no mundo organizacional continuam a apresentar soluções que tentam dar conta dessa diversidade e pluralidade em apenas um minuto. As receitas de bolo, que trazem soluções simples para problemas complexos, continuam a proliferar na literatura organizacional, sendo de grande apelo para estudantes e praticantes da administração. Os consultores surgem como curandeiros mágicos, propondo-se a solucionar todas as questões em um minuto, obviamente em troca de horas, dias, meses em dólares.

Além disso, presenciamos "variações sobre o mesmo tema sem sair do tom" quando analisamos em detalhe o que está sendo proposto. Dizem que as novas organizações darão mais autonomia às pessoas, que viveremos em um mundo não-burocrático e sem controles rígidos, que uma cultura organizacional forte dá um maior significado à vida dos seus integrantes e que a qualidade traz a participação. Qual a identidade e a participação verdadeiramente propostas? É a identidade contida nas amarras da organização e a participação sem autonomia, em que as pessoas podem fazer tudo, desde que sigam as metas que não foram estabelecidas por elas. As organizações pós-burocráticas, pós-modernas, pós-industriais são aquelas em que não é mais o supervisor quem controla as pessoas e coisas e, sim, o "grande irmão" computador. O gerente, nesse contexto, desponta como o grande saco de pancadas, como aquele que faz a intermediação entre os ditames da organização, que busca resultados cada vez melhores, e as pessoas, que um dia esperam ter sucesso, sucesso este que só pode acontecer se estiver em consonância com os objetivos das organizações. De preferência rápido, em um minuto!

## Referências bibliográficas

ABRAHAMSON, E. Management fashion. *Academy of Management Review*, v. 21, n. 1, p. 254-285, 1996.

AKTOUF, O. *Administração entre a tradição e a renovação*. São Paulo: Atlas, 1996.

BARLEY, S.; KUNDA, G. Designs and devotion: surges of rational and normative ideologies of control in managerial discourse. *Administrative Science Quarterly*, v. 37, n. 3, p. 315-328, 1992.

BAUDRILLARD, J. *Simulations*. New York: Semiotexte, 1983.

_______. *A transparência do mal*. 2. ed. Campinas: Papirus, 1992.

BAUMAN, Z. Is there a postmodern sociology? *Theory, Culture and Society*, v. 5, n. 2, p. 217-237, 1988a.

_______. Viewpoint: sociology and postmodernity. *Sociological Review*, v. 36, n. 6, p. 790-813, 1988b.

BLANCHARD, K.; JOHNSON, S. *O gerente minuto*. 16. ed. São Paulo: Record, 1997.

BURRELL, G. *Pandemonium*. London: Sage, 1997.

_______; COOPER, G. Modernism, postmodernism and organization analysis: an introduction. *Organization Studies*, v. 9, n. 1, p. 91-112, 1988.

_______; MORGAN, G. *Sociological paradigms and organization analysis*. Portsmouth: Heinemann, 1979.

CALÁS, M.; SMIRCICH, L. Past postmodernity? Reflections and tentative directions. *Academy of Management Review*, v. 24, n. 4, p. 649-671, 1999.

CALDAS, M. P. Towards a more comprehensive model of managerial innovation diffusion: why consultants are not the only one to blame. In: ANNUAL MEETING OF THE ACADEMY OF MANAGEMENT, 1996. *Proceedings...* Cincinnati, Aug. 1996.

_______; TONELLI, M. J. Chameleon men and managerial fads: a social and psychoanalytical approach to the "fashionable mind". In: STANDING CONFERENCE OF ORGANIZATIONAL SYMBOLISM. *Proceedings...* 1998.

CLEGG, S. *Modern organization*. London: Sage, 1990.

CUMMINGS, C. Back to the oracle: postmodern organization theory as a resurfacing of the pre-modern wisdom. *Organization*, v. 3, n. 2, p. 215-252, 1996.

DERRIDA, J. *Writing and difference*. London: Routledge and Kegan Paul, 1978.

FEATHERSTONE, M. In pursuit of the postmodern: an introduction. *Theory, Culture and Society*, v. 5, n. 2, p. 195-215, 1988.

FREITAS, M. E. de. *Cultura organizacional*. São Paulo: Makron Books, 1991.

GIDDENS, A. *The consequences of modernity*. California: Stanford University Press, 1990.

_______. *Modernidade e identidade pessoal*. Lisboa: Celta, 1994.

GOOLISHIAN, H.; ANDERSON, H. Narrativa e *self*: alguns dilemas pós-modernos da psicoterapia. In: SCHNITMAN, D. F. *Novos paradigmas, cultura e subjetividade*. Porto Alegre: Artes Médicas, 1996.

HASSARD, J.; PARKER, M. *Postmodernism and organization analysis*. London: Sage, 1993.

HATCH, M. *Organizational theory*. London: Sage, 1997.

HIRST, P.; ZEITLIN, J. Flexible specialisation versus post-Fordism: theory, evidence and policy implication. *Economy and Society*, v. 20, n. 1, p. 1-56, 1991.

LUNN, E. *Marxism and modernism*. London: Verso, 1985.

LYOTARD, J.-F. *La condición postmoderna*. Madrid: Catedra, 1989.

_______; THÉBAUD, J.-L. *Just gaming*. Manchester: Manchester University Press, 1986.

MORGAN, G. *Beyond method*. London: Sage, 1986.

PAHL, R. *Depois do sucesso: ansiedade e identidade fin-de-siècle*. São Paulo: Unesp, 1997.

PARKER, M. Post-modern organizations or postmodern organization theory? *Organization Studies*, v. 33, n. 1, p. 1-17, 1992.

PIORE, M.; SABEL, C. *The second industrial divide*. New York: Basic Books, 1984.

POLLERT, A. Dismantling flexibility. *Capital and Class*, v. 34, n. 1, 1988.

POWER, M. Modernism, post-modernism and organization. In: HASSARD, J.; PYM, M. *The theory and philosophy of organizations*. London: Routledge, 1990.

ROTHSCHILD, J.; OLLILAINEN, M. Obscuring but not reducting managerial control: does TQM measure go to egalitarian standards? Department of Sociology/Virginia Politecnic Institute and State University, 2000. ms.

SANTOS, B. de S. *Pela mão de Alice: o social e o político na pós-modernidade*. 3. ed. Porto: Afrontamento, 1994.

SERVA, M. A importação de metodologias administrativas no Brasil: uma análise semiológica. *Revista de Administração Pública*, v. 26, n. 4, p.128-144, 1992.

SMIRCICH, L. Concepts of culture and organizational analysis. *Administrative Science Quarterly*, v. 28, n. 3, p. 339-358, 1983.

SPINK, M. J. (Org.). *Práticas discursivas e produção de sentidos no cotidiano*. São Paulo: Cortez, 1999.

THOMPSON, J. *Ideologia e cultura moderna: teoria social crítica na era dos meios de comunicação de massas*. Petrópolis: Vozes, 1995.

THOMPSON, P.; McHUGH, D. *Working organization*. London: Macmillan, 1995.

_______; WARHUST, C. *Workplaces of the future*. London: Macmillan, 1998.

WEBER, M. *The theory of social and economic organization*. New York: Free Press, 1947.

WILKINSON, A.; WILLMOTT, H. *Making quality critical*. New York: Routledge, 1995.

WILLMOTT, H. Strength is ignorance; slavery is freedom: managing culture in modern organizations. *Journal of Management Studies*, v. 30, n. 5, p. 515-552, 1993.

# 8
# Gerentes, controle e subjetividade*

Hugh Willmott**

## Introdução

Como devem ser analisadas a gerência e a atividade dos gerentes? Uma gama desconcertante de perspectivas tem sido proposta para responder a essa questão. Algumas abordagens identificam os gerentes como os executores de funções universais, impostas pela industrialização e por uma divisão complexa do trabalho.[1] Outras retratam os gerentes desempenhando diversos papéis organizacionais.[2] Outras ainda conceituam a atividade gerencial em relação a uma pluralidade de culturas corporativas, ocupacionais e "profissionais", associadas a diferentes níveis e especializações da gerência.[3]

---

* Agradecemos ao Tavistock Institute (www.tavinstitute.org/hrindex.htm) por permitir a tradução e republicação em língua portuguesa do artigo "Rethinking management and managerial work: capitalism, control, and subjectivity", de Hugh Willmott, originalmente publicado em *Human Relations*, v. 50, n. 11, p. 1329-1359, 1997. Tradução de Mario Couto Soares Pinto e revisão técnica de Antônio Luiz Marques.

** Professor de administração do Judge Institute of Management, da Cambridge University (Reino Unido) e professor visitante na University of Lund (Suécia). É autor de vários livros, destacando-se entre os mais recentes: *Critical management studies* (Sage, 1992), *Making quality critical* (Routledge, 1995), *Making sense of management* (Sage, 1996), *Management lives* (Sage, 1999), *Managing knowledge* (Macmillan, 2000) e *The body and organization* (Sage, 2000).

[1] Fayol, 1949; Barnard, 1936; e Drucker, 1977.

[2] Carlson, 1951; Sayles, 1964; e Mintzberg, 1973.

[3] Dalton, 1959; e Pettigrew, 1973.

Situar a atividade gerencial em uma pluralidade de culturas tem o mérito de considerar sua qualidade socialmente organizada e negociada. Isso ajuda a corrigir representações a-históricas, funcionalistas e tecnicistas da gerência, uma vez que se dedica mais atenção às políticas e aos processos da atividade gerencial.[4] No entanto, tais estudos continuam a abstrair a gerência e a atividade gerencial do ambiente político-econômico no qual tal atividade é constituída e reproduzida.[5] Conforme Thompson e McHugh (1995:14) observaram, a maioria dos relatos sobre organização e gerência exclui de seu *script* as "muitas representações profundamente enraizadas da vida organizacional — desigualdade, conflito, dominação e subordinação, e manipulação (...) privilegiando questões comportamentais associadas à eficiência ou à motivação". O estudo de Pettigrew (1985) sobre a mudança e o desenvolvimento organizacional na ICI, por exemplo, está bastante desassociado de uma apreciação das condições e das conseqüências político-econômicas dessas mudanças. A importância de vincular as formas "macro" e "micro" de análise é repetidamente valorizada, sendo mesmo reconhecida a contribuição das etnografias do processo de trabalho[6] na atividade. Porém, paradoxalmente, nem os microprocessos da atividade gerencial, nem os macrocontextos de sua atuação são explicitamente teorizados.[7]

O silêncio a respeito da desigualdade, do conflito, da dominação, da subordinação e da manipulação, segundo abordagens de gestão e da teoria das organizações, sejam elas ortodoxas ou mais progressistas,[8] "forneceu o catalisador para que seja formulada uma perspectiva crítica da gerência" (Reed, 1989:10). Neste capítulo, a

---

[4] Pettigrew, 1985; Pfeffer, 1981a e b; Burns, 1977; Kotter, 1982; e Hickson et al., 1986.

[5] Meiksins, 1984; e Willmott, 1987.

[6] N.T.: O termo *labor* foi traduzido por "trabalho", visando diferenciá-lo de *work*, aqui traduzido por "atividade". Enquanto o primeiro tem uma conotação mais vinculada à tarefa imediata, o que de certa forma o aproxima do conceito de labor discutido por Hannah Arendt, o último visualiza uma perspectiva mais ampla da ação gerencial.

[7] Em relação ao macrocontexto, Pettigrew (1985:36-37) argumenta que "não é suficiente tratá-lo apenas em um plano descritivo, ou como uma lista eclética de antecedentes, os quais, de alguma maneira, moldam o processo". Todavia, na falta de uma teoria das macrocondições da ação, é exatamente aí que acaba sua análise relativa ao contexto. No que se refere aos microprocessos, há pouco mais do que a tese de senso comum na qual, como indivíduos e em grupos, os gerentes desenvolvem e são guiados por diferentes racionalidades, na medida em que eles perseguem objetivos importantes para eles. Na realidade, o "micro" é identificado no comportamento de interesse do grupo, enquanto o "macro" é equalizado de acordo com mudanças não teorizadas por determinantes político-econômicos e ideologias.

[8] Alvesson e Willmott, 1996.

atenção é dirigida à teoria do processo de trabalho[9] — uma perspectiva influente e crítica para a análise da atividade gerencial. Visto que o foco dessa teoria recai freqüentemente sobre as degradações do "trabalho", presume-se por vezes que isso tenha pouca relevância para a análise da atividade gerencial.[10] Contra essa visão é apropriado lembrar as importantes passagens de *Trabalho e capital monopolista*, de Braverman (1974), nas quais o crescimento e o destino da atividade do *white-collar*, incluindo-se aí a atividade dos funcionários em nível de gerência júnior e intermediária,[11] são considerados em alguma extensão.

Em linhas gerais, este texto:

- recomenda a teoria do processo do trabalho como ponto de partida para o estudo da gerência e da atividade gerencial;
- refuta a visão de que a atividade gerencial não pode ser analisada como um processo de trabalho;
- defende uma reconstrução radical da teoria do processo de trabalho para incorporar uma apreciação do que pode ser caracterizado como a "dimensão existencial" da reprodução do processo de trabalho capitalista;
- ilustra a relevância da reconstrução proposta para a análise da atividade gerencial.

## Por que a teoria do processo de trabalho?

Nesta seção, é explicada e sustentada a defesa da teoria do processo de trabalho como um ponto de partida para a análise da atividade na empresa capitalista e, mais especificamente, a natureza da atividade gerencial nesse contexto. Uma vez que não há espaço para se garantir uma apreciação compreensível de teorias da atividade organizacional que competem entre si, desenvolvidas pelos "pais fundadores" da análise sociológica,[12] convém recomendar o entendimento de Marx sobre o macrocontexto

---

9 Desde a publicação de *Trabalho e capital monopolista*, de Braverman (1974), tem havido um contínuo debate sobre a adequação das concepções de Marx e de Braverman acerca do processo de trabalho capitalista, cujos aspectos são mencionados ao longo deste texto. Não há, dessa forma, uma concepção unificada e inconteste da teoria do processo de trabalho. O que considero central nessa perspectiva ficará visível à medida que a argumentação for se desenvolvendo. Ver também a introdução de Knights e Willmott, 1990.

10 Hill, 1991.

11 Ver também as contribuições de Knights e Willmott, 1986.

12 Ver, por exemplo, Giddens, 1971; e Johnson, Dandekar e Ashworth, 1984.

da atividade produtiva em relação à alegação contrária do weberianismo, o qual continua a ser o fio condutor dominante nos estudos sociologicamente orientados para a questão do trabalho e da organização.[13]

Metodologicamente, Weber começa com os fenômenos empiricamente observáveis, que são enquadrados em tipos ideais, ante os quais a diversidade e a complexidade daqueles são comparadas e contrastadas. Marx evita essa dúbia combinação de empiricismo e abstração, ao se esforçar em construir categorias teóricas — mais decisivamente a relação social de produção —, que permitem entender o desenvolvimento das dinâmicas sociais. Na análise marxista, um exame dos diversos meios (por exemplo, secular e religioso) das relações capitalistas de produção — as quais podem incluir muitos tipos de esquemas de envolvimento de funcionários e formas de propriedades — não desvia a atenção de sua dependência mais ou menos direta da estrutura das relações sociais, que progressivamente aumentam a subsunção institucionalizada do trabalho pelo capital. Os termos "trabalho" e "capital", vale a pena salientar, não são conceitualizados por Marx como categorias universais, a-históricas, para denotar a posse da riqueza ou das capacidades produtivas; eles não são dispostos como descrições de entidades empíricas (por exemplo, partes de equipamentos ou trabalhadores), mas como elementos interdependentes, ainda que assimétricos, de uma estrutura de relações sociais historicamente distintivas.[14] Segundo Marsden (1996:13):

> O erro do empiricismo é considerar a teoria uma reflexão do concreto. O erro do idealismo é considerar o concreto como conceitualmente determinado. A alternativa de Marx ao idealismo e ao empiricismo é demonstrar que a realidade é conceitualmente *mediada*: conceitos determinam o que podemos ver, mas o que nós *verdadeiramente* vemos é também determinado por aquilo que produzem as relações do fenômeno social.

O conteúdo e o valor de troca das habilidades individuais — por exemplo, aquelas associadas aos diferentes tipos de atividade gerencial — são então analisados como um produto da organização e da dinâmica da estrutura das relações sociais, e não apenas como uma expressão da escolha ou da vontade de determinados indivíduos de adquirir, ampliar ou monopolizar tais habilidades. Conforme Johnson (1980:34) assinala, o mercado é

---

[13] Clegg, 1990 e 1994.

[14] Ollman, 1976.

uma relação de poder, mas relações de poder não se originam no mercado (...). Na teoria weberiana, a troca é uma relação de igualdade que funciona para criar desigualdades apenas porque os indivíduos trazem para o relacionamento capacidades diferentes, enquanto a teoria marxista tenta explicar por que a troca é desigual.

A teoria marxista desafia a aparente igualdade e liberdade das relações de mercado — que Marx (1967-76:28) sarcasticamente caracteriza como "o campo da liberdade, da igualdade e da propriedade". O que é largamente admitido como "apenas troca" entre compradores e vendedores de trabalho é compreendido, a partir de uma perspectiva marxista, como fundado numa relação estruturalmente desigual com extensas ramificações para a organização do trabalho, incluindo-se aí a atividade gerencial. Relação desigual porque, para aqueles que não dispõem de reservas em forma de economias, investimentos etc., a única alternativa de sobrevivência é vender sua força de trabalho, se não quiserem cair na penúria. Quando negociados como mercadoria, os vendedores de trabalho formalmente renunciam, se é que já não perdem substantivamente, ao controle sobre como dispor sua força de trabalho; e, conseqüentemente, são facilmente substituíveis como fatores de produção. Eles têm apenas as limitações de suas habilidades e/ou de suas capacidades para, aliadas a de outros funcionários, serem usadas como alavanca para elevar seus padrões de vida, ou ampliar suas condições de trabalho e perspectivas. Os compradores do trabalho (por exemplo, os donos do capital), em comparação, podem transferir seus investimentos ou apropriar-se das reservas financeiras particulares ou da corporação, caso se defrontem com uma retirada orquestrada do trabalho. Naturalmente, os compradores individuais de trabalho também correm os riscos associados ao investimento de capital e às resistências dos empregados. Porém, seu posicionamento numa estrutura capitalista de relações sociais garante que, como classe, levem sistematicamente vantagem nas operações dos mercados de trabalho "livres" e legalmente sancionados.

Para alguns estudiosos da atividade gerencial, um poderoso foco na subsunção do trabalho ao capital é visto como algo referente a um passo anterior, digamos, à multidimensionalidade da teoria da estruturação de Giddens,[15] ou a uma apreciação da diversidade dos sistemas de negócios,[16] dentro de um reducionismo monocular atribuído à análise marxista. Whittington (1992:702), por exemplo, critica a forma

15 Whittington, 1992; ver também Reed, 1989.

16 Whitley, 1994.

pela qual Willmott (1984 e 1987) "admite as múltiplas identidades sociais dos atores organizacionais, e reconhece o campo para a interpretação da gerência, ainda que sempre permita que os princípios do capitalismo prevaleçam". Discordando dessa afirmação, aceita que a identificação, da mesma forma que a ordenação, desses "princípios" é sempre mediada pelos esquemas interpretativos dos atores, para dispor da terminologia de Giddens. Sem dúvida, é importante levar plenamente em conta a maneira pela qual os gerentes seletivamente se identificam com um conjunto diversificado de valores culturais, recorrem a eles e habilidosamente os mobilizam; eles não perseguem automaticamente ou abraçam conscientemente os objetivos capitalistas. Mas isso não deveria resultar em se privilegiar a influência de outras inclinações (por exemplo, patriarcal e profissional) a ponto de concluir que, nas modernas organizações de negócios, "a autoridade gerencial não precisa contar com recursos capitalistas; a ação gerencial não precisa estar direcionada aos fins capitalistas" (Whittington, 1992:707 e 1994:71).

Pode-se admitir firmemente que muitas influências — por exemplo, familiares, religiosas, profissionais — de fato reforçam a prática da atividade gerencial. Porém, nas sociedades capitalistas avançadas, tais influências estão mais ou menos diretamente condicionadas — incentivadas ou suprimidas — pelas pressões político-econômicas para a sustentação ou a revitalização do processo de acumulação de capital.[17] Conforme Tomlinson[18] argumenta, a atividade prática da gerência diz respeito à contenção de contradições e conflitos estruturais na organização do trabalho, de forma a "manter o *show* em andamento". O trabalho empírico e conceitual de Whittington, Reed e outros[19] é indubitavelmente útil para analisar esse andamento. Todavia, é também importante considerar que tipo de *show* está em andamento, e a direção geral que está tomando. A teoria marxista provê um quadro analítico penetrante para o entendimento da natureza e da dinâmica desse *show*. Diz que o quadro tem limitações que se originam do estratagema metodológico de tratar os agentes humanos como personificações das categorias econômicas — limitações estas que são claramente evidentes na análise esquemática de Marx sobre a atividade gerencial, assunto de que trataremos a seguir.

---

[17] Tais pressões também são encontradas em instituições do setor público, como nas universidades, que parecem estar distantes disso (ver Willmott, 1995).

[18] Tomlinson, 1982:128, apud Reed, 1989:21.

[19] Por exemplo, Watson, 1994.

## A atividade gerencial como um processo de trabalho

Em *O capital*, os gerentes são identificados simplesmente como "*trabalhadores com um salário especial*", que são contratados para desempenhar funções de "supervisão",[20] visando "dirigir, superintender e ajustar" as capacidades produtivas da força de trabalho humana. A análise de Marx não vai além dessa formulação (estruturalismo radical — funcionalismo) da atividade gerencial. Foi apenas com o ressurgimento da teoria do processo de trabalho, efetuada por Braverman, que se realizou uma análise mais detalhada da atividade gerencial.

### *Entra Braverman: a subjugação dos gerentes?*

Muito do *Trabalho e capital monopolista* de Braverman cita e atualiza a análise seminal de Marx da estruturação do processo capitalista de trabalho. Em relação à atividade gerencial, porém, Braverman complementa a identificação feita por Marx de gerentes como agentes, avaliando como os gerentes, por serem vendedores de trabalho, "participam da subjugação e da opressão que caracterizam as vidas dos trabalhadores produtivos" (Braverman, 1974:418). Apesar de usufruir de uma "insignificante parte das prerrogativas e recompensas do capital" (1974:315), que servem para estabelecer uma distância material e social entre os gerentes e os demais funcionários, Braverman sustenta que a maioria desses "trabalhadores mentais" é simultaneamente alvo do controle capitalista e não apenas, ou mesmo principalmente, seus agentes. Apenas uma pequena elite de executivos seniores, descritos por Braverman como "parte da classe que personifica o capital" (1974:259), é excluída dessa categoria:

> O funcionário individual, fortemente associado com o capitalista, tem, conforme descrevemos, dado lugar ao departamento ou à divisão da corporação, *na qual apenas os cabeças permanecem associados com a gerência capitalista, enquanto o restante ocupa posições afins daquelas ocupadas pelos trabalhadores da produção.*
>
> (Braverman, 1974:417, grifo meu)

Braverman (1974:467, grifo meu) salienta a proporção em que boa parte da atividade gerencial encontra paralelo nos termos e nas condições de emprego expe-

---

[20] Ver Marx, 1967-76:450; e também Marx, 1981-84:505 e segs.

rimentados por outros assalariados, e assim sofre a "*marca das condições proletárias*".[21] Essa visão é partilhada por outros, como Anthony (1977:311), que, no último capítulo de *The ideology of work*, observa como os gerentes, em sua maioria,

> recebem salários generosos, mas freqüentemente não são (...) consultados sobre o desenho de suas organizações e a estrutura de suas tarefas. Eles provavelmente serão vítimas inadvertidas de reorganizações (mais e mais freqüentes); transferidos, retreinados ou dispensados ao sabor dos planos organizacionais traçados por um consultor distante; vistos como recursos humanos, deslocados e distribuídos por especialistas em desenvolvimento gerencial e planejamento.

Mais recentemente, Scarborough e Burrel (1996:183 e 185) sugeriram que os gerentes intermediários estão "sujeitos ao processo de proletarização" e que experimentam mais insegurança, estresse e redução de remuneração do que a gerência sênior. Desse ponto de vista, não é plausível afirmar que "a *maioria* dos gerentes" detém parcelas substanciais das organizações em que trabalham, e que esses *share holdings* são "freqüentemente amplos" em termos de "sua potencial contribuição para a riqueza e as *receitas* do gerente individual".[22] Outros gerentes, não tão seniores, podem aspirar a tais posições; podem também ter valores similares, pelo menos enquanto considerarem que têm chances de chegar à gerência sênior. Todavia, para a vasta maioria daqueles que ocupam posições gerenciais, tais aspirações não são compartilhadas, são progressivamente atenuadas ou permanecem não realizadas.[23] Conforme observou um diretor financeiro de uma grande indústria manufatureira em meu estudo sobre 35 empresas dos principais setores da atividade econômica britânica:

> Uma coisa que você aprende muito rapidamente como gerente é que sua lealdade é para com sua profissão, não necessariamente para com sua companhia (...) se eu

---

[21] Se, por um lado, Braverman concorda com Marx que os gerentes executam tais funções, por outro, atribui menos importância à distinção entre trabalho "produtivo" e "improdutivo" do que à crescente separação entre concepção e execução, no trabalho de escritório e gerencial. A esse respeito, a análise de Braverman se assemelha às dos estudos que caracterizam sua localização de classe como ambígua ou contraditória, sob o pretexto de que a atividade gerencial inclui elementos tanto de capital quanto de trabalho (Carchedi, 1977; Wright, 1978). Para uma discussão mais a fundo da posição de classe dos trabalhadores *white-collars*, ver Smith e Willmott, 1995.

[22] Eldridge, Cressey e MacInnes, 1991:64, grifo meu.

[23] Goffee e Scase, 1986; ver também Savage et al., 1992, cap. 4.

olho para minha carreira, eu mandei embora muitas pessoas que eram empregados muito leais, você sabe, e realmente no final não há uma quantidade significativa de lealdade vindo no sentido contrário. Você sabe, quando você diz "desculpe, eu sei que você esteve aqui por vinte e cinco anos. Muito obrigado por seus serviços, mas mesmo assim eu ainda tenho que demitir você".

Apesar de os gerentes terem comparativamente pouco "espaço" (ou inclinação) para perseguir estratégias que sejam publicamente antagônicas aos resultados "mínimos", o mais provável, pelo menos no Ocidente, é que sua fidelidade vá primeiramente para sua carreira, para sua família, e talvez para sua "profissão", e não para sua empresa, conforme Jackall (1988:12) afirma, ou para o lucro como fim em si mesmo; e, nessa (limitada) medida, eles compartilham de uma atitude tomada por muitos outros empregados.

## *A atividade gerencial: trabalho produtivo ou improdutivo?*

A identificação de Braverman de continuidades e crescentes afinidades entre a atividade de muitos gerentes e a atividade de trabalhadores da produção ou de escritório de baixa graduação tem sido desafiada por Armstrong (1989). Ao analisar a atividade gerencial como um processo de trabalho, Armstrong argumenta que as bases (de classe) da teoria do processo de trabalho estão corroídas. Por quê? Porque a distinção vital entre a atividade "produtiva" do trabalho que cria excedente de valor e a atividade "improdutiva" de gerentes e outros que controlam tal atividade criativa torna-se nebulosa. O limite crítico da teoria do processo de trabalho está enuviado, afirma Armstrong, uma vez que a atenção é desviada da função de classe desempenhada pelos gerentes: a saber, seus esforços (improdutivos) para garantir que o excedente seja extraído do trabalho e apropriado pelo capital.

Em resposta a essa objeção, vale a pena, primeiro, reconhecer que o uso crescentemente comum e causal da expressão "processo de trabalho" para descrever qualquer tipo de atividade — seja ela realizada por trabalhadores manuais ou altos executivos — é deveras insatisfatório. Com esse uso promíscuo, não se dá atenção às relações (capitalistas) de produção, mediante as quais as divisões sociais do trabalho são articuladas e reproduzidas. Por outro lado, existe o risco de se presumir uma identidade entre a atividade gerencial e as práticas exploradoras e opressivas das relações capitalistas de produção e, assim, de se conceituar a gerência apenas como "um meio de degradar, controlar e conduzir o trabalho manual".[24] Essa formulação do gerente como um agente do capital nega efetivamente, ou pelo menos toma como insignificante, o posicionamento contraditório de muitos gerentes de organizações de trabalho capitalistas.

Afirmar que a atividade gerencial não faz parte do processo de trabalho não é a forma correta de defender a propriedade da teoria do processo de trabalho. Em divisões complexas de trabalho, a atividade empreendida individualmente pelos empregados raramente pode ser dividida sem dificuldade em trabalho "produtivo" e "improdutivo", visto que muitas tarefas incorporam a combinação de elementos "produtivos" e "improdutivos". O próprio Marx (1967-76:468) caracterizou a complexa combinação de gerentes, engenheiros, técnicos, supervisores, trabalhadores manuais e de chão de fábrica como "trabalhador coletivo". Em texto posterior, Armstrong (1991b:241) parece reconhecer seu erro quando registra que

> engenharia e gerência — mais especificamente aquela parte da gerência que consiste na coordenação e na direção necessárias em qualquer processo complexo de produção — estão, para Marx, incluídas explicitamente na categoria de trabalho produtivo. Isso permanece verdadeiro mesmo quando o divórcio entre o trabalho mental e o manual pode ser mostrado como basicamente uma ferramenta por meio da qual os empregadores capitalistas podem ter seu controle aumentado sobre o processo de trabalho manual, com o propósito de incrementar seu rendimento de excedente de valor.

A distinção entre trabalho "produtivo" e "improdutivo" é heurística e politicamente útil, visto que recorda como, em um processo de trabalho capitalista, gerentes são contratados para executar a tarefa "improdutiva" de garantir que o excedente de valor seja extraído do operário coletivo. Não obstante, traduzir tal distinção heurística como uma identificação dos elementos específicos da atividade gerencial que são puramente "produtivos" ou "improdutivos" é problemático por, pelo menos, duas razões. Primeiro, porque uma questão a ser investigada e debatida — mais do que uma assertiva fundamentalista — é identificar qual o nível de coordenação e direção que é "necessário em qualquer processo complexo de produção"; e, mais especificamente, quando a disciplina imposta pelos gerentes "funciona" mais para controlar o

---

[24] Armstrong, 1989:309.

trabalho do que para coordená-lo. Segundo, e relacionado a isso, existe a questão de como contabilizar a atividade "improdutiva" realizada pelos trabalhadores do chão de fábrica (por exemplo, equipes autogerenciadas) visando (estima-se) antes garantir o controle capitalista do que permitir a coordenação da atividade produtiva.

Uma forma de tratar esse quebra-cabeça é aceitar que o processo de trabalho capitalista necessariamente engloba tanto a atividade produtiva quanto a improdutiva, sem igualar nenhum dos elementos com a ocupação ou com a tarefa de "trabalhadores" e "gerentes", respectivamente. O valor da distinção "produtivo"/"improdutivo" reside menos em diferenciar tipos de empregados e mais em tratar da organização, que explora e privilegia o capital, dos processos de trabalho, os quais, em diferentes proporções e em diferentes momentos, podem ser empreendidos por diferentes elementos do "trabalhador coletivo".[25] Em vez de fazer um corte profundo entre um grupo, ou classe, de empregados (por exemplo, trabalhadores) que executa um trabalho "produtivo" e outro, que executa um trabalho "improdutivo" (por exemplo, gerentes), é mais plausível pensar num *continuum*, em que ambos, gerentes e trabalhadores, assumem (e transferem) graus de responsabilidade para os dois tipos de trabalho.[26] Thompson e McHugh (1990:170) chegam a uma conclusão semelhante, quando sugerem que "enquanto as conexões para as contradições dominantes do capital-trabalho forem mantidas, não vemos razões para que o conceito de processo de trabalho gerencial não possa ser integralmente empregado". Mais afirmativamente, creio que o quadro analítico da teoria do processo de trabalho pode servir para realçar a posição ambígua — tanto como alvos quanto como agentes do meio de exploração — ocupada por muitos gerentes nas relações de produção capitalista.

---

25 Esse movimento analítico permite que se faça um juízo da tendência contemporânea, normalmente iniciada por gerentes mas não raro ajustada por empregados, do assim chamado *empowerment* do trabalho, na medida em que mais responsabilidades do primeiro nível gerencial são integradas às tarefas de indivíduos ou equipes. Técnicas como TQM e reengenharia de processos foram planejadas para obter uma integração parcial e seletiva da concepção e da execução, em termos amplamente favoráveis ao capital.

26 Caso se necessite de uma autorização posterior de Marx que garanta (ou santifique) tal interpretação, esta é explicitamente dada quando ele observa que a concentração de capital está associada a "um número crescente de tipos de trabalhadores", incluindo engenheiros e técnicos, tanto quanto a gerentes, os quais "estão incluídos no conceito imediato de *trabalho produtivo*, sendo aqueles que o executam classificados como trabalhadores *produtivos*, trabalhadores diretamente *explorados pelo capital* e *subordinados* a seu processo de produção e expansão" (1967-76:1040, grifos meus). Isto posto, a maioria das poucas referências de Marx a gerentes volta a citar o entendimento de que eles executam as funções (improdutivas) do capital, e que seus interesses estão, dessa forma, alinhados com aqueles da classe capitalista, visto que, na sua ausência, essa dimensão da atividade gerencial e os privilégios que recebe seriam redundantes.

## A ambigüidade (de boa parte) da atividade gerencial

Coletivamente, cobra-se aos gerentes a tarefa de organizar e controlar o processo de trabalho de outros, de forma (considerada) mais congruente com as prioridades capitalistas — por exemplo, aumento de lucratividade —, do que com outras prioridades, como aumento da autodeterminação dos empregados, melhoria de salários e de condições de trabalho. Conforme Hales (1993:7-8) observa, reconhecendo a emergência e a separação *problemática* e *controversa* da gerência de outras formas de trabalho assalariado, a atividade gerencial

> é resultado das disparidades no poder socioeconômico, da aquisição ou iniciação dos processos de trabalho pelo capital privado (...) e do desejo pelo controle que flui de lá; daí a natureza controversa daquela separação.

Simultaneamente, conforme o poder de trabalho dos gerentes é disposto para supervisionar o desenho e o desenvolvimento dos processos de trabalho que garantam a acumulação do capital, o trabalho do gerente é reificado e progressivamente submetido às disciplinas da acumulação de capital. Por sua vez, tal reificação do trabalho gerencial faz com que a atenção se volte para outras preocupações — como progressão de carreira e estabilidade no emprego —, que não são necessariamente compatíveis com os interesses de confiabilidade e de comodidade dos investidores. Como um gerente sênior de uma das empresas por mim estudadas refletiu, referindo-se ao grupo gerencial com pior situação na classificação:

> Gerente sênior: — Eu acho que eles pensam que o que nós estamos tentando fazer é ter um melhor negócio, e fazê-los trabalhar mais e extrair mais deles. Eu penso que eles tendem a ver o efeito neles mesmos como um indivíduo, num sentido negativo.
>
> Pesquisador: — Mas de certa forma isso é verdadeiro, não é? Você está tentando tirar o máximo deles.
>
> Gerente sênior: — Estamos. Mas o elo perdido — o que eles não compreendem — é que os negócios devem prosperar.

O posicionamento dos gerentes, nas relações capitalistas de produção, como *vendedores de trabalho* tende a criar gerentes menos preocupados com as demandas do capital *per se* do que com a segurança de seus empregos e com suas perspectivas de carreira. De fato, de que outra forma pode-se explicar a existência e a elaboração contínua de sistemas de fiscalização sobre a atividade gerencial, como auditorias e avaliações?

## Os gerentes como agentes

Vimos como Braverman (1974:467) ressalta, de forma útil, o posicionamento contraditório da massa de empregados *white-collar*, que, em diferentes níveis, sofrem a "marca das condições proletárias". Assim, é de se esperar que manifestem alguns traços dessas condições, como "o cinismo e a irritação" (1974:151), de acordo com as demandas e as tensões exercidas sobre eles. Focalizando os fatores políticos e ideológicos que medeiam e coordenam as relações capital-trabalho, Burawoy (1979) argumenta que as pressões sobre os gerentes — e, em última instância, sobre o capital — para garantir o excedente de valor sobre o trabalho podem às vezes promover o desenvolvimento de "jogos", através dos quais "uma arena de atividades individuais, livre das depredações gerenciais" é organizada e defendida (Burawoy, 1985:10). De muitas e diferentes formas, então, Braverman e Burawoy buscam retificar ou qualificar a formulação da atividade gerencial e os meios de controle capitalista postulados por Marx. Burawoy (1985:24), em particular, muito fez para ressaltar "os componentes 'subjetivos' da atividade". E, curiosamente, em sua análise, gerentes são retratados como funcionários obedientes, que executam, sem problemas, as tarefas de garantir e ocultar o excedente de produção demandado pelo sistema capitalista:[27]

> Os trabalhadores estão interessados na satisfação relativa que os jogos podem oferecer, enquanto a gerência, dos supervisores aos superintendentes departamentais, está preocupada em garantir a cooperação e o excedente (Burawoy, 1985:39).

Ao reduzir a atividade gerencial à execução de funções capitalistas, Burawoy desconsidera os jogos realizados pela gerência — como os jogos normalmente descritos como "políticas da empresa" —, mediante os quais os gerentes se esforçam para defender ou valorizar sua auto-estima.[28] Não se pode presumir que tais jogos sejam necessariamente consistentes com (ou completamente funcionais para) a extração de

---

[27] Para Burawoy (1979:176), a atividade da gerência é adequadamente analisada pela compreensão de sua responsabilidade no que diz respeito a "garantir o excedente de valor, o qual é, simultaneamente, ocultado". Sendo incapaz de monitorar seu sucesso em garantir o excedente de produção, e estando sob pressão dos trabalhadores para relaxar as regras que diminuem seus bônus, a gerência do chão de fábrica é identificada como responsável, principalmente, por ocultar o excedente — ao permitir e/ou facilitar o desenvolvimento dos jogos do chão de fábrica, por meio dos quais criam-se distrações e manipula-se o consenso. À alta gerência, em contraste, é imputada a responsabilidade de introduzir ou reimpor as regras para neutralizar as tendências que minam a garantia (produção) de excedente de valor.

[28] Knights e Collinson, 1985; Davies, 1990; e Sturdy, 1992.

excedentes e a realização de lucro — pelo menos porque, como Hyman (1987:35) observou, as oportunidades e os incentivos ao "mau comportamento" dos gerentes são freqüentemente muito maiores do que para os outros empregados:

> Pelo fato de a escala de ganho individual ser freqüentemente tão grande (através de progressos de carreira criminosos ou "legítimos" por parte dos *white-collars*), e por causa do alto grau de discrição associado à maioria das posições, os problemas de disciplina e de controle podem muito bem ser maiores no caso da atividade gerencial do que no dos trabalhadores comuns.

O que Stark (1980:101) observou a respeito da emergência histórica das posições gerenciais parece que também pode ser aplicado a sua reprodução e reestruturação contemporâneas. Isto é, que os ocupantes de tais posições simplesmente não

> "preenchem" um conjunto de "espaços vazios" criados por forças completamente divorciadas de sua própria atividade, mas na realidade participam, dentro da constelação de classes em luta, na criação de tais posições por eles mesmos.

Aceitando-se que o posicionamento dos gerentes em tais estruturas traz consigo a responsabilidade de "garantir a cooperação e o excedente", a maneira com que eles interpretam e ordenam tal responsabilidade não é predeterminada, isenta da luta entre facções da gerência ou descomprometida com a busca de avanços na carreira. Se isso for aceito, então a pesada crítica de Burawoy (1985:10) ao descaso para com a dimensão subjetiva da atividade do chão de fábrica, na análise ortodoxa do processo de trabalho, deveria ser redirecionada, de acordo com a sua avaliação e a de outros, para a atividade gerencial:

> A objetivação do trabalho, se é isso que estamos experimentando, é um processo subjetivo — isso não pode ser reduzido a algumas leis inexoráveis do capitalismo.

É necessário, mas insuficiente, focalizar as condições "objetivas" da ação — como a subsunção real do trabalho ao capital ou a execução de funções capitalistas pelos gerentes. Fazer isso é negligenciar os microprocessos de representação através dos quais as macroestruturas do capitalismo são reproduzidas (e transformadas). Os processos de valorização, por exemplo, não são automáticos: eles requerem o exercício do julgamento gerencial, o qual é colorido por inúmeras considerações, incluindo-se as conseqüências previstas de suas decisões para a própria estabilidade no emprego e para suas perspectivas de carreira. Os gerentes não são "justiceiros dopados",[29] que despoticamente executam as funções do capital. O exato posicionamento dos gerentes nos processos de trabalho capitalistas torna possível, e realmente provável, que ocorram desvios de performance das funções atribuídas por Marx aos gerentes.

Dito isso, é de vital importância levar em consideração como o estratagema metodológico da teoria ortodoxa do processo de trabalho assinala uma importante ruptura com as formas burguesas de análise, nas quais pressupõe-se que a consciência dos indivíduos esteja acima, ou fora, das condições históricas, nas quais e através das quais o auto-entendimento é forjado e articulado (ver a crítica feita anteriormente a Weber). Essa discussão serve para ressaltar como a sensação de liberdade desfrutada nas sociedades de mercado não se dá sem custos (por exemplo, para a comunidade); e que a liberdade é coagida, da mesma forma que possibilitada, pela caracterização do trabalho humano como uma mercadoria possuída e negociada por indivíduos. Pesando contra essas importantes contribuições, no entanto, está a suposição de que uma análise adequada da reprodução e da transformação das relações capitalistas de produção pode ser consumada sem levar em conta o papel da ação humana nesse processo. Um desafio atualmente enfrentado pela análise do processo de trabalho é incorporar uma apreciação da ação humana sem retornar à esfera da teoria burguesa.

## Da revisão à reconstrução

Apresentada a preocupação de Braverman em incorporar uma apreciação sobre a quantidade de gerentes que dividem a subjugação e a opressão experimentadas por outros trabalhadores, seria de se esperar que desafiasse e rejeitasse o estratagema metodológico de Marx (1967-76:92) de tratar indivíduos "como a personificação de categorias econômicas, os portadores das relações de classes e interesses particulares". Em vez disso, Braverman (1974) evita considerações sobre a consciência e a organização da classe trabalhadora, preferindo estudar como essa classe é marcada pelo processo de acumulação de capital. Dessa maneira, a virtude ortodoxa de identificar as questões "objetivas" e "subjetivas" de classe — respectivamente, "a forma dada à população trabalhadora pelo processo de capital" e "a consciência, a organiza-

[29] Garfinkel, 1967.

ção e as atividades da classe trabalhadora moderna"[30] — na *forma de fenômenos que podem ser analisados separada e independentemente* é assumida e reafirmada. Em contraste, ao desafiar a coerência e a viabilidade desse estratagema, Burawoy (1985:39) assevera que "a exata diferença entre 'objetivo' e 'subjetivo' é arbitrária". Paralelamente, requer uma revisão da teoria do processo de trabalho, na qual os interesses dos indivíduos não sejam mais analisados como (ou reduzidos a) personificações de categorias econômicas. A "questão crucial", sustenta Burawoy (1985:28-30, grifo meu),

> é que os interesses que organizam o cotidiano dos trabalhadores não são dados de maneira irrevogável; *eles não podem ser atribuídos*; eles são produzidos e reproduzidos de formas peculiares. Assumir, sem outras considerações, que os interesses do capital e do trabalho são postos, nos leva a um sério mal-entendido acerca da natureza do controle capitalista, se não por outra razão, porque provê uma desculpa para ignorar o terreno ideológico no qual os interesses são organizados.

O fato de Burawoy rejeitar a atribuição dos interesses aos trabalhadores, independentemente de sua formação no terreno da ideologia (e da política), leva-o a atribuir um considerável, e talvez idêntico, peso às dimensões política, ideológica e econômica no contexto do trabalho.[31]

No que se segue, compartilho as convicções de Burawoy de que a adoção de um ponto de partida marxista não impede a revisão da teoria do processo de trabalho, ou mesmo sua reconstrução. No entanto, também considero que a maneira com que Burawoy rejeita a distinção ortodoxa entre "luta(s) de classe" "objetiva(s)" e

---

[30] Braverman, 1979:26-27.

[31] Influenciado pela teoria crítica de Gramsci, Burawoy salienta a importância de *inter alia* do *welfare state*, argumentando que, como conseqüência da luta de classes e de concessões, o capitalismo incorporou elementos de seguridade social, legislação trabalhista e outras providências relativas, as quais agem para restringir a capacidade dos capitalistas e dos gerentes "de impor um despotismo arbitrário" (Burawoy, 1985:126). Nos locais onde os níveis básicos de segurança e bem-estar saíram vencedores, e as ideologias associadas à eqüidade e à justiça foram estabelecidas, houve um deslocamento nas relações capital-trabalho, uma vez que os trabalhadores "deveriam ser *persuadidos* a cooperar com a gerência (...) apesar de nunca com a exclusão da coerção" (Burawoy, 1985:126). A discussão de Burawoy acerca da construção de um acordo através da organização do trabalho no chão de fábrica é, portanto, contextualizada de forma útil, dentro de um reconhecimento de uma situação na qual o "chicote" do mercado perdeu (temporariamente?) parte de seu poder coercitivo. O trabalho de Burawoy provê, então, um valioso corretivo para aquela análise, na qual o significado das influências políticas e ideológicas é negligenciado ou marginalizado. Todavia, sua alegação de se afastar radicalmente da análise marxista estabelecida sustenta-se, em parte, ao perceber de forma exagerada a extensão com que as considerações políticas e ideológicas são dela excluídas.

"subjetiva(s)"[32] é extremamente apressada e, em última análise, de pouca ajuda. A proposta ortodoxa de que tais "lutas" existem, independentemente uma da outra, e que, por isso, podem ser pesquisadas como fenômenos em separado não é plausível e deveria ser contestada. Porém, rejeitar a distinção ortodoxa por ser "arbitrária"[33] é contraproducente, porque sugere um esquecimento ou uma recusa da intenção crítica, a qual, no meu entender, denuncia o estratagema metodológico ortodoxo. A questão, de fato, nesse estratagema é desafiar e subverter um conhecimento (científico e social) da organização do trabalho que se baseia num movimento cíclico acrítico da consciência (senso comum) de gerentes e funcionários, como se fosse uma verdade científica.[34] De acordo com isso, o desafio é desenvolver uma teoria do processo de trabalho reconstruída, que contenha e revitalize a intenção crítica de desmerecer a análise burguesa, na qual as desigualdades sociais estruturais são naturalizadas ou funcionalizadas e a alienação é igualada ao conjunto de opiniões recolhidas a respeito da (in)satisfação no trabalho, e resista à inclinação estruturalista de encaminhar a luta de classe "subjetiva" simplesmente incorporando elementos adicionais — políticos e ideológicos — à esfera "objetiva".

Infelizmente, o último movimento é precisamente o conduzido por Burawoy. Tendo argumentado de forma persuasiva que, além da dimensão econômica (produção de coisas), qualquer contexto de trabalho envolve uma dimensão política (produção de relações sociais) e uma dimensão ideológica (produção de uma experiência de tais relações), ele então afirma que "todas elas são 'objetivas', porquanto são independentes das pessoas específicas que vão para o trabalho, e de agentes de produção específicos" (Burawoy, 1985:39). Apenas no sentido que as três dimensões do contexto de trabalho, tal como identificadas por ele, são experimentadas (ainda que de formas distintas) por todos aqueles a elas submetidos é que tais dimensões são "objetivas". Ainda assim, é precisamente pelo fato de serem experimentadas que é equivocado afirmar que tais dimensões independem "das pessoas específicas que vão ao trabalho". Como isso ocorre devido, exclusivamente, ao envolvimento de pessoas específicas — ainda que estas se sintam ou afirmem estar "alienadas" ou "fragilizadas" — na reprodução dessas dimensões é que as relações capitalistas são mantidas ou continuam a prevalecer. Inferir que as dimensões "objetivas" do contexto de trabalho

---

[32] Braverman, 1974:27.

[33] Burawoy, 1985:39.

[34] Braverman, 1974:27 e segs.

existem independentemente das pessoas cujas ações, de forma mais ou menos proposital, sustentam sua existência é comprometer-se com uma visão que rejeita as relações capital-trabalho e, por conseguinte, a dependência do capital em relação ao trabalho, o que garante, em última instância, a possibilidade de uma reversão democrática radical das conseqüências humanas e ecologicamente destrutivas do desenvolvimento capitalista.

Quanto à análise da atividade gerencial, a reconstrução da teoria do processo de trabalho deve incorporar, mas também ir além:

- do reconhecimento de que o trabalho gerencial não se reduz a uma função do capital;
- do entendimento de que os gerentes se engajam em tarefas tanto produtivas quanto improdutivas;
- da apreciação de como seu trabalho é matizado por diversas influências culturais e ideológicas, além de ser moldado por seus interesses de carreira, uma vez que são vendedores de *habilidades e conhecimentos* altamente valorizados.

Deve-se ir além de tais revisões porque nenhuma delas efetivamente dá conta do que Thompson (1990:114) descreve como o "'buraco negro teórico' entre as estruturas capitalistas/patriarcais e a ação individual"; ou do que, nos termos da presente discussão, poderia ser entendido como um conflito de opiniões sobre os gerentes como personificações das "funções do capital" e sua experiência vivida como ocupantes de posições contraditórias na estrutura das organizações capitalistas de trabalho.

## *Tratando a subjetividade com seriedade*

O ponto central do processo de análise do trabalho é o entendimento de que a ligação entre os seres humanos e a natureza é mediada por uma atividade intencional. Marx (1967-76:284) concentra-se quase que exclusivamente na importância da intencionalidade para a atividade humana: "um desejo intencional é requerido ao longo de toda" atividade produtiva. Amplamente negligenciada, ou pelo menos desconsiderada em sua análise, é a capacidade dos seres humanos de subordinar sua vontade a um propósito.

Uma precondição para a subordinação da vontade humana a um propósito é a construção de uma divisão na experiência, consumada por intermédio do uso da linguagem, entre um "eu" (sujeito) que identifica e dirige o que se supõe que o "em si"[35] seja e faça, tomando emprestado as categorias de Mead (1934). Bauman descreveu essa condição como uma "segunda natureza" dos seres humanos, que, acompanhando "a ruptura cultural com a natureza",[36] precipita um conflito para desenvolver um senso de propósito e de identidade. Conforme salienta Bauman (1976:6):

> A única diferença entre ocorrências humanas e não-humanas consiste no seguinte: nos assuntos humanos, um abismo perigoso e portentoso tende a aparecer, desconhecido pela natureza não-humana, entre o comportamento humano e as exigências da Natureza. No caso dos fenômenos não-humanos, a própria Natureza, sem a intervenção humana, cuida da harmonia entre o necessário e o vigente, a identidade do real e o bom; no caso humano, todavia, a lacuna entre os dois deve ser superada artificialmente, e requer um esforço sustentado e consciente.

Para que se considere seriamente o entendimento de que a "objetivação do trabalho (...) é muito mais um processo subjetivo",[37] é necessário avaliar de que forma as relações de produção são cumpridas na prática através do meio existencial do comportamento humano. Conforme argumentado anteriormente, tal opção é efetivamente refutada quando as dimensões estruturais do contexto de trabalho — econômica, política e ideológica — são tidas como existindo de forma independente dos indivíduos ou dos agentes, cujo comportamento é o meio de sua reprodução (e transformação).[38] Na análise pós-bravermaniana, há uma preocupação recorrente em dar

---

35 Ou a série de vários "em si" que, na terminologia marxista ortodoxa, são produtos de múltiplas determinações.

36 Habermas, 1972:312.

37 Burawoy, 1985:10.

38 Essa crítica da teoria do processo de trabalho ortodoxa provavelmente é apresentada devido a uma descrença defensiva por parte daqueles que a propõem. É questionado, por exemplo, que a análise de Marx do processo de trabalho toma como premissa o entendimento de que as relações sociais são mediadas por agentes autoconscientes, que intencionalmente distinguem seu trabalho (humano) dos esforços construtivos de outros animais — tais como a capacidade dos castores de construir barragens, ou as atividades das abelhas nas colméias. Não tenho nada contra tal argumentação. Não contesto Marx por ele negar a autoconsciência do trabalho humano eivada de intencionalidade. Ao contrário, o problema é que, em sua análise da dinâmica do desenvolvimento capitalista, a *significância existencial da autoconsciência* é tomada como *ponto pacífico*. Thompson defende a exclusão desse aspecto de atividade intencional da análise do processo de trabalho, a meu ver, com o pretexto evasivo de que "diz respeito à identidade individual, e não entra na análise marxista do capitalismo" (Thompson, 1990:114). De fato, a posição é bem menos precisa do que afirma Thompson. A atenção à identidade individual é *marginalizada* nos últimos escritos de Marx, nos quais sua análise se desloca do foco inicial sobre as contradições na cons-

encaminhamento e reconhecer o "sujeito que falta" — um projeto que Thompson (1990:114) identificou como "provavelmente a maior tarefa com que se depara a teoria do processo de trabalho". Todavia, em geral isso tem sido buscado dentro das fronteiras da abordagem estruturalista, onde o "processo subjetivo" do trabalho é, na melhor das hipóteses, representado como um produto contingente de uma gama ampliada de forças estruturais, supostamente independentes e objetivas. Conforme Coward e Ellis (1977:82) observaram, quando desenvolveram uma crítica pós-estruturalista[39] do marxismo ortodoxo:

> há algo ausente na análise marxista do sujeito (...) o mais longe que a análise marxista do indivíduo pode ir é mostrá-lo como *determinado* por uma síntese de múltiplas determinações (...). O que está faltando é uma idéia da materialidade do sujeito humano, na qual a síntese se articula consigo mesma.

O que é essa "materialidade do sujeito humano"? Como um dispositivo universal da existência humana é o "perigoso e imenso abismo (...) entre o comportamento humano e as imposições da Natureza", cuja transposição "requer um esforço sustentado e consciente"?[40] Em outras palavras, "a materialidade do sujeito humano"[41] precipita um combate para se ganhar um senso de propósito e identidade. Porém, como implica a referência à transposição do abismo, "a materialidade do sujeito humano" é histórica e culturalmente articulada. No contexto das sociedades capitalistas modernas, é promovida a construção de *selves* altamente individualizados, cujas

---

ciência humana para uma análise das contradições no sistema capitalista (Willmott, 1990). Não por acaso, mesmo em *O capital*, emerge ocasionalmente uma preocupação com a identidade individual e com a significância existencial da autoconsciência. No apêndice de *O capital*, por exemplo, Marx (1967-76:1033) faz referência, ainda que de passagem, à forma pela qual os "mercados de trabalho 'livres' operam no sentido de constituir trabalhadores como agentes autodisciplinados, que devem arcar com sua parte: (os trabalhadores) *aprendem a se controlar, ao contrário dos escravos*, que precisam de um amo"; e, além disso, que "a consciência (ou melhor, *a noção*) de uma autodeterminação livre, de liberdade, cria um trabalhador muito melhor, assim como o fazem os sentimentos (sensos) ou responsabilidades relacionadas" (p. 1031). Dessa forma, é menos plausível argumentar que a teoria da subjetividade está totalmente "ausente" em Marx (Thompson, 1990:114; cf. Aronowitz, 1976) do que sugerir que, primeiro, ela está, infelizmente, pouco desenvolvida; e, segundo, que seu desenvolvimento necessita de uma reconstrução radical da teoria do processo de trabalho.

39 Para uma explicação e exemplificação da aplicação dessa crítica à análise ortodoxa do processo de trabalho, ver O'Doherty e Willmott, 1996.

40 Bauman, 1976:6.

41 Coward e Ellis, 1977:82.

ansiedades a respeito de seu próprio valor — "a identidade do real e do bem"[42] — são simultaneamente suavizadas e confirmadas, aumentadas e relaxadas, conforme é elogiada a liberdade de mercado (mercantilizada) dos indivíduos, tanto como consumidores quanto como vendedores de trabalho.[43] Notoriamente, a impessoalidade (incluindo a informalidade superficial e a amizade ritualizada) e a competitividade das relações de mercado fomentam os processos de individualização. A ansiedade e a vergonha rondam o processo de trabalho capitalista, na medida em que cada vendedor de trabalho "se esforça para garantir que não será retirado de campo por outros vendedores do mesmo tipo que ele".[44] Comentando especificamente a experiência daqueles "localizados bem abaixo da elite máxima de riqueza e poder", os quais ainda estão distantes social, econômica e organizacionalmente daqueles que gerenciam, Ehrenreich (1989:15) observa como os membros desse grupo tendem a ser "inseguros e profundamente ansiosos", temendo "um infortúnio que faça com que resvalem para o nível de baixo". A importância dessa observação não é apenas psicológica, em termos dos níveis de estresse e tensão experimentados pelos empregados. Cada vez mais, tais emoções são tanto alvos quanto produtos do controle gerencial.[45] A ansiedade e a vergonha são induzidas, excitadas, aplacadas e manipuladas, visando-se obter um maior comprometimento e produtividade, apesar de isso não ocorrer de uma forma destituída de conseqüências inesperadas e autofrustrantes.[46]

---

[42] Coward e Ellis, 1977:82.

[43] Bauman, 1989; Giddens, 1991; e Willmott, 1994.

[44] Marx, 1967-76:1031.

[45] Hochschild, 1983.

[46] Kunda, 1991. Em seu estudo etnográfico de uma corporação do setor de informática, Kunda observou como o esforço de se gerenciar a cultura pode ter o efeito (inesperado) de aumentar a consciência dos membros sobre a qualidade fabricada e sintética dos papéis, dos valores e dos padrões de moralidade que ela busca prescrever. Aparentemente, a intenção era "produzir" um *staff*, em especial gerentes, que desenvolveriam um senso de autodevoção aos valores centrais da corporação, mas o efeito foi desenvolver "um *self* ambivalente, oscilante e irônico", o qual se alternava continuamente entre a representação dramática desses valores e o envolvimento em jogos vagos que problematizavam sua autoridade. Em princípio, o desenvolvimento de uma cultura organizacional forte atenua a ambivalência. Na prática, ao inventar a geração de uma lealdade e de um comprometimento com a corporação, a qualidade construída das normas organizacionais pode ser desmascarada de tal maneira que elas acabam virando um recurso para a articulação de uma forma alternativa de autoconhecimento e auto-identidade. Para os empregados do estudo de Kunda, o respeito decorreu de uma competente ironia e paródia de seus símbolos e rituais.

Marx argumentou, convincentemente, que a capacidade de subordinar a vontade a um propósito permite a realização de uma (multifacetada) atividade produtiva dos seres humanos. Porém, ele teceu considerações superficiais sobre como a existência humana é problematizada a partir do momento em que nos identificamos como objetos de entendimento e de controle; e, relacionado a isso, como a construção de uma divisão na experiência é geradora de ambições e de ansiedades quanto à auto-identidade — ansiedades que são importantes para a compreensão da motivação do comportamento humano (por exemplo, o gerencial), incluindo a atividade da organização produtiva.[47] Na medida em que a objetivação da experiência, vista como "em si", é tida como real e, assim, assumida como uma fonte dependente da auto-identidade e da segurança, existe sempre o risco e/ou a antecipação de uma (des)objetivação. Uma percepção mais ou menos consciente dessa possibilidade e o desejo concomitante de se evitar ou de controlar uma débil esperança de (des)objetivação medeiam a ação humana, incluindo a atividade gerencial.

## *Da materialidade dos sujeitos gerenciais*

O trabalho não é um "processo subjetivo" só porque é um jorro de criatividade e de engenhosidade; ou porque é uma fonte de oposição ao controle capitalista; ou mesmo porque pode ser um agente de consenso.[48] Além disso, ou mais importante, o

---

[47] Notoriamente, há a comparação de Marx do pior arquiteto com a melhor das abelhas. Ele apresenta esse exemplo para salientar a qualidade intencional e que vai além do instinto do trabalho humano: "o que distingue o pior arquiteto da melhor das abelhas é que o arquiteto constrói o favo em sua mente antes de fazer a cera" (Marx, 1967-76:284). De passagem, Marx também observa o quanto "a abelha *envergonharia* muitos arquitetos humanos devido à construção de suas colméias" (ibid., grifo meu). A abelha, pelo contrário, não experimenta nem a confirmação nem o desafio para seu sentido de identidade como fazedora de favos, quando ela obtém sucesso ou quando falha em produzir um favo perfeito. Tanto quanto sabemos, a programação biológica da atividade da abelha efetivamente nega, ou encerra, qualquer experiência de vergonha e de culpa associadas à falha ou à imperfeição. De fato, na falta de qualquer divisão na experiência, a abelha não pode identificar um "em si" que supostamente se aproxime da perfeição: a capacidade de intencionalidade do arquiteto não pode envergonhar a abelha. A natureza humana, em contraste, é aberta — uma abertura que é uma condição de possibilidade da intencionalidade humana, e do senso de confirmação ou negação que daí emerge. Maravilhando-se com a perfeição dos favos das abelhas, o arquiteto pode ficar envergonhado de seus desenhos nada ilustres. Não reconhecido e, por isso, inexplorado pela teoria ortodoxa do processo de trabalho é o condicionamento do processo de trabalho pelas experiências que têm o efeito de confirmar ou de impugnar o senso de *self* — uma dimensão existencial do trabalho que é altamente complexa, visto que o que é percebido como "confirmação" é socialmente construído e, dessa forma, está sujeito a redefinições e renegociações.

[48] Thompson e Smith, 1996.

trabalho humano, incluindo-se aí a atividade gerencial, é "subjetivo" num sentido existencial. O trabalho tem implicações para a auto-identidade, em vista do senso de confirmação ou de recusa experimentado em sua realização. Conforme Watson (1994:178-179) observou em seu estudo sobre os gerentes da ZTC Ryland:

> Quanto mais eu vejo os gerentes na Ryland, mais percebo o alcance do medo humano, da insegurança, da dúvida e da fragilidade entre eles (...) Os gerentes são seres humanos, e eles têm todas as fragilidades e ansiedades humanas que também têm as outras pessoas que eles procuram influenciar. Pode ser que eles freqüentemente sofram tudo isso mais que muitos outros, devido às expectativas maiores que são dirigidas a eles.

Sendo vendedores de trabalho, os gerentes tipicamente, e mesmo obsessivamente, estão preocupados com sua performance individual, sua estabilidade no emprego e suas perspectivas de carreira. Tais preocupações são abastecidas rotineiramente, e exploradas pelos empregadores e outros superiores, que distribuem vários "chicotes e cenouras" num esforço de induzir os gerentes a desconsiderar seus valores e prioridades pessoais, quando estes supostamente impedem ou subvertem os objetivos da corporação.[49] Em resposta, os gerentes podem mobilizar outros valores, agendas e preocupações para propagar, resistir ou circundar pressões que são projetadas para fazer com que sua ação seja mais previsível e lucrativa.[50] Como observou o diretor de manufatura de uma das empresas que estudei: em contraste com os trabalhadores do chão de fábrica, que são tão "maltratados que se você falar para eles tirarem a roupa, eles o farão, porque estão desesperados pelo emprego, "os gerentes intermediários freqüentemente demonstram maior resistência a mudar suas práticas quando pressionados para isso:

> convencer os gerentes intermediários a mudar e continuar mudando é extremamente difícil, extremamente difícil (...) eles não querem mudar, e qualquer mudança é vista como uma ameaça. Por exemplo, você encontra uma grande leva de gerentes médios que não utilizam computador, eles não usam, e acrescentar isso ou mudar essas coisas é realmente muito difícil.

---

[49] Jackall, 1988.

[50] Knights e Murray, 1994.

Assim, são as manifestações mundanas e empíricas que Burawoy (1985) denomina as dimensões políticas e ideológicas do contexto do trabalho. Os planos de negócios, por exemplo, não são construídos e implementados de forma insensata por gerentes comprometidos ou programados para garantir os objetivos capitalistas. Ao contrário, as pressões para que eles sejam receptíveis a tais objetivos são mediadas e qualificadas por oportunidades percebidas para assegurar ou levar adiante uma mescla de preocupações e valores de identidade-segurança, tais como a extensão de uma atividade especializada, a rapidez de uma promoção, a chance de um trabalho mais desafiador, ou a continuação de uma vida tranqüila etc.[51] E, claro, é por isso que se tem elaborado tecnologias de controle — auditorias, esquemas de propriedades compartilhadas, sistemas de verificação, esquemas de bônus, programas culturais etc. — para minimizar os riscos potenciais associados com a delegação de autoridade aos gerentes.[52] Essa concepção da natureza da atividade gerencial será doravante ilustrada tomando como referência o estudo dos gerentes da ICI.

## *Gerentes no trabalho: os relatórios da ICI*

Não é de surpreender que freqüentemente haja uma resistência pública e notória dos gerentes intermediários, e mesmo de parte da gerência superior, às exigências

---

[51] Superficialmente, um foco sobre a estrutura de referência dos atores e uma crítica associada ao determinismo ressoam da censura de Child à falha da teoria da contingência (estrutural) em avaliar como as escolhas estratégicas dos tomadores de decisão são um fator-chave para a compreensão da formação e da reprodução das estruturas organizacionais. Seu argumento atenta para os "valores ideológicos", que informam que as escolhas estratégicas dos gerentes — por exemplo, sobre mercados, força de trabalho, tecnologia e formas de organização do trabalho — "fornecem um antídoto útil à noção sociologicamente insatisfatória de que uma dada estrutura organizacional pode ser entendida em relação ao imperativo funcional de 'necessidades do sistema', as quais de alguma forma transcendem aos objetivos de qualquer grupo de membros da organização" (Child, 1972:14). Todavia, de uma perspectiva do processo de trabalho é insatisfatório extrair o desenvolvimento dos valores gerenciais de seu posicionamento interno e da reprodução da estrutura capitalista específica de relações de produção, conforme Child tende a fazer (Wood, 1980; e Whittington, 1988). Em sua "teoria da contingência política" (Child, 1984:230), as ideologias e as "políticas" gerenciais são tratadas como variáveis que explicam como as estruturas organizacionais são determinadas. Para uma crítica complementar, ver Alvesson e Willmott, 1996.

[52] Em resposta à percepção de que os gerentes — de todos os níveis — são freqüentemente resistentes a mudanças que, no seu entender, desafiam ou depreciam seu autoconhecimento (Goffee e Scase, 1986), têm surgido intermediários (por exemplo, consultores gerenciais), que pretendem reformular a identidade e projetar os gerentes como "empreendedores corporativos" engajados na função de criar uma assim chamada nova matriz pós-burocrática disciplinar (Fulup, 1991; Burgelmam, 1983; Kanter, 1983; e Peters, 1987). Apesar de a intenção desses intermediários ser a de desenvolver novos e autoritários propósito e identidade para a gerência (intermediária), sua mensagem freqüentemente problematiza a própria "necessidade" — de coerência e continuidade — a que pretendem atender.

e aos planos estratégicos propostos pelos proprietários e pelas elites gerenciais.[53] As hierarquias gerenciais, como admite Armstrong (1991a:18), são "campos de batalha de uma obstrução mútua e de um estado de guerra ideológico no qual muito esforço é despendido para subverter o esforço dos oponentes, quando é feito na construção, em nome do diretor". Lamentando a capacidade dos gerentes de resistir a pressões inesperadas, e associando tais ações (ou a falta delas) a "organizações monótonas e desinteressantes",[54] Harvey-Jones (1988:71), um ex-presidente da ICI, observa como

> Em tal organização você se sente acuado por pessoas que podem não lhe dar permissão de fazer algo, ou que estão apenas esperando para pular sobre você, se parece que você está tomando iniciativas (...) é muito mais importante (...) continuar com o papel que caracteriza tais organizações, como comparecer a reuniões intermináveis, e nunca reclamar se as pessoas parecem realizar pouco, do que realizar o objetivo empresarial de obter mais lucro. De fato, é a preservação da "forma" do comportamento organizacional que se torna o alvo do ator em cena, mais do que as realizações empresariais.

Para os gerentes (seniores) e outros agentes comprometidos com o capital que colocam "os objetivos do negócio para o lucro" acima de tudo o mais, um problema básico é a teimosia dos gerentes cuja fidelidade para com esse objetivo é parcial, ambivalente e, não raro, teatral.[55] Considere-se, por exemplo, a descrição de Nichols

---

[53] Ver, por exemplo, Wright, 1979; Shorris, 1981; Hopper et al., 1986; Whipp e Clark, 1988; Whittington, 1989; e Knights e Willmott, 1988.

[54] Conforme Whittington (1989:72) ressaltou, o "grau ao qual" (Harvey-Jones) engajou-se numa busca racional por seus próprios interesses (...) não é examinada na avaliação de Pettigrew (1985) sobre os processos de mudança estratégica na ICI. A narrativa de Pettigrew repousa de forma acrítica em termos da justificação da ação do futuro *chairman* como uma estratégia coerente e iluminada para "acordar" o gigante, a despeito da inclusão de um comentário de um consultor *senior* interno (Whittington, 1989:410) que o convida diretamente para uma exploração da influência da ambição na formatação das ações.

[55] Por exemplo, quando se perguntou ao gerente de pessoal de uma das empresas estudadas se a mudança cultural na empresa estava criando raízes, ele observou que "é interessante ver em que medida as pessoas internalizam os valores ou se elas vêem o que está escrito nas paredes e se dão conta de que precisam apresentar determinado comportamento se desejam ser vistas como aceitáveis pela organização. Eu estou inclinado a pensar que é este último". Os planos, os procedimentos e os mecanismos de controle, incluindo as iniciativas de mudança cultural, desenvolvidos ostensivamente para garantir os objetivos "capitalistas" — e que são fontes imediatas de pressão e ansiedade para os gerentes — devem ser entendidos em relação aos esforços de seus arquitetos para demonstrar seu senso próprio e contraditório de responsabilidade e de prioridade (Knights e Morgan, 1991).

e Beynon (1977:39) sobre a reação excessiva de um gerente de fábrica da ICI quanto ao conteúdo de um pequeno folheto no qual todos os gerentes da ICI eram retratados como "porcos". Esse gerente replicou, dizendo: "eu não sou um porco. Eu me preocupo muito com aquilo que estou fazendo". A imagem de que todos os gerentes são "porcos", que simplesmente cuidam do capital sem respeitar o bem-estar da força de trabalho (ou seu próprio senso de integridade pessoal) é negada veementemente. Nichols e Beynon (1977:40) interpretam essa reação indignada como um conflito entre "moralidade pessoal e econômica". Fiéis aos preceitos da análise marxista ortodoxa, rejeitam a consideração de que o auto-entendimento dos gerentes está imbricado com a formatação e a reforma das relações sociais de produção: as esferas da moralidade econômica e pessoal estão completamente desconectadas, uma vez que supõem que a atividade gerencial está inteiramente "estruturada pelas necessidades do capital" (1977:v). Dando sustentação a esse entendimento, Nichols e Beynon observam que, quando na presença de seu gerente imediato, a linha de argumentação adotada pelo gerente da fábrica foi muito diferente. Quando comentou a experimentação de novos tipos de técnicas de relacionamento humano, por exemplo, o gerente de fábrica nada disse a respeito de seu impacto negativo sobre o serviço, a intensificação do esforço ou o moral dos funcionários. Em vez disso, o gerente de fábrica expressou a preocupação de que tais técnicas novas poderiam distrair a atenção do objetivo de fazer química e obter lucro:

> O primeiro objetivo a ser lembrado é que nós estamos no negócio de fazer dinheiro e que a atividade gerencial é basicamente a produção. Se todas essas técnicas ajudam, então muito bem.
>
> (Nichols e Beynon, 1977:41)

Este comentário foi interpretado por Nichols e Beynon como uma confirmação nada ambígua da identificação da atividade gerencial, pelo gerente de fábrica, com a realização de lucros. Eles não contemplaram a possibilidade de que a racionalização da ação fosse *dependente do contexto* e, por isso, o "em si" do gerente de fábrica que referenda a imagem de que "estamos no negócio de fazer dinheiro" não ir além, *necessariamente*, das interações específicas com seus superiores. Cegos pela estrutura do marxismo ortodoxo, Nichols e Beynon assumem a existência de uma identidade gerencial estável, que governa o que os gerentes dizem e fazem nos diversos contextos do trabalho; e, por isso, o gerente de fábrica tem que ser dissimulado quando insiste em que "eu me preocupo muito com aquilo que estou fazendo" (1977:39).

Naturalmente, parece ser bem plausível que o gerente de fábrica esteja dissimulando — talvez na esperança de convencer os pesquisadores (ou a si mesmo)[56] de que seu senso de moralidade pessoal permanece mais ou menos intacto, a despeito das pressões de seu emprego. Porém, dada a veemência de sua reação e a avaliação subseqüente de Nichols e Beynon (1977:41 e segs.) acerca de seu estado de perplexidade sobre sua posição, certamente não é menos plausível sugerir que a introdução de novas técnicas de relações humanas ameaçou romper com rotinas apreciadas, forçar competências gerenciais estabelecidas e mesmo reduzir ou tornar complexas algumas áreas da autoridade gerencial.[57] Se assim for, então é bem possível que o questionamento do gerente de fábrica quanto à contribuição dessas técnicas para fazer dinheiro seja, pelo menos, parcialmente motivado pela antecipação *despertada pela ansiedade* acerca das possíveis implicações de tais desenvolvimentos para sua identidade como gerente competente e para sua carreira, assim como para o bem-estar de seus subordinados. Conforme Ehrenreich (1989:15, grifo meu) salientou, na esteira de Braverman (1974), os integrantes do que ela denominou "a classe média profissional" estão posicionados, com as relações sociais capitalistas, "bem abaixo da elite máxima de riqueza e de poder". Em comum com aqueles que gerenciam, seu único "capital" é "o conhecimento e a habilidade, ou pelo menos credenciais de conhecimentos e habilidades", as quais, por não serem estocadas, "devem ser *renovadas em cada indivíduo mediante um esforço contínuo e o comprometimento*".

Ocupando uma posição contraditória na estrutura das relações de produção capitalista, os gerentes não raro sentem alguma lealdade não só para com suas carreiras e famílias, mas também para com outros empregados. Conforme Whittington (1992) argumenta, suas ações são mais ou menos guiadas de forma consciente, qualificadas e "acomodadas" por tais considerações. Quando contempla a descrição de gerentes vistos como "porcos", o gerente de fábrica pode ser desafiado contra outros discursos — de âmbito "familiar" e "coletivo" — e aos valores a eles associados. Além de conflitarem com a atribuição de um comportamento "típico de porco" a todos os

---

56 O protesto do gerente pode ser apenas mais uma apresentação do *self*, dessa vez em benefício de dois pesquisadores de "esquerda"; um protesto que, mesmo sincero, não será necessariamente posto em prática. Isso é indubitavelmente possível, embora pairem dúvidas sobre quão freqüente é uma ruptura *completa* entre a moralidade pessoal e a performance de um papel. Para uma discussão a respeito, ver Jackall, 1988.

57 Ezzamel e Willmott, 1996.

gerentes, como também são eles próprios geradores de ansiedade em relação a um nítido aumento das pressões sobre tais valores, ocasionado pela introdução planejada de novas técnicas de recursos humanos. Falar abertamente sobre tais ansiedades para seus superiores pode muito bem levantar dúvidas sobre suas habilidades gerenciais, assim como sobre seu comprometimento com as mudanças planejadas. As preocupações do gerente de fábrica são então articuladas num discurso mais condizente com a performance competente de seu papel, conforme este é definido organizacionalmente. Assim, como Roberts (1991:358) observou, nos locais onde as formas hierárquicas e individuais de comunicação e de avaliação são dominantes:

> Alguém é aceito não apenas por sua característica de ser único, mas por se aproximar mais da imagem idealizada pelo empregador daquilo que é requerido (...) a aceitação é transitória e condicional em relação à performance; a aceitação e o reconhecimento não são alcançados de uma vez e para todos, mas constantemente postos em jogo em rituais de avaliação hierárquica.

Quando interpretado por esse prisma, pode-se presumir que o posicionamento do gerente de fábrica na hierarquia da ICI estimulou, neste contexto, a apresentação do "em si", o qual articulou a sua apreensão a respeito das novas técnicas, dando-lhe uma aparência mais aceitável, ideológica e politicamente, ao pôr em dúvida sua contribuição para a lucratividade. As preocupações do gerente de fábrica quanto às conseqüências das novas técnicas para si mesmo e para os demais empregados podem, então, ser comunicadas de forma a serem vistas como "normais" e "respeitáveis", em vez de divergentes e até subversivas.[58] Se a aparência de comprometimento com o "fazer dinheiro" é exposta com êxito, isso ajuda a atenuar as suspeitas de muitos dos gerentes seniores de que seus colegas juniores carecem de um comprometimento com tais objetivos básicos do negócio, como indica o estudo posterior de Harris (1987) na mesma fábrica da ICI.

---

[58] Conforme Clegg (1994:159) encaminha a questão, "o poder normatiza através de formulações discursivas de conhecimentos (...) Nosso olhar reflexivo (por exemplo, o olhar atribuído ao gerente da localidade pelo gerente de fábrica) assume um papel disciplinador, conforme levamos em conta as avaliações e os vocabulários expressivos que estão disponíveis para nós, assim como outras formas determinadas de avaliação são marginalizadas ou simplesmente tiradas de circulação. As avaliações socialmente disponíveis não são aleatórias". Todavia, na análise de Clegg, nenhuma conexão é estabelecida entre privilegiar certas formas de avaliação e de vocabulários expressivos e as relações dominantes de poder-conhecimento do capitalismo e do patriarcado.

O estudo de Harris fornece um exemplo adicional da "identidade da atividade" de gerentes na mesma localidade da ICI.[59] Mais especificamente, seu estudo ilustra como uma estratégia de relações industriais ostensivamente desenhada para aumentar o comprometimento e a produtividade do trabalhador foi solapada pela preocupação dos gerentes seniores com sua própria diferenciação em relação aos demais e pela importância que se auto-atribuíam. Segundo Harris, os gerentes seniores tinham a firme idéia de que os gerentes juniores, assim como os trabalhadores da base, estavam interessados apenas em maximizar seus salários, sendo indiferentes ou hostis a preocupações referentes à produtividade. Quando a estratégia de relações industriais foi implementada, ela deu origem a uma considerável hostilidade e sofreu a resistência do *staff*, incluindo-se os gerentes juniores.[60] Isso foi interpretado pelos gerentes seniores como uma clara confirmação de suas crenças de que os empregados estavam interessados somente em salários e em condições de trabalho favoráveis, e totalmente desinteressados na produtividade das fábricas.[61] Toda reclamação ou resistência quanto a decisões gerenciais foi julgada pelos gerentes seniores como nada mais do que "mera camuflagem para mais pretensões de interesse próprio" (Harris, 1987:232).

Da perspectiva do processo de trabalho ortodoxo, poder-se-ia alegar que, a despeito da hostilidade que provocou, a estratégia das relações industriais foi consistente com os interesses de longo prazo do capital: ela permitiu que os gerentes seniores mantivessem o controle sobre o trabalho e/ou garantissem o futuro das fábricas. Essa interpretação faz uma suposição panglossiana de que o que quer que os gerentes

---

59 Cumpre observar que o estudo de Harris, baseado num período de três meses de intenso trabalho de pesquisa de campo, que incluiu longos períodos gastos com deslocamento de pessoal, padece de um número considerável de limitações metodológicas e teóricas. Tais limitações são expostas numa crítica claramente hostil ao trabalho de Harris feita por Peter Armstrong, quando de sua atuação como debatedor de um artigo de Harris na Labour Process Conference, realizada na Aston University, na primavera de 1988. Para o presente argumento, uma séria deficiência é o fato de não avaliar ou tratar das questões políticas levantadas e exploradas pela teoria do processo de trabalho. O estudo simplesmente dispensa a análise do processo de trabalho em favor de um pluralismo histórico, assim como quando caracteriza as estratégias de relações industriais da ICI como "resultado de homens agindo por motivos variados em situações complexas, e produzindo resultados que, freqüentemente, não são os esperados" (Harris, 1987:199). A tendência a um determinismo e um reducionismo na análise ortodoxa do processo de trabalho é substituída por um voluntarismo e uma indeterminação igualmente problemáticos.

60 Segundo Harris (1987:208), os gerentes juniores conferiram um alto valor à preservação das oportunidades "para provar sua competência técnica aos olhos de seus pares e de outros supervisores". Para eles, a estratégia de relações industriais ou ignorou ou foi indiferente quanto a seus haveres e a seus investimentos psicológicos no *know-how* requerido para manter as fábricas funcionando.

61 Evans-Pritchard, 1976; e Pollner, 1987.

façam, no fim tudo será para o bem (do capital). Isso a torna infensa a críticas, visto que qualquer desenvolvimento imaginável é tomado como uma confirmação de sua verdade. Alternativa ou adicionalmente a isso, poder-se-ia discutir que alguns gerentes sempre irão fazer julgamentos inadequados em situações complexas e que, nesse caso em particular, os gerentes seniores da ICI não avaliaram adequadamente a importância e a possibilidade elementares de arquitetar uma estratégia que cultivasse e explorasse mais efetivamente os desejos dos empregados de construir um senso de orgulho, assim como de receber uma remuneração segura e estável por seu trabalho. Essa interpretação revela as conseqüências não-intencionais das ações dos gerentes seniores quanto à sua limitada compreensão da situação. *Se pelo menos* a gerência tivesse estudado a situação de forma mais cuidadosa, e se tivesse examinado suas crenças sobre as atitudes dos trabalhadores de modo mais crítico, conforme essa imagem sugere, poderia ter sido desenvolvida uma estratégia mais efetiva de criação de consenso. O que esse argumento do "se pelo menos" negligencia é como a *estrutura dos relacionamentos entre os gerentes e os trabalhadores condiciona as percepções gerenciais e informa seu raciocínio prático.* Tal interpretação é amplamente consistente com a orientação estruturalista da teoria do processo de trabalho (ortodoxa). Contudo, e crucialmente, a análise ortodoxa não incorpora um entendimento de como a auto-identidade — na forma das crenças da gerência (sênior) de que (apenas) ela se preocupa com o futuro das fábricas, enquanto os outros só estão interessados em maximizar suas vantagens financeiras de curto prazo — é um meio, tanto quanto um resultado, de seu posicionamento gerencial em uma estrutura capitalista de relações de trabalho. Mais especificamente, a análise ortodoxa do processo de trabalho é incapaz de apreender como a formação contraditória da auto-identidade gerencial nesta estrutura, diferentemente daquela dos trabalhadores produz ignorância e miopia em relação à falta de boa vontade dos empregados etc. Em conseqüência, as ações dos trabalhadores — assim como sua relutância em alterar seus padrões — são prontamente interpretadas como a confirmação de sua falta de interesse em aumentar os níveis de produtividade, o que, por sua vez, confirma a necessidade de se ter a auto-importância dos gerentes (seniores).

Desprezar a força de trabalho por achar que sua visão é limitada e que só tem interesses próprios permite que os gerentes garantam e sustentem sua posição e suas prerrogativas de únicos empregados confiáveis e defensores dos "objetivos do negócio". Ao denegrir o comprometimento de outros empregados com a produtividade, declaram uma necessidade funcional pelo controle gerencial e o valor funcional por sua própria *expertise*. Não obstante, a garantia da auto-importância é consumada na negação do outro: na ICI, os gerentes seniores agiam de maneira que prejudicava (não-intencional e desnecessariamente) o moral e a cooperação dos operadores e dos gerentes juniores. A importância e o valor agregado pelos gerentes a seus trabalhos são condicionados pela atribuição de falhas (por exemplo, falta de disciplina, responsabilidade etc.) a outros funcionários. Apesar das mudanças cosméticas e retóricas efetuadas na maioria das manifestações de diferenças hierárquicas (como múltiplas facilidades de alimentação e a reclassificação de gerentes como *coaches*), tal embate tende a ser resolvido pelo desenvolvimento e pela manutenção de uma distância econômica e social em relação aos demais empregados, através da qual suas posições privilegiadas são mantidas. Sob esse aspecto, as dúvidas dos gerentes seniores sobre as preocupações acerca dos funcionários quanto à produtividade das fábricas podem ser vistas como motivadas tanto ou mais *por uma preocupação defensiva em assegurar uma identidade, construída sobre seu posicionamento contraditório e precário com as relações de produção capitalista*, do que pelo imperativo funcional de melhorar sua performance. Conforme eles lutam contra a materialidade de sua subjetividade, o posicionamento dos gerentes na divisão social do trabalho os leva a gerenciar essa materialidade de modo a confirmar seu senso de propósito e de identidade — com conseqüências contraditórias para o cumprimento das assim chamadas funções do capital e de sua estabilidade no emprego, visto que são funcionários.

## Conclusões

Este capítulo recomendou e explorou a relevância da teoria do processo de trabalho para a análise da atividade gerencial. A importância da análise efetuada por Marx da organização capitalista do trabalho tem sido salientada, enquanto urge que ocorra sua radical reconstrução. Tal reconstrução, conforme foi discutido, deve prover uma apreciação mais adequada da natureza e da significância do posicionamento ambivalente do gerente — como objeto ("metas") e como sujeito ("agente") de formas de controle capitalista.

Assim como os outros funcionários, os gerentes não "apenas" operam ou supervisionam os meios físicos e organizacionais de produção do modo ditado pelos imperativos do capitalismo. Sua materialidade como sujeitos humanos também os obriga a se envolver com a significância existencial da qualidade de intencionalidade da consciência humana, e não apenas com sua contribuição para a atividade produtiva. O conteúdo e a organização da atividade gerencial são talhados e reproduzidos pelos "sujeitos materiais", os quais, como vendedores individualizados de trabalho assalariado e objetos de controle, são submetidos à ansiedade quanto a sua performance e à carreira; e os quais, tal como os demais empregados, são disciplinados por uma variedade de "chicotes" (por exemplo, auditorias) e "cenouras" (por exemplo, esquemas de pagamentos por performance), que existem intencionalmente para garantir sua cooperação e confiança.

A preocupação existencial de assegurar um senso de auto-identidade estável e aceitável não é simplesmente um "ruído" que deprecia o "sinal" no circuito de controle capitalista. Pelo contrário, é um meio inescapável de geração e de transmissão de sinais. Por isso, é necessário complementar, qualificar e aprofundar uma análise da inserção da atividade gerencial na operação contraditória do capitalismo, com uma avaliação de como o gerenciamento de tais contradições é mediado pelas preocupações de se garantir ou aumentar um senso de auto-identidade. Como fazer isso tem sido ilustrado pela reinterpretação da evidência desenhada pelos estudos existentes sobre a atividade gerencial. Espera-se que, no futuro, a pesquisa sobre a gerência e os textos sobre avaliações dos gerentes superem as limitações da análise burguesa e da teoria ortodoxa do processo de trabalho.

## Referências bibliográficas


ALVESSON, M.; WILLMOTT, H. *Making sense of management: a critical introduction.* London: Sage, 1996.

ANTHONY, P. *The ideology of work.* London: Tavistock, 1977.

ARMSTRONG, P. Management, labor process and agency. *Work, Employment and Society*, v. 3, n. 3, p. 307-322, 1989.

_______. Contradiction and social dynamics in the capitalist agency relationship. *Accounting, Organisation and Society,* v. 16, n. 1, p. 1-25, 1991a.

_______. The divorce of productive and unproductive management. In: SMITH, C.; KNIGHTS, D.; WILLMOTT, H. (Eds.). *White-collar work: the non-manual labor process.* London: Macmillan, 1991b.

ARONOWITZ, M. Marx, Braverman and the logic of capital. *Insurgent Sociologist*, v. 8, n. 1, p. 126-146, 1976.

BARNARD, C. I. *The functions of the executive.* Cambridge: Harvard University Press, 1936.

BAUMAN, Z. *Towards a critical sociology: an essay on common sense and emancipation.* London: Routledge, 1976.

_______. *Legislators and interpreters*. Cambridge: Polity, 1989.

BRAVERMAN, H. *Labor and monopoly capital*. New York: Monthly Review Press, 1974.

BURAWOY, M. *Manufacturing consent*. Chicago: University of Chicago Press, 1979.

_______. *The politics of production*. London: Verso, 1985.

BURGELMAN, R. A corporate entrepreneurship and strategic management: insights from a process study. *Management Science*, v. 29, n. 12, p. 1349-1364, 1983.

BURNHAM, J. *The managerial revolution*. Harmondsworth: Penguin, 1945.

BURNS, T. *The BBC: public institution and private world*. London: Macmillan, 1977.

CAMPANIS, P. Normlessness in management. In: DOUGLAS, J. D. (Ed.). *Deviance and respectability*. New York: Basic Books, 1975.

CARCHEDI, G. *On the economic identification of social classes*. London: Routledge and Kegan Paul, 1977.

CARLSON, S. *Executive behavior*. Stockholm: Strombergs, 1951.

CHILD, J. Organization structure, environment and performance: the role of strategic choice. *Sociology*, v. 6, p. 1-22, 1972.

_______. Management. In: PARKER, S. R. et al. (Eds.). *The sociology of industry*. London: Allen and Unwin, 1977.

_______. *Organization*. London: Harper and Row, 1984.

CLEGG, S. *Modern organizations*. London: Sage, 1990.

_______. Weber and Foucault: social theory for the study of organizations. *Organization*, v. 1, n. 1, p. 149-178, 1994.

COWARD, R.; ELLIS, J. *Language and materialism: developments in semiology and the theory of the subject*. London: RKP, 1977.

DALTON, M. *Men who manage*. New York: John Wiley, 1959.

DAVIES, S. Inserting gender into Burawoy's theory of the labor process. *Work, Employment and Society*, v. 4, n. 3, p. 391-406, 1990.

DOPSON, S.; STEWART, R. What is happening to middle management? *British Journal of Management*, v. 1, n. 1, p. 3-16, 1990.

DRUCKER, P. *Management*. London: Pan, 1977.

DU GAY, P.; SALAMAN, G.; REES, T. The conduct of management and the management of conduct: contemporary managerial discourse and the constitution of the competent manager. *Journal of Management Studies*, v. 33, n. 3, p. 263-282, 1996.

EHRENREICH, B. *Fear of falling: the inner life of the middle class.* New York: Pantheon Books, 1989.

ELDRIDGE, J.; CRESSEY, P.; MacINNES, J. *Industrial sociology and economic crisis.* London: Harvester, Wheatsheaf, 1991.

EVANS-PRITCHARD, E. E. *Witchcraft, oracles and magic among the Azand.* Oxford: Oxford University Press, 1976.

EZZAMEL, M.; WILLMOTT, H. *Accounting, remuneration and employee motivation in the new organization.* Manchester: Department of Accounting and Finance/University of Manchester, 1996. ms.

_______; GRENN, C.; LILLEY, S.; WILLMOTT, H. *Changing managers and managing change.* London: Chartered Institute of Management Accountants, 1995.

FAYOL, G. H. *General and industrial management.* London: Pitman, 1949.

FLETCHER, C. The end of management? In: CHILD, J. (Ed.). *Man and organisations.* London: Allen and Unwin, 1973.

FULUP, L. Middle managers: victims of vanguards of the entrepreneurial movement? *Journal of Management Studies*, v. 28, n. 1, p. 25-44, 1991.

GARFINKEL, H. *Studies in ethnomethodology.* Englewood Cliffs: Prentice Hall, 1967.

GIDDENS, A. *Capitalism and modern social theory: an analysis of the writings of Marx, Durkheim and Max Weber.* Cambridge: Cambridge University Press, 1971.

_______. *Modernity and self-identity: self and society in the modern age.* Cambridge: Polity Press, 1991.

GOFFEE, R.; SCASE, R. Are the rewards worth the effort? Changing managerial values in the 1980s. *Personnel Review*, v. 15, p. 3-6, 1986.

HABERMAS, J. *Knowledge and human interests.* London: Heinemann, 1972.

HALES, C. What do managers do? A critical review of the evidence. *Journal of Management Studies*, v. 23, n. 1, p. 88-115, 1986.

_______. Managerial process, managerial divisions of labor and managerial work: towards a synthesis. *International Journal of Sociology and Social Policy*, v. 9, n. 5/6, p. 9-38, 1989.

_______. *Managing through organization.* London: Routledge, 1993.

HARRIS, R. *Power and powerlessness in industry: an analysis of social relations of production.* London: Tavistock, 1987.

HARVEY-JONES, J. *Making it happen.* London: Sphere, 1988.

HICKSON, D. J. et al. *Top decision: strategic decision-making in organizations.* Oxford: Blackwell, 1986.

HILL, S. How do you manage the flexible firm? The total quality model. *Work, Employment and Society*, v. 5, n. 3, p. 397-416, 1991.

HOCHSCHILD, A. R. *The managed heart: commercialization of human feeling*. Berkeley: University of California Press, 1983.

HOPPER, T. et al. Management control and worker resistance in the National Coal Board: financial controls in the labor process. In: KNIGHTS, D.; WILLMOTT, H. (Eds.). *Managing the labor process*. Gower: Aldershot, 1986.

HYMAN, R. Strategy or strutucture: capital, labor and control. *Work, Employment and Society*, v. 1, n. 1, p. 25-56, 1987.

JACKALL, R. *Moral mazes: the world of corporate managers*. Oxford: Oxford University Press, 1988.

JOHNSON, T. Work and power. In: ESLAND, G.; SALAMAN, G. (Eds.). *The politics of work and occupations*. Milton Keynes: Open University Press, 1980.

_______; DANDEKAR, C.; ASHWORTH, C. *The structure of social theory: dilemnas and strategies*. London: Macmillan, 1984.

KANTER, R. *The change masters: innovations for productivity in American corporations*. New York: Simon and Schuster, 1983.

KNIGHTS, D.; COLLINSON, D. Redesigning work of the shopfloor: a question of control or consent? In: KNIGHTS, D.; WILLMOTT, H.; COLLINSON, D. (Eds.). *Job redesign*. Aldershot: Gower, 1985.

_______; _______. Disciplining the shopfloor: a comparison of the disciplinary effects of managerial psycology and financial accounting. *Accounting, Organizations and Society*, v. 12, n. 5, p. 457-477, 1987.

_______; MORGAN, G. Strategic discourse and subjectivity: towards a critical analysis of corporate strategy. *Organization Studies*, v. 12, p. 251-273, 1991.

_______; MURRAY, F. *Managers divided*. London: Wiley, 1994.

_______; WILLMOTT, H. C. Power and identity in theory and practice. *Sociological Review*, v. 33, n. 1, p. 22-46, 1985.

_______; _______ (Eds.). *Managing the labor process*. Aldershot: Gower, 1986.

_______; _______. The executive fix: strategic decision-making in the financial services industry. In: McGOLDRICK, J. (Ed.). *Business case file for behaviour science students*. Wokingham: Van Nostrand Reinhold, 1988.

_______; _______ (Eds.). *Labor process theory*. London: Macmillan, 1990.

_______; _______; COLLINSON, D. (Eds.). *Job redesign*. Aldershot: Gower, 1985.

KOTTER, J. *The general managers*. Glencoe, Ill.: Free Press, 1982.

KUNDA, G. Ritual and management of corporate culture: a critical perspective. In: INTERNATIONAL SCOS CONFERENCE, 8. , 1991, Copenhagen. *Proceedings...* Copenhagen, 1991.

MARSDEN, R. *Marx's method: the 1857 introduction and the 1859 preface*. University of Athabasca, 1996. ms.

MARX, K. *Capital*. Harmondsworth: Penguin, 1967-76. v. 1.

_______. *Capital*. Harmondsworth: Penguin, 1981-94. v. 3.

_______; ENGELS, F. In: TAYLOR, A. J. P. (Ed.). *The comunist manifesto*. Harmondsworth: Penguin, 1848-67.

MEAD, G. *Mind, self and society*. Chicago: University of Chicago Press, 1934.

MEIKSINS, P. Scientific management and class relations. *Theory and Society*, v. 13, n. 2, p. 177-210, 1984.

MINTZBERG, H. *The nature of managerial work*. New York: Harper, 1973.

NICHOLS, T.; BEYNON, H. *Living with capitalism*. London: Routledge & Kegan Paul, 1977.

OLLMAN, B. *Alienation: Marx's conception of man in capitalist society*. 2. ed. Cambridge: Cambridge University Press, 1976.

PETERS, T. *Thriving on caos*. New York: Macmillan, 1987.

PETTIGREW, A. *The politics of organizational decision making*. London: Tavistock, 1973.

_______. *The awakening giant: continuity and change at ICI*. Oxford: Basil Blackwell, 1985.

PFEFFER, J. Management as symbolic action: the creation and maintenance of organization paradigms. In: CUMMINGS, I. I.; STAW, B. M. (Eds.). *Research in organizational behavior*. London: JAI Press, 1981a. v. 3.

_______. *Power in organizations*. London: Pitman, 1981b.

POLLNER, M. *Mundane reasoning: reality in everyday and sociological discourse*. Cambridge: Cambridge University Press, 1987.

RATTANSI, A. End of an ortodoxy? The critique of sociology's view of Marx on class. *Sociological Review*, p. 641-669, 1985.

REED, M. *The sociology of management*. London: Harvester Wheatsheaf, 1989.

ROBERTS, J. The possibilities of accountability. *Accounting, Organizations and Society*, v. 16, n. 4, p. 255-370, 1991.

ROOMKIN, M. J. *Managers as employees: an international comparison of the changing character of managerial employment*. Oxford: Oxford University Press, 1989.

SALAMAN, G. Managing the frontier of control. In: GIDDENS, A.; MACKENZIE, G. (Eds.). *Social class and the division of labor*. Cambridge: Cambridge University Press, 1989.

SAVAGE, M. et al. *Property, bureaucracy and culture: middle-class formation in contemporary Britain*. London: Routledge, 1992.

SAYLES, L. R. *Managerial behaviour*. New York: McGraw-Hill, 1964.

SCARBOROUGH, H.; BURREL, G. The axeman cometh: the changing roles and knowledge of middle managers. In: CLEGG, S.; PALMER, G. (Eds.). *The politics of management knowledge*. London: Sage, 1996.

SCASE, R.; GOFFE, R. *Reluctant managers: their work and life styles*. London: Unwin Hyman, 1988.

SHORRIS, E. *Scenes from corporate life: politics of middle management*. New York: Penguin, 1981.

SMITH, C.; WILLMOTT, H. C. The class analysis of middle grouping. In: SMITH, C.; KNIGHT, D.; WILLMOTT, H. C. (Eds.). *White-collar work: the non-manual labor process*. London: Macmillan, 1995.

STARK, D. Class struggle and the transformation of the labor process. *Theory and Society*, v. 9, n. 1, p. 89-130, 1980.

STURDY, A. Clerical consent: "shiffiting" work in the insurance office. In: STURDY, A.; KNIGHTS, D.; WILLMOTT, H. (Eds.). *Skill and consent*. London: Routledge, 1992.

TEULINGS, A. Managerial labor processes in organized capitalism: the power of corporate management and the powerlessness of the manager. In: KNIGHTS, D.; WILLMOTT, H. (Eds.). *Managing the labor process*. Aldershot: Gower, 1986.

THOMPSON, P. *The nature of work*. London: Macmillan, 1981.

_______. *Crawling from the wreckage: the labor process and the politics of production*. London: Macmillan, 1990.

_______; McHUGH, D. *Work organizations*. London: Macmillan, 1990.

_______; _______. *Work organizations*. 2. ed. London: Macmillan, 1995.

_______; SMITH, C. Re-evaluating the labor process debate. In: WARDELL, M. (Ed.). *Labor and capital in the twentieth century: the Braverman legacy and beyond*. New York: Suny Press, 1996.

TOMLINSON, J. *Unequal struggle: British socialism and the capital enterprise*. London: Methuen, 1982.

URRY, J. The growth of scientific management: transformations in class structure and class struggle. In: THRIFT, N.; WILLIAMS, P. (Eds.). *Class and space; the making of urban society*. London: Routledge and Kegan Paul, 1987.

WATSON, T. *In search of management.* London: Routledge, 1994.

WEBER, M. *From Max Weber: essays in sociology.* London: Routledge, 1946.

_______. *The methodology of social sciences.* New York: Free Press, 1949.

_______. *Economy and society.* Berkeley: University of California Press, 1978. 2v.

WHIPP, R.; CLARK, P. *Innovation in the auto industry.* London: Francis Pinter, 1988.

WHITLEY, R. On the nature of managerial tasks and skills: their distinguishing characteristics and organization. *Journal of Management Studies*, v. 26, n. 3, p. 209-224, 1989.

WHITLEY, R. D. Dominant forms of economic organization in market economics. *Organizations Studies*, v. 15, n. 2, p. 153-182, 1994.

WHITTINGTON, R. Environmental structure and theories of strategic choice. *Journal of Management Studies*, v. 25, n. 6, p. 521-536, 1988.

_______. *Corporate strategies in recession and recovery.* London: Unwin Hyman, 1989.

_______. Putting Giddens into action: social systems and managerial agency. *Journal of Management Studies*, v. 29, n. 6, p. 693-712, 1992.

_______. Sociological pluralism, institutions and managerial agency. In: HASSARD, J.; PARKER, M. (Eds.). *Towards a new theory of organizations.* London: Routledge, 1994.

WILLMOTT, H. C. Images and ideals of managerial work: a critical examination of conceptual and empirical accounts. *Journal of Management Studies*, v. 21, n. 3, p. 249-268, 1984.

_______. Studying managerial work: a critical and a proposal. *Journal of Management Studies*, v. 24, n. 3, p. 249-270, 1987.

_______. Subjectivity and the dialectics of praxis: opening up the core of labor process analysis. In: KNIGHTS, D.; WILLMOTT, H. (Eds.). *Labor process theory.* London: Macmillan, 1990.

_______. Bringing agency (back) into organizational analysis: responding to the crisis of (post) modernity. In: HASSARD, J.; PARKER, M. (Eds.). *Towards a new theory of organizations.* London: Routledge, 1994.

_______. Managing the academics: commodification and control in the development of university education in the UK. *Human Relations*, v. 48, n. 9, p. 993-1028, 1995.

WOOD, S. Corporate strategy and organizational studies. In: DUNKERLEY, D.; SALAMAN, G. (Eds.). *International yearbook of organization studies*, 1980. p. 52-71.

WRIGHT, E. O. *Class, crisis and the State.* London: New Left Books, 1978.

WRIGHT, J. P. *On a clear day you can see General Motors: John Z. DeLorean's look inside the automotive giant.* New York: Avon, 1979.

# 9
# Gerentes, competências e aprendizagem nas organizações

José Luis Salinas*

## Introdução

Com mercados globais interligados em tempo real, as empresas se vêem diante do desafio de se tornarem mais flexíveis, concentrarem-se em suas principais competências e, sobretudo, terem capacidade de dar respostas rápidas e adequadas às mudanças, pois a rapidez de resposta pode ditar o sucesso ou o fracasso de uma empresa. Para responder às mudanças, as organizações passaram a investir na contínua inovação, no desenvolvimento de parcerias, na flexibilização estrutural e financeira, mediante a diminuição de níveis hierárquicos e de funcionários, a descentralização do processo decisório e o incentivo à gestão por projetos, o trabalho em equipe etc. Contudo, a difusão dessas novas estratégias de gestão, independentemente da oportunidade e da eficácia dos princípios e métodos de cada uma, tem esbarrado nos processos de implementação. Na busca de explicações plausíveis, constatou-se que, a princípio, a causa das dificuldades enfrentadas não estava na configuração da estratégia e, sim, na apropriação dos novos princípios e métodos pelo corpo funcional da empresa, especialmente pelos gerentes. Como as pessoas, pautadas em seus mapas cognitivos, interpretam os significados de formas diferenciadas, os programas de

* Doutor e mestre em administração pela Universidade Federal do Rio Grande do Sul, com estágio-sanduíche realizado na École des Hautes Études Commerciales de Montreal. Assessor da Diretoria de Recursos Humanos, Créditos e Reestruturação de Ativos do Banco do Brasil.

mudança e melhoria precisam ser tratados como processos e não como ações de curto prazo. Logo, o processo de mudança depende do grau de aprendizagem, tanto individual, quanto coletivo e organizacional, a fim de desencadear novas atitudes gerenciais para enfrentar os desafios impostos pelo cotidiano empresarial.

Muitas empresas estão avançando em direção a uma dinâmica de aprendizagem contínua. A capacidade estratégica de gerar novos conhecimentos e coisas inéditas, de ter uma visão sistêmica e abrangente do todo, de ser competente e introduzir mudanças é decisiva para a manutenção das empresas na nova configuração do mercado. Torna-se crucial para elas, em particular para aquelas situadas em ambientes altamente competitivos, a identificação e a sistematização dos processos de aprendizagem presentes nos sistemas de gestão e de trabalho, a fim de traduzi-los em novas competências para seus gerentes, empregados e para a organização.

Buscando apresentar e discutir formas de contribuição da aprendizagem organizacional para os processos de mudança e melhoria nas organizações, este capítulo examina alguns conceitos e mostra algumas linhas de ação aplicáveis às práticas de trabalho dos gerentes nas organizações, especialmente àquelas voltadas para a geração de novos conhecimentos e o desenvolvimento de novas competências gerenciais.[1]

O capítulo está dividido em cinco seções. A primeira aborda o papel da aprendizagem organizacional no contexto de mudanças aceleradas. A segunda apresenta alguns pressupostos e considerações sobre a aprendizagem nas organizações, visando esclarecer conceitos e abordagens, e permitindo, na terceira seção, uma melhor localização do processo de aprendizagem via resolução de problemas nas práticas de trabalho dos gerentes. No quarto segmento, relaciona-se a aprendizagem organizacional e o desenvolvimento de novas competências. Finalmente, na última seção, tecem-se algumas considerações sobre o processo de aprendizagem organizacional como vetor construtor de novas competências.

## Mudança organizacional e aprendizagem nas organizações

Cada vez mais a mudança torna-se uma dimensão natural e incorporada à vida organizacional, levando as empresas a uma busca constante de maior flexibilidade e

---

[1] Entende-se por novas competências gerenciais aquelas ações inerentes à função de gestor voltadas para o atendimento das novas demandas do mercado, como conduzir processos instáveis, saber prospectar e priorizar informações, orientar e incentivar a reflexão e o aprendizado dos empregados, mobilizar competências individuais etc.

competitividade. Nesse contexto, as organizações necessitam agilizar mais e mais a aprendizagem organizacional e tecnológica, visando a sua entrada e permanência no ambiente econômico globalizado.[2] A velocidade e a intensidade com que as mudanças ambientais atingem a organização do trabalho desatualizam rapidamente as estruturas estabelecidas, os processos decisórios e o impacto das decisões no ambiente socioeconômico em que a organização atua. O grande desafio no que diz respeito à velocidade da mudança é testar a capacidade de dar respostas rápidas, de administrar crises e surpresas e de criar disposição coletiva e compreensão de responsabilidades sobre condições adversas e oportunidades futuras.[3]

Para reagir às mudanças, as organizações passaram a investir na contínua inovação, no desenvolvimento de parcerias, na flexibilização estrutural e financeira — diminuição de níveis hierárquicos e de funcionários, descentralização do processo decisório, incentivo à gestão por projetos e trabalho em equipe etc. Entretanto, a difusão dessas novas estratégias de gestão, independentemente da oportunidade e da eficácia dos princípios e métodos de cada uma, tem sido dificultada pelos processos de implementação. Pesquisas realizadas nos Estados Unidos, Canadá, Alemanha e Japão, por exemplo, revelam que os impactos das mudanças em empresas que adotaram a gestão da qualidade total como estratégia ficaram muito aquém do esperado, sobretudo naquelas que apresentavam desempenho acima da média.[4] Aparentemente, a problemática dessas dificuldades não estava na configuração da estratégia e, sim, na apropriação dos novos princípios e métodos pelos funcionários da empresa, especialmente por seus gerentes.

Mudanças profundas nas organizações, na linha de programas de melhoria da competitividade (como aqueles voltados para a qualidade total), dependem de mudanças nas atitudes das pessoas, especialmente daquelas situadas no nível gerencial, o que, por sua vez, depende essencialmente de mudanças de aprendizagem. Em síntese, trata-se de processos e não de ações de curto prazo, como muitas empresas entendem os programas de melhoria.[5] A aprendizagem nas organizações deve ser entendida como um processo permanente de construção e desenvolvimento de competências, baseado na apropriação e na geração de novos conhecimentos, voltados

---

[2] Fleury e Fleury, 1997.

[3] Motta, 1991.

[4] Malone, 1993.

[5] Ruas, 1997.

para o desenvolvimento de novos mapas cognitivos, que possibilitem que as pessoas compreendam melhor a si mesmas, a organização e o ambiente que as cerca, estabelecendo novas atitudes para com o seu trabalho, sua empresa e o mundo externo.[6]

Nesse caso, o processo de aprendizagem nas organizações pode funcionar como alavanca propulsora para o compartilhamento de modelos mentais,[7] posto que uma das premissas fundamentais da aprendizagem organizacional é o trabalho em equipe, condição que pode criar oportunidades de externalização de modelos mentais individuais e a construção de visões compartilhadas.

Como afirma Le Boterf (1999a), diante de eventos imprevistos, diante do inédito, os profissionais precisam elaborar e pôr em prática respostas adequadas, tomando ações pertinentes, mediante a construção das competências adequadas. Assim, o processo de aprendizagem organizacional apresenta-se como "um fenômeno coletivo de aquisição e elaboração de competências, que, com mais ou menos profundidade e durabilidade, modifica a gestão das situações, bem como das próprias situações" (Koenig, 1996:267). As situações-problema que surgem no cotidiano de trabalho tornam-se veículos para o desenvolvimento de um processo de aprendizagem. Desenvolvem a capacidade de gerentes e funcionários de identificar e responder tempestivamente os problemas que surgem em sua realidade de trabalho, levando-os a desenvolver novas competências e a gerar novas atitudes em relação ao trabalho. Sob essa ótica, o processo de aprendizagem organizacional é diretamente orientado para uma prática de mudança, buscando aprender como solucionar problemas concretos. Os conflitos não são concebidos como ameaças a serem evitadas, mas como desafios a serem enfrentados. A realidade, então, passa a ser um exercício de aprendizagem contínua.[8]

Em suma, a aprendizagem organizacional aplicada às práticas de trabalho apresenta-se como um processo estruturado para o desenvolvimento de competências gerenciais, capacitando os gerentes a lidar com as novas exigências do mercado. Contudo, para se poder transpor a aprendizagem organizacional para o cotidiano das

---

[6] Fleury e Fleury, 1997; Kolb, Rubin e McIntyre, 1984; e Swieringa e Wierdsma, 1992.

[7] Mapas conceituais ou modelos mentais são pressupostos profundamente enraizados, generalizações ou imagens que influenciam o modo de os indivíduos perceberem e agir. Os modelos mentais abrangem as interpretações, esquematizações, perspectivas, crenças e pontos de vista que ajudam os indivíduos a perceber e definir suas visões de mundo (Senge, 1990).

[8] Garvin, 1993; Kolb, Rubin e McIntyre, 1984; e Swieringa e Wierdsma, 1992.

empresas, é importante esclarecer alguns pressupostos e abordagens sobre a aprendizagem nas organizações, como veremos a seguir.

## A aprendizagem nas organizações: pressupostos e considerações

A primeira definição formal de aprendizagem organizacional surgiu nos trabalhos desenvolvidos por Argyris e Schön no final dos anos 1970. Mas foi a partir dos anos 1990 que o campo da aprendizagem organizacional ganhou corpo, principalmente em razão de fatores externos, como a velocidade da mudança tecnológica, o avanço da globalização e o crescimento da competição entre as empresas. Efetivamente, a noção de aprendizagem organizacional, para muitos considerada um prolongamento dos trabalhos sobre desenvolvimento organizacional, veio ao encontro das preocupações de alguns sociólogos e economistas norte-americanos com a questão do desempenho das empresas num contexto muito competitivo e economicamente incerto.[9] Tais fatores levam as empresas a aprender novas formas de fazer as coisas, em vez de dependerem somente de suas práticas estabelecidas.[10]

Snyder e Cummings (1998:3) identificam duas linhas de pesquisa predominantes nos estudos de aprendizagem organizacional. Uma direciona-se para o estudo de como o aprendizado individual se incorpora ao aprendizado organizacional e a outra enfatiza o estudo de como a aprendizagem é incorporada a rotinas, políticas e culturas organizacionais. Nesse esquema, a "aprendizagem é organizacional quando: a) é realizada para melhorar o propósitos da organização; b) é compartilhada ou distribuída entre os membros da organização; e c) os resultados da aprendizagem são incorporados aos sistemas, estruturas e cultura da organização".

A organização tem que estar preparada para abandonar o conhecimento que se tornou obsoleto e aprender a criar o novo através dos seguintes pontos: a) da melhoria contínua de todas as atividades; b) do desenvolvimento de novas aplicações a partir de seus próprios sucessos; e c) da inovação contínua como um processo organizado.[11] O aprendizado em uma organização significa a contínua experimentação e a transformação dessa experiência em conhecimento acessível e relevante para toda a

---

[9] Tremblay, 1997.

[10] Easterby-Smith, Snell e Gherardi, 1998.

[11] Drucker, 1991.

organização.[12] Trata-se de um constructo usado para descrever certos tipos de atividades ou processos que podem ocorrer em qualquer um dos diversos níveis de análise ou como parte de um processo de mudança organizacional.[13]

## *Aprendizagem organizacional e organizações que aprendem*

Segundo Argyris e Schön (1996), a literatura desenvolvida nos últimos anos pode ser dividida em prescritiva e não-prescritiva.[14] A prescritiva, que estuda as "organizações que aprendem", é orientada para a prática, comprometida com a agregação de valor e, muitas vezes, não-crítica, ou seja, com pouca base empírica. A segunda corrente trata a "aprendizagem organizacional" como um tópico de estudo acadêmico, abrangendo a visão de que a aprendizagem pode ser boa ou má, ligada ou não à ação efetiva ou aos resultados desejados. Tsang percebe a diferença entre a organização que aprende e a aprendizagem organizacional como uma dicotomia entre linhas de pesquisa prescritivas e descritivas. A primeira linha, prescritiva, trata da questão de "como uma organização precisa aprender", enquanto a segunda, a descritiva, centra-se na questão de "como uma organização aprende". Sob esse enfoque, "a aprendizagem organizacional é um conceito usado para descrever certos tipos de atividades que ocorrem nas organizações, enquanto organização que aprende refere-se a um tipo particular de organização".[15]

A aprendizagem organizacional pode ser entendida como uma metáfora derivada do nosso entendimento da aprendizagem individual. A aprendizagem organizacional repousa na memorização coletiva das aprendizagens individuais, ou seja, as organizações aprendem através de seus membros individuais.[16] Uma teoria de aprendizagem organizacional deve levar em conta a interação entre as ações e interações dos

---

12 Senge et al., 1997.

13 DiBella, 1995.

14 Corroborando o pensamento de Argyris e Schön, Easterby-Smith (1997:1086) afirma que a literatura concernente às organizações que aprendem "tem uma orientação para a ação, (...) uma organização na qual o aprendizado é maximizado. Por outro lado, a literatura da aprendizagem organizacional é analítica e concentra-se no entendimento dos processos de aprendizagem dentro do ambiente organizacional, sem necessariamente tentar mudar esses processos".

15 Tsang, 1997:75.

16 Kim, 1993b; e Argyris e Schön, 1996.

indivíduos e as ações e interações dos níveis mais altos da organização, como departamentos, divisões ou grupos de gerentes. O aprendizado só ocorre quando o conhecimento dos indivíduos torna-se parte da memória organizacional, acessível a todos os demais componentes da organização.[17]

A aprendizagem organizacional constitui o incremento da capacidade da organização de agir de forma efetiva. Uma organização aprende através de seus membros, mas esse aprendizado não depende de um membro específico, pois está alicerçado num modelo mental compartilhado pelos indivíduos.[18] A aprendizagem apresenta, pois, uma sinergia, porque o aprendizado individual contribui para o aprendizado organizacional, mas o resultado é maior do que a soma das cognições individuais, constituindo-se num "processo de melhoramento das ações através de um melhor conhecimento e entendimento".[19] Em outras palavras, o processo de aprendizagem converte mudanças cognitivas em conhecimentos utilizáveis pela organização.

Por outro prisma, Nonaka e Takeuchi (1997) abordam a aprendizagem organizacional como um processo de criação e conversão do conhecimento pelo qual as organizações desenvolvem novas competências, através de uma estrutura conceitual básica da teoria da criação do conhecimento organizacional. Tal teoria apresenta duas dimensões: uma epistemológica e outra ontológica.[20] Na *dimensão ontológica*, a criação do conhecimento organizacional é entendida como um processo que amplia, "organizacionalmente", o conhecimento criado pelos indivíduos, cristalizando-o como parte da rede de conhecimentos da organização. Esse processo ocorre dentro de uma "comunidade de interação" em expansão, que atravessa níveis e fronteiras interorganizacionais. Na sua *dimensão epistemológica*, o processo se baseia na distinção entre o conhecimento tácito e o conhecimento explícito. O conhecimento tácito é pessoal, específico ao contexto e, assim, difícil de ser formulado e comunicado. O conhecimento explícito ou "codificado" refere-se ao conhecimento transmissível em linguagem formal e sistemática, caracterizando-se por ser objetivo e estar baseado na racionalidade e seqüencialidade.

---

[17] Argyris e Schön, 1978.

[18] Kim, 1993b.

[19] Fiol e Lyles, 1985:803.

[20] Na dimensão ontológica, o conhecimento criado pelos indivíduos é transformado em conhecimento coletivo e organizacional. Esses níveis não são independentes um do outro; interagem mútua e continuamente.

Com relação às organizações que aprendem, por tratar-se de um tema pesquisado por uma extensa gama de disciplinas, as concepções são diversas e muitas vezes ambíguas.[21] Peter Senge, por exemplo, em seu livro *The fifth discipline*, define as organizações que aprendem como lugares onde as pessoas continuamente expandem suas capacidades para criar os resultados que elas verdadeiramente desejam, onde novos e expansivos padrões de pensamento são criados, onde as aspirações coletivas são liberadas e onde as pessoas estão continuamente aprendendo como aprender juntas. A organização de aprendizagem é um lugar onde as pessoas aprendem a criar e a mudar sua própria realidade. Senge (1990) apresenta cinco disciplinas da aprendizagem,[22] consideradas por ele fundamentais para o desenvolvimento de uma organização de aprendizagem. São elas:

- *maestria pessoal* — a habilidade de ajudar os indivíduos a saber quais são suas maiores aspirações na vida e no trabalho e a aplicar princípios e valores para atingir seus objetivos;
- *visão compartilhada* — a capacidade coletiva do grupo para estruturar uma visão mais poderosa que qualquer visão individual. A técnica de criar uma visão compartilhada consiste em buscar "imagens do futuro" que promovam um engajamento verdadeiro, em vez da simples concordância;
- *modelos mentais* — assunções não-articuladas e não-reconhecidas que formulam a "visão de mundo" dos indivíduos e nas quais se pautam seus pensamentos e ações. Trata-se de idéias profundamente arraigadas, generalizações, ou mesmo imagens que influenciam o modo de encarar o mundo e as atitudes dos indivíduos;
- *aprendizado em equipe* — o compartilhamento dos modelos mentais, a prática da maestria pessoal e a construção de uma visão compartilhada em equipe são condições fundamentais para a aprendizagem. O aprendizado em equipe, além de produzir resultados extraordinários em conjunto, propicia aos integrantes da equipe um desenvolvimento mais rápido;
- *pensamento sistêmico* — estrutura conceitual que define um sistema como um conjunto de partes inter-relacionadas. Para entender o sistema é preciso entender como todas as partes se conectam e interagem, ou seja, a organização tem que ser visualizada como um grande sistema, no qual o relacionamento das partes influencia o desempenho do todo.

---

[21] Dodgson, 1993; e Fleury e Fleury, 1997.

[22] O autor define disciplina como um conjunto de teorias e técnicas voltadas para a aprendizagem e que devem ser estudadas e dominadas para serem postas em prática.

Ao conceituar uma organização que aprende como "uma organização balizada na criação, aquisição e transferência de conhecimentos e na modificação de seu comportamento para refletir novos conhecimentos e idéias (*insights*)", Garvin (1993:78) aponta cinco estratégias a serem adotadas pelas empresas:

- utilização sistemática da resolução sistêmica de problemas, nos moldes da gestão da qualidade total, inclusive com o uso de ferramentas estatísticas;
- desenvolvimento e experimentação de novos projetos e aplicações;
- reflexão e aprendizado com as próprias experiências e com a história passada;
- aprendizado com as melhores práticas desenvolvidas por outras organizações (*benchmarking*);
- estabelecimento de mecanismos para a disseminação rápida e eficiente do conhecimento por toda a organização.

Sob uma ótica mais funcional, Dogson (1993) define organização de aprendizagem como aquela que constrói, suplementa e organiza o conhecimento e as rotinas em torno de suas atividades e de suas culturas, adaptando e desenvolvendo a eficiência organizacional através da melhoria do uso das aptidões de sua força de trabalho. É com esse enfoque que Tobin (1997) conceitua uma organização que aprende como aquela baseada no conhecimento, onde todos os empregados usam seus conhecimentos, práticas e aprendizado para enfrentar os desafios dos negócios e criar novas oportunidades para o futuro.

Nesse aspecto, um desafio crítico para uma organização que aprende é entender o processo de transferência pelo qual o conhecimento e o aprendizado individual (modelos mentais) são incorporados à memória e à estrutura da organização. "Tendo clara a compreensão desse processo de transferência, pode-se gerenciar ativamente o aprendizado organizacional a fim de torná-lo coerente com as metas, a visão e os valores da organização" (Kim, 1996:66). Portanto, a organização deve fomentar o compartilhamento dos conhecimentos individuais, enfatizando o aprendizado coletivo. Construir uma organização que aprende significa desenvolver continuamente a capacidade de criar uma visão de futuro. Contudo, para adquirir tal entendimento, torna-se necessário fomentar uma constante educação gerencial que prepare os gerentes para combinar análise e síntese em um novo estilo de raciocínio (1996:58). Neste capítulo enfatizaremos a aprendizagem organizacional como um meio alavancador desses novos conhecimentos e competências gerenciais.

## *Barreiras ao processo de aprendizagem organizacional*

Antes de prosseguirmos, cabe observar que o processo de aprendizagem organizacional esbarra, com freqüência, nos enfoques burocráticos existentes nas organizações que impõem aos empregados estruturas fragmentadas de pensamento, não encorajando as pessoas a pensarem por si próprias.[23] Mediante objetivos organizacionais, metas, estruturas e papéis estabelecidos, a empresa cria padrões definidos de atenção e responsabilidade, fragmentando o interesse no conhecimento daquilo que a organização está fazendo. Organizações muito burocratizadas, constituídas por divisões verticais e horizontais poderosas, raramente permitem um fluxo livre de informações e conhecimentos, o que acaba acarretando o surgimento de diferentes imagens da situação global por parte dos diversos setores da organização. Uma das causas mais significativas para falhas de aprendizagem na solução de problemas é a tentativa de evitar o debate mútuo ou o diálogo sobre a essência dos problemas.

O chamado "modelo I"[24] envolve fazer inferências sobre o comportamento de outra pessoa sem confirmar se elas são válidas, e também o desejo de manter o controle sobre a situação, maximizar ganhos, minimizar perdas e, principalmente, evitar problemas. Utilizando esse modelo, os indivíduos criam um sistema de aprendizagem organizacional caracterizado por "defesas, profecias auto-realizáveis, processos automotivados e expansão de erros" (Argyris, 1982:8). Por conseguinte, esse tipo de atitude é resistente a mudanças, inibindo a detecção e a correção de erros, pois muitos problemas, com os quais muito se teria a aprender e que habilitariam a organização a melhorar sua efetividade, não são discutidos, tornando-se insolúveis.

Esse tipo de barreira à aprendizagem é encontrado quando a organização responsabiliza seus empregados por seus desempenhos num sistema que recompensa o sucesso e pune as falhas.[25] Nesses casos, os empregados e, particularmente, os gerentes se especializam em encontrar maneiras de desviar a atenção e acobertar situações, procurando desenvolver formas de impressionar a administração e fazendo as situações pelas quais são responsáveis parecerem melhores do que realmente são.

Outra grande barreira é a defasagem entre aquilo que as pessoas dizem e aquilo que fazem, ou seja, o hiato existente entre o discurso e a ação.[26] Nesse aspecto, mui-

---

23 Morgan, 1996.

24 Argyris e Schön, 1996.

25 Morgan, 1996.

26 Ibid.; e Argyris e Schön, 1996.

tos gerentes e empregados tentam abordar os problemas de forma retórica ou com racionalizações, procurando transmitir a impressão de que sabem o que estão fazendo. Contudo, o processo de aprender a aprender é contingente à habilidade de desafiar hipóteses operacionais de maneira mais fundamental.

Como tal modelo provoca o uso contumaz de rotinas defensivas por indivíduos, grupos e organizações, somente através do exame e da modificação dos valores que regem essas ações é possível criar novas estratégias de ações que possibilitem o aprendizado organizacional. Para tanto, o processo de aprendizagem deve apoiar-se no modelo II da teoria em uso, proposto por Argyris e Schön (1996), que envolve o questionamento a fundo das visões e experiências dos outros, permitindo o aprendizado de outras visões e a atenuação das atitudes de defesa.

## Aprendizagem organizacional via resolução de problemas

Revisados os principais pressupostos e abordagens da aprendizagem nas organizações, o objetivo deste segmento é associar a aprendizagem organizacional às práticas de trabalho dos gerentes, focalizando, em particular, o processo de resolução de problemas como veículo para o desenvolvimento de novas competências gerenciais. Tomando-se como referência a lente da *Gestalt*, a resolução de problemas envolve a reorganização dos elementos da situação-problema em novos entendimentos e formas que levem à solução desejada. Para tanto, podem ser empregados dois tipos de pensamento: o "produtivo", baseado na criação de uma nova solução para o problema, porque uma nova organização é produzida; e o "reprodutivo", que aplica soluções bem-sucedidas no passado para resolver o problema, utilizando velhos hábitos e reproduzindo antigos comportamentos.[27]

Os tipos de pensamento desenvolvidos pela Escola da *Gestalt* são, de certa forma, abrangidos pela aprendizagem organizacional, o que fica evidenciado nos conceitos de aprendizados adaptativo e generativo (Senge, 1990), instrumental e dialogado (Marsick, 1988), operacional e conceitual (Kim, 1993b), *single* e *double loop* (Argyris e Schön, 1996), respeitadas as particularidades de cada abordagem.

> O aprendizado organizacional ocorre quando os indivíduos da organização experienciam uma situação problemática, questionando-a de acordo com os in-

[27] Mayer, 1983.

> teresses da organização. Os resultados são incorporados à imagem da organização que os membros visualizam em suas mentes e/ou aos artefatos epistemológicos (mapas, memórias e programas pertencentes ao ambiente organizacional).
>
> (Argyris e Schön, 1996:16)

Nos últimos anos, os programas de melhoria voltados para a gestão da qualidade vêm atribuindo grande ênfase à resolução sistemática de problemas. Sob esse enfoque, o processo caracteriza-se, *a priori*, por identificar e elencar, com a ajuda de ferramentas gerenciais e estatísticas, as principais causas dos problemas encontrados e sugerir alternativas para solucionar a falha ou o desvio. Em geral, as pessoas envolvidas se mobilizam em torno da situação-problema até o encaminhamento da possível solução. Não obstante os resultados obtidos com essa abordagem, nota-se que, em muitos casos, o processo de aprendizagem é limitado,[28] pois não há uma reflexão mais crítica sobre os condicionantes da situação-problema ou sobre a própria performance dos envolvidos. A princípio, trata-se de um aprendizado de *single loop*, uma vez que fica restrito à mera solução dos problemas, situando-se o foco mais na identificação e na correção dos erros do que num questionamento mais profundo das razões determinantes.

Na resolução dos problemas à luz da aprendizagem organizacional, ao contrário, além de as discussões e a geração de idéias serem desenvolvidas de forma coletiva, o foco passa da mera solução do problema para "o que se pode aprender com o ocorrido". O grupo não discute apenas as causas, as conseqüências e as possíveis alternativas de solução, mas também que variáveis levaram ao desencadeamento da situação, quais as suas inter-relações com os ambientes interno e externo e quais os mecanismos e as competências necessárias para responder com prontidão ou até antecipar-se aos problemas.

O aprendizado é gerado por um exercício de ação-reflexão, num processo dinâmico e proativo, no qual as situações que se apresentam são consideradas num patamar diferente de entendimento e conhecimento. Logo, o processo caracteriza-se por uma aprendizagem de *double loop* ou até de *triple loop*,[29] um estágio superior no qual

---

28 Para Argyris (1994), as ações da gestão da qualidade total produzem um aprendizado simples, necessário para solucionar os problemas superficialmente. Nesse ponto, o pesquisador alerta que a cultura da empresa pode levar à busca de resoluções para os problemas ou mascará-los. Isso ocorre em função da produção de um aprendizado superficial, necessário apenas para solucionar um determinado problema.

29 Para Swieringa e Wierdsma (1992), o *triple loop* da aprendizagem ocorre quando os princípios essenciais sobre os quais a organização está fundada entram em discussão. Esse nível de aprendizagem caracteriza-se por questões relacionadas com "que tipo de organização desejamos ser, que contribuições queremos fazer, que valores consideramos importantes".

as situações-problema levam a um questionamento da razão de ser e dos fundamentos da organização. Estabelece-se uma dinâmica de reflexão mais profunda, na qual os empregados questionam e são questionados, aprendem e exercitam o ato de pensar sobre a essência dos problemas.

Tal experiência muitas vezes leva os indivíduos a se depararem com restrições da realidade organizacional, desembocando freqüentemente na descoberta de idéias e ações alternativas e criativas na empresa. Mas uma dinâmica de aprendizagem deve estar centrada muito mais na forma ou no processo que leva as pessoas a refletir sobre as questões trabalhadas do que na solução de uma questão específica. Portanto, o processo de aprendizagem organizacional vem ao encontro das organizações que começam a reconhecer esses problemas por elas mesmas, e que querem examiná-los mais de perto e aprender com eles. O aprendizado voltado para a ação foi desenvolvido para ajudar a criar soluções para os problemas da vida real, com ênfase na experiência concreta dos indivíduos que tomam parte na atividade de aprendizagem.[30] A realidade passa a ser um exercício de aprendizagem.[31] As empresas visionárias são aquelas que mudam de foco e deixam de impor soluções para dar as ferramentas, no intuito de fomentar uma maior reflexão e gerar um processo de aprendizado.[32]

## *Aprendizado, reflexão e modelos mentais*

A reflexão é largamente reconhecida como um elemento crucial no processo de entendimento dos indivíduos. Assim sendo, cada vez mais faz-se necessário um maior entendimento sobre a natureza e a prática da reflexão no ambiente de trabalho.[33] Para tanto, as empresas precisam trabalhar a questão da reflexão de forma mais profunda, levando os empregados a aprender a pensar sobre a essência dos problemas, envolvidos num ambiente cada vez mais participativo.[34]

Nessa linha, o aprendizado organizacional, para ser duradouro e significativo, deve avançar tanto no nível *operacional* quanto no *conceitual*.[35] Aprendizado

---

30 Rigano e Edwards, 1998.

31 Kolb, Rubin e McIntyre, 1984; e Swieringa e Wierdsma, 1992.

32 Collins e Porras, 1997.

33 Rigano e Edwards, 1998.

34 Argyris, 1994.

35 Kim, 1996.

operacional significa melhorar comportamentos ou métodos, a fim de melhorar o desempenho de determinado sistema. Já o aprendizado conceitual diz respeito à mudança dos modelos mentais sobre a maneira de funcionar do mundo, como reformular um problema num contexto diferente e investigar suas implicações. Os denominados modelos mentais abrangem interpretações, esquematizações, perspectivas, crenças e pontos de vista que ajudem os indivíduos a perceber e definir suas visões de mundo.[36] Em outras palavras, os indivíduos criam modelos da realidade (*master designs*) que são usados para tratar e construir respostas apropriadas a uma dada situação concreta.[37] Os modelos mentais são o caminho crítico entre o aprendizado individual e a memória organizacional. Eles funcionam como gerentes e árbitros do método segundo o qual as informações são adquiridas, retidas, utilizadas e apagadas. Sem esses modelos mentais, incluindo todos os tipos de interconexões desenvolvidas entre os vários membros, uma organização estará incapacitada de aprender e agir.[38]

A fase de criação de conceitos concretiza-se quando a equipe expressa um modelo mental compartilhado através do diálogo contínuo, sob a forma de reflexão coletiva. O modelo mental tácito compartilhado é verbalizado em palavras e frases e, finalmente, cristalizado em conceitos explícitos.[39] Portanto, quando os modelos mentais são explícita e ativamente compartilhados, a base de significados comuns em uma organização se expande e a capacidade para uma ação efetiva e coordenada aumenta.[40] Essa base de conhecimento organizacional poderá, inclusive, servir como uma fonte rica e relevante para a formulação da estratégia organizacional e a tomada de decisões.[41]

Contudo, é preciso lidar com uma complexidade: os indivíduos interpretam os significados de formas diferenciadas, em decorrência do estágio de desenvolvimento de seus mapas conceituais.[42] Para tornar explícitos os modelos mentais, precisamos

---

[36] Senge, 1990.

[37] Argyris, 1995.

[38] Kim, 1993a.

[39] Nonaka e Takeuchi, 1997.

[40] Kim, 1993a:13.

[41] Duncan e Weiss, 1979.

[42] Mapas conceituais ou modelos mentais são pressupostos profundamente enraizados, generalizações ou imagens que influenciam o modo que os indivíduos percebem e agem no mundo. Ver Senge, 1990; Argyris, 1994; e Morgan, 1996.

das ferramentas apropriadas para captar o tipo de conhecimento que está sendo mapeado.[43]

## Modelos cíclicos de aprendizagem

Como vimos no item precedente, dois grandes desafios impõem-se no processo de aprendizagem das organizações: achar os meios de tornar explícitos os modelos mentais dos indivíduos; e gerenciar o modo com que esse modelos mentais são transferidos para a memória organizacional. Os ciclos de aprendizagem apresentam-se como um método estruturado para o desenvolvimento de um processo de aprendizagem nas organizações, voltado para o compartilhamento de modelos mentais e para a aprendizagem individual, coletiva e organizacional.

Pfeffer e Ballew apresentam o modelo denominado "ciclo de aprendizagem experiencial" (*the experiential learning cycle*), com as seguintes etapas:

- experienciar (atividade, fazendo);
- publicar (compartilhando reações e observações);
- processar (discutindo os padrões e as dinâmicas);
- generalizar (inferindo princípios sobre o mundo real);
- aplicar (planejando o comportamento mais efetivo).

Para Pfeffer e Ballew (1988:3), "a aprendizagem experiencial ocorre quando uma pessoa se engaja em uma atividade, analisa-a criticamente, abstrai alguns *insigths* úteis da análise e apresenta o resultado do trabalho mediante uma mudança de comportamento. Nesse caso, o processo de aprendizagem é caracterizado por uma "experiência estruturada", que se constitui de "um desenho de aprendizagem em grupo baseado no ciclo de aprendizagem experiencial" (1988:17).

Já os modelos cíclicos, baseados no trabalho de Kolb, Rubin e McIntyre (1984), incorporam estágios sucessivos de coleta de dados, reflexão, conceituação e experimentação, nos quais as metáforas do aprendizado individual são estendidas ao nível da análise organizacional.[44] Para Kolb, "tudo que se aprende deve se evidenciar no que se faz (...) a aprendizagem se realiza mediante a experiência ou, ainda, por meio

---

[43] Kim, 1996:74.

[44] Easterby-Smith, Snell e Gherardi, 1998.

da ação".[45] Nesse caso, a aprendizagem funciona tanto como estímulo quanto como meio para aprender, tornando-se as atividades de rotina componentes dos processos de aprendizagem. Para tanto, o pesquisador desenvolveu um modelo quadrifásico denominado "ciclo vivencial de aprendizagem", com quatro fases intercambiáveis:

- a *experimentação concreta*, que se traduz efetivamente no fazer, na ação propriamente dita, sendo a base do processo de aprendizagem, nesta etapa, a observação e a reflexão do processo;
- a *observação reflexiva*, que envolve a reflexão sobre a ação e a observação a partir de diversas perspectivas, tais como principais relações, causas, conseqüências etc.;
- a *conceituação abstrata*, que abrange a formação dos conceitos abstratos e generalizações que integram as observações de forma sistematizada, o que poderia se traduzir nas organizações como o levantamento de soluções alternativas e as possíveis conseqüências de cada uma delas;
- a *experimentação ativa*, que consiste na decisão sobre a alternativa mais adequada, com base nas experiências e conceitos elaborados, para a resolução do problema, desencadeando uma nova experiência concreta e fomentando a geração de um novo processo de aprendizagem.

Swieringa e Wierdsma (1992), por sua vez, apresentam o modelo de aprendizagem vivencial de Kolb de uma forma mais simplificada e identificada com a nomenclatura gerencial (figura 1). A diferença básica está em sua aplicação, totalmente direcionada para as atividades em equipe. Em sua proposta, os autores identificam quatro momentos de intervenção: fazer, refletir, pensar e decidir. O *fazer* consiste na experimentação ou na ação propriamente dita, acompanhada de uma acurada observação. Nessa fase, a capacitação, traduzida como as habilidades necessárias para a ação, torna-se premente. No *refletir*, as situações e informações levantadas por meio da observação são analisadas e avaliadas em função dos resultados esperados, levando a uma reflexão sobre o processo que envolveu a geração dos resultados obtidos, as relações, causas e conseqüências da ação/experimentação realizada. A fase do *pensar* (associação e conceituação) envolve a associação dos pontos elencados no processo de reflexão com os conceitos e teorias gerenciais, de forma que sejam levantadas soluções alternativas para os problemas analisados, bem como analisado o impacto da aplicação de cada solução encontrada. Em seguida, no *decidir*, é escolhida uma das

[45] Apud Swieringa e Wierdsma, 1992:26.

alternativas propostas e estabelecido um plano de ação (contrato), envolvendo objetivos/metas, preparação, recursos, indicadores de monitoramento etc., para o desencadeamento de uma nova ação, iniciando-se novamente o ciclo de aprendizagem. A partir do momento em que os participantes se decidem por uma nova linha de ação, ocorre o estabelecimento de um contrato mútuo, que se concretiza num plano de ação para executar uma nova ação ou experimentação, baseada num objetivo comum ou na visão de futuro da equipe.

Através desse ciclo de aprendizagem, os indivíduos ganham experiência ao fazer (*doing*), refletem sobre a experiência realizada, procuram compreendê-la, mediante análises e conceituações, fazem escolhas e decidem quando experimentar novamente (refazer), iniciando um novo ciclo de aprendizagem. De acordo com essa aplicação, o aprendizado ocorre através de sucessivos ciclos de aprendizagem, a exemplo da espiral de conhecimento proposta por Nonaka e Takeuchi (1997).

**FIGURA 1**

**CICLO DE APRENDIZAGEM**

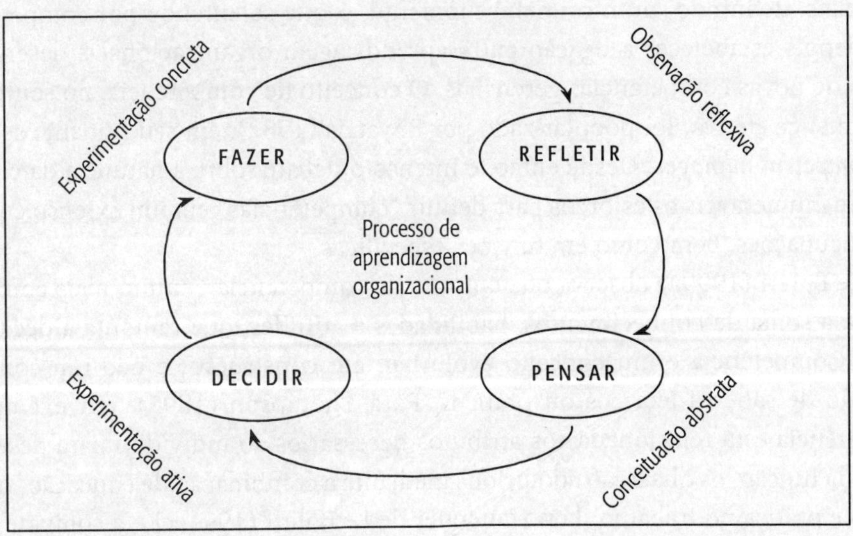


Fonte: Kolb, 1997; e Swieringa e Wierdsma, 1992.

Apesar da semelhança com o ciclo PDCA[46] utilizado na gestão da qualidade total, o método proposto por Kolb e adaptado por Swieringa e Wierdsma é muito

---

[46] Ciclo PDCA (*plan, do, check e action*), que abrange as etapas de P — planejamento, D — ação, C — verificação e A — atuação corretiva.

mais abrangente. Embora o ciclo PDCA funcione muito bem na implementação de planos estratégicos e na manutenção do controle sobre os processos atuais, Kim (1993b) observa que é relativamente fraco onde o pensamento sistêmico[47] é mais vantajoso: na identificação das áreas de maior alavancagem que regem o processo como um todo. Os alicerces do pensamento sistêmico são conceituais por natureza, ao contrário do foco mais operacional da qualidade total.

Por fim, o processo de aprendizagem organizacional, baseado nos modelos cíclicos de aprendizado aplicados à resolução de problemas, pode constituir-se num instrumento importante para desencadear uma dinâmica que gere uma sinergia coletiva capaz de proporcionar um efetivo aprendizado coletivo e organizacional.

## Desenvolvendo novas competências gerenciais

Após discutir o processo de aprendizagem organizacional aplicado às práticas gerenciais, particularmente no que tange à resolução de problemas via ciclos vivenciais de aprendizagem, cabe localizá-lo como vetor construtor de novas competências gerenciais, definindo, num primeiro momento, o que se entende por competência, para depois estabelecer a ligação entre aprendizagem organizacional e desenvolvimento de novas competências gerenciais. O conceito de competência, no sentido de performance efetiva, foi popularizado por Boyatzis (1982), em seu trabalho seminal *The competent manager*. Desde então, é intenso o debate sobre a natureza da competência e inumeráveis os esforços para definir "competências" em um extenso conjunto de ocupações, bem como em funções específicas.

Le Boterf (1999a) observa que a noção de competência é muito mais complexa do que a soma de conhecimentos, habilidades e atitudes, que remonta à década de 1960. Competência é um conceito evolutivo, em construção, e não um conjunto aplicado de saberes teóricos ou práticos. Para Thompson (1995), por exemplo, a competência está relacionada aos atributos necessários ao indivíduo para desempenhar sua função, os quais são adquiridos mediante a combinação de educação, treinamento e prática no trabalho. Já no entender de Le Boterf (1994:21), a competência é constituída pela integração do saber (*savoir*), do saber fazer (*savoir-faire*) e do saber

---

[47] O pensamento sistêmico, entendido como um exercício de ação-reflexão, aborda a situação-problema tomando por base o todo, em vez de decompor o problema em partes e procurar entender cada uma. "Ao enfatizar a importância de tentar entender um problema, e não apenas resolvê-lo, o pensamento sistêmico busca transformar as organizações baseadas na solução de problemas em organizações que aprendem" (Kim, apud Wardman, 1996:58).

agir (*savoir-agir*). "A competência é a capacidade de integrar saberes diversos e heterogêneos para finalizá-los na realização das atividades".[48]

Porém, em muitos casos, entende-se competência como um conjunto de referenciais ou listas intermináveis de pré-requisitos, reduzindo-a em pedaços, numa lógica de decomposição inspirada, provavelmente, pelos princípios tayloristas. Logo, esses referenciais não devem se tornar moldes, mas pontos de referência ou atrativos para os indivíduos no processo de construção de suas competências. Não se pode pensar em transmitir competências, pois elas não são transferíveis, mas sim em criar condições favoráveis para a construção pessoal das competências.[49]

A definição de competência abrange um saber combinatório, sendo o indivíduo considerado o construtor de suas competências pela combinação e mobilização de um duplo conjunto de recursos: os recursos incorporados (conhecimentos, experiências, qualidades pessoais, vivência etc.) e a rede de recursos de seu ambiente (redes profissionais, redes documentais, bancos de dados etc.). Contudo, "a capacidade de agir com competência depende também, em parte, da riqueza de seu ambiente e de suas possibilidades de acesso a essa rede de recursos" (Le Boterf, 1999b:60).

Para Le Boterf (1999b), a competência seria caracterizada por: a) um saber agir, que se materializa numa ação ou num encadeamento de ações; b) um contexto particular ao qual está relacionada; c) um saber agir válido, que precisa ser validado perante outros; e d) uma intencionalidade, tendo em vista uma finalidade. Em suma, na definição de competência de Le Boterf (1999a), o sujeito é tanto portador quanto produtor de competências, evidenciando-as como forma de agir e distinguindo-as dos recursos necessários para sua produção. Portanto, "a competência que o indivíduo produz é uma seqüência de ações, onde se encadeiam múltiplas habilidades (*savoir-faire*) e experiências" (Le Boterf, 1999b:27). Assim sendo, a partir de um mesmo capital de recursos, o indivíduo pode construir muitas competências.

O saber combinatório dos indivíduos, porém, não é idêntico, nem tampouco estanque, pois ele pode evoluir no curso do tempo. Não há, então, apenas uma maneira de ser competente em relação à resolução de uma situação-problema ou de um projeto a realizar, podendo haver várias estratégias ou condutas pertinentes. Por outro lado, a competência coletiva é resultado dessa arquitetura combinatória, ou seja,

---

48 Apesar de abrangente e relativamente bem-aceita entre os estudiosos do tema, Michel (1993) afirma que essa definição apresenta alguns inconvenientes relacionados com a justaposição: onde começa e onde termina o saber em relação ao saber fazer, ou em relação ao saber agir e assim por diante.

49 Le Boterf, 1999b.

uma propriedade emergente da articulação e da sinergia entre as competências individuais, fruto do trabalho e da experimentação.[50]

Isto posto, Koenig (1996) afirma que a aprendizagem nas organizações, entendida como um fenômeno coletivo de aquisição e elaboração de competências, pode contribuir efetivamente para o processo de mudança. Para ele, a dimensão coletiva da aprendizagem pode ser ativada de duas maneiras não excludentes. A primeira seria a circulação de idéias ou a difusão de práticas construtivas de novas competências, crescendo o impacto da aprendizagem com a diversidade de interpretações produzidas e aumentando em função do número de indivíduos que adquirem uma nova competência, a julgam útil e compreendem suas diversas interpretações. A segunda maneira se balizaria na criação de relações entre as competências preexistentes, visando uma melhor confrontação e articulação entre os atores, os quais estariam habituados a mobilizar suas competências de maneira independente.

Koenig apresenta as seguintes formas de ativar o processo de aprendizagem coletiva: a) coleta explícita de novos conhecimentos, acessíveis a todos os empregados; b) intercâmbio de experiências com especialistas ou entre domínios de competências, através de reuniões organizadas, projetos comuns ou ainda de maneiras mais informais; e c) difusão das competências através do trabalho interativo e em equipe. Nessa linha, aprendizagem designa o processo pelo qual um indivíduo constrói, assimila e aperfeiçoa conhecimentos e novas competências, modificando suas representações, comportamentos e capacidade de ação.[51]

Para tanto, o conhecimento pode ser visto como um "recurso interpretativo" da pessoa, o qual propicia a leitura da situação corrente, possibilitando comparações com situações semelhantes e a identificação de maneiras diversas de lidar com os eventos identificados, enquanto as habilidades práticas são aprendidas através da experiência prática, sendo o entendimento construído pelo uso criativo de representações simbólicas do fato considerado, ou seja, pela linguagem.[52] "O conhecimento se constrói pela interpretação da ação. (...) Dirigir é agir sobre as interpretações, influenciar interpretações. (...) Portanto, agir é interpretar, exprimir através da linguagem dos atos" (Lorino, 1996:18).

---

50 Le Boterf, 1999a.

51 Cukierman, Nateuil e Parlier, 1996.

52 Koenig, 1996.

Le Boterf (1999b), por sua vez, apresenta algumas condições que podem facilitar a construção de competências através do desenvolvimento de um saber combinatório. São elas:

- favorecer a variedade de recursos e de experiências profissionais e sociais;
- facilitar a confrontação com práticas e estruturas de referência diferentes;
- desenvolver uma reflexão que permita formalizar e fazer evoluir os esquemas operatórios que servirão à atividade combinatória;
- organizar situações de direcionamento à combinação, tais como estudos de caso, dispositivos de simulação, estudos de problemas, alternâncias etc.;
- favorecer, na educação inicial, uma formação contrastada e diversificada, como ciência e arte, línguas latinas e anglo-saxônicas, matemática e literatura etc.;
- conduzir práticas de improvisação, tais como a cênica, a oratória, a musical etc.;
- desenvolver a cultura geral e a compreensão intercultural, de maneira a favorecer o raciocínio por analogia e o pensamento metafórico.

Apesar de o processo de aprendizagem organizacional poder ser aplicado em todos os níveis da empresa, é no segmento gerencial que apresenta sua maior alavancagem, pois as novas competências gerenciais requeridas abarcam uma extensa gama de ações e a aplicação de técnicas complexas a uma variedade de contextos imprevisíveis, demandando uma substancial capacidade de agir. O processo de aprendizagem organizacional pode constituir-se num poderoso instrumento para o desenvolvimento das competências gerenciais, pois "é aprendendo a reconhecer os problemas, a classificá-los em relação aos seus contextos, que o sujeito se torna capaz de aprender a aprender (...) e sabe não só resolver um problema em particular, mas várias categorias de problemas" (Le Boterf, 1994:99).

## Implicações e conclusões

Diante da nova configuração dos mercados, cada vez mais globalizados e seletivos, as organizações, mesmo as consideradas mais sólidas e tradicionais, obrigam-se a desenvolver processos de melhoria, mudança e inovação, na busca de diferenciais para lidar com um cenário altamente competitivo e sobreviver nele. Muitas empresas estão descobrindo que, se por um lado a atualização do parque tecnológico pode proporcionar um diferencial importante para competir, por outro, o investimento na geração de novos conhecimentos e o desenvolvimento de novas competências gerenciais em seu pessoal podem levar a empresa a auferir vantagens competitivas ímpares e ganhos até então inimagináveis.

Tal estratégia, plenamente alicerçada nos ativos humanos, revela que a capacidade de inovação está diretamente ligada às condições propiciadas pelas empresas ao processo de aprendizagem, como canais de comunicação abertos, incentivo ao diálogo e ao trabalho em equipe e decisões compartilhadas, de forma a propiciar um campo de interação[53] e fazer aflorar todo o potencial criativo dos indivíduos. Contudo, como já foi ventilado, trata-se de processos e não de ações a curto prazo.

Como afirmam Weick e Westley (1996), o paradoxo da aprendizagem organizacional encontra-se no fato de que organizar, no sentido de melhoria contínua, envolve estruturação, delimitação, padronização, ou seja, diminuir a variabilidade, minimizar os riscos e assegurar uma conduta linear e padrão, enquanto para aprender é necessário arriscar, flexibilizar regras, aumentar as margens de tolerância, desestruturar e descristalizar.

Graham e Pizzo (1998) procuram esclarecer melhor essa dicotomia, identificando e apresentando dois tipos de domínios organizacionais: o fluido e o institucional. No domínio fluido, o conhecimento é originado nas relações pessoais, provindo de redes pessoais informais, de encontros e reuniões causais entre as pessoas, situações em que, antes de seguir os procedimentos-padrão, os indivíduos procuram identificar maneiras alternativas e melhores de fazer as coisas. Já o domínio institucional é caracterizado pelo trabalho estruturado, controlado, medido, nitidamente marcado pela organização formal, rigidamente orquestrado pelas normas da empresa. Para os autores, a questão fundamental é atingir o ponto de equilíbrio entre o domínio fluido e o institucional, a fim de proporcionar à organização a capacidade de inovar, gerar novos conhecimentos e, ao mesmo tempo, aprender, operacionalizar e sistematizar esses conhecimentos por toda a empresa.

Nessa mesma linha, Le Boterf (1999b), referindo-se ao processo de desenvolvimento de competências, também faz menção à questão do equilíbrio entre o que o autor chama de malha rígida e malha frouxa para a emergência de novos conhecimentos e a sedimentação da aprendizagem. A figura 2 ilustra os domínios presentes no contexto organizacional e o processo de aprendizagem organizacional como elo de ligação entre essas dimensões.

---

53 Nonaka e Takeuchi, 1997.

FIGURA 2

CONDIÇÕES PARA A APRENDIZAGEM ORGANIZACIONAL

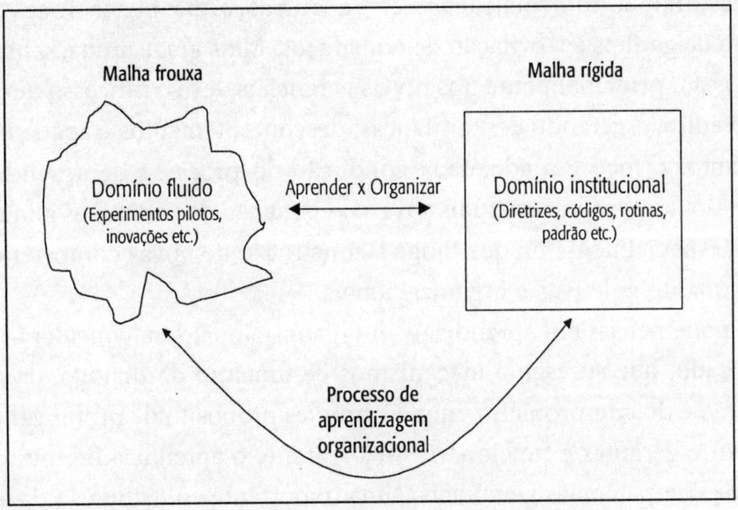


Uma alternativa para gerar essa tensão criativa[54] entre as dimensões "aprender e organizar" é, com base nas idéias de Garvin (1993), desenvolver diversos experimentos inovadores, na forma de projetos pilotos, estudos de caso, dispositivos de simulação, estudos de problemas etc., que se coadunem com as atividades produtivas da organização e, após uma avaliação acurada dos resultados obtidos, difundi-los e implementá-los por toda a empresa.

O processo de aprendizagem organizacional, dependendo do foco a ser direcionado, pode contribuir para a construção e o desenvolvimento de novos conhecimentos e competências gerenciais, desembocando em novas práticas de trabalho. Porém, como ressaltam vários pesquisadores, a aprendizagem pode ser boa ou ruim para a organização,[55] dependendo do direcionamento dado ao processo. O direcionamento e a condução do processo adequados assumem grande importância, na medida em que a falta de foco pode levar a resultados indesejados e até criar ou reforçar rotinas defensivas[56] por parte dos indivíduos.

---

54 Senge, 1990.

55 Kim, 1993a e 1993b; Argyris e Schön, 1996; e Morgan, 1996.

56 Argyris e Schön, 1996 e Morgan, 1996.

O aprendizado contraproducente desencadeia predisposições defensivas, atitudes rígidas e dogmáticas, o acobertamento de situações e a criação de formas dúbias para impressionar a administração, entre outras, uma busca incessante pela maximização de ganhos e a evitação de embaraços. Mais grave ainda, o hiato entre o discurso e a ação, principalmente nos níveis gerenciais, leva o processo de aprendizagem ao descrédito,[57] gerando desconfianças, descontentamentos e apatia nos empregados. Portanto, o foco e a adequada condução do processo de aprendizagem na organização são fatores fundamentais para a consecução dos objetivos almejados pela organização, especialmente no que tange à construção de novas competências, tanto individuais, quanto coletivas e organizacionais.

Não se pode pensar em aprendizagem organizacional sem considerá-la um processo organizado, que apresenta mecanismos de fomento do diálogo, da confiança, da participação e do comprometimento. O simples propósito de promover encontros e reuniões entre gerentes e funcionários não garante o aprendizado, muito menos a construção de competências gerenciais. Uma importante contribuição da aprendizagem organizacional para a geração de novos conhecimentos e a construção de competências gerenciais reside no processo focado na resolução de problemas. Agregado às práticas de trabalho, a resolução de problemas, sob a égide da aprendizagem, é perfeitamente aplicável em todos os níveis da organização.

Nesse ínterim, a descentralização dos processos decisórios e o incentivo ao trabalho em equipe, frutos dos programas de modernização em curso em muitas organizações, favorecem os processos de aprendizagem locais, pois as situações-problema emergentes no dia-a-dia de trabalho podem servir como matéria-prima para o desenvolvimento da aprendizagem através de um processo de reflexão coletiva entre gerentes e empregados. Para tanto, é premente que a condução seja direcionada para a expansão das capacidades dos envolvidos, mediante um processo que fomente o compartilhamento de conhecimentos e a conjugação das diversas competências existentes no grupo, o que contribuirá para o desenvolvimento de novos mapas cognitivos e para a construção de novas competências gerenciais.

Transportado para as práticas de trabalho, o processo de aprendizagem organizacional focado na resolução de problemas pode ser implementado através de uma

---

[57] Discursos como "a organização precisa da participação de todos" ou "os ativos mais importantes da empresa são os empregados" são jargões muitas vezes utilizados pelos executivos para mobilizar o pessoal, mas, na prática, as atitudes gerenciais não condizem com as ações tomadas.

dinâmica coletiva baseada nos modelos de ciclos de aprendizagem.[58] A vantagem da utilização dos ciclos de aprendizagem está na semelhança com o método de solução de problemas disseminado em grande escala pelos programas de qualidade total. Os ciclos apresentam como diferença fundamental o direcionamento para o desenvolvimento do pensamento sistêmico, ora trabalhando com a ação propriamente dita, via experimentação, ora trabalhando com a reflexão e a formulação de conceitos, desembocando num contrato entre os participantes, o qual pode tomar a forma de um plano de ação, projeto etc., em que todos compartilham os mesmos objetivos e estão comprometidos com a sua consecução.

Como resultante, o aprendizado organizacional se concretiza quando os novos conhecimentos forem incorporados à memória organizacional, formalmente (via inserção nas normas, regras, rotinas etc.) e tacitamente (incorporados aos valores inseridos na cultura da organização). A aprendizagem organizacional apresenta-se como um vetor importante para sedimentar os processos de melhoria e mudança nas organizações e propiciar a construção de novas competências gerenciais. Entretanto, para a obtenção dessa vantagem competitiva singular, além das condições necessárias para a implementação do processo, é fundamental considerar os indivíduos na sua integralidade.

## Referências bibliográficas

ARGYRIS, C. *Reasoning, learning, and action: individual and organizational*. San Francisco: Jossey-Bass, 1982.

_______. Good communications that block learning. *Harvard Business Review*, p. 77-85, 1994.

_______. *On organizational learning*. Cambridge: Blackwell, 1995.

_______; SCHÖN, D. A. *Organizational learning: a theory of action perspective*. Massachusetts: Addison-Wesley, 1978.

_______; _______. *Organizational learning II: theory, method, and practice*. New York: Addison-Wesley, 1996.

_______; PUTNAN, R.; SMITH, D. *Action science*. San Francisco: Jossey-Bass, 1985.

BAIN, A. Social defenses against organizational learning. *Human Relations*, v. 51, n. 3, p. 413-429, 1998.

58 Kolb, Rubin e McIntyre, 1984; Pfeffer e Ballew, 1988; e Swieringa e Wierdsma, 1992.

BARKER, R.; CAMARATA, M. R. The role of communication in creating and maintaining a learning organization: preconditions, indicators, and disciplines. *Journal of Business Communication*, v. 35, n. 4, p. 443-467, 1998.

BOYATZIS, R. E. *The competent manager: a model for effective performance*. New York: Wiley, 1982.

COHENDET, P.; JACOT, J.-H.; LORINO, P. *Cohérence, pertinence et évaluation*. Paris: Economica, 1996. (Collection Gestion).

COLLINS, J. C.; PORRAS, J. I. *Feitas para durar*. Rio de Janeiro: Rocco, 1997.

CROZIER, M.; FRIEDBERG, E. *L'acteur et le système*. Paris: Seuil, 1981.

CUKIERMAN, S.; NATEUIL, M. de; PARLIER, M. *Apprentissages formels et informels dans les organisations*. Lyon: Anact, 1996.

DI BELLA, A. J. Developing learning organizations: a matter of perspective. *Academy of Management Journal*, Special Issue, p. 287-290, 1995.

DODGSON, M. Organizational learning: a review of some literatures. *Organizations Studies*, v. 14, n. 3, p. 375-394, 1993.

DRUCKER, P. F. The new productivity challenge. *Harvard Business Review*, p. 69-79. Nov./Dec. 1991.

_______. *Sociedade pós-capitalista*. São Paulo: Pioneira, 1994.

DUNCAN, R.; WEISS, A. Organizational learning: implications for organizational design. In: CUMMINGS, L. L.; STAW, B. M. (Eds.). *Research in organizational behavior*. Greenwich: JAI Press, 1979.

EASTERBY-SMITH, M. Disciplines of organizational learning: contributions and critiques. *Human Relations*, v. 50, n. 9, p. 1085-1113, 1997.

_______; SNELL, R.; GHERARDI, S. Organizational learning: diverging communities of practice? *Management Learning*, v. 29, n. 3, p. 259-272, 1998.

FIOL, C. M.; LYLES, M. A. Organizational learning. *Academy of Management Review*, v. 10, p. 803-813, 1985.

FLEURY, A.; FLEURY, M. T. L. *Aprendizagem e inovação organizacional: as experiências de Japão, Coréia e Brasil*. São Paulo: Atlas, 1997.

FLEURY, M. T. L. Aprendendo a mudar — aprendendo a aprender. *Revista de Administração*, v. 30, n. 3, p. 5-11, 1995.

GARVIN, D. A. Building a learning organization. *Harvard Business Review*, p. 78-91. July/Aug. 1993.

GRAHAM, A. B.; PIZZO, V. G. Uma questão de equilíbrio: estudos de casos na gestão estratégica do conhecimento. In: KLEIN, D. A. (Ed.). *A gestão estratégica do capital intelectual: recursos para a economia baseada em conhecimento*. Rio de Janeiro: Qualitymark, 1998.

HUBER, G. P. Organizational learning: the contributing processes and the literature. *Organizational Science*, v. 2, n. 1, p. 88-115, 1991.

KIM, D. H. Paradigm-creating loops: how perceptions shape reality. *The Systems Thinker*, v. 4, n. 2, Mar. 1993a.

_______. The link between individual and organizational learning. *Sloan Management Review*, v. 35, n. 1, p. 37-50, Fall 1993b.

_______. Gestão sistêmica da qualidade: melhorando a qualidade do agir e do pensar. In: WARDMAN, K. T. (Org.). *Criando organizações que aprendem*. São Paulo: Futura, 1996.

KLIMECKI, R.; LASSLEBEN, H. Modes of organizational learning: indications from an empirical study. *Management Learning*, v. 29, n. 4, p. 405-430, 1998.

KOENIG, G. L'apprentissage organisationnel: repérage des lieux. In: CUKIERMAN, S.; NATEUIL, M. de; PARLIER, M. (Dirs.). *Apprentissages formels et informels dans les organisations*. Lyon: Anact, 1996.

KOLB, D. A. Problem management: learning from experience. In: KOLB, D. A. *The executive mind: new insights on management thought and action*. London: Suresh Shrivata Associates, 1983.

_______. A gestão e o processo de aprendizagem. In: STARKEY, K. (Org.). *Como as organizações aprendem*. São Paulo: Futura, 1997.

_______; RUBIN, I. M.; McINTYRE, J. M. *Organizational psychology: an experimental approach to organizational behavior.* 4. ed. New Jersey: Prentice Hall, 1984.

LE BOTERF, G. *De la compétence*. Paris: Les Editions d'Organisation, 1994.

_______. *Compétence et navigation professionnelle*. Paris: Les Editions d'Organisation, 1999a.

_______. *L'ingénierie des compétences*. Paris: Les Editions d'Organisation, 1999b.

LORINO, P. Le pilotage de l'entreprise: de la mesure à l'interprétation. In: COHENDET, P.; JACOT, J.-H.; LORINO, P. (Dirs.). *Cohérence, pertinence et évaluation*. Paris: Economica, 1996.

MALONE, J. Creating an atmosphere of complete employee involvement in TQM. *Financial Management*, v. 48, n. 6, p. 126-127, 1993.

MARSICK, V. J. Learning in the workplace: the case for reflectivity and critical reflectivity. *Adult Education Quarterly*, v. 38, p. 187-1998, 1988.

MAYER, R. E. *Thinking, problem solving, cognition*. New York: W. H. Freeman, 1983.

MICHEL, S. *Sens et contresens des bilans de compétence*. Paris: Liaison, 1993.

MORGAN, G. *Imagens da organização*. São Paulo: Atlas, 1996.

MOTTA, P. R. *Gestão contemporânea: a ciência e a arte de ser dirigente*. São Paulo: Record, 1991.

NICOLINI, D.; MEZNAR, M. B. The social construction of organizational learning: concepts and practical issues in the field. *Human Relations*, v. 48, n. 7, p. 727-746, 1995.

NONAKA, I. A empresa criadora do conhecimento. In: STARKEY, K. (Org.). *Como as organizações aprendem*. São Paulo: Futura, 1997.

_______; TAKEUCHI, H. *Criação de conhecimento na empresa*. Rio de Janeiro: Campus, 1997.

PFEFFER, J. W.; BALLEW, A. C. *Using structured experiences in human resource development*. San Diego: University Associates, 1988.

PIAGET, J. *Six psychological studies*. New York: Random House, 1967.

RIGANO, D.; EDWARDS, J. Incorporating reflection into work practice: a case study. *Management Learning*, v. 29, n. 4, p. 431-446, 1998.

RUAS, R. *Aprendizagem organizacional*. Porto Alegre: PPGA/UFRGS, 1997. ms.

SELLTIZ, C.; WRIGHTSMAN, L. S.; COOK, S. W. *Les méthodes de recherche en sciences sociales*. Montréal: HRW, 1977.

SENGE, P. *The fifth discipline*. New York: Doubleday, 1990.

_______ et al. *A quinta disciplina: caderno de campo*. Rio de Janeiro: Qualitymark, 1997.

SNYDER, W. M.; CUMMINGS, T. G. Organization learning disorders: conceptual model and intervention hypotheses. *Human Relations*, v. 51, n. 7, p. 873-895, 1998.

SWIERINGA, J.; WIERDSMA, A. *Becoming a learning organization: beyond the learning curve*. Cambridge: Addison-Wesley, 1992.

THOMPSON, P. J. *Competence-based learning and qualifications in the United Kingdom. British accounting education*. London: BAA-SIG, 1995. (Working Paper Series, 6).

TOBIN, D. R. *The knowledge-enabled organization*. New York: Amacom, 1997.

TORBERT, W. R. The tacit organization. *Administrative Science Quarterly*, v. 39, n. 2, p. 352-355, 1994.

TREMBLAY, D.-G. *Formation et competitivite économique*. Sainte-Foy: Télé-université, 1997.

TSANG, E. W. K. Organizational learning and the learning organization: a dichotomy between descriptive and prescriptive research. *Human Relations*, v. 50, n. 1, p. 73-89, 1997.

WARDMAN, K. T. (Org.). *Criando organizações que aprendem*. São Paulo: Futura, 1996.

WEICK, K. E.; WESTLEY, F. Organizational learning: affirming an oxymoron. In: HARDY, C. et al. (Eds.). *Handbook of organization studies*. London: Sage, 1996.

# 10
# Mitos e realidades sobre o estresse dos gerentes*

Jean-François Chanlat**

Nos últimos 30 anos, aproximadamente, viu-se surgir toda uma literatura relativa ao estresse dos gerentes ocidentais. São numerosos os artigos ou trabalhos, sobretudo nos Estados Unidos, que abordam temas como o estresse, o cansaço psíquico e físico, a pressão, a luta contra o estresse, o alto preço que os gerentes pagam pelo sucesso etc.[1] No Ocidente, as grandes revistas de administração, os principais diários de notícias e os periódicos especializados regularmente dedicam algumas páginas a esses problemas.

Essa preocupação é, de fato, normal e legítima no contexto atual, mas a saúde não chega a ser propriamente a principal preocupação de nossos contemporâneos. É necessário, de todo modo, que se questione se, como pensam muitas pessoas, os gerentes convivem mesmo com uma tensão que os conduz diretamente a uma crise

---

* Tradução de José Roberto Gomes da Silva e revisão técnica de Solange Maria Pimenta.

** Professor da Université de Paris IX Dauphine (França), presidente do comitê de pesquisa Sociologie des Organisations, da Associação Internacional de Sociologia, e co-responsável pela rede Entreprise et Sociétés, da Associação Internacional de Sociólogos de Língua Francesa. É autor de várias obras em francês, algumas traduzidas para o português, como *O indivíduo na organização: dimensões esquecidas* (Atlas, 1992, 1994 e 1996. 3v.) e *Ciências sociais e* management: *reconciliando o econômico e o social* (Atlas, 1999).

[1] Entende-se por gerente toda pessoa que supervisiona uma unidade em uma organização (serviço, departamento, divisão, grupo etc.). Ver Levinson, 1970; Cooper e Marshall, 1978; Goldberg, 1978; Cooper e Meluish, 1980; Freudenberger, 1987; Chanlat, 1986 e 1987; Cooper e Payne, 1988; Aubert e Gaulejac, 1991; Crandall e Perrewe, 1997; e Cooper, 2000.

cardíaca. Com efeito, a maioria das publicações que se interessam pelo estado de saúde desse segmento da população parece em geral indicar que os gerentes, fortemente pressionados por suas tarefas e responsabilidades, são pessoas que correm altíssimo risco de desenvolver certas enfermidades, sobretudo as cardiovasculares. O poder, o prestígio, o *status* e uma renda confortável teriam, desse modo, como contrapartida, as úlceras, os ataques do coração, as depressões e o cansaço psíquico e físico. O que isso significa realmente? É a essa questão que vou tentar responder neste capítulo. Primeiramente, esboçarei um quadro comparativo do estado de saúde de diferentes categorias socioprofissionais, a fim de situar a posição exata que os gerentes ocupam nesse contexto. Num segundo momento, apresentarei os problemas com os quais os gerentes podem se deparar no contexto dos modos de gestão atuais.

## A saúde dos gerentes a partir de uma perspectiva comparativa

> Um dos mitos mais duradouros da vida econômica americana é o terrível tributo físico que os gerentes têm de pagar em razão da pressão que sofrem.
>
> (*Fortune*, apud Boroson, 1978).

Quando consultamos os dados disponíveis, somos levados a fazer um certo número de constatações etiológicas, no que concerne tanto aos gestores do sexo masculino quanto aos do sexo feminino. Porém, essas observações contradizem muitos dos mitos veiculados sobre os efeitos do trabalho do gerente. Observa-se de fato que, com relação aos integrantes de outras categorias socioprofissionais, os altos gerentes, os gerentes e os profissionais liberais, especialmente os do sexo masculino: beneficiam-se, em média, de uma expectativa de vida mais longa; sofrem, no conjunto, de menos doenças cardiovasculares; beneficiam-se globalmente de uma melhor expectativa de vida, com boa saúde, e tudo isso persiste no tempo e no espaço, ou seja, é observado há muito tempo e em vários países.

### *A questão da longevidade dos gerentes*

A comparação do estado de saúde dos representantes das diferentes categorias socioprofissionais revela claramente que os gerentes vivem mais tempo que a maior parte dos integrantes de outras categorias socioprofissionais, e isso em todos os países que dispõem de tais estatísticas. Essa constatação é ainda mais marcante entre os homens, apesar de as gerentes apresentarem uma longevidade ligeiramente superior à das operárias e empregadas.[2] A título de exemplo, podemos considerar os casos de Inglaterra, França, Estados Unidos e Canadá. Na Inglaterra e no País de Gales, a mortalidade entre os diaristas, os trabalhadores e os operários não-qualificados era, nos anos 1970, 1,8 vez mais elevada do que a dos altos gerentes e dos profissionais liberais da mesma faixa etária,[3] tendência que se manteve durante os anos 1980 e 90.[4]

Na França, no período 1955-71, a diferença de expectativa de vida entre as categorias mais favorecidas — professores, gerentes, profissionais liberais — e as mais desfavorecidas — operários, assalariados agrícolas e trabalhadores não-qualificados — chegava a ser de seis a oito anos.[5] Essa diferença se manteve nos anos 1980, apesar de se verificar algum ganho em todas as categorias.[6]

Nos Estados Unidos, os estudos realizados por Kitagawa e Hauser (1973) apresentaram alguns resultados similares, assim como algumas pesquisas feitas por grandes companhias de seguro. Em 1974, a companhia de seguro Metropolitan Life divulgou os resultados de uma pesquisa de 16 anos sobre 1.078 postos de direção norte-americanos. Os resultados revelaram que a taxa de mortalidade padrão de tais gerentes era inferior à média de seus contemporâneos.[7] Embora os estudos americanos geralmente se restrinjam a amostras locais ou regionais e não haja um estudo de abrangência equivalente aos grandes estudos britânicos e franceses, o fato é que revelam as mesmas diferenças observadas em outros lugares.[8] Os dados mais recentes confirmam um aumento nessas diferenças ou *gaps* durante os anos 1980.[9]

Um estudo realizado pelo Conselho de Saúde e do Bem-estar Social demonstra que o Canadá não é uma exceção à regra.[10] A mortalidade dos trabalhadores qualificados, dos trabalhadores rurais e dos diaristas é quase duas vezes mais elevada entre

---

[2] Desplanques, 1984; Morris, 1979; e Waldron, 1983.

[3] Hart, 1978; Morris, 1979; e Fox e Goldblatt, 1982.

[4] Wilkinson, 1997; e Marmot e Wilkinson, 1999.

[5] Desplanques, 1976.

[6] Bihr e Pfefferkorn, 1999; e Leclerc et al., 2000.

[7] Boroson, 1978.

[8] Pell e D'Alonzo, 1961; Stockwell, 1961; Antonovsky, 1967; Hinkle et al., 1968; e Berman, 1978.

[9] Pappas et al., 1993; Kawachi, Kennedy e Wilkinson, 1999; e Berkman e Kawachi, 2000.

[10] Wilkins, 1980.

aqueles que estão na faixa dos 25-64 anos do que a dos profissionais e gerentes situados na mesma faixa etária. Registram-se diferenças análogas no Quebec.[11] Esses dados permanecem válidos ainda hoje.

Quanto aos estudos sobre expectativa de vida no Canadá, eles revelam diferenças de seis a oito anos, ou seja, do mesmo tipo que as observadas na França.[12] Essas diferenças são, por outro lado, muito menores entre as gerentes e as demais mulheres que trabalham. É um fenômeno que se constata em vários países industrializados.[13]

## *A questão das doenças cardiovasculares dos gerentes*

Ao contrário do que muitas pessoas pensam, talvez instintivamente, as doenças cardiovasculares não são males próprios dos altos gerentes, dos gerentes e dos profissionais liberais. Estudos realizados tanto na Inglaterra quanto na França indicam que os gerentes do sexo masculino apresentam, em regra, taxas de morbidade cardiovascular um pouco menos elevadas do que as de integrantes de outras categorias, sendo a taxa de mortalidade três vezes menos elevada, na França, entre os gerentes e profissionais liberais do que entre os trabalhadores e empregados.[14]

Cabe notar ainda que, no caso da França, as diferenças existentes entre os quadros de direção e os trabalhadores braçais são ainda maiores quando se consideram outras causas de morte.[15] Na América do Norte, como em todas as outras regiões industrializadas, os resultados são análogos.[16] Nos Estados Unidos, várias pesquisas de porte sobre a hipertensão demonstram uma relação inversa entre o nível de pressão arterial e a profissão.[17] Outras pesquisas realizadas em grandes organizações norte-americanas chegaram a conclusões semelhantes.[18]

---

[11] Billette, 1977.

[12] Wilkins, 1980.

[13] Chanlat, 1987; Wilkinson, 1997; Kawachi, Kennedy e Wilkinson, 1999; Leclerc et al., 2000; Berkman e Kawachi, 2000; e Bihr e Pfefferkorn, 1999.

[14] Desplanques, 1976; Fox e Goldblatt, 1982; Marmot e Wilkinson, 1999; Bihr e Pfefferkorn, 1999; e Leclerc et al., 2000.

[15] Bihr e Pfefferkorn, 1999.

[16] Holmes, 1976; Billette, 1977; Milon e Froment, 1978; Degoulet et al., 1979; Manca et al., 1979; Koskenvuo et al., 1981; Karasek e Theorell, 1990; Vezina et al., 1992; e Berkman e Kawachi, 2000.

[17] Dyer et al., 1976; Jenkins et al., 1979; Syme, et al., 1979; Kraus et al., 1980; e Evans e Turnbridge, 1981.

[18] Lee e Schneider, 1958; Pell e D'Alonzo, 1961; e Hinkle et al., 1968.

Uma pesquisa realizada durante cinco anos com 270 mil empregados da Bell System evidenciou que a taxa de ataques cardíacos dos gerentes era 43% inferior àquela dos *blue collars*.[19] Ainda mais recentemente, uma pesquisa britânica realizada com 17.530 funcionários londrinos na faixa dos 40-64 anos, por um período de sete anos e meio, constatou que a taxa de mortalidade por enfarto era 3,6 vezes mais elevada entre os pequenos funcionários do que entre os altos funcionários.[20] Encontram-se diferenças desse tipo também entre as gerentes e o restante das trabalhadoras, mas menos pronunciadas.

## *A questão da expectativa de vida dos gerentes*

Se os gerentes, sobretudo do sexo masculino, desfrutam de uma expectativa de vida mais longa e apresentam taxas de mortalidade mais baixas que o restante da população, também se beneficiam de uma melhor qualidade de vida. Alguns pesquisadores têm se dedicado mais a determinar a qualidade da longevidade humana. Eles procuram conhecer o que chamam de expectativa de vida com boa saúde, isto é, a probabilidade de vida sem maiores restrições de atividade.[21]

Trabalhos realizados na Inglaterra e no Canadá, apenas para mencionar alguns, confirmam a clara vantagem que os altos gerentes e os profissionais liberais costumam ter sobre a maior parte das outras categorias.[22] Como mostrou uma pesquisa realizada em Montreal, a diferença de expectativa de vida com boa saúde é ainda mais elevada comparando-se os habitantes dos bairros mais ricos (N.D.G. Leste e Oeste) aos dos bairros desfavorecidos (St. Louis, St. Henri), do que à expectativa de vida bruta.[23] Estes últimos resultados confirmam os obtidos pelo Centro de Serviços Sociais da Montreal metropolitana, a partir de uma amostra representativa dos empregados assalariados que vivem em Montreal. Nesse estudo, os autores demonstram claramente, por meio de trajetórias de vida, quanto o declínio da saú-

---

19 N. da R.: o termo designa os trabalhadores de chão de fábrica, que usam, em geral, uniformes azuis, em contraposição aos *white collars*, técnicos e executivos que vestem camisas de colarinho branco. Ver Hinkle, 1968.

20 Rose e Marmot, 1981; e Marmot e Wilkinson, 1999.

21 Colvez e Blanchet, 1981; Dillard, 1982 e 1983; Colvez, 1985; Berkman e Kawachi, 2000; Leclerc et al., 2000; e OMS, 2000.

22 Hart, 1978.

23 Wilkins, 1982.

de, associado a trabalhos físicos árduos, levaria ao empobrecimento desse pequeno empregado assalariado.[24]

## *Um balanço temporal da saúde dos gerentes*

As taxas menores de mortalidade e de morbidade dos gerentes e profissionais liberais não é, no entanto, um fenômeno recente. Desde os primórdios da Revolução Industrial observa-se esse fenômeno. Como levam a crer certas pesquisas publicadas nos últimos anos, a desigualdade com relação à morte e à doença praticamente não teria se alterado em diversos países ocidentais desde o início do século. Na Inglaterra e no País de Gales, por exemplo, a diferença entre os gerentes, os profissionais liberais e os trabalhadores braçais permanece constante desde o fim do século XIX.[25] Na França, alguns estudos ainda mais recentes indicam que os resultados obtidos anteriormente continuam sendo válidos hoje, ou até mesmo acentuam a tendência observada no período precedente.[26]

À luz desses resultados, não restam dúvidas de que, em matéria de saúde, os gerentes e os profissionais liberais pertencem a um grupo social privilegiado, se comparados a outros grupos socioprofissionais, em particular o dos *blue collars*. A questão a ser colocada é, então, a seguinte: por que os gerentes apresentam melhor saúde do que os outros?

## *Causas possíveis e prováveis do melhor estado de saúde dos gerentes do sexo masculino*

Quando nos interessamos de perto pelas causas da saúde e das doenças, é sempre difícil chegar a respostas categóricas e unidimensionais. Embora a tentação da monocausalidade permaneça sempre forte nas ciências, o fato é que a vida humana é por demais complexa, por demais subordinada a uma variedade de determinantes e limitações biológicas, psicológicas e sociais, para que se possa explicar efetivamente o estado de saúde de uma pessoa ou de um grupo humano tomando por base apenas

---

24 Lefebvre-Girouard e Gauthier, 1977.

25 Hollingsworth, 1981; e Wilkinson, 1997.

26 Desplanques, 1984; e Bihr e Pfefferkorn, 1999.

um único fator. A desigualdade social no que diz respeito às doenças e à morte pode ser explicada, no entanto, recorrendo-se a dois tipos de explicação: a biomédica e a psicossocial.

## A explicação biomédica

A explicação biomédica apóia-se num grande número de pesquisas epidemiológicas. Esses estudos geralmente estabelecem uma ligação mais ou menos direta entre a saúde de um indivíduo ou de um grupo e um certo número de fatores de risco, como hereditariedade, obesidade, colesterol, tabaco, álcool.[27] O fator hereditário ocupa em geral um lugar importante na pesquisa biomédica, mas não explica as diferenças de nível de morbidade e mortalidade observadas entre as categorias socioprofissionais. Para tanto, seria necessário que os gerentes pertencessem, como grupo, a cadeias genéticas muito diferentes das de outras categorias socioprofissionais. Porém, a probabilidade de que um grupo socioprofissional se distinga de outro no plano genético é, na verdade, muito pequena, principalmente em uma mesma sociedade. Por outro lado, os fatores hereditários têm, certamente, algum significado no tocante a diferenças individuais.

A alimentação é um fator que recebe cada vez mais atenção dos pesquisadores, em razão de sua ligação com certos fatores de risco conhecidos, como a obesidade e o colesterol. Na maioria dos estudos que se interessam por essa questão, nota-se uma diferença significativa de peso entre os altos gerentes e os *blue collars*. Os primeiros costumam ser menos obesos.[28] Essa observação também vale para o tabaco. Os altos gerentes em geral fumam menos do que os *blue collars*, principalmente nos últimos anos.[29] Finalmente, o consumo de álcool parece ser, do mesmo modo, menos elevado entre os gerentes do que entre os trabalhadores. Porém, quanto a esta última informação, é necessário ser extremamente prudente. Na verdade, é muito difícil estimar o

---

27 Jenicek, 1976; Lilienfeld e Lilienfeld, 1980; Marmot e Wilkinson, 1999; Bihr e Pfefferkorn, 1999; Berkman e Kawachi, 2000; e Leclerc et al., 2000.

28 Syme et al., 1979; Stunkard, 1975; Stunkard et al., 1993; Rose e Marmot, 1981; Karasek e Theorell, 1990; Marmot e Wilkinson, 1999; Bihr e Pfefferkorn, 1999; Berkman e Kawachi, 2000; e Leclerc et al., 2000.

29 Khosla e Lowe, 1972; Sterling e Weinkam, 1976; Morris, 1979; Rose e Marmot, 1981; Karasek e Theorell, 1990; Thownsend, Roderick e Cooper, 1994; Marmot e Wilkinson, 1999; e Bihr e Pfefferkorn, 1999.

consumo de álcool, e os estudos sistemáticos comparativos entre as diferentes categorias socioprofissionais não são muito numerosos.[30]

Que os fatores aqui qualificados como biomédicos têm um papel importante nas diferenças observadas ninguém discorda. Mas é necessário saber também que nenhum desses fatores, sejam eles considerados individualmente ou em grupo, explica completamente as diferenças no que diz respeito às taxas de morbidade e de mortalidade. No melhor das hipóteses, explicam apenas parte da diferença, em geral menos da metade, ficando a maior parte sem explicação. Além disso, não se pode dissociar alguns fatores de risco conhecidos, como o álcool, o tabaco ou a alimentação, das experiências com que uma pessoa ou um grupo pode se deparar, bem como do contexto sociocultural no qual essa pessoa ou esse grupo se insere. Por isso, cada vez mais, os pesquisadores recorrem a uma explicação do tipo psicossocial.

## A explicação psicossocial

Há 30 anos, os fatores psicossociais recebem atenção cada vez mais substancial. No rastro de numerosos trabalhos sobre o estresse, de pesquisas psicossomáticas e de estudos antropológicos e de sociologia da saúde, rompeu-se com a imagem do ser humano reduzida a um mero conjunto de células.[31] Cresce cada vez mais o interesse por variáveis como personalidade, condições sociais de existência e modelos culturais para tentar esclarecer melhor a gênese das enfermidades. Como veremos, esses fatores não deixam também de exercer seu papel nas diferenças de nível de morbidade e mortalidade observadas entre os gerentes e a maior parte das outras categorias socioprofissionais.

Um dos campos de pesquisa mais desenvolvidos nesse domínio é o que se interessa pelas características de personalidade. Nessa corrente, os estudos que tratam dos tipos A e B constituem certamente um grande número. A personalidade do tipo A tem as seguintes características: extrema competitividade, hiperatividade, agressividade, impaciência, falta de repouso, tensão dos músculos faciais, pressão do tempo e necessidade de realização muito elevada. Por outro lado, a personalidade do tipo B designa uma pessoa calma, dificilmente irritável, menos competitiva, que controla seu tempo e que faz uma coisa de cada vez.

---

[30] Hore e Plant, 1981; Marmot e Wilkinson, 1999; Berkman e Kawachi, 2000; e Leclerc et al., 2000.

[31] Dufresne, Dumont e Martin, 1985.

Desde os primeiros trabalhos de Rosenman, Friedman e Strauss (1964) sobre o assunto, outras pesquisas vieram confirmar o caráter patogênico do comportamento do tipo A.[32] O tipo A não só é associado a muitos fatores de risco, como hipertensão, colesterol e tabaco,[33] mas também apresenta duas vezes mais doenças cardiovasculares (angina, enfarto, problemas coronarianos) do que o tipo B.[34] Mais recentemente, uma pesquisa sobre 75 gerentes demonstrou que o comportamento do tipo A talvez esteja também ligado a conseqüências relativas à carreira, em particular à desilusão, à alienação e ao sentimento de fracasso.[35]

Até o presente, a maioria dos estudos sobre os tipos A e B se interessou especialmente pelos *white collars*, principalmente os gerentes ocidentais de nível médio e superior. Como ressaltou um grupo de eminentes pesquisadores norte-americanos em um simpósio dedicado aos tipos A e B, pouquíssimos estudos tratam de outras categorias socioprofissionais de modo a que se possa fazer comparações interessantes. Em outras palavras, os dados são ainda fragmentados e insuficientes demais no que tange a *blue collars*, mulheres, populações rurais, idosos e sociedades não-ocidentais para que se possa fazer um balanço comparativo. Ainda cabe questionar como o fazem certos pesquisadores, se o tipo A não é, de fato, um modelo de comportamento que reflita certas características da cultura ocidental e, mais particularmente, da norte-americana. Alguns estudos realizados sobre grupos não-ocidentais tenderam a confirmar isso: a freqüência de ocorrência do tipo A realmente é muito baixa na população japonesa.[36] Por outro lado, Rosenman (1978), um dos pioneiros desses estudos, declarou recentemente que as pessoas que começam a trabalhar em certos empregos — motoristas de táxi, operários de linhas de montagem, telefonistas — não se comportam, a princípio, como um tipo A. Somente quando aumentam pouco a pouco a pressão do tempo e o nível de atenção requerido para a tarefa é que uma pessoa do tipo B se converte em uma pessoa do tipo A.[37] O tipo A estaria, então, estreitamente associado aos fatores socioculturais que nos cercam.

---

32 Dembrowski et al., 1978; e Rosenman et al., 1976.

33 Haynes, Fenlieb e Kannel, 1980.

34 Dembrowski et al., 1978.

35 Burke e Deszca, 1982.

36 Cohen et al., 1979.

37 Rosenman, 1978.

As características individuais desempenham um papel importante na gênese da enfermidade (teremos a oportunidade de voltar a essa idéia mais adiante). Quando se comparam grupos sociais, as diferenças observadas só podem ser explicadas por fatores sociais, ou seja, pelos elementos que os membros de cada grupo compartilham e/ou pelos quais se distinguem como grupo.

Nos dados consultados, destaca-se claramente uma oposição entre *white collars* e *blue collars*. Em cada uma dessas grandes categorias, observam-se também algumas diferenças consideráveis. Por exemplo, os gerentes e os profissionais liberais constituem os grupos mais favorecidos na categoria dos *white collars*, juntamente com os professores e o clero. Já os trabalhadores qualificados constituem o grupo mais favorecido na categoria dos *blue collars*. Isso não deixa qualquer dúvida de que essas diferenças nos níveis de morbidade e de mortalidade estão ligadas a diferenças de condições sociais. A permanência dessa desigualdade no tempo e no espaço, confirmada por numerosos estudos, demonstra que a doença e a morte, queiramos ou não, têm também uma raiz social.

As origens social e étnica, o nível de instrução, o *status* do emprego, as condições de trabalho, a natureza da atividade desenvolvida, a renda, as condições de moradia, o bairro em que se vive são fatores que geralmente se conjugam para determinar a qualidade de vida de um indivíduo. E representam um papel importante nas diferenças observadas. Desse modo, observa-se que, quanto mais uma profissão é marcada pela autonomia, pela independência, pelo controle do próprio tempo, por um certo poder, pela valorização social, maior é o tempo de vida das pessoas que a professam. É o caso dos professores, dos profissionais liberais, dos gerentes e do clero. Por outro lado, quanto mais elas se distanciam disso, o que é o caso específico da mão-de-obra braçal, dos trabalhadores agrícolas diaristas, dos trabalhadores não-qualificados, mais as pessoas que integram esses grupos vêem sua expectativa de vida diminuir. A escala de expectativa de vida e a escala das taxas de morbidade parecem acompanhar de perto a pirâmide social.

Segundo certos estudos realizados tanto com animais quanto com humanos, a possibilidade de controlar o ambiente e de influenciá-lo são fatores importantes contra os efeitos do estresse.[38] Os gerentes, pela própria natureza de sua ocupação, per-

---

[38] Antonovsky, 1979; Laborit, 1979; Seligman, 1975; Sirim, 1984; Karasek e Theorell, 1990; Vezina et al., 1992; Karasek, 1994; Marmot e Wilkinson, 1999; e Chanlat, 1999.

tencem mais ao grupo dos controladores do que ao dos controlados. Por isso mesmo, freqüentemente exercem mais o papel de produtores de estresse do que de pessoas sujeitas a ele.[39]

Além de controlarem um pouco melhor seu ambiente, os gerentes em geral satisfazem melhor suas aspirações, realizam melhor seu desejo de sucesso. As inúmeras recompensas materiais e simbólicas de que se beneficiam reforçam sua auto-imagem. Isso só pode ser benéfico para a sua saúde.

Mas não é só seu trabalho que é mais interessante e mais valorizado. Os gerentes também se beneficiam de um ambiente físico mais agradável e menos perigoso do que o vivenciado pela maioria dos trabalhadores manuais.[40] Em termos gerais, os diretores, os gerentes e os profissionais liberais têm, em média, melhores condições de vida do que a maior parte das demais categorias socioprofissionais, além de enfrentarem menos situações difíceis do que os trabalhadores manuais.[41] Talvez por isso fumem menos ou parem de fumar em maior número. E talvez também por isso bebam menos. Diversas pesquisas mostram bem a relação entre consumo de tabaco e de álcool e o estresse no trabalho.[42] Com efeito, o uso imoderado de álcool, de tabaco ou ainda de outros produtos tóxicos para a saúde não exerce, em muitos casos, o papel de verdadeiras "bengalas" químicas que "ajudam" a enfrentar algumas situações particularmente difíceis?

Finalmente, alguns estudos relativos às trajetórias de vida profissional confirmam que não se pode explicar a diferença nos níveis de morbidade e de mortalidade entre as diferentes categorias socioprofissionais sem levar em conta o progresso de vida e as características gerais de cada grupo considerado.[43] Como bem observou Cribier (1983:23), ao cabo de uma pesquisa sobre uma amostra de assalariados parisienses, são múltiplas as diferenças sociais de existência que podem explicar as diferenças de saúde entre as diversas categorias socioprofissionais:

> Primeiro, há diferenças na duração efetiva do trabalho semanal: do mais favorecido ao menos favorecido e para o trabalho em tempo integral, elas chegam a 30%. Há,

---

39 Karasek e Theorell, 1990; Chanlat, 1999; e Cooper, 2000.

40 Ashford, 1976; Daum e Stellman, 1979; Karasek e Theorell, 1990; e Vezina et al., 1992.

41 Dohrenwend e Dohrenwend, 1984.

42 Kaplan, Cassel e Gore, 1977; McCrae, Costa e Bosse, 1978; e Seeman e Anderson, 1983.

43 Cribier, 1983; e Credes, 1997.

> em seguida, algumas diferenças importantes na insalubridade e periculosidade das profissões, na intensidade dos esforços, na fadiga e no desgaste produzidos pelo trabalho. É nas profissões operárias que o desgaste físico é mais marcante, embora a fadiga física, o que algumas vezes chamamos de estresse sem jamais definir bem o que isso significa, também seja muito importante nessas profissões: o ruído, as temperaturas excessivas, a poeira e a sujeira, a poluição não são penosos apenas fisicamente, o mesmo se pode dizer dos ritmos de trabalho e do ambiente de trabalho. O que também é desgastante no trabalho é o descontentamento, o sentimento de ser explorado, de ser tratado injustamente, de não ser respeitado em sua dignidade e a falta de segurança no emprego.

Como mostram os resultados de uma recente pesquisa francesa, realizada em 1994, a exposição a constrangimentos físicos era sempre um fato mais concreto para os *blue collars* do que para os gerentes. De fato, os primeiros estavam sete vezes mais expostos a ficar de pé mais de 20 horas por semana, a sofrer alguma forte perturbação sonora e térmica, a operar cargas manualmente, além de 17 vezes mais numerosos e de executarem gestos repetitivos num ritmo acelerado.[44]

É, então, sobretudo a esse conjunto de fatores psicossociais, bem como a um certo número de fatores biomédicos enumerados anteriormente, que se deve o envelhecimento prematuro,[45] a maior freqüência de doenças e a mortalidade excessiva de certas categorias socioprofissionais. Por escaparem de certo modo a esses indicadores sociais, os gerentes desfrutam de uma expectativa de vida maior e de um envelhecimento mais normal. O fato de esse fenômeno ser observável quando se têm estatísticas confiáveis, e isso em todos os países estudados, só confirma o caráter estrutural e não conjuntural dessa diferença. Por conseguinte, só uma melhoria sensível das condições sociais de existência, em particular das condições de trabalho das categorias mais desfavorecidas em matéria de saúde, pode reduzir o fosso que ainda hoje persiste. Sem esse esforço constante para melhorar a qualidade de vida tanto no trabalho quanto fora dele, a desigualdade socioprofissional no que diz respeito à doença e à morte permanecerá como está, isso é, dificilmente aceitável para todos aqueles que aspiram à igualdade de oportunidades no tocante à saúde.[46]

---

[44] Bihr e Pfefferkorn, 1999.

[45] Palmore, 1969; House et al., 1979; Forest e Forest-Streit, 1980; Karasek e Theorell, 1990; Marmot e Wilkinson, 1999; Gollac e Volkoff, 1996; Cooper, 2000; Chanlat, 1999; e Bihr e Pfefferkorn, 1999.

[46] Karasek e Theorell, 1990; Dejours, 1993 e 1998; Cooper, 2000; Brunstein, 1999; e Chanlat, 1999.

A boa saúde relativa dos gerentes não significa, no entanto, que essa categoria socioprofissional não tenha problemas. Muito pelo contrário: depois de vermos, nessa primeira parte, que os gerentes não são, em termos relativos, o alvo privilegiado do estresse, abordaremos, na segunda parte, os principais problemas que podem ter que enfrentar. Veremos, assim, em que medida esses problemas afetam sua saúde. Em outras palavras, se existem certos mitos quanto à saúde dos gerentes, também existem algumas realidades. É dessas realidades que trataremos a seguir.

## Realidades do estresse profissional dos gerentes

A literatura sobre o estresse no trabalho e sobre o estresse profissional dos gerentes é, realmente, abundante. No Ocidente, como já tive a oportunidade de mencionar, não se passa uma semana sem que um jornal, um semanário, uma publicação mensal ou uma revista acadêmica publique um artigo sobre o tema. Os livros se multiplicam regularmente. A popularidade de que desfruta a noção de cansaço profissional, o *burnout* dos anglo-saxões[47] ou, mais recentemente ainda, os textos sobre a perturbação ou o assédio moral[48] são apenas outro exemplo desse interesse incessantemente renovado pela questão do estresse profissional[49] e do sofrimento no trabalho.[50]

Cerca de 40 anos depois das primeiras publicações sobre o assunto, o que se sabe exatamente sobre o estresse profissional dos gerentes? Quais as principais fontes de estresse com que se deparam? Esses são os questionamentos que têm me chamado a atenção. Primeiramente, apresentarei as principais fontes de estresse profissional que podem afetar a saúde dos gerentes; em seguida, abordarei os elementos que medeiam esse estresse e concluirei com algumas reflexões sugeridas por esse panorama sobre o estresse profissional dos gerentes.

### *As principais fontes de estresse profissional*

Toda atividade, qualquer que seja ela, produz um certo nível de estresse.[51] O estresse é o denominador comum de todas as reações do corpo aos estímulos prove-

---

47 Freudenberger, 1987; Bibeau, 1985; Cooper, 2000; e Brunstein, 1999.

48 Hirigoyen, 1998.

49 Brunstein, 1999.

50 Dejours, 1993 e 1998.

51 Karasek e Theorell, 1990.

nientes do ambiente. O estresse não é, então, ruim em si, mas muito consubstancial para a existência humana. Os problemas são os fatores estressantes negativos. No caso dos gerentes, os estudos têm revelado cinco grandes fontes de estresse potencialmente prejudiciais a sua saúde: a tarefa; a tensão entre carreira e vida privada; as relações com os outros; a organização; e o contexto social global. Essas cinco fontes mais importantes de estresse são mediadas: pela própria pessoa; pelo apoio social com o qual ela pode ou não contar; pela fase do ciclo de vida profissional na qual se encontra.[52] Voltaremos a esses três aspectos mais adiante.

## A tarefa

À luz das pesquisas empreendidas nestes últimos anos, não resta dúvida de que os elementos próprios à tarefa constituem um fator de estresse potencialmente importante para os gerentes. É um dos fatores mais freqüentemente mencionados pela maioria dos estudos. Os gerentes entrevistados reclamaram da quantidade de trabalho, da longa jornada de trabalho, da atmosfera em que realizavam sua tarefa — prazo, urgência, pressão, interrupções telefônicas constantes, dificuldade de se concentrar muito tempo em um problema, grande número de reuniões —, e da redução do tempo destinado ao descanso, ao lazer e à vida privada que isso tudo acarreta. O período de feitura de orçamentos, a quantidade de arquivos a consultar, os vários prazos a cumprir estão entre os elementos mais freqüentemente mencionados.[53] Essa sobrecarga de trabalho e aquilo que dela resulta parecem ser mais característicos dos gerentes de países industrializados do que dos gerentes de países em desenvolvimento,[54] sendo os empresários especialmente visados.[55] Esse sentimento de compressão do tempo é particularmente propagado hoje[56] como produto de uma verdadeira cultura da urgência.[57]

---

52 Por comportamento de risco entende-se todo comportamento que aumenta as probabilidades de ocorrência de problemas de saúde. Fumar, beber, dirigir perigosamente, não respeitar normas de segurança constituem exemplos de comportamento de risco.

53 Cooper e Marshall, 1978; Cooper e Meluish, 1980; Boyd e Gumpert, 1983; Cooper e Arbose, 1984; Stora, 1985; e Cooper, 2000.

54 Cooper e Arbose, 1984.

55 Boyd e Gumpert, 1983.

56 Gollac e Volkoff, 1996; Brunstein, 1999; Chanlat, 1999; e Sennett, 1998.

57 Aubert, 1999.

## A tensão entre carreira e vida privada

Muitas são as tensões entre as exigências da carreira e aquelas da vida privada. As longas jornadas de trabalho, os prazos regulares a cumprir, o grande número de reuniões, as situações de emergência consomem literalmente o tempo reservado à alimentação, ao lazer e à vida familiar de muitos gerentes. As novas tecnologias da comunicação — microcomputadores, telefones celulares, secretárias eletrônicas etc. — acentuam esses problemas, bem como o sentimento de invasão do espaço privado. Em muitos casos, os imperativos da tarefa e o investimento excessivo no trabalho são a causa de numerosos problemas conjugais e familiares, que se convertem em fontes adicionais de estresse para o gerente.[58] Quando começou a ocorrer o fenômeno dos casais em que ambos trabalham,[59] o equilíbrio entre a carreira e a vida privada passou a ser perturbado por outras fontes potenciais de tensão.

## As relações com os outros

Vários estudos sobre a tarefa dos gerentes nos lembram que, se o trabalho do gerente é marcado pela brevidade, pela fragmentação e pela urgência temporal das tarefas a executar, é, acima de tudo, um conjunto de relações.[60] Essas relações são fundamentais para a manutenção da identidade do gerente, de sua auto-imagem e de sua saúde. O ser humano é, de fato, um animal social, que constitui sua identidade na relação com os outros. Por isso, ele suporta mal, com muita dificuldade, ser subjugado, ser anulado, uma vez que os outros são essenciais para que ele confirme ou não sua própria presença no mundo ou, dito de outro modo, sua própria existência.[61] Compreende-se então, por que Goffman (1974), um dos grandes etnólogos norte-americanos contemporâneos, escreveu:

> Não me parece que haja agente mais eficaz do que uma outra pessoa para assegurar o desenvolvimento de um indivíduo ou, ao contrário, para reduzir a nada a realidade de sua existência por meio de um olhar, um gesto ou uma observação.

---

58 Boyd e Gumpert, 1983; e Stora, 1985.

59 Le Louarn, 1984.

60 Mintzberg, 1984; e Noel, 1984.

61 Laing, 1971.

Compreende-se também por que as relações com os outros constituem uma das grandes fontes de estresse no trabalho para os gerentes, bem como, aliás, para todos os demais empregados de uma organização. Quando uma pessoa ocupa um posto de gerente, assume um certo número de tarefas que, por definição, a põem em contato com outras pessoas. Dirigir, organizar, controlar, decidir, planejar, utilizando as expressões consagradas por Fayol, é também arbitrar, convencer, escutar, delegar e conversar com outros. Infelizmente, isso não acontece sem choques, na maior parte do tempo.

As dificuldades podem vir, primeiro, dos superiores do gerente: acionistas, membros do conselho de administração, presidente, diretores-gerais, diretores imediatos. Sua incompetência, suas mensagens contraditórias, suas promessas não cumpridas, sua falta de escuta, de sensibilidade e de diálogo constituem fontes realmente importantes de estresse. Quem não conhece gerentes desencorajados, amargos, deprimidos em razão da manutenção, em posição de autoridade, de uma pessoa incompetente, parasita, autoritária, cheia de si, embromadora, contraditória, dominadora, que causa problemas de saúde mais ou menos graves a seus subordinados?[62] Os problemas podem ter origem também nas relações que o gerente estabelece com seus colegas ou subordinados. Os motivos de estresse por insatisfação profunda são os mesmos: incompetência, ociosidade, hostilidade, intolerância, irascibilidade dos colaboradores imediatos, sejam eles colegas ou subordinados. Quantas vezes não nos deparamos com gerentes sobrecarregados de trabalho devido à incompetência ou à ociosidade de seus colegas? Ou ainda vítimas, como se diz hoje, de um verdadeiro assédio moral?[63]

A incompreensão dos objetivos pelos subordinados e dificuldades para coordenar e supervisionar um grande número de pessoas com atividades diversificadas podem ser, do mesmo modo, fontes de estresse.[64] Hoje, as relações com representantes sindicais e com representantes de diferentes níveis de governo constituem igualmente fontes potenciais de dificuldades para os gerentes. Este último aspecto é, evidentemente, mencionado com mais freqüência pelos gerentes que têm relações regulares e contínuas com autoridades públicas,[65] como gerentes de empresas estatais ou semiestatais. Finalmente, cabe acrescentar que o desenvolvimento de modos de gestão centrados no cliente faz deste último uma fonte cada vez maior de tensão.

---

[62] Bateson, 1977; Kets de Vries, 1979; Kets de Vries e Miller, 1985; Sirim, 1984; Stora, 1985; e Vacquin, 1986.

[63] Hirigoyen, 1998; e Muller, 2000.

[64] Stora, 1985; e Cooper, 2000.

[65] Stora, 1985.

Vários desses problemas são também em grande parte inerentes ao próprio exercício da autoridade — por definição, um dos atributos do cargo de gerente. Ora, o exercício da autoridade é tanto um problema de pessoas quanto de contexto sociocultural. Em função dos períodos históricos, das organizações e dos indivíduos envolvidos, a autoridade será exercida de modo mais ou menos autocrático ou mais ou menos democrático. Pode-se então perguntar se uma das fontes de intranqüilidade para os gerentes não estaria em uma representação da autoridade que permanece arcaica? Como lembra um observador do mundo organizacional:

> O sonho do domínio total, o solitário exercício do poder, o paternalismo ou o jogo de "esconder recursos" não são instrumentos adequados à arte da previsão e da mobilização necessária de energias. Uma avaliação radical das idéias dos chefes sobre a arte de gerenciar se produz no teste das realidades cotidianas. Muitos deles sucumbem pelo caminho. O desemprego de chefes fracassados está em franco crescimento, considerando-se que, paralelamente, se acentua a demanda por novos chefes. Pensou-se ter revelado os perfis dos candidatos aptos. As causas do desemprego estrutural dos chefes têm a ver, na verdade, com sua estrutura psíquica. Não há como se evitar uma reestruturação profunda da identidade do chefe.
>
> (Vacquin, 1986:88).

Em outras palavras, os gerentes precisam aprender que não podem ser ao mesmo tempo oniscientes, onipotentes e onipresentes. Todo gerente tem que reconhecer que seu conhecimento é limitado, que é falível, que precisa dos outros e dos conhecimentos desses outros. Ele tem que admitir que seus subordinados, gerentes e não-gerentes, não estão ali somente para servir à sua "glorificação maior". Ele precisa aceitar que todo subordinado tem o direito de dizer não. A liberação da palavra e do direito de expressão de cada um dos membros da organização é condição *sine qua non* para a melhoria das relações de autoridade. A palavra, segundo o lingüista Benveniste, é um ato constitutivo do ser; por isso, reprimi-la, seja por que modo for, implica atingir o ser que está em cada um de nós e, ao mesmo tempo, se privar de recursos preciosos.[66]

## A organização

A organização na qual o gerente trabalha constitui uma terceira fonte importante de estresse. Entre os fatores mais freqüentemente mencionados, cabe citar: as polí-

---

66 Chanlat e Bédard, 1990.

ticas de pessoal que regem as carreiras, a filosofia de gestão da organização e as estruturas existentes.

A carreira é um elemento importante, para não dizer essencial, da existência de um gerente.[67] Freqüentemente alvo de grande investimento afetivo, a carreira pode ser fonte tanto de grandes frustrações quanto de grandes alegrias. Em geral, as organizações levam mais ou menos em conta os projetos profissionais de seus gerentes. Certamente, um grande número de empresas tem planos de carreira bem estabelecidos, mas sabe-se que esses planos nem sempre garantem totalmente a eqüidade do processo criado para esse fim. Daí advém um número considerável de problemas. As políticas que visam a carreira freqüentemente são acompanhadas de grande ambigüidade no que diz respeito a critérios de promoção, de regressão (retorno a postos de nível inferior), de transferência e de participação em programas de aperfeiçoamento. Os processos nem sempre são muito claros. Por exemplo, é surpreendente ver a que ponto as promoções provocam amargura e ressentimento nos gerentes em atividade numa organização, quando constatam que pessoas de fora foram escolhidas em seu lugar ou que foram simplesmente ignorados no momento da promoção. As recompensas simbólicas e materiais que uma organização oferece a seus membros constituem um instrumento privilegiado para lhes demonstrar o reconhecimento institucional. Todo membro de uma organização merece explicações e um processo de promoção o mais eqüitativo e claro possível. Porém, a *politização* que cerca muitas dessas decisões lança dúvida sobre os bons fundamentos das recompensas e promoções: as decisões relativas à carreira de um indivíduo deveriam ser, na medida do possível, protegidas dos "grupinhos" ou das "panelinhas" organizacionais.

A filosofia da organização pode também ter efeitos estressantes nos gerentes. Realmente, vários estudos recentes mostram que um número importante de gerentes — cerca de metade dos gerentes norte-americanos e franceses e um bom número de gerentes canadenses, por exemplo — declara que algumas de suas convicções e de seus valores pessoais entram em conflito com os da organização em que trabalham.[68] Os exemplos são muitos. Vejamos alguns: um gerente que não compartilha a concepção autocrática de gestão de sua diretoria; ou que combate a poluição, mas trabalha

---

[67] Fasteau, 1980; Bartolome e Evans, 1980; e Chanlat, 1992.

[68] Cooper, 2000.

numa empresa cujas atividades são especialmente poluentes; ou um líder sindical que rejeita o discurso dogmático de sua central; ou um dirigente da área científica que se opõe às experiências realizadas a qualquer preço; ou ainda um gerente que discorda de algumas práticas de gestão populares hoje em dia, como o *downsizing*, o *outsourcing* e a visão de curto prazo.[69] Claro que alguns dirão que as pessoas em questão sempre podem deixar seu emprego. Mas cada um de nós sabe que isso nem sempre é tão simples, dados o contexto socioeconômico, a idade e as limitações de cada pessoa.

As estruturas constituídas podem ser também uma fonte de estresse importante para os gerentes. Mesmo as melhores forças de vontade, as melhores mentes, o maior dinamismo podem cair por terra ao esbarrar no muro levantado pelo peso da estrutura, pela rigidez dos mecanismos de funcionamento, pelo labirinto burocrático, pela *comitité aiguë*.[70] Esse sentimento é compartilhado freqüentemente por gerentes que trabalham em organizações de grande porte e fortemente burocratizadas. Warren Bennis (1979:37), analista de organizações por excelência, tendo ocupado o posto de reitor da Universidade de Cincinnati, recorda a descoberta que fez certa manhã com relação ao seu posto:

> Eu tinha me tornado vítima de uma conspiração vasta, amorfa, involuntária e inconsciente para me impedir de fazer o que quer que fosse para mudar o *status quo* na universidade.

E acrescenta mais adiante:

> Até mesmo aqueles meus colaboradores que compartilhavam completamente minhas expectativas de estabelecer novos objetivos, novas orientações, de promover uma mudança criativa, faziam, freqüentemente de modo inconsciente, tudo o que estava ao seu alcance para que eu jamais tivesse tempo para começar.

As estruturas nas quais a atividade dos gerentes se insere são, portanto, uma fonte potencial de grandes frustrações. Mas é necessário dizer que em todos ou quase

---

[69] Heckscher, 1995.

[70] N. do T.: em francês, esse termo significa excesso de comitês e comissões, uma espécie de "doença aguda" que acomete determinadas organizações e multiplica o número de reuniões.

todos os casos, foram os gerentes, revezando-se ocasionalmente com sindicatos e com outros membros da organização, que contribuíram para o desenvolvimento dessas estruturas perfeitamente burocratizadas.[71] Em outras palavras, se o gerente é com freqüência (o que também pode ser dito dos demais membros da organização) semelhante ao albatroz de Baudelaire, cujas grandes asas (aqui, as estruturas) o impedem de voar, ele não é senão, quase sempre, o próprio artesão desse peso.

Entre os outros fatores organizacionais suscetíveis de ser fontes de tensão, pode-se destacar a dissociação entre responsabilidade e autoridade. Esse fenômeno é mencionado regularmente nas pesquisas. Um número nada desprezível de gerentes considera que são responsáveis pelo que fazem, sem gozar da autoridade necessária para impor os resultados.[72]

De modo mais geral, os gerentes podem ser vítimas, assim como o restante do pessoal de uma organização, dos modos de gestão estabelecidos. Atualmente, as práticas de gestão vigentes em muitas organizações para incrementar a performance financeira e a competitividade — flexibilidade, qualidade, *just-in-time* etc. — podem constituir importantes fatores de estresse.[73]

## O contexto social global

Como todos os demais membros da organização, os gerentes vivem em sociedade. Mesmo que esse fator seja freqüentemente deixado de lado nos estudos sobre o estresse, o contexto econômico, social, político e cultural prevalecente tem importante papel nas dificuldades encontradas pelos gerentes. Em sociedades em que a conjuntura econômica desempenha papel prioritário, a desaceleração ou a aceleração da economia, a queda ou a elevação dos investimentos, as crises conjunturais ou estruturais de um setor industrial, os períodos de concentração, de fusão e de aquisição têm efeitos marcantes não só sobre o emprego global, mas também sobre o emprego dos gerentes. Com as turbulências do momento atual, não é raro ver gerentes à procura de emprego, vítimas da conjuntura; de fusões, concentrações financeiras, industriais ou comerciais; ou ainda do desaparecimento de um setor industrial. O estresse da demissão torna-se uma realidade para os gerentes, principalmente para

71 Denis-Grenier, 1982.

72 Cooper e Meluish, 1980; Stora, 1985; e Cooper, 2000.

73 Aubert e Gaulejac, 1991; Sennett, 1998; Dejours, 1998; Brunstein, 1999; e Chanlat, 1999.

aqueles que estão na faixa dos 50 anos. Do mesmo modo, cabe aos gerentes tomar decisões cujas conseqüências sociais podem ser importantes. Abolir divisões, cortar despesas, desinvestir em certos setores, demitir pessoal não são decisões fáceis de se tomar. Muitos são os gestores que têm problemas de saúde quando se deparam com essas escolhas cornelianas.[74]

O contexto político tem um papel igualmente importante. A conjuntura política modifica também a qualidade do aparelho estatal. Isso é facilmente constatado hoje em dia. De uma época em que o discurso dominante girava em torno do Estado Providência passamos a um período em que o lema é a "privatização". Esse novo discurso, acompanhado de atos que procuram reduzir o tamanho do Estado, dos serviços públicos e dos serviços sociais — cortar despesas, fechar unidades, reduzir serviços, demitir pessoal —, não pode deixar de ter efeitos sobre os gerentes que trabalham no setor público. O gerente do hospital, do serviço social, da universidade, do colégio ou da empresa pública, ninguém escapa ao estresse que tal contexto produz. Em certos casos, a situação pode mesmo se tornar insuportável. Como continuar garantindo serviços de qualidade, quando não se dispõe mais de recursos suficientes para fazê-lo? Compreende-se, então, um pouco melhor por que os gerentes têm, em certos casos, dificuldade de dormir, por que desenvolvem úlceras ou ainda hipertensão.[75]

Por fim, o contexto sociocultural constitui também um elemento importante. Os modelos culturais (modelos de sucesso social, por exemplo), os valores, as crenças e as ideologias, assumidos como premissa por uma coletividade, marcam o comportamento dos gerentes. Eles podem se revelar fatores de estresse, caso entrem em choque com certos valores pessoais ou provoquem comportamentos de risco. A ascensão de valores autoritários, por exemplo, pode perturbar gerentes que aspirem a comportamentos menos arbitrários, sendo o inverso igualmente verdade. Os valores da competitividade, da produtividade, da rentabilidade a qualquer preço podem não só fazer que se esqueçam outros valores — solidariedade, justiça, igualdade de oportunidades —, mas também levar a situações insuportáveis um grande número dos gerentes que trabalham em certas organizações. Os gerentes podem igualmente evoluir num contexto sociocultural completamente alheio aos valores de sua organização e de seu país de origem.[76] Num modelo de mundo em que os intercâmbios inter-

---

[74]N. do T.: corneliana refere-se a Pierre Corneille, a tragédia corneliana, que opõe a paixão ao dever. Diz-se de uma pessoa heróica, para a qual o dever está acima de tudo.

[75] Karasek e Theorell, 1990; Dejours, 1998; Chanlat, 1999; e Cooper, 2000.

[76] Stora, 1985; e d'Iribarne et al., 1998.

nacionais se multiplicam sem cessar, o gerente expatriado não parece estar protegido de choques culturais.[77] O inverso é igualmente verdadeiro em vários países não-ocidentais, onde as demandas organizacionais podem se revelar completamente contrárias aos valores locais. Nos dois casos, os gerentes são, desse modo, submetidos àquilo que Devereux (1972) chamou de "a aculturação antagonista", ou seja, a um choque de valores diametralmente opostos, que colocam geralmente a pessoa em questão no caminho da doença mental ou psíquica.

## *Os elementos mediadores do estresse*

### A própria pessoa

Todas as fontes potenciais de estresse que acabei de enumerar devem ser examinadas à luz da pessoa em questão. Qualquer que seja a fonte, é a própria pessoa que percebe, interioriza (ou não) e reage (ou não) aos fatores de estresse. As ciências humanas nos ensinam que todo ser humano é, ao mesmo tempo, produto de sua história biológica, psicológica e social.[78] Essa tripla dimensão do ser humano condiciona suas reações aos fatores de estresse mencionados. Antes de tudo, a história genética do gerente pode, em certos casos, torná-lo mais vulnerável a certas doenças. Em seguida, sua personalidade, fruto de sua experiência de vida, faz com que ele reaja de forma singular ao estresse nos planos afetivo e cognitivo.[79]

É por isso que certos gerentes percebem o estresse onde outros não o vêem e vice-versa. O registro dos comportamentos adotados com relação a uma situação estressante no plano profissional varia, portanto, de indivíduo para indivíduo. Alguns deixam o emprego, outros analisam a situação e revêem seu modo de trabalhar, outros ainda negam os problemas, tiram férias ou fazem exercícios; alguns falam de suas dificuldades com outras pessoas, trabalham ainda mais duro, dissociam o trabalho da vida privada, buscam a fuga no álcool ou na droga ou desenvolvem atividades exteriores.[80] Enfim, se cada pessoa é o produto de sua história biológica e psicológica, ela também é profundamente marcada por sua história social.

---

[77] Joly, 1990.

[78] Morin e Piatelli-Palmarini, 1974; e Chanlat e Dufour, 1985.

[79] Kets de Vries e Miller, 1985; e Lazarus e Folkman, 1984.

[80] Lazarus e Folkman, 1984; Chanlat, 1986 e 1987; e Crandall e Perrewe, 1997.

Todo ser humano pertence a um grupo. A relação que mantém com esse grupo contribui para modelar sua personalidade e seus comportamentos com relação ao mundo que o cerca.[81] Em função de seu sexo, de sua idade, de sua origem étnica, de sua origem social, de seu *status* profissional, de suas crenças religiosas, sua percepção dos fatores de estresse e suas reações a eles podem variar enormemente. Diz-se, por exemplo, que a representação do corpo, da doença e da saúde variam no tempo e no espaço.[82] Essas variações não ocorrem sem afetar as percepções produzidas acerca dos fatores de estresse mencionados antes e, em conseqüência, as formas de reação. Esse fenômeno de representações continua ainda muito negligenciado pelos estudos que tratam do estresse em geral e do estresse dos gerentes em particular. No entanto, isso é imprescindível à compreensão de certos fenômenos observados. Por exemplo, é interessante notar que, há cerca de 15 anos, as campanhas publicitárias desenvolvidas para melhorar os hábitos de vida passaram a ser mais bem recebidas pelos gerentes do que pelos operários, principalmente no que tange ao tabagismo. Os primeiros, com efeito, têm deixado de fumar em número maior.

Pode-se questionar o porquê de tal diferença. Se uma parte da explicação tem origem no tipo de atividade, nas tarefas e no modo de vida diferente de cada um desses grupos, há ainda o fato de que as representações que uns e outros fazem do corpo, da saúde e da doença devem certamente desempenhar um papel importante. As campanhas publicitárias contra o tabagismo não foram concebidas pelos gerentes e profissionais para os *white collars*? Mesmo que a resposta esteja longe de ser simples, a questão merece ser colocada. O mesmo vale para os comportamentos de risco. O que sabemos exatamente do papel que representam certos comportamentos de risco na economia psíquica da pessoa que trabalha? Certos estudos nos levam a pensar que tais comportamentos não são unicamente resultado de um modo de ser irresponsável e irracional, mas que permitem ao indivíduo fazer seu trabalho, numa atividade particularmente estressante.[83] Com efeito, ignorar o perigo não seria um dos melhores meios de que uma pessoa dispõe para esquecer o medo que deveria normalmente paralisá-la ao realizar uma tarefa particularmente perigosa?

---

[81] Linton, 1968; Devereux, 1972; e Dufrenne, 1953.

[82] Dorvil, 1985.

[83] Dejours, 1993; e Bouchard, 1985.

## O apoio social

Se a percepção do estresse e as reações a ele não podem ser compreendidas senão à luz dessa tripla dimensão de todo ser humano, outro fator exerce um papel nada desprezível: o apoio social. Há alguns anos, os estudos acerca dos efeitos do apoio social sobre a saúde se multiplicam.[84] Um grande número de observadores ressaltou o papel benéfico exercido pelo apoio social quando uma pessoa está em dificuldades e, inversamente, como a ausência do apoio socioafetivo é prejudicial. No trabalho, chega-se às mesmas constatações.[85] O apoio do superior ou dos superiores imediatos, dos colegas e dos subordinados pode melhorar e amortecer os choques cotidianos, enquanto sua hostilidade, sua indiferença e sua falta de apoio conduzem a conseqüências diversas. Fora da organização, o apoio do cônjuge, da família e dos amigos revela-se igualmente muito importante para atenuar as agressões sofridas no ambiente de trabalho, mesmo no caso de situações sem saída. Aqueles que não se beneficiam de tal apoio se vêem condenados a enfrentar os problemas sozinhos. Na maior parte dos casos, isso só agrava o estresse.[86]

## A carreira e o ciclo de vida

A vida de um ser humano se inscreve em um dado período de tempo. Não se pode compreender, então, o que quer que seja sobre quem quer que seja, sem reintegrar a pessoa em sua dimensão histórica. O estudo dos fatores de estresse entre os gerentes não é uma exceção à regra. Com efeito, se um certo número de fatores de estresse pode ser identificado e se a personalidade e o apoio dos outros constituem os elementos mediadores, não nos resta senão pensar que esses elementos devem ser reposicionados no tempo.

A vida de um gerente, como a de todas as pessoas, passa por um certo número de etapas. Essa sucessão de etapas forma uma verdadeira trajetória de vida, na qual, na idade adulta, a carreira profissional constitui um elemento-chave. Não se pode abor-

---

84 Cobb, 1976; Kaplan, Cassel e Gore, 1977; Berkman e Breslow, 1983; Karasek e Teorell, 1990; Vezina et al., 1992; e Chanlat, 1999.

85 La Rocco, House e French, 1980; House, 1981; Vezina et al., 1992; Dejours, 1993; e Berkman e Kawachi, 2000.

86 Sirim, 1984; Stora, 1985; Vacquin, 1986; Karasek e Theorell, 1990; Vezina et al., 1992; Cooper, 2000; e Chanlat, 1999.

dar de modo razoável o estresse profissional dos gerentes sem remeter a essa trajetória existencial. Como fazem crer certos estudos,[87] a satisfação dos gerentes com relação ao trabalho e com relação à organização varia, tradicionalmente, em função de cinco etapas que correspondem às fases da sua vida profissional.

A primeira é a do choque da realidade. Ela se situa em torno dos vinte e poucos anos, quando o gerente se dá conta de que suas expectativas e esperanças iniciais não são plenamente satisfeitas. A satisfação está em baixa. Os estudos sobre o *burnout* mostram que essa questão é uma das principais razões de enfraquecimento profissional nessa idade.[88] A segunda é a etapa da socialização e da crença. A pessoa está com pouco mais de 30 anos. Ela ajustou seus objetivos e está adaptada à realidade. A satisfação está em alta. A terceira etapa é a da crise de meio de carreira. A pessoa passou dos 35 anos. Ela é invadida pela idéia de que está na metade de sua vida e começa a lançar um olhar sobre o que fez e passa a se questionar. A progressão na carreira fica mais e mais difícil. A vida conjugal e a vida familiar estão sujeitas a questionamento. A satisfação profissional está de novo em baixa. A quarta é a etapa da aceitação. Ela se situa aos quarenta e poucos anos. A pessoa racionaliza suas escolhas profissionais e privadas, se acomoda à situação e descobre novas fontes de satisfação. Um novo equilíbrio se estabelece entre as diferentes facetas de sua existência, a satisfação profissional torna a subir. Enfim, a quinta e última etapa é a da preparação para a aposentadoria. Perto dos 60 anos, o gerente lança de novo um olhar sobre o que realizou. Esse olhar pode ser uma fonte de grande alegria, mas também de grande tristeza. Ele visualiza freqüentemente, com angústia, o fim de suas atividades, a diminuição de suas receitas, a perda de sua identidade profissional, até mesmo de sua identidade social, uma vez que para algumas pessoas o trabalho constitui uma base de sustentação. A satisfação profissional declina de novo.

A trajetória profissional de um gerente é, então, marcada por um certo número de etapas críticas: o choque da realidade, a crise da metade da carreira e a entrada na aposentadoria. Algumas dessas etapas podem ser, elas mesmas, fontes de estresse, mas cada uma delas também pode tornar mais ou menos difícil a adaptação a outros fatores de estresse da vida profissional.

Nos nossos dias, o ciclo de vida do gerente conhece mudanças devidas às transformações por que passam os modos de gestão. Colocando em evidência a flexibili-

---

[87] Kets de Vries e Miller, 1985.

[88] Bibeau, 1985.

dade em todos os níveis, a empregabilidade e o nomadismo, as empresas põem fim a uma visão linear e contínua da carreira, tal como se via tradicionalmente.[89] O discurso contemporâneo sobre a nova economia, ao enfatizar as virtudes dos jovens gerentes, não faz senão reforçar essa tendência. Os gerentes mais velhos passam a ser vistos não mais como homens e mulheres com experiência, mas como pessoas ultrapassadas pela velocidade das mudanças tecnológicas e de valores.

Reposicionar essas diferentes fontes de estresse que mencionamos na trajetória de vida profissional permite compreender melhor as reações de um gerente a certas situações. Suas frustrações, suas angústias, suas alegrias, suas dores, suas ambições, suas desilusões, suas esperanças e suas dificuldades passageiras têm raízes nessa trajetória. O estudo do estresse dos gerentes não pode deixar de integrar essa dimensão histórica.

## *O estresse das gerentes*

Além dos fatores de estresse comuns aos gerentes de ambos os sexos,[90] existe ainda um certo número de fatores de estresse próprios à mulher gerente. Como as mulheres representam hoje uma boa parte dos quadros gerenciais, parece-me importante apresentá-los. Muitos estudos abordam o estresse da mulher gerente. Os principais fatores de estresse identificados são cinco: a carga de trabalho, os papéis organizacionais, as relações interpessoais, a carreira e o clima organizacional.[91]

### A carga de trabalho

A carga de trabalho é considerada um fator de estresse quando se exige demais (sobrecarga quantitativa) ou muito pouco de uma pessoa, ou ainda quando se torna muito difícil para o indivíduo realizá-la (sobrecarga qualitativa). No que tange às gerentes, certos estudos fazem menção a uma sobrecarga quantitativa de trabalho. Essa sobrecarga é conseqüência da visão freqüentemente negativa que os homens têm da mulher gerente. Essa dificuldade de reconhecimento compele, assim, as ge-

---

89 Chanlat, 1992; e Sennett, 1998.

90 Chanlat, 1986.

91 Cooper e Davidson, 1983 e 1984; National Association of Working Women, 1984; Freudenberger e North, 1985; Nelson e Quick, 1985; Burke, 1996; e Langan-Fox, 1998.

rentes a quererem ser melhores do que seus homólogos masculinos e, por isso, a trabalharem freqüentemente duas vezes mais do que eles.[92] Segundo um estudo norte-americano feito com 100 gerentes, esse fato pode também se dever à dificuldade que certas mulheres gerentes sentem de delegar trabalho.

As gerentes podem sofrer com sobrecargas de trabalho, mas podem também experimentar o inverso. Apesar de em termos de capacidade e desempenho gerencial as mulheres se equivalerem aos homens,[93] as gerentes ocupam freqüentemente postos sem grande futuro, com poder limitado e com tarefas vagamente definidas. Não são elas, em sua maioria, que ocupam quase que unicamente os níveis inferiores de gestão? O tédio, o caráter rotineiro e repetitivo, o pouco estímulo daí resultante podem afetar em diversos graus sua saúde.[94]

## Os papéis organizacionais

A ambigüidade e os conflitos de papéis são também uma fonte importante de estresse no trabalho.[95] Para as gerentes, um certo número de problemas pode surgir da interpretação dos papéis que se quer fazê-las ocupar.

O papel de gerente constitui uma das primeiras fontes de possíveis dificuldades, uma vez que, tradicionalmente, é associado ao sexo masculino e que se sabe por experiência que, quanto mais o papel estiver associado ao sexo masculino, mais a gerente quererá neutralizar sua feminilidade. As pesquisas junto a estudantes de gestão, a gerentes ou ainda à população em geral atestam isso de forma eloqüente.[96]

Em seguida, a gerente, como toda mulher que trabalha, está ligada a uma multiplicidade de papéis relacionados com a carreira, com a vida de casada e com a vida familiar.[97] As pressões de tempo e de energia que deve enfrentar aumentam a tensão cotidiana, fazem surgir freqüentemente conflitos entre o papel de mulher no

---

92 Kanter, 1977; Huppert-Laufer, 1982; Cooper e Davidson, 1983; Symons, 1984a e 4b; Symons e Marchis-Mouren, 1982; Burke, 1996; e Langan-Fox, 1998.

93 Bartol, 1980; e Brown, 1982.

94 Cooper e Davidson, 1983 e 1984.

95 Cooper e Marshall, 1978; e Cooper, 2000.

96 Rocheblave-Spenlé, 1970; Kanter, 1977; Bartol, 1980; Huppert-Laufer, 1982; Cooper e Davidson, 1983; e Nelson e Quick, 1985.

97 Kandel, Davies e Raveis, 1985; Burke, 1996; e Langan-Fox, 1998.

lar e o papel de gerente e podem mesmo criar sentimentos de culpa em muitas delas.[98] Sabe-se que as mulheres que trabalham consagram em geral mais tempo às atividades do lar do que seus cônjuges.[99] Essa dupla tarefa pode provocar insatisfação. Em um estudo escandinavo recente, as gerentes entrevistadas estavam, em sua maioria, insatisfeitas com a participação do cônjuge nas tarefas domésticas, enquanto entre os homens, a taxa de insatisfação com a divisão das tarefas domésticas permanecia muito baixa. Nessas considerações, o elemento aparentemente mais importante é o cuidado com os filhos.[100] De fato, as mulheres com filhos pequenos experimentam mais tensão do que os homens.[101] No entanto, essa tensão ligada à multiplicidade de papéis continua sendo menos forte entre as gerentes ou as profissionais liberais do que entre as demais trabalhadoras.

Dentro da organização, há igualmente papéis que se impõem à mulher gerente. O papel da mulher-símbolo é um deles. É desempenhado por uma mulher pelo fato de ser ela uma das únicas representantes de seu sexo na organização. Essa mulher é vista como um símbolo social e não como um indivíduo. Esse fenômeno de estigmatização que é próprio a todos os membros de grupos minoritários parece se atenuar quando as mulheres preenchem mais de 15% dos papéis-chave da empresa.[102] O estresse provocado por esse papel da mulher-símbolo pode ter efeitos na saúde das gerentes. Sendo única, a mulher-símbolo torna-se um caso teste. Isso pode incentivá-la a incrementar seu desempenho, levá-la ao isolamento social, à exclusão dos círculos masculinos, à ausência de modelo, tornando sua tarefa ainda mais difícil.[103] O sucesso ou o fracasso dessa mulher gerente é mais visível, já que ela constitui uma exceção. Há ainda papéis tradicionais da mulher — mãe, mascote, sedutora — que podem ser encontrados nas funções que certas gerentes desempenham. Essas extensões das "qualidades femininas" tradicionais podem igualmente ser fontes potenciais de estresse, sendo o assédio sexual uma das manifestações mais conhecidas.[104]

---

98 Huppert-Laufer, 1982; Cooper e Davidson, 1983; Dufort, 1985; e Symons, 1984b.

99 Gutek, Nakamura e Nieva, 1981; e Langan-Fox, 1998.

100 Kessler e McRae, 1982.

101 Gore e Mangione, 1983.

102 Kanter, 1977; Bartol, 1980; e Cooper e Davidson, 1983.

103 Kanter, 1977; Huppert-Laufer, 1982; Cooper e Davidson, 1983; e Nelson e Quick, 1985.

104 Bartol, 1980; Cooper e Davidson, 1983; e Collins e Blodgett, 1981.

## As relações interpessoais

As relações interpessoais constituem uma grande fonte de estresse no trabalho, uma vez que a relação com o outro é fundamental para o equilíbrio físico e mental de todo ser humano.[105] Marcadas pelo poder hierárquico e pelas frustrações, as relações superior/subordinado podem ser particularmente patogênicas.[106]

As mulheres que ocupam postos de gerência podem ser vítimas de problemas ocasionados pela falta de experiência de trabalho nesses postos. Se alguns — homens e mulheres — costumam achar difícil trabalhar com um superior do sexo feminino, é preciso que se diga que essa visão tradicional tende a desaparecer à medida que o número de mulheres em tais postos aumenta e que as gerentes adquirem experiência. Como subordinadas, as gerentes devem freqüentemente se mostrar superiores e mais qualificadas que seus homólogos masculinos. Isso pode constituir uma fonte de estresse suplementar.[107]

As relações com os colegas masculinos podem também se tornar uma grande fonte de desprazer, como mostra um estudo inglês sobre os escalões de gestão de primeiro nível ou de nível intermediário.[108] A resistência dos colegas masculinos é particularmente forte quando as mulheres constituem menos de 15% do efetivo. Por outro lado, quando aumenta o número de mulheres, as relações de hostilidade diminuem bastante.[109] É lícito supor que as relações com os clientes não escapem às dificuldades mencionadas.

## A carreira

A carreira também é uma fonte importante de estresse. E a carreira feminina é freqüentemente marcada por diferentes formas de discriminação, que são também fontes de frustração para as gerentes. A primeira é a discriminação em matéria de emprego. Como já assinalei, as mulheres são mais freqüentemente relegadas a empre-

---

105 Bowlby, 1970; e Berkman e Breslow, 1983.

106 Kets de Vries, 1979; Kets de Vries e Miller, 1985; Chanlat, 1986; e Hirigoyen, 1998.

107 Kanter, 1977; Bartol, 1980; Huppert-Laufer, 1982; Cooper e Davidson, 1983; e Nelson e Quick, 1985.

108 Cooper e Davidson, 1983 e 1984.

109 Kanter, 1977.

gos subalternos de gerência (secretária, técnica, eminência parda). Elas são objeto de preconceitos persistentes, em particular nas organizações fortemente masculinizadas. Nessas organizações, os preconceitos parecem ser mais sentidos pelas gerentes de primeiro nível ou de nível intermediário do que por aquelas que ocupam níveis mais elevados de comando.[110] Adicionalmente, elas são, em geral, promovidas mais lentamente que os homens, e a ausência de ligação com as redes informais, majoritariamente masculinas, torna ainda mais difícil sua ascensão.

Segundo, há a discriminação em matéria de salário. Observam-se em diversos países industrializados diferenças salariais entre mulheres e homens, diferenças essas que não podem ser explicadas totalmente por diferenças de postos, de experiência ou ainda de instrução.[111] Enfim, as inúmeras mudanças associadas a um curso normal de carreira constituem outra dificuldade, que pesa mais freqüentemente sobre as mulheres casadas do que sobre os homens casados.

As mulheres, como já vimos, costumam carregar o fardo do lar. O fato de as gerentes serem em geral mais velhas; de, em suas faixas etárias, haver um número maior de solteiras, divorciadas ou separadas; e de terem menor número de filhos do que os seus homólogos masculinos são talvez alguns indicadores dessa maior dificuldade que as mulheres têm de conciliar a vida profissional com a vida privada.[112] Começamos, no entanto, a observar algumas mudanças, tanto no nível das empresas quanto no nível dos comportamentos adotados pelos homens. Por exemplo, nos Estados Unidos, em 1978, somente 16% das empresas ofereciam assistência à esposa no caso de mudança de posto do marido; mas em 1979 essa percentagem passou para 30%. Contudo, cabia ao empregado fazer o pedido na maior parte das vezes. Segundo um estudo norte-americano, a atitude masculina com relação às mulheres gerentes parece ter-se modificado no decorrer dos anos 1980 em comparação ao observado durante os anos 1960. Com efeito, cerca de 75% dos gerentes masculinos entrevistados em 1985 declaravam ter atitude favorável às mulheres gerentes, enquanto essa percentagem não passava de 35% em 1965.[113]

---

[110] Cooper e Davidson, 1983.

[111] Langan-Fox, 1998.

[112] Desplanques, 1984; e Cooper e Davidson, 1984.

[113] Sutton e Moore, 1985.

### O clima organizacional

O clima organizacional é a última fonte possível de estresse. A ausência de consulta e de participação, o ambiente de trabalho, as carências das políticas em matéria de gestão de pessoal são fatores regularmente mencionados na literatura contemporânea. No entanto, alguns elementos são próprios às gerentes. Por exemplo, as políticas de ação positiva, se nos basearmos em outro estudo norte-americano, provocam efeitos mais negativos sobre as pessoas que delas se beneficiam.[114] Com efeito, como as mulheres que são promovidas pensam dever seus postos ao seu sexo e não às suas habilidades, sentem-se insatisfeitas, tanto com sua tarefa quanto com sua supervisão. Elas investem menos nas organizações, e experimentam mais conflitos e ambigüidades de papéis do que as outras gerentes.

A falta de uma política de pessoal para a mulher casada pode tornar sua tarefa ainda mais difícil. A mulher casada é vista freqüentemente como um passivo e não como um ativo. Poucas empresas se preocupam em proporcionar serviços de guarda de crianças a seus empregados, principalmente na América do Norte. De novo, isso restringe mais as mulheres do que os homens, dada a distribuição ainda tradicional das tarefas domésticas.

No trabalho das gerentes, as fontes de estresse são, assim, múltiplas. Para especificar o estresse propriamente feminino, ressalto cinco grandes fatores de estresse: 1. a discriminação (emprego, carreira, rede informal, salário); 2. os papéis organizacionais; 3. os estereótipos e os preconceitos sexuais; 4. a relação conflituosa entre o trabalho e a família, entre a carreira e a vida privada; e 5. o isolamento social.[115] Esses diferentes fatores podem variar em quantidade e em qualidade, de acordo com os postos ocupados, as organizações e a sociedade.[116]

## Conclusões

Essa visão de conjunto sobre o estresse profissional dos gerentes que acabamos de ter permite que isolemos os principais fatores de estresse que afetam sua saúde.

---

114 Chacko, 1982.

115 Burke, 1996; e Langan-Fox, 1998.

116 Kanter, 1977; Huppert-Laufer, 1982; Cooper e Davidson, 1983; Symons, 1984a e b; Belle, 1990; e De Mari, 1999.

Vimos, primeiramente, que esses fatores só são elementos de estresse se o indivíduo os percebe e os interioriza como tal. E vimos também que todos esses fatores só são de fato compreensíveis se forem reposicionados no modo de gestão, no contexto sociocultural e no ciclo de carreira do gerente em questão, que pode ser, como acabamos de ver, homem ou mulher.

O estresse de origem psicossocial está hoje na base de um grande número de problemas de saúde nas organizações. Os gerentes, que constituem um grupo relativamente privilegiado, não só não escapam a ele, mas também são freqüentemente condutores de estresse, muitas vezes sem ter consciência disso. Isso talvez explique em parte seu melhor estado de saúde, uma vez que os comparamos às demais categorias socioprofissionais. Se o exercício do poder parece ter virtudes terapêuticas nem sempre percebidas por aqueles que o detêm, espero, modestamente, que essas páginas dedicadas a esse assunto permitam aos gerentes uma maior consciência do estresse que pesa sobre eles e do estresse que eles fazem pesar sobre os outros. As políticas e programas de prevenção desses problemas não podem, de modo algum, esquecer outro fator aqui mencionado. A exemplo de outros pesquisadores que se debruçaram sobre o assunto,[117] penso que toda organização, qualquer que seja, deve proceder regularmente a um verdadeiro inventário nesse domínio, se quiser ter uma gestão autêntica do estresse no trabalho. Só por meio desse exame periódico ela poderá tanto evitar que seus membros "percam a vida para ganhá-la", quanto lhes garantir uma melhor qualidade de vida no trabalho.

## Referências bibliográficas

ANTONOVSKY, A. Social class, life expectancy and overall mortality. *Milbank Memorial Fund Quarterly*, v. 45, n. 2, p. 31-73, 1967.

_______. *Health, stress and coping*. San Francisco: Jossey-Bass, 1979.

ASHFORD, N. *Crisis at the work place: occupational disease and injury*. Cambridge: MIT Press, 1976.

AUBERT, N. Le management par l'urgence. In: BRUNSTEIN, I (Dir.). *L'homme à l'échine pliée; réflexions sur le stress professionnel*. Paris: Desclée de Brouwer, p. 87-100, 1999.

_______; GAULEJAC, V. de. *Le coût de l'excellence*. Paris: Seuil, 1991.

117 Karasek e Theorell, 1990; Dejours, 1993; e Cooper, 2000.

BARTOL, K. M. Female managers and quality of working life: the impact of sex role stereotypes. *Journal of Occupational Behaviour*, v. 1, p. 205-221, 1980.

BARTOLOME, F.; EVANS, P. L. Faut-il tout sacrifier à sa carrière? *L' Expansion*, p. 33-45, été 1980.

BASSET REPORT. *Career success e the Canadian woman*. Toronto: Collins, 1985.

BATESON, G. *Vers une écologie de l'esprit*. Paris: Seuil, 1977. t. 1.

BELLE, F. Les femmes cadres; quelles différences dans la différence? In: CHANLAT, J.-F. (Dir.). *L' individu dans l'organisation; les dimensions oubliées*. Ste. Foy: Les Presses de l'Université Laval; Paris: Eska, 1990. p. 432-466.

BENNIS, W. Why leaders can't lead. In: KANTER, R. M.; STEIN, B. (Eds.). *Life in organizations*. New York: Basic Books, 1979.

BERKMAN, L.; BRESLOW, L. *Health and ways of living*. New York: Oxford University Press, 1983.

_______; KAWACHI, I. *Social epidemiology*. Oxford: Oxford University Press, 2000.

BERMAN, D. *Death in the job: occupational health e safety struggles in the USA*. New York: Monthly Review Press, 1978.

BIBEAU, G. Le burn out: dix ans après. *Santé Mentale au Québec*, v. 10, n. 2, p. 30-43, nov. 1985.

BIHR, A.; PFEFFERKORN, R. *Déchiffrer les inégalités*. Paris: Syros, 1999.

BILLETTE, A. Les inégalités sociales de mortalité au Québec. *Recherches Sociographiques*, v. 18, n. 3, p. 415-430, 1977.

BOROSON, W. The myth of the unhealthy executive. *Across the Board*, p. 10-16, Feb. 1978.

BOUCHARD, S. Être truckeur. In: CHANLAT, A.; DUFOUR, M. *La rupture entre l'entreprise et les hommes*. Montréal: Québec Amérique, 1985.

BOWLBY, J. *Attachment et loss*. London: Penguin Books, 1970.

BOYD, D. P.; GUMPERT, D. E. Coping with entrepreneurial stress. *Harvard Business Review*, v. 61, n. 2, p. 44-64, 1983.

BROOKINGS, V. et al. Self-reported job burnout among female human service professionals. *Journal of Occupational Behaviour*, v. 6, p. 143-150, 1985.

BROWN, G.; HARRIS, T. *Social origins of depression*. London: Tavistock, 1978.

BROWN, L. K. *The woman manager in the United States*. Washington: Business and Professionnal Women's Foundation Press, 1982.

BRUNSTEIN, I. (Dir.). *L'homme à l'échine pliée: réflexions sur le stress professionnel*. Paris: Desclée de Brouwer, 1999.

BURKE, R. J. Work experiences, stress and health among managerial and professional women. In: SCHABRACQ, M. J.; WINNUBST, J. A.; COOPER, C. L. (Eds.). *Handbook of work and health psychology*. New York: John Wiley and Sons, 1996. p. 205-230.

_______; DESZCA, E. Career success and personal failure experience and type A behavior. *Journal of Occupational Behavior*, v. 3, p. 161-170, 1982.

CALNAN, M.; JOHNSON, B. Health, health risks and inequalities: an explanatory study of women's perceptions. *Sociology of Health e Illness*, v. 7, n. 1, p. 55-75, 1985.

CHACKO, T. I. Women and equal employment opportunity: some unintended effects. *Journal of Applied Psychology*, v. 62, n. 1, p. 119-123, 1982.

CHANLAT, A.; BÉDARD, R. La gestion: une affaire de parole. In: CHANLAT, J.-F. (Dir.). *L' individu dans l'organisation: les dimensions oubliées*. Ste Foy: Les Presses de l'Université Laval; Paris: Eska, 1990. p. 79-100.

_______; DUFOUR, M. *La rupture entre l'entreprise et les hommes*. Montréal: Québec Amérique, 1985.

CHANLAT, J.-F. Le stress et la santé des cadres féminins: un premier bilan. *Gestion*, v. 11, n. 4, p. 53-61, 1986.

_______. Types de sociétés, types de morbidités: la socio-génèse des maladies. In: DUFRESNE, J.; DUMONT, F.; MARTIN, Y. (Dirs.). *Traité d'anthropologie médicale, l'institution de la santé et de la maladie*. Montréal: Presses de l'Université du Québec, Institut Québécois de Recherche sur la Culture, Presses Universitaires de Lyon, 1987.

_______ (Dir.). *L' individu dans l'organisation: les dimensions oubliées*. Ste Foy: Les Presses de l'Université Laval; Paris: Eska, 1990.

_______. Peut-on encore faire carrière? *Gestion*, p. 100-111, sept. 1992.

_______. Nouveaux modes de gestion, stress professionnel et santé au travail. In: BRUNSTEIN, I. (Dir.). *L' homme à l'échine pliée*. Paris: Desclée de Brouwer, 1999.

CLARKE, J. X. Sexism, feminism and medicalism: a decade review of literature on gender and illness. *Sociology of Health e Illness*, v. 5, n. 1, p. 62-82, 1983.

COBB, S. Social support as a moderation of life stress. *Psychosomatic Medicine*, v. 38, n. 15, p. 300-314, 1976.

COHEN, J. B. et al. Cultural context of type A behavior and risk for CHD: a study of Japanese American males. *Journal of Behavioral Medicine*, v. 2, n. 4, p. 375-384, 1979.

COLLINS, E. G. C.; BLODGETT, T. B. Sexual harassment — some see it, some won't. *Harvard Business Review*, v. 59, n. 2, p. 76-95, 1981.

COLLOMB, F.; DESCHAMPS, P.-M. La violence au travail. *L'Expansion*, n. 598, 1999.

COLVEZ, A. L' état de santé des personnes âgées. *Futuribles*, n. 88, p. 87-102, 1985.

_______; BLANCHET, M. Disability trends in the United States population 1966-76: analysis of reported causes. *American Journal of Public Health*, v. 71, n. 5, 1981.

COOPER, C. L. (Ed.). *Managerial, occupational and organizational stress research.* London: Ashgate, 2000.

_______; ARBOSE, J. Executive stress goes global. *International Management*, p. 42-48, May 1984.

_______; DAVIDSON, M. *Stress e the woman manager*. New York: St Martin's Press, 1983.

_______; _______. Occupational stress in female managers: a comparative study. *Journal of Management Studies*, v. 21, n. 2, p. 185-205, 1984.

_______; MARSHALL, J. *Understanding executive stress*. London: Macmillan, 1978.

_______; MELUISH, A. Occupational stress and managers. *Journal of Occupational Medicine*, v. 22, n. 9, p. 588-592, 1980.

_______; PAYNE, R. *Causes, coping and consequences of stress at work*. New York: John Wiley e Sons, 1988.

CRANDALL, R.; PERREWE, P. L. *Occupational stress: a handbook*. New York: Taylor & Francis, 1997.

CREDES, F. *Disparités sociales de morbidité en France*. Paris: [s.ed.], 1997.

CRIBIER, F. Itinéraires professionnels et usure au travail: une génération de salariés parisiens. *Le Mouvement Social*, n. 124, p. 11-44, 1983.

DAUM, S.; STELLMAN, J. *Perdre sa vie à la gagner*. Montréal: Parti Pris, 1979.

DAVIDSON, M. J.; COOPER, C. L.; CHAMBERLAIN, D. Type A coronary — prone behavior and stress in senior female managers and administrators. *Journal of Occupational Medicine*, v. 22, n. 12, p. 801-805, 1980.

DE MARI, J. A mulher sofre mais. *Veja*, p. 72-75, 22 set. 1999.

DEGOULET, P. et al. Hypertension artérielle et inégalités sociales. *L'Année du Praticien*, v. 29, n. 1, p. 105-110, 1979.

DEJOURS, C. *Travail et usure mentale*. Paris: Bayard, 1993.

_______. *Souffrance en France*. Paris: Seuil, 1998.

DEMBROWSKI, T. M. et al. (Eds.). *Coronary-prone behavior*. New York: Springer Verlag, 1978.

DENIS-GRENIER, H. Comment bureaucratiser votre organisation? *Gestion*, v. 7, n. 1, p. 9-17, 1982.

DESPLANQUES, G. *La mortalité des adultes selon le milieu social*. Paris: Insee, 1976. (Collection D, 44).

_______. L' inégalité sociale devant la mort. *Économie et Statistique*, n. 162, p. 29-50, 1984.

DEVEREUX, G. *Ethnopsychanalyse complémentariste*. Paris: Flammarion, 1972.

DILLARD, S. *L'espérance de vie en bonne santé au Québec*. Québec: Conseil des Affaires Sociales et de la Famille, 1982.

_______. *Durée ou qualité de vie?* Québec: Conseil des Affaires Sociales et de la Famille, 1983.

D'IRIBARNE, P. et al. *Cultures et mondialisation*. Paris: Seuil, 1998.

DOHRENWEND, B. S.; DOHRENWEND, B. P. *Stressful life events and their contexts*. New Brunswick: Rutgers University Press, 1984.

DORVIL, H. Types de sociétés et de représentation du normal et du pathologique: la maladie physique, la maladie mentale. In: DUFRESNE, J.; DUMONT, F.; MARTIN, Y. (Dirs.). *Traité d'anthropologie médicale*. Montréal: Presses de l'Université du Québec, Institut Québécois de Recherche sur la Culture, Presses Universitaires de Lyon, 1985.

DUFORT, F. Travail salarié, famille et santé mentale des femmes; revue de la littérature. *Santé Mentale au Québec*, v. 10, n. 2, p. 64-72, 1985.

DUFRENNE, M. *La personnalité de base*. Paris: PUF, 1953.

DUFRESNE, J.; DUMONT, F.; MARTIN, Y. *Traité d'anthropologie médicale*. Montréal: Presses de l'Université du Québec, Institut Québécois de Recherche sur la Culture, Presses Universitaires de Lyon, 1985.

DYER, A. O. et al. The relationship of education to blood pressure on 40,000 employed chicageans. *Circulation*, v. 54, n. 987, 1976.

EVANS, J. G.; TURNBRIDGE, W. M. Blood pressure and social class. *Public Health*, v. 95, p. 161-164, 1981.

FASTEAU, F. *Le robot mâle*. Paris: Denoël-Gonthier, 1980.

FOREST, F.; FOREST-STREIT, U. Le concept de vieillissement différentiel, son utilisation dans les études de santé au travail. *Santé Mentale au Québec*, v. 5, n. 2, p. 59-69, 1980.

FOX, A. J.; GOLDBLATT, P. O. *Longitudinal study of socio-economic mortality differentials (1971-1975)*. London: Office of Population Censuses and Surveys, 1982. (Series L S, 1).

FRENCH, J. R. P. et al. *The mechanisms of job stress e strain*. New York: John Wiley & Sons, 1982.

FREUDENBERGER, H. J. *La brûlure interne*. Montréal: Gaetan Morin, 1987.

_______; NORTH, R. *Women's burn out*. New York: Doubleday, 1985.

GOFFMAN, E. *Encounters: two studies in the sociology of interaction*. Indianapolis: Bobbs-Merrill, 1974.

GOLD, E. B. *The changing risk of disease in women*. Toronto: Collamore Press, 1984.

GOLDBERG, P. *Executive health*. New York: McGraw-Hill, 1978.

GOLLAC, M.; VOLKOFF, S. Citius, altius, fortius. L' intensification du travail. *Actes de la Recherche en Sciences Sociales*, n. 114, p. 54-67, 1996.

GORE, S.; MANGIONE, T. W. Social roles, sex roles and psychological distress: additive and interactive models of sex differences. *Journal of Health and Social Behavior*, v. 24, p. 300-312, 1983.

GUTEK, B.; NAKAMURA, C. V.; NIEVA, V. G. The interdependence of work e family roles. *Journal of Occupational Behaviour*, v. 2, p. 1-18, 1981.

HART, N. *Inequality and health*. Colchester: University of Essex, 1978.

HAW, M. A. Women, work e stress: a review and agenda for the future. *Journal of Health & Social Behavior*, v. 23, p. 132-144, 1982.

HAYNES, S. G.; FENLIEB, M. Women, work and coronary heart disease: prospective findings from the Framingham heart study. *American Journal of Public Health*, v. 70, p. 133-141, 1980.

______; ______; KANNEL, W. B. The relationship of psychosocial factors to coronary heart disease in the Framingham study. *American Journal of Epidemiology*, v. 111, n. 37, 1980.

HECKSCHER, C. *White collar blues*. New York: Basic Books, 1995.

HEROLD, J.; WALDRON, L. Part-time employment and women's health. *Journal of Occupational Medicine*, v. 27, n. 6, p. 405-412, 1985.

HINKLE, L. E. et al. Occupation, education and coronary heart disease. *Science*, v. 161, p. 238-246, 1968.

HIRIGOYEN, M. F. *Le harcèlement moral*. Paris: Livre de Poche, 1998.

HOLLINGSWORTH, J. R. Inequality of levels of health in England and Wales 1891-1971. *Journal of Health Social Behavior*, v. 22, Sept. 1981.

HOLMES, L. et al. Coronary risk factors and socioeconomic status: the Oslo study. *Lancet*, v. 2, p. 1396-1398, 1976.

HORE, B. D.; PLANT, M. A. (Eds.). *Alcohol problems in employment*. London: Croorer Helm, 1981.

HOUSE, J. S. *Social support and stress*. Reading: Addison-Wesley, 1981.

______ et al. Occupational stress and health among factory workers. *Journal of Health & Social Behavior*, v. 20, p. 139-160, 1979.

HUPPERT-LAUFER, J. *La féminité neutralisée? Les femmes cadres dans l'entreprise*. Paris: Flammarion, 1982.

IVANCEVICH, J. M.; MATTESON, M. T.; RICHARDS, E. P. Who's liable for stress on the job. *Harvard Business Review*, n. 2, p. 60-72, Mar./Apr. 1985.

JENICEK, M. *Introduction à l'épidémiologie*. Montréal: Edisem, 1976.

JENKINS, C. D. et al. Social stressors and excess mortality from hypertensive diseases. *Journal of Human Stress*, p. 29-40, Sept. 1979.

JOLY, A. Être cadre à l'étranger. In: CHANLAT, J.-F. (Dir.). *L' individu dans l'organisation: les dimensions oubliées*. Ste. Foy: Les Presses de l'Université Laval; Paris: Eska, 1990.

KANDEL, D. B.; DAVIES, M.; RAVEIS, V. H. The stressfulness of daily social roles for women: marital, occupational and household roles. *Journal of Heath & Social Behavior*, v. 26, p. 64-78, 1985.

KANTER, R. M. *Men and women of the corporations*. New York: Basic Books, 1977.

KAPLAN, B.; CASSEL, J. C.; GORE, S. Social support and health. *Medical Care*, v. 15, n. 5, p. 47-58, 1977.

KARASEK, R. Stress at work — an integrative approach. *European Foundation for the Improvement of Living and Working Conditions*. Dublin: CEE, 1994.

_______; THEORELL, R. *Healthy work, stress, productivity and the reconstruction of working life*. New York: Free Press, 1990.

KAWACHI, I.; KENNEDY, B. P.; WILKINSON, R. G. *The society and population health reader: income inequality and health*. New York: New Press, 1999.

KELLY, K. E.; HOUSTON, B. K. Type A behavior in employed women: relation to work, marital and leisure variables, social support, stress, tension and health. *Journal of Personnality e Social Psychology*, v. 48, n. 4, p. 1067-1079, 1985.

KEOWN, C. F.; KEOWN, A. L. Success factors for corporate women executives. *Group e Organization Studies*, v. 7, p. 445-456, 1982.

KESSLER, R. C.; McLEOD, J. D. Sex differences invulnerability to indesirable life events. *American Sociological Review*, v. 49, p. 620-631, 1984.

_______; McRAE, J. A. The effect of wives' employment on the mental health of married men and women. *American Sociological Review*, v. 47, p. 216-227, 1982.

KETS DE VRIES, M. F. R. Comment rendre fous vos subordonnés. *L' Expansion*, p. 51-59, hiver 1979.

_______; MILLER, D. *L' entreprise névrosée*. Montréal: McGraw-Hill, 1985.

KHOSLA, T.; LOWE, C. R. Obesity and smoking habits by social class. *Journal of Preventive Medicine*, v. 26, p. 249-256, 1972.

KITAGAWA, E.; HAUSER, P. *Differential mortality in the United States*. Cambridge: Harvard University Press, 1973.

KOSKENVUO, M. et al. Differences in mortality from ischeamic heart disease by marital status and social class. *Journal of Chronic Diseases*, v. 33, p. 95-106, 1981.

KRAUS, J. F. et al. Socioeconomic status, ethnicity and risk of coronary heart disease. *American Journal of Epidemiology*, v. 111, p. 407-414, 1980.

LA ROCCO, J. M.; HOUSE, J. S.; FRENCH, J. R. P. Social support, occupational stress e health. *Journal of Health and Social Behavior*, v. 21, p. 202-218, 1980.

LABORIT, H. *L' inhibition de l'action*. Montréal: PUM, 1979.

LAING, R. *Soi et les autres*. Paris: Gallimard, 1971.

LANGAN-FOX, J. Women's careers and occupational stress. In: COOPER, C. L.; ROBERTSON, I. T. *International Review of Industrial and Organizational Psychology*, v. 13, p. 273-304, 1998.

LAZARUS, R.; FOLKMAN, S. *Stress, appraisal & coping*. New York: Springer, 1984.

LE LOUARN, J. Y. Le couple à deux carrières et la gestion des ressources humaines. *Gestion*, p. 37-41, fév. 1984.

LECLERC, A. et al. *Les inégalités sociales de santé*. Paris: La Découverte, 2000.

LEE, R. E.; SCHNEIDER, R. A. Hypertension and arteriosclerosis in executive personnel. *Journal of the American Medical Association*, v. 167, p. 1447-1450, 1958.

LEFEBVRE-GIROUARD, A.; GAUTHIER, N. *L'appauvrissement des petits salarié*. Montréal: Centre des Services Sociaux du Montréal Métropolitain, 1977.

LEVINSON, H. *Executive stress*. New York: Harper & Row, 1970.

LEWIS, C. E.; LEWIS, M. A. The potential impact of sexual equality on health. *New England Journal of Medicine*, v. 297, n. 16, p. 863-869, 1977.

LILIENFELD, A. M.; LILIENFELD, D. E. *Foundations of epidemiology*. New York: Oxford University Press, 1980.

LINTON, R. *Le fondement culturel de la personnalité*. Paris: Dunod, 1968.

LOPEZ, A. D.; RUZICKA, L. T. *Sex differentials in mortality: trends, determination and consequences*. Canberra: Department of Demography/Australian National University, 1983.

MANCA, C. et al. Pression artérielle dans une population d'employés italiens. *Archives des Maladies du Coeur*, v. 73, n. 1, p. 98-106, 1979.

MARMOT, M. G.; WILKINSON, R. G. *Social determinants of health*. Oxford: Oxford University Press, 1999.

MASLACH, S.; JACKSON, S. E. The measurement of experience burn out. *Journal of Occupational Behaviour*, v. 2, p. 99-113, 1981.

McCRAE, R. R.; COSTA, P. T.; BOSSE, R. Anxiety, extroversion, and smoking. *British Journal of Social and Clinical Psychology*, v. 17, p. 69-273, 1978.

MESSIER, S. *Les femmes, ça compte*. Québec: Conseil du Statut de la Femme, 1984.

MILLAR, W. J. Sex differentials in mortality by income level in urban Canada. *Canadian Journal of Public Health*, v. 74, p. 329-334, Sept./Oct. 1983.

MILON, H.; FROMENT, A. Catégorie professionnelle et prévalence de l'hypertension. *Coeur et Médecine Interne*, v. 17, p. 89-74, déc. 1978. (n. spécial).

MINTZBERG, H. *Le manager au quotidien*. Montréal: Agence d'Arc, 1984.

MORIN, E.; PIATELLI-PALMARINI, M. *L'unité de l'homme*. Paris: Seuil, 1974.

MORRIS, J. M. Social inequalities undiminished. *Lancet*, v. 13, p. 87-90, Jan. 1979.

MULLER, M. Quand le management tue. *Le Nouvel Observateur*, 1 mars 2000.

NATIONAL ASSOCIATION OF WORKING WOMEN. *The 9 to 5 national survey on women and stress*. Cleveland: National Association of Working Women, 1984.

NELSON, D. L.; QUICK, J. C. Professional women: are distress and disease inevitable? *Academy of Management Review*, v. 10, n. 2, p. 206-218, 1985.

NOEL, A. *Un mois dans la vie de trois présidents: préoccupations et occupations stratégiques*. 1984. Thèse (Doctorat en administration) — McGill University/Faculty of Management, Montréal, 1984.

OMS. *L' espérance de vie dans le monde*. Genève: OMS, 2000.

PALMORE, E. Prediction longevity: a follow up controlling for age. *Gerontology*, Winter 1969.

PAPPAS et al. The increasing disparity in mortality between socioeconomic groups in the United States, 1960 and 1986. *The New England Journal of Medicine*, v. 329, n. 2, p. 103-109, 1993.

PELL, S.; D'ALONZO, C. A. A three-year study of myocardial infection in large employed population. *Journal of American Medical Association*, v. 175, n. 6, p. 463-470, 1961.

PÉRUSSE, L. *Étude des facteurs perçus de stress auprès d'une population de cadres québécois*. 1984. Thèse (Doctorat en Relations Industrielles) — Université Laval, Québec, 1984.

POWER, C. Health and social inequality in Europe. *The British Medical Journal*, v. 309, p. 1153-1156, Apr. 30, 1994.

RICE, D. P. et al. Sex differences in disease risk. In: GOLD, E. B. *The changing risk of disease in women*. Toronto: Collamore Press, 1984.

ROCHEBLAVE-SPENLÉ, C. *Rôles masculins et rôles féminins*. Paris: PUF, 1970.

ROSE, G.; MARMOT, M. Social class and coronary heart disease. *British Heart Journal*, v. 45, p. 13-19, 1981.

ROSENMAN, R. H. The interview method of assessment of the coronary-prone behaviour pattern. In: DEMBROWSKI, T. M. et al. (Eds.). *Coronary-prone behavior*. New York: Springer Verlag, 1978.

_______; FRIEDMAN, M.; STRAUSS, R. A predictive study of CHD. *Jama*, v. 189, p. 15-22, 1964.

_______ et al. Multivariable predictions of coronary heart disease during 8-5 year follow up in the Western collaborative group study. *American Journal of Cardiology*, v. 37, p. 902-910, 1976.

SEEMAN, M.; ANDERSON, C. S. Alienation and alcohol: the role of work, mastery, and community in drinking behavior. *American Sociological Review*, v. 48, p. 60-77, 1983.

SELIGMAN, M. E. P. *Helplessness: on depression, development and death*. San Francisco: W. H. Freeunder, 1975.

SENNETT, R. *The corrosion of character. The personal consequences of work in the new capitalism*. New York: W. W. Norton, 1998.

SIRIM, M. *Alors survient la maladie*. Montréal: Boréal Express, 1984.

SMITH, G. O.; EGGER, M. Socioeconomic differentials in wealth and health. *The British Medical Journal*, v. 307, p. 1085-1086, Oct. 30, 1993.

STELLMAN, J. *La santé des femmes et le travail*. Montréal: Parti Pris, 1984.

STERLING, T. D.; WEINKAM, J. T. Smoking characteristics by type of employment. *Journal of Occupational Medicine*, v. 18, n. 11, p. 743-754, 1976.

STOCKWELL, E. Socio-economic states and mortality in the United States. *Public Health Reports*, n. 12, 1961.

STORA, B. *Le stress des dirigeants en France en 1985*. Paris: École des Hautes Études Commerciales de Paris, 1985. (Les Cahiers de Recherche, 270).

STUNKARD, A. J. Obesity and the social environment. In: FIRST INTERNATIONAL CONGRESS ON OBESITY, 1975. *Proceedings...* London: Newman, 1975. (Recent advances in obesity research).

_______; et al. Obesity and socioeconomic status: a complex relation. *The New England Journal of Medicine*, v. 329, p. 1036-1037, Sept. 30, 1993.

SUTTON, D. C.; MOORE, R. R. Executive women — 20 years later. *Harvard Business Review*, v. 85, n. 5, p. 42-66, 1985.

SYME, S. L.; OAKES, T. et al. Social class and racial differences in blood pressure. *American Journal of Public Health*, v. 64, p. 619-620, 1979.

SYMONS, G. L. Career lives of women in France and Canada; the case of managerial women. *Work e Occupations*, v. 11, n. 3, p. 331-352, août 1984a.

_______. Le rôle du conjoint dans la carrière de la femme gestionnaire. *Gestion*, v. 9, n. 2, p. 50-52, 1984b.

_______; MARCHIS-MOUREN, M. F. La carrière! Un vécu au féminin. *Gestion*, p. 16-21, sept. 1982.

THOWNSEND, J.; RODERICK, P.; COOPER, J. Cigarette smoking by socioeconomic group, sex and age: effects of price, income and health publicity. *British Medical Journal*, v. 309, p. 923-927, Oct. 8, 1994.

VACQUIN, H. *Paroles d'entreprises*. Paris: Seuil, 1986.

VERBRUGGE, L. M. Sex differentials in health. *Public Health Report*, v. 97, p. 417-437, 1982.

VEZINA, M. et al. *Pour donner un sens au travail*. Montréal: Gaetan Morin, 1992.

WALDRON, L. The coronary — prone behavior pattern, blood pressure, employment and socio-economic status in women. *Journal of Psychosomatic Research*, v. 22, p. 79-87, 1978.

_______. Sex differences in illness incidence, prognosis and mortality: issues and evidence. *Social Science & Medicine*, v. 17, n. 16, p. 1107-1123, 1983.

_______ et al. The coronary — prone behavior pattern in employed men and women. *Journal of Human Stress*, v. 3, p. 2-18, 1977.

_______ et al. Reciprocal effects of health e labor force participation among women: evidence from two longitudinal studies. *Journal of Occupational Medicine*, v. 24, n. 2, p. 126-132, 1982.

WELNER, A. et al. Psychiatric disorders among professionnal women. *Archives of General Psychiatry*, v. 36, p. 169-173, 1979.

WILKINS, R. *L'État de santé au Canada 1926-1976*. Montréal: Institut de Recherches Politiques, 1980.

_______. L' inégalité devant la mort résultats d'une nouvelle recherche à Montréal. *Le Médecin du Québec*, v. 16, n. 2, p. 128-134, 1982.

WILKINSON, R. *Unhealthy societies: the afflictions of inequality*. London: Routledge, 1997.

WILLIAMS, S.; COOPER C. L. Measuring occupational stress: development of the pressure management indicators. *Journal of Occupational Health Psychology*, v. 3, n. 4, p. 306-321, 1998.

WINGARD, D. The sex differential in mortality rates. *American Journal of Epidemiology*, v. 15, n. 2, p. 1205-1216, 1982.

WINGERSON, L. Executive women — healthier than though? *New Scientist*, p. 718-721, Sept. 17, 1981.

# 11
# Reflexividade e a dinâmica da ação gerencial

EDUARDO DAVEL
MARLENE CATARINA DE OLIVEIRA LOPES MELO

## Introdução

Os capítulos deste livro nos ensinam muito sobre as diferentes dimensões do trabalho gerencial. Entre outras lições, percebemos que não estamos lidando com um fenômeno banal. Ao contrário, ele se revela complexo e dinâmico, pois o trabalho gerencial é caracterizado, principalmente, pela ambigüidade, pela instabilidade e pela contradição.

Em tempos de mudanças organizacionais, societais e globais, a margem de ambigüidade, instabilidade e contradição tende a ser exacerbada e os gerentes são levados a refletir ainda mais sobre sua condição profissional e pessoal. Dessa forma, a identidade de ser gerente vai se refazendo e ganhando novos contornos. Por isso, o trabalho gerencial revela-se um trabalho de alta atividade reflexiva, o que atinge não só a vida profissional, mas também a vida pessoal em suas variadas dimensões.

Neste último capítulo, discutimos o que torna o trabalho gerencial uma atividade dinâmica e enfatizamos o papel da identidade e da reflexividade como fatores explicativos da ação gerencial. Por conseguinte, salientamos o trabalho gerencial como um processo sempre inacabado de construção identitária por meio da ação reflexiva.

## A dinâmica da ação gerencial

Os diversos capítulos deste livro nos permitem vislumbrar a ação gerencial como uma atividade dinâmica. Tal dinamismo se explica sobretudo pela ambivalência, instabilidade e contradição que permeiam as práticas gerenciais. De antemão, pode-se dizer que existe um intervalo entre o que os gerentes acreditam que fazem e o que realmente fazem, além do que se deve realmente fazer. Como constatou Boltanski (1984), os gerentes não sabem exatamente até que ponto podem chegar, o que se espera deles e a margem de "jogo" aceitável. Além disso, suas ações se apóiam em mecanismos de controle exercidos nos diversos níveis da organização e se baseiam em diferentes racionalidades e lógicas. Logo, o cargo gerencial é permeado por incertezas, conflitos, sobrecarga de trabalho e o tempo como algo não planejado e não controlado, o que resulta em tensões no convívio com a família e nas atividades da vida pessoal.[1]

O poder dos gerentes deriva de sua capacidade de pôr seus conhecimentos a serviço de uma ação mediadora de redução das contradições da sociedade capitalista.[2] No entanto, essa mesma fonte de poder resulta em fator de insegurança e medo.[3] Aliás, se a dinâmica de uma organização se articula em torno da chamada "tecnoestrutura",[4] ou seja, em torno da adaptação dos indivíduos aos objetivos organizacionais à medida que galgam posições hierárquicas mais elevadas, pressupõe-se que ao galgarem tais posições os indivíduos experimentem uma sensação de maior poder. Experimentam também a sensação de que, servindo à organização e alinhando-se aos interesses dela, podem influir na determinação dos objetivos organizacionais para aproximá-los de seus próprios interesses. No entanto, as práticas das duas últimas décadas, como vimos no capítulo 1, marcadas por significativa redução dos níveis gerenciais, eliminação de cargos de gerentes, criação de instabilidade para as suas qualificações adquiridas, trazem questionamentos sobre o alinhamento gerencial aos interesses organizacionais.

Tais questionamentos são fontes de dilemas e tensões. De que forma? Quando se sabe que o gerente deve assumir a função de gestão da força de trabalho, sendo responsável por "colocá-la para trabalhar" ou pela disponibilização do potencial humano da organização, favorecendo a obtenção do trabalho em quantidade e qualidade necessárias e, ainda, pela manutenção da cooperação e pela garantia da reprodução das relações sociais. O gerente enfrenta, assim, o desafio da coordenação de atividades, da cooperação entre os membros da organização e de promoção da

---

1 Hill, 1993.

2 Pagès et al., 1987.

3 Enriquez, 1997.

4 Galbraith, 1988.

adesão à cultura da empresa.[5] No entanto, concebendo a gestão como prática social,[6] os gerentes não devem ser tomados como agentes imparciais e defensores dos interesses organizacionais. Ao contrário, o trabalho gerencial deve ser percebido como dotado de tensões inerentes às relações de produção, as quais pressupõem conflitos de interesses, bem como processos de regulação que permeiam todo o espaço organizacional.

Muitos gerentes brasileiros enfrentam situações contraditórias em termos de funções e papéis a serem desempenhados. Melo (1994) observa que se pede ao gerente que exerça, simultânea e contraditoriamente, o papel de capataz (sintonia na função de agenciar e fazer cumprir a tarefa), de controlador (atividades centradas em processos múltiplos de controle), de realizador (atividades de grande performance, mas canalizadas para a carreira e o sucesso profissional próprio) e de parceiro (desempenho que favorece os resultados organizacionais pela capacidade de estabelecer uma parceria dupla, com a empresa e com os subordinados). Por mais ambivalentes, contraditórios e instáveis que sejam, os conteúdos do trabalho gerencial podem ser contemplados com base em cinco processos — atuação, interação, simbolização, dominação e assimilação. São processos difíceis de ordenar em seqüência, pois um não é obrigatoriamente conseqüência do outro, podendo se sobreporem. O quadro a seguir organiza e apresenta os processos e principais características do trabalho gerencial a partir das contribuições de cada autor deste livro.

## Processos e principais características do trabalho gerencial

| Processos | Características |
|---|---|
| Atuação | ❑ Jornadas de trabalho compostas de ações breves, variadas, descontínuas e fragmentadas<br>❑ Preferência por comunicações verbais (em discussões informais, reuniões, conversas telefônicas, atividades sociais etc.) e pela atuação direta, em vez de trabalho de reflexão e de meios<br>❑ Busca de respaldo institucional em práticas de sucesso |
| Interação | ❑ Criação e manutenção de redes de relações intra e extra-organização<br>❑ Construção de alianças com a equipe e os pares, buscando resguardar seu espaço na organização<br>❑ Relação multivariada com a equipe<br>❑ Dificuldade de conciliar vida profissional com vida familiar |

*Continua*

[5] Saussois, 1998.

[6] Reed, 1997.

| Processos | Características |
|---|---|
| Simbolização | ❑ Delimitação, tradução, negociação e transmissão da realidade organizacional por intermédio da linguagem, de símbolos, de imagens etc. disponíveis a partir da história sociocultural da organização e do local em que se insere<br>❑ O contexto sociocultural do Brasil fornece um repertório de recursos (conhecimento pessoal, proximidade pessoal, criatividade, improvisação, jogo de cintura etc.) e regras (pessoalidade, cordialidade, autoritarismo, formalismo, imediatismo etc.) aos gerentes<br>❑ O contexto político (relações de poder) sustenta um campo mal definido de espaço de ação, favorecendo o desenvolvimento de ritos e símbolos que mascaram essa realidade<br>❑ O contexto pós-moderno fornece imagens e símbolos do gerente como personagem flexível (por exemplo, homem-camaleão), que passa por processos identificadores cada vez mais efêmeros para se adaptar velozmente (como o gerente minuto) aos modismos gerenciais |
| Dominação | ❑ Validação dos interesses pessoais na arena dos jogos de poder organizacionais<br>❑ Capacidade de desenvolver processos de mediação e de regulação de interesses divergentes<br>❑ Defesa de um regime econômico que é dissimulado por meio de instrumentos ideológicos, embora o trabalho gerencial não se reduza à função de capital |
| Assimilação | ❑ Mobilização de outros valores, agendas e preocupações para propagar, resistir ou circundar pressões projetadas para que suas ações sejam mais previsíveis e lucrativas<br>❑ Sentimento de traição e de mal-estar<br>❑ Aprendizagem e criação de novos conhecimentos, por intermédio, por exemplo, de processos de resolução de problemas<br>❑ Experimentação e repasse do estresse oriundo do tipo de tarefa, da tensão entre a carreira e a vida privada, das relações com os outros, do modo de gestão e do contexto sociocultural |

## Transformações na identidade do "ser gerente"

Devido ao fato de o trabalho gerencial envolver um processo dinâmico e ser permeável às mudanças organizacionais, a identidade do "ser gerente" é vulnerável a mudanças constantes. A complexidade da ação gerencial vai muito além do desempenho de um papel, constituindo-se de processos distintos e complementares que constroem a profissão e a identidade profissional do gerente. Torna-se, assim, crucial desenvolver uma compreensão das transformações identitárias dos gerentes, tanto no plano profissional quanto no pessoal.

"Ser gerente" envolve um processo contínuo de construção profissional, social, cultural e subjetiva. Tal processo cristaliza a identidade social a partir de sucessivas socializações. Por exemplo, ao ser promovido de uma função técnica ou administrativa para a gerencial, o(a) novo(a) gerente enfrenta um longo processo para alcançar a eficiência e obter reconhecimento. Ele deve passar por várias etapas: aprender o que significa ser gerente; desenvolver julgamento interpessoal, por meio dos desafios do exercício da autoridade e do gerenciamento da atuação dos subordinados; confrontar seu lado pessoal ao lidar com tensões e emoções; gerenciar a mudança.[7]

Hill explica que, ao aceitar uma promoção, o indivíduo não aceita apenas as responsabilidades do novo cargo de gerente, ele vai além. O novo gerente assume o compromisso de formar um novo profissional e uma nova identidade pessoal. Em geral, a aquisição das competências necessárias e a construção de relacionamentos-chave são apenas parte da história. A adoção de atitudes e de uma perspectiva psicológica consistentes com a nova função é ainda mais premente. Cada novo gerente emerge de "um processo progressivo de negociação com seus novos parceiros: subordinados, superiores, colegas e clientes" (Hill, 1993:134), aprendendo tanto sobre o processo de gerenciamento quanto sobre transformar a si mesmo.

Assim, as possibilidades e os modos de construção da identidade gerencial decorrem do contexto histórico, social e profissional no qual o indivíduo está inserido. A identidade configura-se como determinada e, ao mesmo tempo, determinante, tendo em vista o papel do indivíduo na construção do referido contexto.[8] Ou seja, o indivíduo configura-se, concomitantemente, como personagem e como autor. "Personagem de uma história que ele mesmo constrói e que, por sua vez, o vai constituindo como autor" (Jacques, 2001:163). Tornar-se gerente é um processo de significado social que afeta a maneira pela qual uma pessoa encara a outra. Afeta também o que se espera que essa pessoa que se torna gerente seja, a forma pela qual as pessoas se relacionam e lidam com ela. Trata-se de uma mudança considerável de significado subjetivo, afetando como a pessoa se considera e se sente.[9]

Na construção da identidade de gerente, encontra-se a luta contra a ansiedade por um bom desempenho e contra a perplexidade da mudança de identidade profissional. Aprender a enfrentar tensões gerenciais está no âmago da transformação de uma pessoa em gerente. Somente quando o gerente adquire algumas capacidades e atitudes gerenciais, há o sentimento de poder controlar parte do "caos previsível" de ser um gerente. As tensões da transformação começam a ceder e as tensões inerentes à função gerencial permanecem.

Além disso, a carreira constitui um elo simbólico mais forte do que o profissional na vida do gerente. Percebe-se que, além dos obstáculos estruturais à mobilidade,

---

[7] Hill, 1993.

[8] Jacques, 2001.

[9] Watson e Harris, 1999.

o gerente convive mal com duas realidades organizacionais. Primeiramente, na concepção clássica, a carreira sustentada na idéia piramidal é seletiva, com poucas ofertas reais de vagas. A carreira tem apoio no espaço do imaginário e do ilusório, funcionando como motor propulsor, como se fosse possível a todos "fazer carreira", mas onde as exceções confirmam a regra. Na prática, o profissional transforma os obstáculos estruturais em dificuldades vivenciadas na empresa, no nível individual ou de relacionamento hierárquico, protegendo o mito da carreira para toda a categoria.[10] A segunda realidade organizacional mostra que a adoção de novas tecnologias gerenciais conduz à redução dos níveis hierárquicos, com o achatamento piramidal e novas concepções de organização do trabalho e das áreas funcionais. A nova prática organizacional associada ao conceito do gerente-parceiro não comporta planos de carreira nos moldes clássicos, gerando uma nova situação para essa categoria profissional.

Por outro lado, a transição para o cargo gerencial pode provocar sintomas físicos ou psicológicos nos profissionais. De acordo com Hill (1993), os gerentes inicialmente aceitam as tensões, acreditando que são inerentes à mudança e aos novos desafios a serem enfrentados. No entanto, o estresse, as ansiedades e as frustrações se transformam em um sentimento de incapacidade de resposta às novas demandas, inibindo a adaptação ao cargo e causando uma sub-realização. Os gerentes sentem-se humilhados diante dessa nova realidade em que é necessário estar diariamente lidando com a possibilidade de fracasso.

Acrescente-se a isso outras situações que podem causar ansiedade, como o isolamento devido à obrigação de tomar decisões algumas vezes impopulares para os subordinados, mas também a "negatividade" decorrente do fato de que seu trabalho é constantemente testado e questionado pelos que estão no entorno.[11] A ansiedade também está ligada ao ônus da responsabilidade da liderança. Ao se tornarem "líderes", os profissionais deveriam ser capazes de gerenciar suas emoções, pois o cargo exige maturidade, profissionalismo e uma impressão de serenidade, não havendo espaço para se somatizar os imprevistos da gestão.[12]

A competição e o individualismo também estão presentes no discurso dos gerentes. Esses dois fatores são responsáveis por divergências entre os pares que impedem que se vejam como parte de uma única classe profissional. A competição, a

---

[10] Melo, 1996.

[11] Hill, 1993.

[12] Ibid.

vaidade e o individualismo são as principais causas da não-constituição formal de um grupo profissional que busque a identificação e a defesa dos interesses comuns. Os gerentes identificam ainda a insegurança dos cargos gerenciais como fonte geradora de competição entre os pares e de baixa solidariedade de grupo.

No entanto, mais que uma composição teórica dos diversos ângulos de análise da ação gerencial e dos gerentes, buscar o pensar gerencial e a construção de uma ação gerencial reflexiva, com suas especificidades irredutíveis, mas passíveis de teorização, parece-nos que constitui o objetivo primordial deste livro.

## Por uma ação gerencial reflexiva

Enfrentando um clima corriqueiro de instabilidade, ambigüidade e contradições no trabalho, os gerentes são freqüentemente impelidos a "bricolar" e a improvisar, sem necessariamente avaliar bem todas as conseqüências de seus atos.[13] Por serem freqüentemente levados a inovar e a modificar processos e estruturas organizacionais, ao assim agirem se redefinem como seres humanos durante o processo e criam novas estruturas, o que, por sua vez, conspira para (re)constituir as identidades dos membros da organização.[14]

Na pesquisa sobre a construção social da inovação que Coopey, Keegan e Emler (1998) realizaram com 150 gerentes de três empresas britânicas, os gerentes se empenhavam em projetos de inovação, utilizando sua capacidade de transformar circunstâncias, influenciando a ação de outros para obter os resultados esperados. Para alcançar tais resultados, os gerentes tendem a mobilizar conhecimentos, habilidades sociais e o acesso aos recursos de que dispõem ou poderão adquirir. Isso nos leva a perceber que os gerentes estão num constante "tornar-se gerente", na medida em que lidam ativamente com as circunstâncias com que se defrontam diariamente. O processo de "tornar-se" e "continuar sendo" gerente é, antes de mais nada, um processo corriqueiro de aprendizado.[15]

Nesse processo de aprendizado, os gerentes são responsáveis pela criação de um clima e de um conjunto de condições que suscitem a adesão e a mobilização das pessoas e de seus talentos. Por estar envolvido com o desenho de estruturas, sistemas

---

13 Déry, 1997.

14 Coopey, Keegan e Emler, 1998.

15 Watson e Harris, 1999.

e objetivos organizacionais, e também com a criação de novas possibilidades de ação, novas formas de ser e de se relacionar com os outros, o gerente pode ser considerado um *autor*.[16] Na condição de autor da dinâmica organizacional, o gerente age sobretudo por intermédio de suas conversas. A autoria dos gerentes está relacionada com a forma pela qual eles constroem um significado de si próprios e criam um significado partilhado da organização.[17] O gestor se utiliza da linguagem e do diálogo como forças motoras para estabelecer um senso de organização, para criar engajamentos morais e formas de agir e de falar.[18] Percebe-se, então, que os gerentes não agem como agentes racionais em uma realidade organizacional existente, mas, simultaneamente, constroem, interpretam e são construídos pelo diálogo e por formas de relacionamento em seus ambientes organizacionais.

O trabalho gerencial implica alta reflexividade, devido ao engajamento num processo de controle dual.[19] O gerente é responsável pela gestão das relações interpessoais, buscando desenvolver a cooperação e a conformidade para que todos trabalhem juntos em prol dos objetivos organizacionais. No entanto, à medida que o gerente administra as relações de seus subordinados, ele também tem que administrar a si próprio, exercitando da melhor forma possível a capacidade de fazer com que os outros trabalhem, lidando com seus sentimentos íntimos e com aqueles dos que o rodeiam, motivando a si mesmo, mas também construindo e desenvolvendo seu entendimento das situações diversas que o envolvem.[20] O gestor reflete sobre as conseqüências de seus comportamentos em seus colaboradores. Explícita ou implicitamente, consciente ou inconscientemente, o gerente é levado a avaliar os resultados obtidos na gestão do trabalho cotidiano e a constatar se eles são positivos ou negativos, tanto para ele mesmo, quanto para seus colaboradores.[21]

Ao administrarmos o outro, ao tentarmos persuadi-lo de que nossa maneira de pensar é a correta ou ao justificarmos nossas ações, nossa forma de interpretar e de construir o mundo, estamos, ao mesmo tempo, nos construindo enquanto pessoas e profissionais. Tais maneiras ou formas não são separadas de nós mesmos, e o mesmo

---

16 Cunliffe, 2001.

17 Ibid.

18 Chanlat e Bédard, 1990; e Cunliffe, 2001.

19 Watson, 1994.

20 Watson e Harris, 1999.

21 Chalvin, 2002.

acontece com o gerente no seu trabalho. O que e como fazemos em nosso trabalho, assim como em nossa vida, não pode ser separado daquilo que somos ou daquilo que continuamente nos tornamos como pessoas. A forma pela qual nos conhecemos e nos compreendemos enquanto pessoas e a forma pela qual permitimos que os outros nos conheçam e nos compreendam nos incitam a refletir e a administrar nossa identidade emergente, ocupacional, profissional e social. O desafio de realizar isso toma uma forma particular para as pessoas envolvidas em um trabalho gerencial, por causa das ambigüidades, das incertezas e das contradições da ocupação e por causa de suas conotações ligadas ao *status* social.

A reflexividade do trabalho gerencial é também de ordem emocional. A maioria dos gerentes que Watson e Harris (1999) entrevistaram estava consciente do quanto haviam mudado e aprendido a controlar sua maneira de agir e de apresentar a si mesmos no trabalho. O entendimento de si próprio enquanto gerente é modelado pela experiência e pela reflexão constante dessa experiência. Os gerentes se ajustam aos aspectos emocionais do trabalho de gerir. Nas empresas, as pessoas são convidadas a se apresentar de determinada maneira, suprimindo ou dissimulando seus sentimentos ou ainda permitindo que tais sentimentos sejam expressos somente em determinadas situações ou de formas específicas — segundo as regras implícitas da organização.[22] Nesse sentido, os gerentes desempenham um trabalho emocional importante, controlando a si mesmos, cuidando para se apresentar de forma apropriada, lidando com o sentimento dos subordinados e de superiores, conduzindo e tentando solucionar conflitos, motivando e encorajando os demais. Podemos então nos questionar sobre o fardo que esse trabalho emocional representa para os gerentes, mas também sobre o que acontece com os sentimentos que eles absorvem, suprimem e dissimulam.[23]

Para Roche (1995), ser gerente é ser capaz de aceitar críticas, de se preservar de sua fragilidade, de suas dúvidas, de sua imperfeição de ser humano. Para Gabriel (1999), é também aceitar que, como todos os mortais, o gerente deve lidar com a imprevisibilidade e com o caos, deve estar apto a reconhecer a ambigüidade embutida na palavra gerenciar, que significa também tratar com respeito, lidar com adversidades, combinar modéstia com generosidade de espírito e controlar. Devemos, portanto, aceitar que, como todos nós, os gerentes são, na maior parte do tempo, confusos,

---

[22] Fineman, 2003; e Hochschild, 1983.

[23] Fineman, 2003; e Hopfl, 1994.

imprevisíveis e irracionais. Por isso, o gerente não merece nem elogios rasgados por seu sucesso nem a total difamação por seu fracasso. O sucesso que pode ser alcançado decorre, de fato, muito mais da sorte, de uma conduta hábil e de um bom julgamento do que de aplicações de técnicas ou teorias científicas.[24]

Para ser capazes de lidar com as pressões a que estão cada vez mais sujeitos, os gerentes têm que aprender e se renovar constantemente, desenvolver continuamente as habilidades gerais de um ser humano competente — devem ser atores sociais, políticos, subjetivos e econômicos competentes. Os gerentes de ambos os sexos precisam também entender que o processo pelo qual alguém se torna gerente e aprende a gerenciar é função da condição de vida, da identidade e da biografia de cada um. Por isso, torna-se fundamental na formação gerencial o preparo para se (auto)compreender antes de agir, para saber utilizar a reflexão, a intuição e o julgamento com base em conhecimentos e experiências interiorizadas. Com efeito, torna-se fundamental levar o gerente a refletir e a (re)conhecer: a) a real situação da função gerencial em face dos desafios presentes; b) sua relação com o trabalho, com os subordinados, com seus pares; c) sua relação com seu universo político e as contradições vivenciadas no exercício da função; e d) suas estratégias de auto-regulação, desenvolvidas no seu cotidiano. Tal foi e continua sendo a proposta e a esperança deste livro.

## Referências bibliográficas

AKTOUF, O. *A administração entre a tradição e a renovação*. São Paulo: Atlas, 1996.

BOLTANSKI, L. *Les cadres: la formation d'un groupe social*. Paris: Minuit, 1984.

CHALVIN, D. Guide de la manipulation à l'usage des managers. *L'Expansion Management Review*, p. 116-120, Mars 2002.

CHANLAT, A.; BÉDARD, R. La gestion, une affaire de parole. In: CHANLAT, J.-F. (Dir.). *L' individu dans l'organisation*. Québec: Les Presses de l'Université Laval; Paris: Eska, 1990.

COOPEY, J.; KEEGAN, O.; EMLER, N. Managers' innovations and the structuration of organizations. *Journal of Management Studies*, v. 35, n. 3, p. 263-284, 1998.

CUNLIFFE, A. L. Managers as practical authors: reconstructing our understanding of management practice. *Journal of Management Studies*, v. 38, n. 3, p. 351-371, 2001.

---

[24] Gabriel, 1999; e Aktouf, 1996.

DÉRY, R. Homo administrativus et son double: du bricolage à l'indiscipline. *Gestion*, v. 22, n. 2, p. 27-33, 1997.

ENRIQUEZ, E. *Les jeux du pouvoir et du désir dans l'entreprise*. Paris: Desclée de Brouwer, 1997.

FINEMAN, S. *Understanding emotion at work*. London: Sage, 2003.

GABRIEL, Y. *Organizations in depht*. London: Sage, 1999.

GALBRAITH, J. K. *O novo Estado industrial*. São Paulo: Nova Cultural, 1988.

HILL, L. *Novos gerentes: assumindo uma nova identidade*. Rio de Janeiro: Makron Books, 1993.

HOCHSCHILD, A. R. *The managed heart: commercialization of human feeling*. Los Angeles: University of California Press, 1983.

HOPFL, H. Learning by heart: the rules of rhetoric and the poetics of experience. *Management Learning*, v. 25, n. 3, p. 463-474, 1994.

JACQUES, M. G. Identidade. In: JACQUES, M. G. et al. *Psicologia social contemporânea*. 5. ed. Petrópolis: Vozes, 2001.

MELO, M. C. O. L. *Competitividade e novas tecnologias de gestão: revisitando a função gerencial*. Belo Horizonte: Sebrae, UFMG, 1994. (Relatório de pesquisa).

_______. As relações de trabalho no Brasil: uma apresentação e análise. Belo Horizonte, 1996. (Documento do contrato de assessoria à Universidade de Bremen, Alemanha).

_______. O gerente e a função gerencial nas organizações pós-reestruturação. In: ENCONTRO NACIONAL DE ESTUDOS DO TRABALHO, 6., 1999, São Paulo. *Anais*... São Paulo: Abet, 1999.

PAGÈS, M. et al. *O poder das organizações: a dominação das multinacionais sobre os indivíduos*. São Paulo: Atlas, 1987.

REED, M. *Sociologia da gestão*. Oeiras: Celta, 1997.

ROCHE, L. *Psychanalyse, sexualité et management: toute-puissance, impuissance et puissance des managers*. Paris: L'Harmattan, 1995.

SAUSSOIS, J. M. Coordonner, coopérer, adhérer: les enjeux du management. *Sciences Humaines*, n. 20, 1998.

WATSON, T. *In search of management: culture, chaos and control in managerial work*. London: Routledge, 1994.

_______; HARRIS, P. *The emergent manager*. London: Sage, 1999.

# Posfácio

TÂNIA FISCHER*

Da carta de Pero Vaz de Caminha ao rei de Portugal:

> Creio, Senhor, que com estes dois degradados que aqui ficam, ficam mais dois grumetes que esta noite se saíram para a terra. Não vieram mais.
> Esta terra, Senhor, nos pareceu do mar muito grande, porque ao estender os olhos, nos parece mui longa terra.
> Águas são muitas, infindas.
> E em tal maneira é graciosa que querendo-a aproveitar, dar-se-á nela tudo, por bem das águas que tem.

Este livro — *Gerência em ação* — indaga inicialmente: quais os dilemas e desafios de trabalhar como gerente nos dias de hoje?

No final do ano 2002, portanto 502 anos após o manifesto visionário de Pero Vaz de Caminha, o país vive uma transição política sem precedentes. Pela primeira vez, "a classe operária vai ao paraíso", ou seja, chegam aos postos máximos de gestão pública líderes de um partido de trabalhadores.

---

* Doutora em administração pela USP, professora titular, coordenadora do Núcleo de Estudos sobre Poder e Organizações Locais (Nepol) e do Programa de Desenvolvimento e Gestão Social, ambos da Escola de Administração da UFBA. É pesquisadora do CNPq, bem como autora e organizadora de livros, como: *Poder local, governo e cidadania* (FGV, 1994), *Cidades estratégicas, organizações e desenvolvimento local* (FGV, 1996), *Carnaval baiano: negócios e oportunidades* (Sebrae, 1998) e *Gestão do desenvolvimento e poderes locais* (Casa da Qualidade, 2002).

Confluem para expectativas similares muitos Brasis. Se no mesmo espaço público podem conviver organizações que vivem em tempos e velocidades diferentes, tempos reais e virtuais podem coexistir na mesma organização. Multiplicando-se infinitamente as possibilidades de se combinar tantos interesses e as diversidades de um país continental que fala a mesma língua e mantém a identidade nacional por legado histórico, nem sempre justamente tributado aos portugueses, deve-se reconhecer o tamanho do desafio e a angústia dos dilemas vividos pelos gerentes.

A tessitura social e a textura de uma boa sociedade não se fazem sem rupturas e desconstruções. Do sistema vertical, patrimonial e personalizado, caudilhos modernos e pós-modernos, há estilhaços por todos os lados. A sociedade de organizações do Brasil do século XXI é solidária e violenta, desenvolvida e desigual. As organizações vivem em fluxos entrecortados por instabilidades e ameaças de toda a ordem, bem como por possibilidades utópicas, criativas e férteis.

Toda transformação social dirige-se ao idealizado, ao utópico, mesmo que os valores subjacentes sejam discutíveis. É um momento para recorrer ao conceito de utopia como foi proposto por Thomas Morus em 1516, no contexto dos descobrimentos da empreendedora Escola de Sagres, fenômeno de globalização do século XVI.[1] A utopia de Morus "sobre a melhor constituição de uma república e a nova ilha de utopia" é uma reflexão instigante e não isenta de ironia sobre os limites humanos no uso do poder, de como lidar com o imenso jogo de interesses e com a complexidade social que o viver em sociedade impõe. Manter ou mudar, desenvolver ou estabilizar, conciliar ou confrontar, romper ou pactuar.

Canonizado pela Igreja Católica em 1935 e cultuado também pela Revolução Russa pelas idéias socialistas de utopia, Morus foi executado em 1536 por ter-se recusado a prestar obediência ao rei da Inglaterra. Tornou-se um clássico, tão atual hoje. A obra de Morus descreve um Estado imaginário, sem propriedade privada ou dinheiro, preocupado com a felicidade coletiva e a organização da produção. Seu modelo é a República de Platão.

Utopia significa o não-lugar de nenhum lugar. Ao sentido de *não-lugar* na acepção latina, agrega-se o de *afortunado* (eu), derivado do vocábulo grego *eutopia*. Ou seja, a República afortunada é um não-lugar, uma impossibilidade concreta, pois é contingenciada pelas limitações humanas para gerir a sociedade (e suas organizações) em qualquer tempo ou espaço.

---

[1] MORUS, T. *A utopia ou o tratado da melhor forma de governo*. Porto Alegre: LRPM, 1997.

Quais os desafios e dilemas de gestão da sociedade brasileira, hoje representada pela república e pelos ideais republicanos? Afirmação identitária e inserção na comunidade internacional, um padrão de qualidade de vida digno para todos os cidadãos dependem de um conjunto de estratégias que permeiam toda a sociedade. Na República brasileira discute-se a possibilidade de um pacto social, a formulação de políticas inclusivas, o enfrentamento da violência pela "gestão inteligente" e os novos sentidos do trabalho.

Trabalho digno não significa emprego nos moldes tradicionais. Ocupações formais e informais contracenam, requisitando formas flexíveis de gestão e novos contratos. A informalidade, traço tão distintivo da cultura brasileira, talvez tenha contribuído para o valor marginal cunhado pelas organizações de natureza social. Laboratórios de gestão, como cooperativas, ONGs, associações, pactos, consórcios e parcerias diversas, articulando novas formas organizacionais na gestão do desenvolvimento e gestando administradores orientados pelo e para o social.

Não esqueçamos que a gestão não é um ato solitário e intransitivo. Para haver gerência deve haver, no mínimo, uma relação assimétrica de poder entre dois indivíduos. Sendo as organizações contemporâneas nós de redes de múltiplas conexões, essas relações são infinitamente multiplicadas, em diversas escalas territoriais e virtuais. Nas organizações brasileiras culturalmente híbridas, policentrismo de poderes e estratégias multiprocessuais requerem, cada vez mais, gestores que exercitem, constamente, a mediação entre níveis de poder individual e social.

O abandono do "consenso único" não ocorre apenas no plano da política internacional. A reorganização dos fragmentos implica dilemas de difícil administração nos planos estratégicos, de gerência intermediária e operacional. Eficiência e eficácia permanecem como requisitos de gestão, mas dos gerentes é cobrada a ética da responsabilidade. Efetividade social alia-se a controle e prestação de contas.

Olhar para dentro e estar atento aos detalhes, gerir o ambiente competitivo e ter sensibilidade para com o entorno social, estabelecer sintonia e até cumplicidade com indivíduos e coordenar redes, parcerias e alianças em diversas escalas é o que se exige dos gerentes brasileiros — não muito diferente do que se exige dos gerentes de qualquer país. Talvez o mais singular: o gerente brasileiro, neste momento da história, é também um líder simbólico, administrando significados, imagens e marcas na construção de instituições nacionais, regionais, locais.

Pergunta este livro: como se preparar para lidar com uma série inusitada de tensões e situações organizacionais que exigem questionamento, reação e adaptação constantes?

Como o leitor teve a oportunidade de constatar, há muitas reflexões e pistas possíveis, deixadas pelos textos, tão diversos e tão conexos. A prática gerencial e a pesquisa são dois caminhos que se oferecem a gerentes reflexivos e a pesquisadores comprometidos, como os autores e organizadores deste livro.

Além da gratidão pela primeira leitura, muitas armadilhas existem nas trilhas dos gestores. Por exemplo, *the white knight syndrome* ou a síndrome do cavalheiro do bem, que derrota todos os males. As exigências aos gerentes são de que sejam eternos campeões e, ao mesmo tempo, não tenham uma relação compulsivamente doentia com o trabalho. É um perfil tão impossível quanto conseguir, ao mesmo tempo, resgatar a dívida social, gerar empregos e retomar o crescimento econômico sem inflação no prazo de um mandato.

Dos gestores de organizações de natureza social, que tanto podem ser unidades discretas quanto ONGs, cooperativas, ou mudando de escala, um consórcio de bacias hidrográficas, um pacto intermunicipal, um programa regional, ou até mesmo o país, espera-se tudo.

A confluência de visões sobre papéis gerenciais e sobre o bom uso do poder potencializa expectativas, que se estenderão a todos os gerentes, a toda a sociedade. Os sinais de maturidade democrática podem ser os consensos sobre conteúdo, formas de ação, prazos e prioridades.

O sentimento que anima o povo brasileiro é o de utopia transformista, ou seja, de que é possível reinventar a *res publica*. Tal singularidade e desafio remetem ao passado e à primeira visão sobre o Brasil.

Pode-se, então, concluir com o trecho final da carta de Pero Vaz de Caminha:

> Águas são muitas, infindas
> E em tal maneira (a terra) é graciosa que querendo-a aproveitar, dar-se-á nela tudo, por bem das águas que tem.
> Porém o melhor fruto que nela se pode fazer, me parece, será salvar esta gente e esta deve ser a principal semente que Vossa Alteza em ela deve lançar.

Esta obra foi impressa pela
Edil Artes Gráficas Ltda. em papel off set
Primapress para a Editora FGV
em setembro de 2007.